麗江古城申報世界文化遺產紀實

A Record of Lijiang Old Town's Application for World Cultural Heritage

李　锡　李文韵　编著

人民出版社

作者简介

李锡：纳西族，1954 年生，原丽江市博物院院长，研究馆员，云南省委联系专家，荣获郑振铎王冶秋文物保护个人奖、享受国务院特殊津贴、丽江市先进工作者。

李文韵：纳西族，1987 年生，现工作于丽江市博物院。

麗江古城申報世界文化遺產紀實

癸巳中秋　謝辰生題

時年九十又二

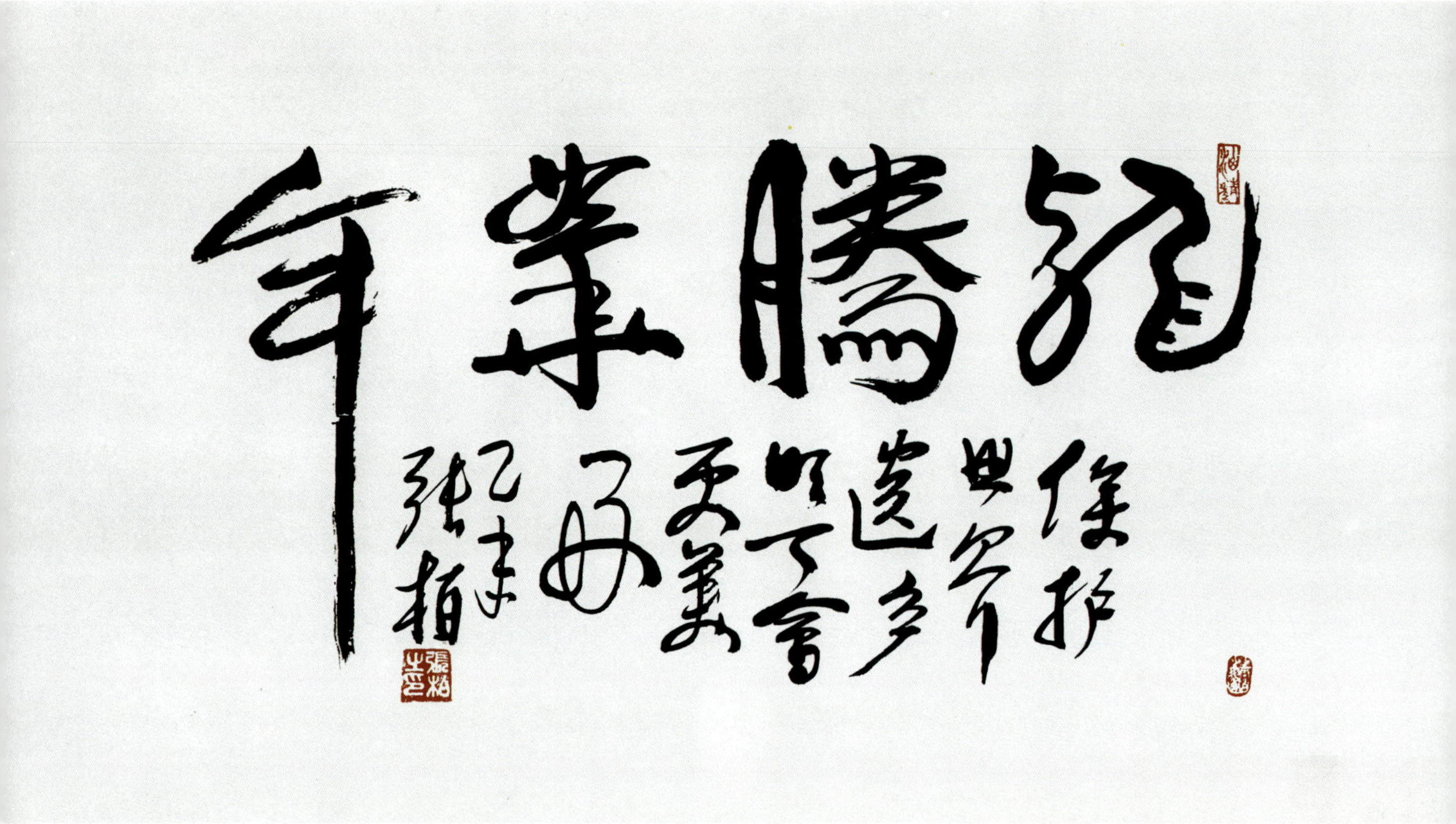
龍騰華年
乙未
張柏

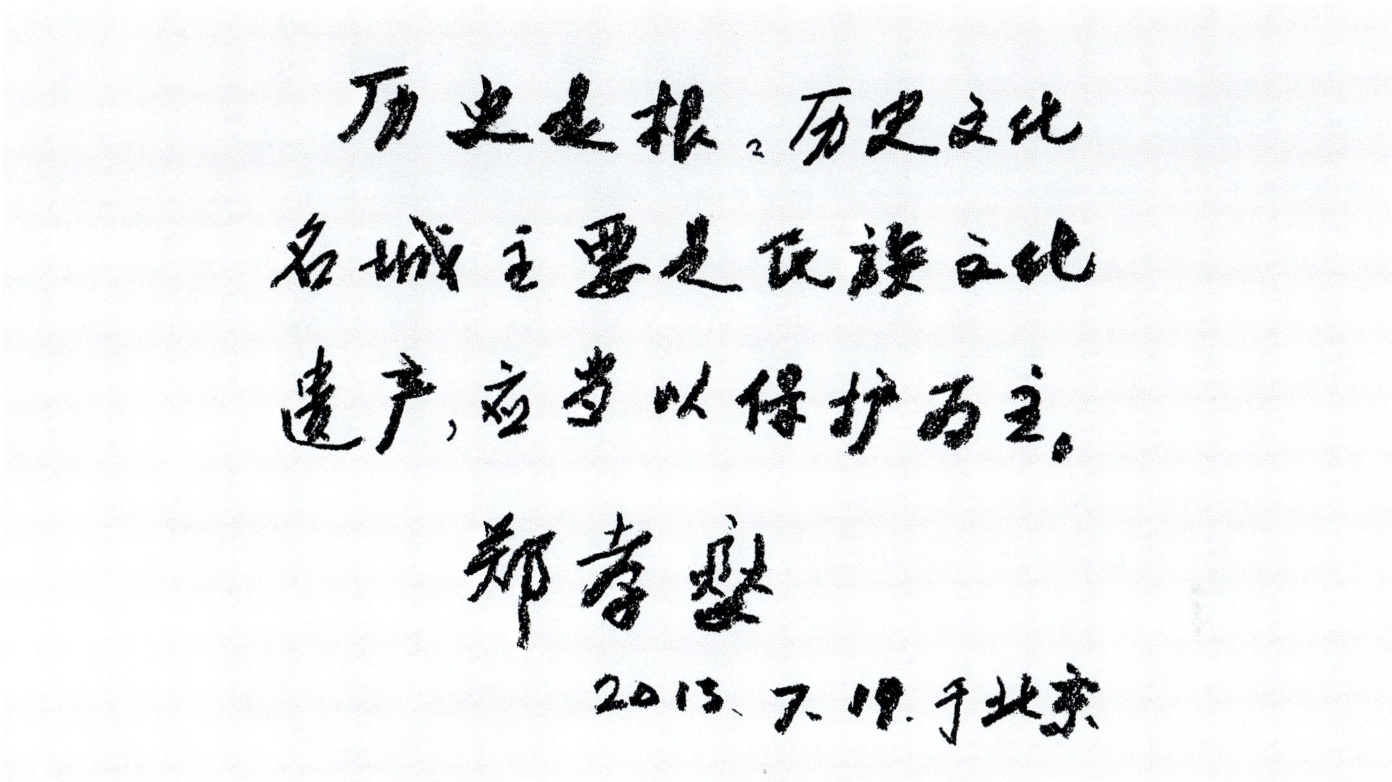
历史是根，历史文化
名城主要是民族文化
遗产，应当以保护为主。
郑孝燮
2013、7、19、于北京

罗哲文、郑孝燮、李锡在丽江县博物馆

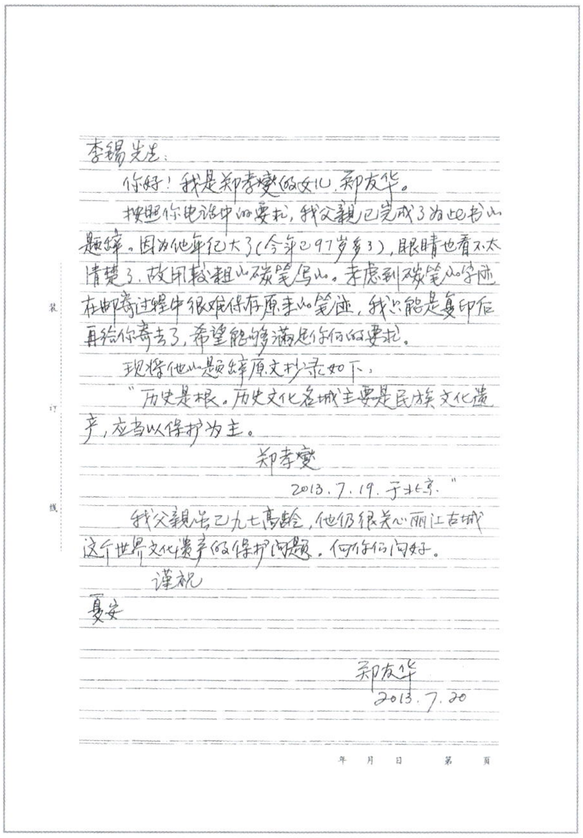

李锡先生：

你好！我是郑孝燮的女儿，郑友华。

按照你电话中的要求，我父亲已完成了为此书的题辞。因为他年纪大了（今年已97岁多了），眼睛也看不太清楚了，故用较粗的碳笔写的。考虑到碳笔的字迹在邮寄过程中很难保存原来的笔迹，我只能是复印后再给你寄去了，希望能够满足你们的要求。

现将他的题辞原文抄录如下：

“历史是根。历史文化名城主要是民族文化遗产，应当以保护为主。

郑孝燮

2013.7.19.于北京.”

我父亲虽已九七高龄，他仍很关心丽江古城这个世界文化遗产的保护问题。向你们问好。

谨祝

夏安

郑友华

2013.7.20

年 月 日 第 页

保護祖國文物珍寶
弘揚民族文化

李錫同志共勉

二〇〇一年元月八日

羅哲文

李锡同志雅属

保护生命
抢救第一

庚辰春平月

谢辰生

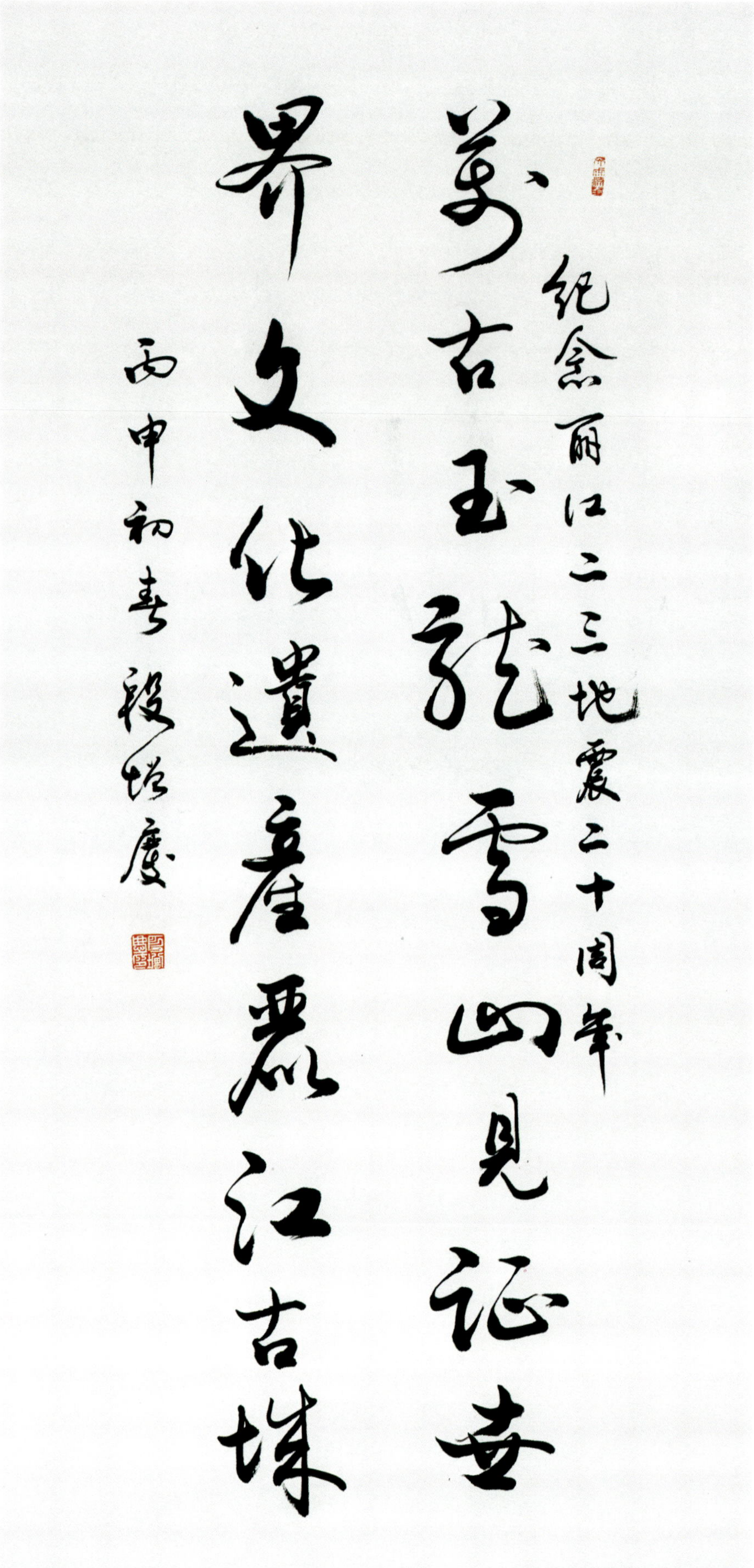

纪念丽江二三地震二十周年
万古玉龙雪山见证世
界文化遗产丽江古城
丙申初春

麗江古城是納西族先民智慧的結晶和創造性的傑作。申報世界遺產獲得成功説明了其历史文化价值及世界意義。申報世界文化遺產的決策體現了遠見卓識和文化自覺，也是麗江各族人民的共同心愿。為此，廣大群衆和各方有識之士傾出了很大的心血。申報成功的意義更在于保護遺產、永續利用。保護麗江古城世界文化遺產任重而道遠，永遠在路上。

楊國清

2015年9月

麗江之寶

宣科 时年八十五

2011.6.26.

目　录

第一　申报篇

第二　整治篇

第三 成功篇

第四　回顾篇

序　一

景　峰

（联合国教科文组织世界遗产中心亚太部主任）

1972 年，联合国教科文组织通过了举世闻名的《保护世界文化和自然遗产公约》。这一国际法律文件的主要宗旨是保护人类共有的“具有突出普遍价值”的文化和自然遗产。到 2013 年，《公约》诞生 40 余年，全世界有 190 个国家加入了该《公约》。其中，157 个国家的 962 处文化和自然遗产列入《世界遗产名录》。

丽江古城位于滇、藏、川三省区交界之地。古时候，它处在西南“丝绸之路”的主干线。从

景峰和李锡在玉龙雪山

大理经丽江至西藏的拉萨再进印度，就是著名的“茶马古道”，也因此是汉藏文化的交汇点。丽江古城包括大研镇、白沙和束河，始建于南宋末年。它在布局上充分利用山川地形及周围自然环境，依水而筑，以水为脉，使丽江城形成“家家流水，户户垂杨”的特色。1996 年，在申报世界文化遗产时，它曾经历了一场大地震。所幸的是，古城的历史风貌未受到破坏。1997 年，丽江以其具有的水乡特色及纳西人高超的建筑技巧和精美的彩绘艺术，被列为世界文化遗产，是中国历史文化名城中最早进入《世界遗产名录》的古城。

丽江古城是一个活着的历史村镇。东巴文化是纳西族的传统文化，也是丽江古城世界遗产不可分割的一部分。古城内生活着大量的居民，他们对于本土文化的认同感，对于传统民族文化的尊重、保护和自豪感，对于保护这份文化遗产是至关重要的。如何在保护世界文化遗产的同时，提高当地居民的生活质量，让他们积极参与世界遗产保护，不仅在中国，在全世界也是难以解决的矛盾。多年来，云南和丽江各级人民政府和世界文化遗产丽江古城保护管理局做了不懈的努力。

李锡先生为传承和弘扬纳西族的传统文化奔走呼号，推动了丽江古城文化和博物馆走出高原，走向世界。他作为纳西民众的一员，对于本土文化的认同感，对于自身传统文化的尊重、保护和自豪感让我感动。

作为文化和自然遗产的受益者，我们有责任为子孙后代积极传承和保护好这份珍贵的遗产！这也是《公约》的基本精神。

李锡先生所著可以说是为了愉悦和教育的目的。我希望本书能重新唤起我们对保护世界遗产的责任！

2013 年 4 月于巴黎

序　二

郭　旃

（国际古迹遗址理事会（ICOMOS）副主席

中国古迹遗址保护协会（ICOMOS/China）副主席兼秘书长）

近20年的老友，申报丽江世界文化遗产的功臣和丽江传统文化的传承人、守望者之一，李锡先生嘱我为《丽江古城申报世界文化遗产纪实》作序。

郭　旃（郭旃供图）

作为丽江申报世界文化遗产全过程的亲历者和丽江父老乡亲们世界文化遗产保护事业始终的陪伴者，为这样一本《纪实》献上几句话，我感到义不容辞。只是希望，还有更多的大家为之作序，以使我这篇短小的“序”既能表达我的感情和期望，又能使我文字的笨拙与浅薄被掩盖在大家的光辉中。

每每谈起丽江申遗，总会想起很多美好、有趣的传说和故事。

有说，在一个有限的地域里，人类之初，世上只有三兄弟，大哥藏族，二哥白族，三弟是纳西族。

于是，有了当年丽江县长和自兴先生那段名言：“中华民族大家庭里，汉族老大哥的文化遗产列入《世界遗产名录》的，就不说啦！在我们传说中的藏族大哥的文化遗产——布达拉宫历史建筑群已经是世界遗产。在我的县长任上，如果我这个人数不多的纳西族小弟弟的丽江古城，经过我们的努力，使它也能被列为世界遗产，那么，不要更多的政绩，就为这一点，我的父老乡亲们将会永远记得我们。”

我常把这段话与葡萄牙人申报世界遗产的“家乡民众的自豪”观和日本人申报遗产为着再次激发“原动力”相提并论。他们的感觉告诉世人，无论世界遗产申报活动出现何种偏差，面临多少争议，始终无可争议的是，世界遗产的成功申报带给了家乡人民和后代自豪感，生动、实际地唤起对家乡和祖国亲切的爱，从而增强自信心、凝聚力，激发新的创造力。

而且，远不止于此。世界遗产事业也促进各个区域、民族与国家之间，多样的文化之间的相互了解、欣赏、尊重、互补、交流、促进和共同繁荣。

伴随丽江世界遗产事业进程的，是对纳西文化传统及其物质载体与环境的广泛了解、尊重、爱护、保护和传承；也是丽江及周边区域文化、经济的全面高速发展，社会稳定、文明提升和持续繁荣；全世界的关注与赞赏；还有国人和世人的趋之若鹜。

我们知道，这些都与申报世界遗产的宗旨、目的、目标和综合效应息息相关。

丽江的欣欣向荣，也曾经过申报世界遗产过程中的惊涛骇浪。

“96.2.3”大地震，给丽江古城造成过近乎毁灭的灾害，也给丽江古城的申遗罩上了浓浓的阴影，带来了令人窒息的压力、担忧和挑战。但令人惊奇的是，挑战变成了机遇。丽江人民在全国人民的支持和世界的关注下，竟借助“墙倒屋不塌”的传统建筑的优势，以不屈不挠、科学求实的精神，坚韧的毅力和顽强的团结奋战，硬是忠实地依据传统和历史，真实、完整地保存和恢复了古城，并借机全部搬迁了古城内曾经出现的不谐调现代建筑和机构，实现了最初认为几乎不可企及的“建新城，保老城”的完美目标，以至于在很少提及申报项目中的“重建”“复原”事项的国际文化遗产咨询机构——国际古迹遗址理事会的评估报告中，特意指出了，“国际古迹遗址理事会高度赞赏丽江古城在 1996 年大地震后毫不失真的、高质量的复原工程。这些工程展现、传承了当地传统的房屋建造技术和工艺”。(ICOMOS paid tribute to the excellent quality of the reconstruction of the town without loss of authenticity after the February 1996 earthquake which demonstrates the living tradition of the indigenous building skills.)

当时，丽江古城申遗还处于中国的世界遗产事业的初级阶段，相应的对国际事务的了解和介入，以及在规则和语言方面的知识与能力，都处于相对幼稚和困难的时期。

丽江古城申遗文本因为自己的内容不够周全和国际专家协调过程中的失误，最初被国际古迹遗址理事会（ICOMOS）评判为 4 级推荐意见中的第 3 等——重报，这意味着当年申报将要受挫。

多谢国际古迹遗址理事会的理解和帮助，也多谢我们永远不能忘记的一位国际友人——亨利·克利尔博士（Dr.Henry Cleere），在 1997 年 6 月巴黎第 21 届世界遗产委员会第一次主席团会议上，在听取了中国同行们的紧急陈述之后，打破常规，提请主席团审议通过，将审议预案中已写入的“建议重报”改为第 2 档建议——“建议补报”，从而为这一项目获得了当年紧急补充材料的机会，并进而在当年意大利那不勒斯第 21 届世界遗产委员会 11 月 28—29 日的主席团特别会议和 12 月 1—6 日的委员会全会上，被最终列入了《世界遗产名录》。(当时的世界遗产委员会工作规则和程序是，每年的 6 月或 7 月在巴黎举行主席团会议，然后在当年的 11 月至 12 月，在大会承办国举行主席团特别会议和委员会全会。第一次主席团会议对新申报项目的初步建议如果能到第 2 档——补报，意味着当年会较容易有“起死回生”的机会。)

北京时间 1997 年 12 月 3 日傍晚，意大利时间 12 月 4 日凌晨，第 21 届世界遗产委员会主席的木槌敲下，委员会一致同意将以大研古镇和白沙、束河两处村镇为组合的“丽江古城”列为世界遗产。丽江，从此掀开了历史的新篇章。这一切，的确来之不易。

我曾在“96.2.3”7 级大地震后余波不断之时，陪同联合国教科文组织世界遗产中心和曼谷办事处的官员考察丽江震后状况。丽江人民热情不减的申遗志向，战胜灾害的决心和顽强奋战的努力，以及古城优良的抗震性能给我和同行的国际同行留下了深刻的印象和可靠的信心。最后的结果证明，丽江政府和公众的精神与成就也感动和说服了国际社会。

和丽江同时列入《世界遗产名录》的中国遗产还有平遥古城和苏州古典园林。很巧，都是城市文化遗产。而丽江和平遥作为完整的中国古城被列为世界遗产，既是一次重大突破和贡献，也是迄今为止的绝唱。

这以后，丽江有过获得联合国亚太文化遗产保护项目奖的新的光荣，也有着人们对过度商业化、娱乐化的指责和争议；有对“去本土化”的担忧，也有对纳西族包容、吸纳和不断扩展的传统的自信和弘扬；有对遗产区和缓冲区的进一步界定与加强管理，也有为维护城市传统风貌与周边田园风光、人与自然的和谐，所不懈进行的抗争和遗憾；特别是，作为丽江古城灵动的生命特征与魅力源泉的水资源和水系统，更无时无刻不在牵动着丽江居民和每一个关心丽江命运的人的心……

这一切，应该说，都已是列入《世界遗产名录》后，丽江古城在繁荣发展和保护传承进程中面对的新课题，是进步当中不可回避的新的挑战和机遇。修编完善中的丽江古城保护规划体现着前进的过程和方向。我们相信，也热切地期望，丽江能和中国所有的世界遗产地一样，面向未来，走出一条可持续的、光辉永远的和谐发展之路。

今后的道路，离不开丽江古城独有的属性、内容、组合、底蕴、特征和价值。

国际古迹遗址理事会是这样概括丽江古城的：“国际古迹遗址理事会认为这处遗产的全球突出普遍价值在于它是一处融合了原住民纳西族建筑传统和外来建筑风格与设计的杰出历史城镇。成就于从环抱的群山到家家户户的非凡、奇绝的水资源和水利用系统中的传统建造工艺，体现出该城镇与周边自然环境完美的和谐。”（ICOMOS however stated the site’s outstanding universal value as a unique historic town which merges the indigenous Naxi people’s building tradition and external forms of architecture and design. The traditional engineering skills witnessed in the remarkable water system supplying water from the surrounding mountains to every house demonstrates the town’s harmonious relationship with its natural environment.）

国际古迹遗址理事会因而最终推荐，“基于世界文化遗产标准 ii，iv 和 v，将此遗址列为世界遗产”，因为，“丽江是一处非凡景观中杰出的古城，它代表着多样文化传统的和谐交融，提供了一处具有突出价值的城镇景观”。（ICOMOS Recommendation：That this property be inscribed on the World Heritage List on the basis of criteria ii，iv，and v：Lijiang is an exceptional ancient town set in a dramatic landscape which represents the harmonious fusion of different cultural traditions to produce an urban landscape of outstanding quality.）

第21届世界遗产委员会就此做出了文字相同的决议："委员会决定，基于世界文化遗产标准ii，iv和v，将此遗址列为世界遗产。丽江是一处非凡景观中杰出的古城，它代表着多样文化传统的和谐交融，提供了一处具有突出价值的城镇景观。"（The Committee decided to inscribe this site on the basis of cultural criteria（ii），（iv）and（v）. Lijiang is an exceptional ancient town set in a dramatic landscape which represents theharmonious fusion of different cultural traditions to produce an urban landscape of outstanding quality.）

从世界遗产的角度关注丽江的未来，无疑，重点在于遵循国际公约架构下，国际社会在缔约国本身申报基础上对丽江古城的属性、内容、架构、特征的认定和共识；并且理所当然应该有自己更深刻、更实际，或许还要宽泛，也更融入国情的理解和把握。

而这一切，又都离不开界定与保护杰出文化与传统成就的物质载体和非物质体现。这可能包括：罕有的东巴文字系统及附着其中的历史、传统、信仰、风俗、艺术、技艺和古老传说；具体还如，建筑风格和技术，特定自然环境、气候、历史沿革中的服饰、歌舞、饮食，纳西古乐，乃至社区结构、邻里关系，等等。

还特别值得注意的是，国际组织在缔约国自己申报的价值标准ii，iv之外，补加了标准v——土地利用的典范，人与自然的和谐。最直接的体现在于丽江的水系——水源和用水系统。这是丽江古城格外引人注目之处。同时，无墙之城周边旖旎的田园风光，辽远、奇特山形所构成的遐想、呼应的整体景观，也是万万不可退让的保护目标和底线。

总之一句话，世界遗产真实性与完整性的可持续，是丽江古城延续世界遗产永久辉煌和长远综合效应的生命线；现代化的合理占位，保护与利用的平衡，须臾不可掉以轻心。

祝愿丽江古城风采永存。

右起（英）亨利·科利尔博士、郭旃、李锡在丽江古城口

序三　文化伟业　精神传承

白庚胜
（中国作协副主席）

由李锡先生主编的《丽江古城申报世界文化遗产纪实》行将出版。这是一件值得庆贺的盛事。

丽江古城申报世界文化遗产开始于1992年云南省政府在大理召开的滇西北旅游工作会议之后，玉成于1996年丽江遭遇“2・3”大地震并震后重建取得阶段性成果之初，至今已近20年。

如果说一个地区的发展史往往由一些重大事件作为其标志点，那么丽江古城申报世界文化遗产并取得成功便是丽江浴火重生、再振雄风的一座丰碑。它与白狼王贡诗、麽些人建诏、阿良迎忽必烈入滇、阿得率先归附明廷、丽江府改土归流、丽江解放一道，成为丽江走向文明进步的又一关键环节。

白庚胜与李锡

申报世界文化遗产，意味着丽江的文化积淀已经达到足以跻身世界文化宝藏之林的深度厚度，其文化实力已经初具冲击人类精神高峰及参与全球性文化竞争的水平；意味着丽江已经进入可以以地方文化、民族文化为本、为尊、为荣的发展阶段；意味着当地广大干部群众已经确信只有优秀传统文化才是丽江社会进步的出发点、增长极以及突破口。由此可以看到：经过多年改革开放伟大实践，丽江的文化自觉、文化自信已经被激活，丽江的文化想象力、文化主动性、文化创造精神已经被空前唤醒。

申报世界文化遗产成功，标志着丽江这个曾经被“遗忘的王国”不再甘于被边缘化，纳西等丽江各民族决心重归世界文明的劲旅；标志着丽江的价值意义在当代社会受到了全球性的关注和认可，丽江与全世界相对接、共发展的新时代已经到来。显然，联合国把世界文化遗产的桂冠授予丽江，即是把荣誉、责任、期待一并赋予了丽江。

丽江古城申报世界文化遗产的成功，在本土所引发的效果无疑是“一石激起千层浪”：三江并流区接踵获得世界自然与文化双遗产；东巴象形文字及其经典不久列入人类记忆遗产名录；木府重建大功克成；国际东巴文化艺术节连连召开；国际纳西学学会宣告成立；纳西东巴古籍译注全集隆重出版；丽江古乐队赴欧美演出影响巨大；丽江各民族文化遗产保护争先恐后；摩梭母系家园守望行动成就喜人；他留遗塚保护拉开帷幕；边屯文化研究渐入佳境；“纳西学丛书”“纳西学博士论文丛书”“国际纳西学译丛”“纳西学史料丛书”源源问世……

从此，一个文化的、精神的、审美的丽江“风景这边独好”，以至于“引无数英雄竞折腰”，一举成为精品级国际旅游区，19个国家改革开放先进地区之一，并创造了保护利用文化遗产并举的“丽江经验”“丽江模式”；一个执着于传统、坚守精神家园，同时又充满进取精神、创新意识与开放性、包容力的丽江已经自立于世界文明之林，成为她的祖国的骄傲、伟大时代的宠儿、文化立市的明星。

丽江古城申报世界文化遗产成功，有力地推动了丽江的思想解放、观念更新，并使之重新发现自我、认识自我，树立起发展自己、强大自己的主体意识、主动精神；它大大提高了丽江的知名度与影响力，为丽江的全面发展引入人才、资金、技术、信息、观念、项目创造了良好的条件；它凝聚了广泛的人气、力量、共识，使全国乃至全世界各地、各界、各民族朋友都乐于聚集在丽江的旗帜下求和平、享和谐、谋发展；它促进了丽江以文化为引领的政治、经济、社会、生态建设，既增强了“硬实力”与“软实力”，更增强了“巧实力”，提升了当地干部的治政、理财、兴文能力，以及管理文化遗产和与世界对话的水平；它催生了纳西学、丽江学、边屯学等地方性、民族性学科诞生与不断走向成熟，使丽江的生存发展拥有了强大的学术支撑，并使之变得更理性、更科学、更具可持续性；它改变了丽江的地位，使之一跃从穷乡僻壤变成了对外开放的前沿、文化旅游的龙头、文化遗产保护的示范、社会和谐与民族团结的首善之区。

今天的丽江已经改“地”为“市”，实现了行政体制上与内地的完全一体化；她在政治上比以往任何时候都更加自觉、主动、积极地与伟大祖国共同着生命，成为西南边陲最牢固的维护国家统一、民族团结、社会主义制度的坚强堡垒；她在经济上正在进行着有效的结构调整与方式转变，文化、旅游、水电、生物等绿色产业如日东升；她在交通上已编织成陆空结合、公路铁路交错、国道省道市区道互联、高速公路普通公路配套的网络；她在通讯上已基本实现信息传递的全球覆盖，宽带、互联网、云计算、大数据技术应有尽有；在文化上，本土文化与外来文化、传统文化与现代文化在这里各得其所又互相融合，其产业部分与事业部分相得益彰，其学术、创作、鉴赏的形式内容创新不断，有关旅游、节会、展示创意无限；在教育上，其精英培育与普通劳动者素质教育得到同样重视，体制内教育与体制外教育均生气勃勃，高等教育与义务教育都成长良好，本土教育资源与市、省、国内外优质教育资源的大整合渐成大势。

“吃水不忘挖井人”！在回顾丽江古城申报世界文化遗产成功即将届满20周年的时刻，我们不能忘却守护了丽江这方蓝天白云、青山绿水的丽江各族先民，不能忘却创造了丽江古城这个家园、这份珍品的纳西族人民。我们应该感谢党和国家领导人对丽江的亲切关怀、无比爱护；应该感谢巴克、洛克、希尔顿、顾彼得、李霖灿、罗哲文、阮义山等中外先贤对丽江文化的一往情深、长期传扬；应该感谢方国瑜、和志强、徐振康、马惠全、木荣相、和段琪、解毅、和自兴、何金平、和良辉等本土学者、领导对固守文化根脉的竭智殚虑、责任担当。我们也应该感谢宣科、和文笔、黄乃镇、李锡、李之典、张福龙及理查德、白海思等丽江与联合国官员们的实际操作、无私奉献，使丽江古城等成功申报世界文化遗产成为现实。我十分怀念曾经与他们参与于其中的日日夜夜。

作为丽江的忠诚儿子及学人，虽然身在万里之外，我心一直与故乡同在，并曾有幸投身于包括申报三大世界文化遗产在内的新时期丽江文化振兴全过程。虽有深浅之别、直接间接之分、或长或短之辨，但我把自己的爱与情、智慧和力量尽可能回报给了生我育我的那块土地。我自己也在这一过程中得到锻炼、经受挑战、积累经验、获取灵感、逐渐成长，成为日后担纲主持全国民间文化遗产保护及民族文学发展繁荣领导工作的最初历练。这想必也是李锡先生把为《丽江古城申报世界文化遗产纪实》一书写序的机会留给我的美意所在。我感受到了这份情意。

已经摘取世界文化遗产桂冠近20年的丽江古城，如今正强劲地吸引着五洲四海的宾朋风云而至，仅2014年就有3000万人次纷至沓来。这里有艳羡、有寻梦、有逐利、有释怀、有放浪，也有冲击、有挑战、有生机、有愿景，但只因丽江古城业已树立起科学的保护理念、确立了坚强的保护主体、制定周密的保护规划、颁布严格的保护条例、建立专业的保护队伍、开辟多种展示平台、举行各色学术研讨、建造多样服务设施，只要保护体制机制进一步完善、保护理念不断更新、保护资金持续增加、保护技术逐渐提升、文化内涵空洞化的倾向强力遏制、过度商业化的势头全力扭转，我依然对丽江古城的保护能力充满信心，我依然对丽江古城等丽江各民族文化遗产的传承力怀有期待，我依然认为丽江的五位一体文明建设前景光明、充满希望。

好在全体丽江人民都已经清醒地意识到：没有文化就没有丽江的昨天、今天、明天；没有传统就没有丽江各族人民的故事、精彩、生命、灵魂。

2015年8月31日

序四　我对丽江的记忆

白海思
（联合国教科文组织曼谷办事处文化项目高级顾问）

我对丽江的最初记忆是1988年，那时我还是位于昆明的云南民族学院（现改名为云南民族大学）的一名研究人员。虽然当时我的研究主要是西双版纳的傣族，但是我已经听说过丽江并且非常希望能够到那里参观。当我在1988年2月首度到达云南对傣族进行调查时，丽江对于外国人来说还是关闭的。当然，有少数的外国学生会去丽江，并会把描述这个区域的一些美丽的故事带回昆明。我非常希望能够去丽江，亲自去看一下由纳西族建造并居住着的这座古城。

1989年2月，丽江开始向外国人开放。我有两个来自丽江的云南民族学院的学生，他们的家人仍然生活在古城。1989年他们回家过春节，并邀请我去丽江看他们。于是，我开始了我首

（美）白海思博士

度难忘的丽江行。不像现在，1989 年的丽江与昆明之间没有航班。所以我首先乘 11 个小时的客车到大理，在大理住了一个晚上，第二天再乘 8 个小时的客车到了丽江。在到达丽江并入住政府招待所之后，我背起背包前往古城。那时候古城的入口处还没有商业气息。那里没有水车、大型的公共广场或者世界遗产标志，来访者简单而安静地沿着新华街从新城踱入古城之中。我记得当时我花了一些时间才找到古城！

我在丽江待了一个星期，找到了我的学生，拜访了他们住在古宅里的家人。我当时还租了一辆自行车，骑车去到文峰寺，为这个群山环绕中的神奇的高海拔风景而感到惊叹。虽然我不得不回到昆明和西双版纳做我的研究，但是我的心已经被丽江、这里的人们，美丽的雪山，当然还有古城本身所俘虏。我发誓我还会回来。

我第二次到丽江已经是 7 年之后。那是 1997 年，当时我已经在曼谷为联合国教科文组织文化项目做顾问。理查德・艾格哈特（Richard Engelhardt）当时是联合国教科文组织文化办公室的主任，他积极参与了帮助丽江政府向联合国教科文组织申报世界文化遗产的工作。但是，正在提交申报之前，灾难降临丽江。在 1996 年 2 月 3 日傍晚，古城发生了众所周知的里氏 7 级地震。在奔往现场前去救援的人员之中有一个联合国教科文组织的小组，这个小组成员包括联合国教科文组织曼谷办事处的理查德・艾格哈特，联合国教科文组织巴黎世界遗产中心的梁敏子（Minja Yang）。为了帮助当地政府，联合国教科文组织同时也特许丽江政府把将于 1996 年 7 月提交的申遗文本进行延期。但是丽江政府在感谢联合国教科文组织使团的特许的同时，还是在 1996 年 7 月按时提交了他们的申报文本。

在参与丽江申报联合国教科文组织世界遗产名录的过程中，我于 1996 年 5 月被理查德・艾格哈特派往丽江作为一个使团的成员之一来找到可持续的旅游业和遗产保护项目的一个可能性试验点。1996 年 5 月的丽江古城还没有一所向外国人开放的宾馆或客栈，而在新城的许多宾馆酒店则因受到地震的破坏而没有对外开放。尽管如此，我和我的法国同事安培・多尔（Ampay Dore）教授找到了住处。当我们到丽江时，我们听说在申报过程中的一个主要人物之一、东巴文化博物馆的馆长李锡在北京，与国家官员一起审查申报文本的最后版本。但是，在听说联合国教科文组织派了一个小组到丽江之后，李锡先生匆忙乘飞机和夜班车赶回了丽江。我的使团在丽江的最后一个傍晚他回到了丽江，然后急急忙忙赶到了我住的宾馆，当时我正遭遇一场严重的感冒。虽然我是首次遇见李锡，而且还是在我生病且很难受的时候，但是我很快意识到我遇到了一个知识渊博、很了不起的人物，一个完全致力于保护丽江的遗产和纳西文化的人物。他的友好、敏锐以及幽默使得我更加喜欢他！我很快忘记了我的疾病，并且意识到以后的 15 年里与李锡一起工作是我在联合国教科文组织的工作中最令人愉快的事之一。李锡活跃的性格和敏捷的反应能力使得与他一起做一个促进丽江的可持续发展并保护其遗产的项目永远不会使人感到无聊！

随着多年共同工作的经历，李锡不仅仅成为一个朋友，而是成为我的一个兄弟；与此同时，我也成为"白大姐"——我成为在丽江的这个大家庭中的一员。

我曾记得在许多年前的一个 10 月份的日子里，我与我的先生大卫・芬哥德（David

Feingold.）一起来丽江访问。我们在那里庆祝了他的生日——在当时的古城里随处可以找到的纳西族小饭馆里吃了晚饭。这些饭馆是那些住在老房子里的当地居民开的，在这些小饭馆里吃一顿饭不仅仅意味着吃饭，而是意味着你可以享受到古城曾经的味道——商贩曾经沿着不仅仅连着北边的西藏，还有更南部的地方，马来西亚或者甚至印度的茶马古道旅行。那个生日对大卫和我而言显得尤其特别。当天我们正在博物馆与李锡闲谈，一个从四川木里来的纳西族男子来到了博物馆。他带了一卷纳西族独特的绘画——“神路图”。这种长卷画通常会在东巴为亡者举行超度仪式时使用到，其描绘了亡魂到达神界之前的行程。大卫毫不犹豫地说他要把这幅绘画买下作为“生日礼物”赠予博物馆。

从 1999 年到 2001 年，丽江人民参与了联合国教科文组织两个阶段的区域性项目。该项目鼓励当地社区积极参与到他们重要的遗产管理以及进入联合国教科文组织世界遗产名录而带来的不断发展的旅游业中。在这个时期，我临时性离开了联合国教科文组织曼谷办公室，而为刚刚开始在云南做项目的美国大自然保护协会工作。作为三江项目的一部分，我搬到了昆明，并且到丽江进行了持续而定期的访问，这使得我更了解丽江和那里的人们。虽然我正式的工作是为了大自然保护协会，但是我仍然戴着联合国教科文组织的“帽子”，也因为我经常到丽江，所以我继续帮助理查德・艾格哈特做联合国教科文组织的项目。

该项目的第二阶段是开一个国际会议，该会议聚集了这个区域所有的遗产地管理者，他们曾经与国内外专家一起参与这个项目的遗产管理和旅游业。理查德・艾格哈特决定在 2001 年 10 月 8 日至 18 日在丽江举办这个会议。丽江政府非常友好地欢迎此次会议的召开，该会议给丽江带来了更多的国际影响。此次会议由联合国教科文组织和丽江地方政府联合举办，而李锡在会议的策划中起着一个重要的作用。因为这是丽江的第一个国际会议，理查德・艾格哈特在会前预先派我在丽江待了 4 个多星期，与当地的会议筹备委员会一起进行筹备工作，尤其是帮助国际参与者。李锡为此次会议在丽江东巴文化博物馆提供了筹备委员会办公室，因此，在 5 个星期的会议筹备工作中，我住在丽江古城客栈里，每天骑着自行车前往位于黑龙潭边上的博物馆。这是一段富有田园诗意的时光，给了我一次加强与丽江的同事和朋友之间的友谊的机会，尽情享受在古城游弋的机会，我知道了各种商店并认识了小镇中的人们。

这是我能够待在丽江如此之久的唯一一次机会，我后来也会为在丽江停留的时间的短暂而经常感到遗憾。尽管如此，在 2010 年，我决定定期回到丽江。我在联合国教科文组织的项目方向发生了变化，部分工作仍然关注为丽江古城的遗产管理问题提供支持，但部分工作是关注不断由旅游业带来的社会问题。同时，在丽江政府的要求下，联合国教科文组织被邀请为泸沽湖和摩梭文化的世界遗产申报提供技术支持。由于这个申请是丽江政府提出的，于是，我再一次与丽江的同人们一起工作，经常前往丽江泸沽湖访问。在所有的这些访问中，李锡一直都在那里为我提供了专家知识、帮助以及在一顿丰盛的纳西餐之前的温暖的谈话。

在我遇到困难的时候李锡也总是会出现在那里。2006 年秋季我遭遇了右眼视网膜部分脱离。曼谷的眼科医生是非常优秀的，我的视力保住了。但是，近两个月的时间里我无法工作。我在丽江的朋友和同事，尤其是李锡送来祝福希望我早日康复。后来在 2007 年 5 月，当我能够重返丽江之时，我得到了一个很大的惊喜——李锡安排住在博物馆的一个东巴祭师为我举行了一场特殊的治病仪式，仪式之后，他送给我一幅特殊的东巴画，并要我把它挂在我睡觉时位于头顶上方的墙上——以此保护我，并在将来不再受到危害。这份友好和温暖一直留在我内心深处。

只有在过去的 3 年时间里，由于我在联合国教科文组织的项目向北移到了四川和青海，使得我对丽江的访问变得断断续续——这也使得我有点难过。期间丽江发生了变化。老朋友们已经退休，年轻的朋友们已经找到新的工作并离开了丽江。李锡先生自己也已经退离其先前的东巴文化博物馆馆长一职，现在他正在写保护丽江物质和非物质遗产的工作回忆录。为了对该书有所贡献，谨写此小短文来纪念我于 1989 年 2 月首度访问丽江以来在丽江度过的重要而有趣的时光，更多的是自 1996 年 5 月与李锡成为同事，更重要的是，成为一个朋友之后的记忆。

白海思在丽江县博物馆讲述遗产保护知识

第一　申报篇

一、丽江古城申报世界文化遗产

（一）和志强省长视察丽江县博物馆

1994 年 10 月 23 日下午，和志强视察丽江县博物馆。下午 2 时 30 分，和志强省长在行署专员和段其、县委书记解毅等领导陪同下来到丽江县博物馆，先参观东巴文化展览，和老东巴和学文、和文贞亲切交谈，随后参观丽江历代书画展、丽江历史文物展和现代工艺品展，之后听取博物馆工作汇报。丽江县博物馆经和志强省长批准改建为丽江东巴文化博物馆，与云南省民族博物

和志强省长（左）和牛绍尧副省长

馆、楚雄州博物馆列为云南省第九个五年计划期间建设的三大博物馆之一。和志强省长非常重视，并拨款100万元予以资助，现在仿纳西四合五天井的博物馆主体建筑已经完工，和省长非常高兴，答应在省旅游发展基金中再安排资金扶持。随后和省长在天井铺设的巴格图中寻找自己的属相，随后一同视察黑龙潭。

和省长对丽江历史文化如数家珍，大家一同探讨纳西族的历史渊源，东巴文化抢救与保护、文物古迹修缮、丽江古城保护等诸多问题，在谈到五凤楼与解脱林的搬迁重建时和省长说：将五凤楼和解脱林分开布局是他最不满意的事情，一南一北，将原福国寺解脱林门楼和五凤楼整体建

和志强鉴赏馆藏历代书画作品

和志强与老东巴和文贞、和学文亲切交流

和志强了解《巴格图》

和志强省长视察黑龙潭

和志强省长视察黑龙潭

筑群的气势荡然无存。当大家来到文明坊牌，和省长抚摸着明代忠义坊的石狮子，感慨万千。纳西先民创造了无数的珍贵文化遗产，在十年“文革”期间遭到破坏，造成不可弥补的损失，保护文物我们任重道远。不觉之间，时间已是 5 点 30 分，省长和大家一起度过了整整一个下午，夕阳西下，一道余晖洒在文明坊上，格外耀眼夺目，省长要走了，握着一双温暖而有力的大手，预感着新的任务将落在他们的身上。

（二）丽江古城申报世界文化遗产缘由

世界文化遗产来源于《保护世界文化和自然遗产公约》，该公约于 1972 年 10 月 16 日在法国巴黎举行的第十七届联合国教科文组织大会上获得通过。它的主要任务是确定世界范围的文化与自然遗产，将认为具有突出意义和普遍价值而需要全人类共同承担保护责任的古迹遗址编成一部《世界遗产名录》，该公约的宗旨在于促进各国和各族人民之间的合作，为保护古迹作出积极的贡献。

1985 年 12 月 22 日，第六届全国人民代表大会常务委员会第十三次会议批准中国正式加入《保护世界文化和自然遗产公约》。

1987 年 12 月中旬，联合国教科文组织世界遗产委员会第 11 届会议正式批准我国长城、故宫、敦煌莫高窟、秦始皇兵马俑坑、周口店北京人遗址等五项文化遗产列入《世界遗产名录》。

截至 1994 年底，公约已被 140 个国家接受，有 440 项文化和自然遗产列入《世界遗产名录》。中国的世界遗产已达 14 项，其中文化遗产 9 项，自然遗产 3 项，文化和自然双重遗产 2 项。已列入《世界遗产名录》的古城、名镇有意大利罗马、佛罗伦萨、威尼斯，日本的京都等，中国有 99 个国家历史文化名城，但还没有一个被列入《世界遗产名录》。

第一个提出丽江古城申报世界文化遗产的官员是原国家建设部规划司副司长王景慧同志。1993 年春天，王景慧司长到云南考察，交代原省建设厅规划处处长韩先成同志，国家准备将丽

古城四方街

江古城申报世界文化遗产，要他与丽江方面联系。同年夏天，韩先成处长到丽江考察历史文化名城事宜，与县领导做过交流。1994 年 10 月在滇西北旅游规划会议上，省建设厅副厅长杨应南在会上建议丽江古城申报世界文化遗产，在 10 月 24 日闭幕会上和志强省长正式决定丽江古城申报世界文化遗产。

引水洗街（电视资料片截图，张旭拍摄）

王景慧女儿王凌云给李锡的信

建设部规划司副司长王景慧同志（王凌云供图）

李叔叔：

原谅我这么久没有给您回音。爸爸去世后他的学生想整理他的个人资料在单位成立一个资料馆，将他的个人电脑及相关资料借走。之后由于各自工作的原因一直没能再联系上。

节前，我们汇总了父亲的资料，我一边整理一边找寻着父亲在丽江留下的痕迹。

父亲生前多次去过丽江，我能找到的最早记录是 1996 年 6 月，父亲用绘画留下了他在丽江的痕迹。之后是在 2003 年 3 月，那年我们家买了数码相机。再以后父亲分别于 2003 年 8 月、2004 年 6 月、2006 年 7 月去过丽江，最后一次去是在 2011 年的 10 月。在丽江，父亲拍摄了大量的山山水水、巷道民宅、民情古韵、风土趣事，充分显示了父亲对这片土地的挚爱，但遗憾的是父亲没有给自己拍摄一张照片，在丽江没有留下自己的身影。

父亲一生最爱的两件事：他的工作，他的家人。

他爱工作，爱遗产保护这项事业。他用文字梳理保护的原则和方法，他用绘画抒发对历史文化的深情。他爱家人，喜欢带着母亲和他的小外孙女游历他去过的地方。我选了父亲的绘画以及父亲和家人的几张照片，似乎这些最能代表父亲是怎样的人，具有怎样的情怀。

王凌云

2013 年中秋夜

《丽江古城民居》（王景慧绘）

二、丽江古城申报世界文化遗产的客观条件

（一）纳西先民创造并保护了丽江古城

先秦时期，纳西族先民生活在北方甘青一带、黄河河套地区，是逐水草而居的游牧民族，秦以后逐步向南迁徙，隋唐时期定居于川、滇、藏交界的金沙江沿线，与原住民融合，由游牧民族变为半耕半牧的民族，宋末元初丽江古城雏形出现，以商贸为生计的城市文明形成，明代成为丽江政治、经济、文化的中心，到清代中期已经基本形成现在的规模，抗日战争到新中国成立得到进一步的发展。纳西人民将人与自然和谐的理念始终贯穿在古城民居和公共设施的建设之中，从而保证了古城小桥、流水、人家的风貌。

丽江古城（洛克拍摄）

（二）木氏土司对丽江古城的形成与发展起到至关重要的作用

丽江木氏土司兴于白沙，因迎接忽必烈，攻破大理，建立元朝有功，而封为茶罕章掌民官，明代朱元璋赐姓木，封为世袭土司，从而开启了统领丽江长达470年的历史岁月，木氏土司将行政中心从石鼓迁到丽江古城，因美丽的金沙江而得名的丽江这一地名，也随之成为丽江古城的代名词。木氏土司在政治上紧紧依靠朝廷，忠贞不贰，互为利用；在文化上积极吸收以汉文化为主的其他民族的先进文化，不断充实和丰富本民族的传统文化，使之不断弘扬光大，古城成为多民族文化交融之地；在经济上大力开采盐矿、金矿、铁矿，大兴水利，富足一方；在军事上借丽江得天独厚的地理特征，在金沙江要塞设边关并不断拓展其势力范围，在古城内大兴土木，建立丽江军民府，威震一方，为丽江古城的形成与发展起到了至关重要的作用。

（三）茶马古道为丽江古城成为滇西北重镇奠定了基础

丽江特殊的地理环境和自然条件成为连接茶马古道的中转站，茶马古道主要靠马匹运输，来自南方的马帮不能适应西北寒冷干燥的高海拔环境，来自西北的马帮不能适应南方高温多雨的低海拔环境，而来自丽江的马帮则可南下，亦可北上，所以南来北往的马帮货物必须在此转换，

木增（1587—1646）

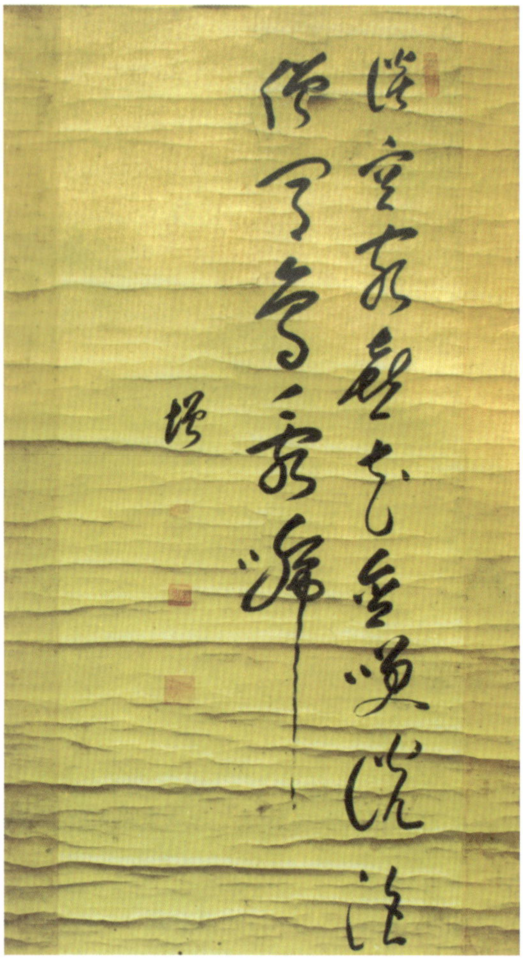

木增书法作品

为丽江古城创造了巨大的商机，丽江古城也因此而成为商品集散地，纳西语称丽江古城为“巩本”，意即仓库做成的村寨或集镇。特别是抗日战争爆发，日本包围了大半个中国，国外支援抗战的物资只能从西南这一通道运输，茶马古道进入了鼎盛时期，丽江古城得到兴盛发展，因此有学者说，丽江古城是马蹄踏出的辉煌。

茶马古道——奉科渡口（洛克摄）

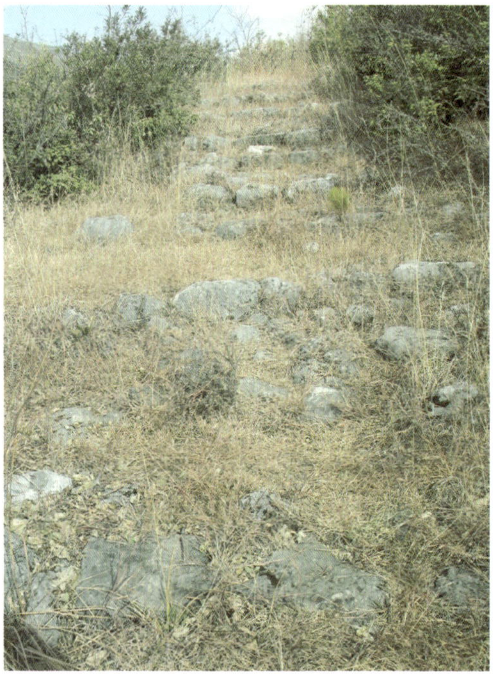

茶马古道遗址

（四）国内外学者研究和介绍丽江古城

1. 徐霞客与《徐霞客游记》

徐霞客（1587—1641），明代伟大的旅行家、地理学家和文学家，明崇祯十二年正月，徐霞客应丽江木氏土司木增的邀请游历丽江，长达 15 日之久，对丽江山水、民俗风情特别对丽江古城作了较为详细的描述，称木府为“宫室之丽，拟于王者”。后徐霞客得病，木增派人用轿护送回江阴，使《徐霞客游记》这本千古奇书得以问世，丽江古城因此被世人知晓。

《徐霞客游记》

2. 洛克与《中国西南古纳西王国》

约瑟夫·洛克（1884—1962），美籍奥地利植物学家，曾服务于美国三个权威机构：美国国家农业部、美国国家地理协会和美国哈佛大学植物研究所。洛克于 1922 年至 1949 年，在 27 年的时间里，对丽江进行广泛的研究，收集了数以万计的东巴古籍文献和实物，采集制作了大量的动植物标本，并拍摄了大量以丽江古城为中心的图片，撰写了《中国西南古纳西王国》《纳西英语百科全书》等巨著，向西方介绍丽江和丽江纳西文化，被誉为西方纳西学之父。英国作家希尔顿用洛克提供的素材撰写了著名小说《消失的地平线》一书，成为人们寻找香格里拉的原型。

《中国西南古纳西王国》

洛克在白沙玉湖李文彪家中（洛克拍摄）

3. 顾彼得与《被遗忘的王国》

20世纪40年代，俄罗斯人顾彼得（1901—1975）受国际工合组织的派遣来到丽江开展工合组织活动，与丽江人朝夕相处，被丽江古城的风情和纳西人民的真诚所感动，写下了脍炙人口的小说《被遗忘的王国》，他认为在丽江找到了梦寐以求的香格里拉。

（俄）顾彼得（顾彼得摄）

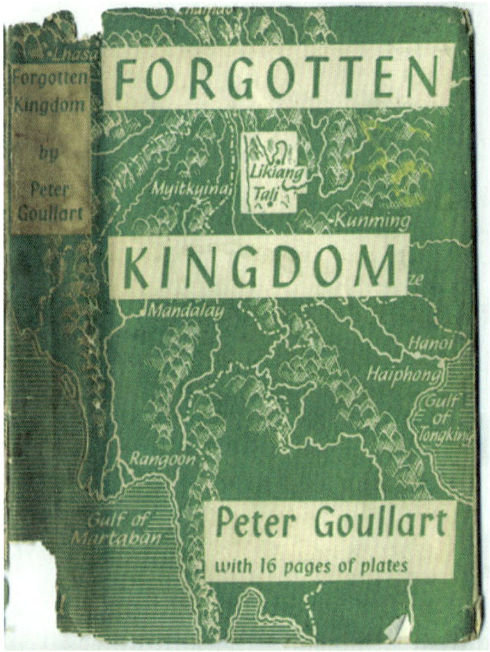

《被遗忘的王国》书影

4. 刘墩桢与丽江古城

刘敦桢（1897—1968），湖南新宁人，中国科学院院士（学部委员），著名建筑家、教育家与梁思成齐名，有“南刘北梁”之说。1938年12月8日至17日对丽江古城进行了为期9天的考察，写下了考察日记，拍摄了大量图片，对丽江古城给予极高的评价；1940年9月在昆明撰写丽江县志稿丽江古建筑部分，对皈依堂、琉璃殿、大宝积宫、大定阁、木氏家祠门坊、忠义坊进行了详细的描述。作为著名的古建筑学家，面对丽江古城民居感慨地说：“我国将来之住（宅）建筑，苟欲其式样结构，犹保存其传统之风格，使之发皇恢廓，适应时代之所需求，则丽江民居，不失为重要参考资料之一也！”

5. 徐振康、和万宝抢救东巴文化

20世纪60年代，徐振康慧眼识宝，拨款抢救东巴经书。80年代，和万宝、方国瑜提出东巴文化概念，成立东巴文化研究室，开始了东巴文化的抢救研究工作。

徐振康（徐晓红供图）

和万宝

6. 方国瑜与《纳西象形文字典》

方国瑜（1903—1983），丽江古城人，中国著名历史学家、教育家，著作等身，成果显著，被誉为滇史巨擘，南天一柱。《纳西象形文字谱》是其代表作。早在 20 世纪初，国内外的学者开始研究纳西东巴文化，而方国瑜、杨仲鸿、洛克、李霖灿等学者是系统研究纳西象形文字的先驱。方国瑜先生历经 40 多年，完成了《纳西象形文字谱》，成为东巴文化研究的压卷巨著，开启了东巴文化研究的先河。

方国瑜（左）与和志武

方国瑜象形文字字谱

7. 艾克迈与《云之南》

1993 年，英国著名电影制片人艾克迈与丽江地委行署合作，历经 4 年，在行署外事办及其主任兰伟先生积极配合和支持下，拍摄《云之南》获得成功。《云之南》将丽江自然景观、风土人情特别是丽江古城的方方面面真实客观地展现在西方面前，给人们留下了深刻的印象，引起了强烈的反响，共有 90 多个国家和地区购买了《云之南》的播放权，为丽江走向世界起了巨大的作用。

《云之南》电影海报

艾格兰先生（左）与兰伟先生

（五）新中国成立后人民政府开辟新城，保护古城

从明代丽江军民府、清代流官府到民国丽江行政专员公署和丽江县政府都设在丽江古城内。新中国成立后，人民政府为保护古城而开辟新城。从 1951 年开始，在古城西北部建设民主路，建大礼堂，随后逐步将行政中心和公共设施搬进新城，有效地保护了古城。

丽江新城

（六）破坏古城的东大街工程被制止

20 世纪 60 年代末期，为发展工商业，政府决定在丽江古城开辟一条由北向南，从玉河桥开始打通四方街直至长水路的笔直道路，并实施了修直中河、盖水泥板形成水泥路面，两边建四至五层高的框架结构房屋，将 17 个工商企业搬迁于此，东大街像一把匕首插入古城的心脏。云南工学院的朱良文教授来丽江古城考察，发现此事痛心疾首，立即紧急呼吁云南省人民政府停止此工程，和志强省长立即批示，予以制止，保住了丽江古城。

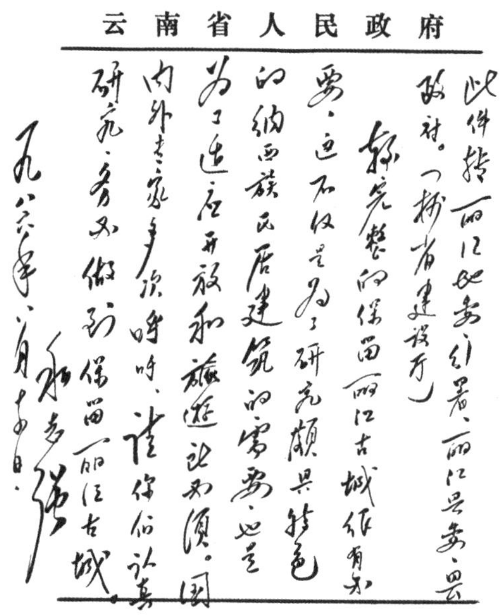

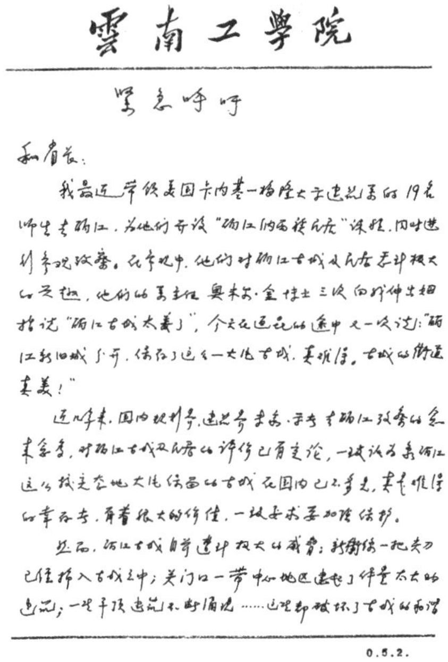

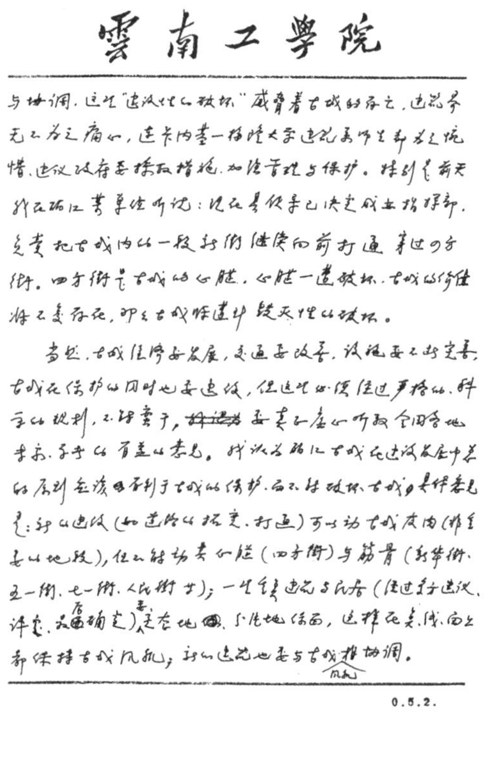

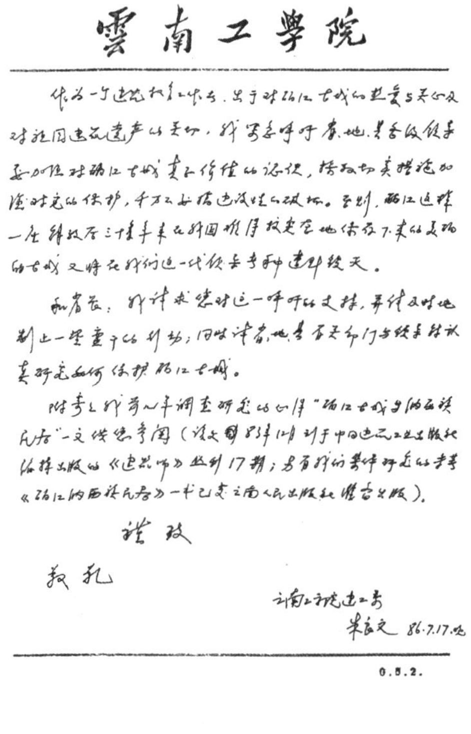

（七）丽江古城入选国家历史文化名城

1986年，丽江古城在地委、行署的领导下，丽江地县城建和文化部门，组织木培根、杨启昌、赵净修、杨寿林、李继白等同志撰写申报材料，开展申报工作。成功地将丽江古城申报为国家历史文化名城，成为中国99个国家历史文化名城之一，为申报世界文化遗产打下了良好的基础。

三、国家文物局一处处长郭旃到丽江古城考察

1995 年 4 月 23 日，国家文物局一处处长郭旃、工作人员詹德华女士，在云南省文物处蔡永辉同志的陪同下来丽江考察丽江古城是否具备申报世界文化遗产的条件。

郭旃同志一到丽江就打听原丽江县文化局局长木培根先生家的住址，说要拜访木培根的家人。他说，8 年来，他时刻盼望着见到木培根先生的家人。1987 年 11 月，国家历史文化名城工作会议在四川阆中召开，原丽江县文化局局长木培根和县志办主任杨启昌代表丽江方面参加会议，不幸的是，木培根先生在阆中病故。郭旃同志作为会议的主办者之一，忧心忡忡：一个来自少数民族地区的官员突然病故，如何是好？人命关天，大家对纳西族了解甚少，只在书本和传说中知道：纳西人腰间插刀，稍有不服，就拔刀相向。过几天纳西人就要来处理后事，我们怎么接待？怎么面对失去亲人的纳西汉子？方案拿了一个又一个，甚至做了最坏的打算，大家众志成城、严阵以待，殊不知纳西人来到阆中，一见面，第一句话就是“你们辛苦了，谢谢你们”。严密的防线一下子崩溃了，天底下竟然还有这样优秀的民族。从此以后，郭旃同志时刻盼望能有机会到丽江去看望木培根的家人。

木培根局长在四川病故，给丽江人民带来巨大的悲痛，丽江人民失去了优秀的儿子，丽江地委、行署，丽江县委、县政府举办了隆重的追悼会，文化部门的工作人员参加了全过程。木培根的骨灰盒回到丽江家中，按照习俗不能从大门进，所以破墙搭梯抬进院子，晚上守灵，众亲友离去，木培根的父亲木近仁老人搀扶着夫人走进灵堂前，慢慢打开红绸包裹的骨灰盒，老夫人战战兢兢地从骨灰盒中挑出一块大一点的白骨，在微弱的灯光下，举过头顶，“这是我的儿子吗？”老泪纵横，泣不成声；放在案桌底下，从四川接气回来的公鸡每半小时啼叫一声，“喔喔喔……”好像一直不停地喊魂，震撼人心。事有巧合，第二天由四川、云南、贵州三省合办的旅游刊物《逍遥游》一书寄到丽江，其中有木培根同志组织的专版，第一篇就是木培根撰写的文章《玉龙山在呼唤》，署名木培根。这样，《玉龙山在呼唤》——木培根的千古绝唱展现在丽江人民面前。呜呼！此乃天意乎？

原丽江县博物馆馆长赵净修同志撰联：

是年青干部血气方刚忽逝矣，金沙江亦哀惋人也何在？
为优秀党员风华正茂犹闻否，玉龙山在呼唤魂兮归来。

原丽江县博物馆杨寿林先生挽联：

闻噩耗，悲黯黯，最敬一生怀磊落，身虽歙去，文化名城书史页。
吊英灵，祷默默，莫辞千里路遥迢，魂兮归来，玉龙皎影唤声频。

木培根局长去世已经整整8年了，现在国家文物局的领导要去他家看望他的家人，大家非常激动。第二天早上，驱车赶到白沙木培根局长家，推开木门，见木培根的夫人正在打扫庭院，院子里刚洒过水的石块在阳光下闪闪发亮，瓦屋上冒着炊烟，二位老人在走廊里准备吃早餐，两个儿子已经去上学。说明来意后大家一下进入激动与悲切之中，郭旃处长紧紧抱着二位年迈的老人失声痛哭，两位新中国成立前参加革命工作享受离休待遇的老人强忍失去独子的痛苦，与不改嫁的儿媳养育着两个未成年的孙子，一家五口人过着艰难而充满希望的生活。郭旃处长说："我终于来了一场舒畅淋漓的大哭，还了长达8年的思念之情。"

詹德华女士穿上了纳西服装，喜欢上了纳西族，爱上了丽江。

告别两位老人，人们到白沙壁画、白沙古街等地参观，在十里桥旁与和士秀医生会面，在铜器铺前讨价还价；然后直奔丽江古城，走新华街，登嵌雪楼，过四方街，访余家大院，马不停蹄，最后跨过大石桥来到玉龙花园用餐。

4月24日，他们登上了玉龙雪山，刚进云杉坪，白云、蓝天、绿雪、草坪、牛马、行人，美不胜收，几位彝族兄弟邀他们骑马，激起郭旃处长的兴趣。郭旃当知青就在内蒙古草原，是马背上的知青。他挑了一匹高大的紫红马，飞身而上，快马加鞭，纵马云杉坪，尽情奔放，来回两圈，收缰勒马，轻松跳下，赞不绝口。离开云杉坪，他们来到白水河旁吃烧烤，雪水清澈、卵石遍地、原始自然生态。

丽江天设地造，人间仙境，天人合一。

一座高入云霄的玉龙雪山突然拔地而起，银光四射，像一座巨大的屏风挡住西伯利亚的寒风，温暖浸润着丽江坝区，巨大的玉龙山冰川及积雪不断溶入地下，从丽江黑龙潭喷涌而出，流向丽江古城，走街串户，连接着4000多个院落6000多户人家，养育25000多人口。世代繁衍生息在这里的纳西人民尊重自然，顺应自然，民居建筑依山傍水，自由灵活，小桥、流水、人家，整个古城没有城墙，与周边田园浑然一体。纳西族历史悠久，创造并保留以东巴文化为代表的丰富的民族文化遗产，这是一座独具特色的城市，完全有条件申报世界文化遗产。郭旃处长说："国家要正式启动丽江古城申报世界文化遗产的程序，希望丽江做好各方面的准备工作。"从此，郭旃处长和詹德华女士与丽江古城结下了不解之缘。

郭旃（右一）看望木培根父母

詹德华女士穿上了纳西服

郭旃（左一）等在白水河小吃

郭旃与翁墩活佛在古城嵌雪楼

古城街景（兰伟供图）

古城街景

右起蔡永晖、詹德华、李锡、詹其友在古城玉龙花园

四、丽江县完成丽江古城申报材料及古城录像片

丽江县人民政府接到国家文物局和国家建设部的通知，国家相关部门将在6月初在北京确定中国申报世界文化遗产项目，要求丽江尽快将材料上报，准备参加会议。县委书记解毅立即召开会议，安排由县城建局撰写汇报材料，由县文化局拍摄古城录像片；并下命令必须在五天之内完成任务。县文化局局长黄乃镇火速将李锡和县文化馆赵德祥馆长找来布置任务，同时请县委宣传部、县广播站给予大力支持，和茂华、王晓明两位摄影师也随之赶来。时间紧，任务重，必须拿出最佳方案。经过讨论，大家决定：先由李锡起草一份讲解词，再请电视台播音，制作好录音带，然后再制作画面，画面先在现有资料中找，不足部分立即补拍，力争做到用最完美的画面展现丽江古城真实的原貌。李锡用一天一夜的时间完成了约2500字的解说词，与黄乃镇、赵德祥修改后定稿；然后请丽江电视台的著名播音员李玲播音，按每分钟150字的口述播音，需要16分钟左右，录像片可达18分钟，不长不短，恰到好处。

一盒声情并茂的录音带做成了，大家就采取白天拍片，晚上制作的办法录制带子，到了第五天晚上深夜两点钟，录像带终于制作完成。李锡住在县政府，可以回宿舍，但是黄乃镇局长、赵德祥馆长还有摄影师王晓明来不及回家，就只能在丽江宾馆住宿了。

同时，丽江县建设局周鸿、段松廷等同志已完成了汇报材料，于是双双向县委交回满意的答卷。

丽江县文化馆馆长赵德祥（赵德祥供图）

丽江地区电视台主持人李玲（李玲供图）

五、联合国教科文中国全委会、建设部、国家文物局在北京召开专家评审会

（一）专家评审会简况

1995年6月15日，联合国教科文组织中国全委会、国家建设部、国家文物局在国务院招

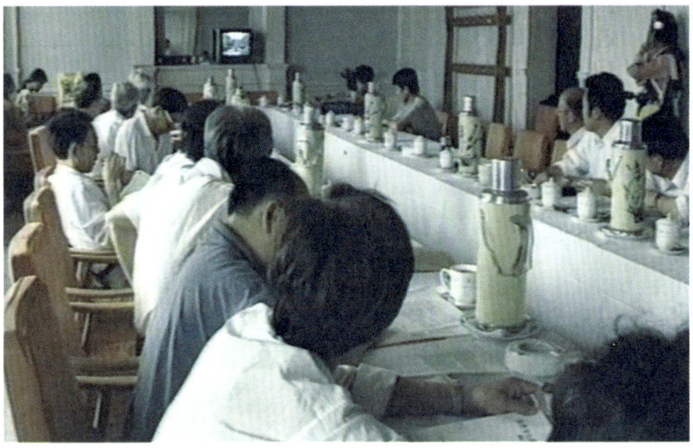

待所召开专家评审会，讨论评审中国申报世界文化遗产项目，会议由国家文物局副局长张柏主持，国家相关部门负责人、国内著名的城建和文物专家郑孝燮、罗哲文、付熹年、徐苹芳、阮仪三、王瑞珠、侯仁之等参加会议。云南省文物处处长邱宣充、丽江县县委书记解毅、县城建局局长周鸿、文化局局长黄乃镇参加会议。北京电视台导演张旭及其先生白枫全程录像服务，丽江在京部分同志协助。丽江县政府为此做了充分准备，除了汇报材料和录像以外，还准备了《国家历史文化名城丽江保护管理条例》《丽江风光》画册、《白沙壁画》《万朵山茶》明信片等资料，每人一大袋。在播放丽江古城录像片后解毅书记做了汇报，邱宣充处长做补充，周鸿局长拿着古城相册分别向专家做介绍。丽江方面的汇报，图文并茂，形象生动，具有很强的说服力，赢得了与会专家的高度评价和充分肯定，会议同意将丽江古城、平遥古城、苏州古典园林一起作为中国推荐项目申报世界文化遗产。

（二）参加会议人员名单

专家名单：

郑孝燮　建设部科技委顾问、国家文物局专家组顾问

罗哲文　国家文物局考古专家组组长

傅熹年　中国建设科技发展中心历史所研究员

徐苹芳　中国社会科学院考古所研究员、国家文物局考古专家组成员

黄景略　国家文物局考古专家组组长

阮仪三　同济大学教师

国家文物局参加人员：

张　柏　副局长　　**郭　旃**　文物一处处长

李向平　文物一处　　**詹德华**　文物一处

孟宪民　文物二处处长　　**李　季**　文物三处处长

郑广荣　博物馆处处长　　**周　明**　处事处

候菊坤　研究室副处长　　**邵　岩**　办公室

张玉亭　机关服务中心

有关部门参加人员：

程晓林　中国联合国教科文组织全国委员会三处处长

马燕生　中国联合国教科文组织全国委员会三处副处长

景　峰　中国驻联合国教科文组织全国委员会三处翻译

王景慧　建设部规划司副司长

汪德华　建设部规划司总工

周日良　建设部规划司规划处处长

王秉洛　建设部城建司副司长

王早生　建设部城建司风景处处长

云南省参加人员：

邱宣充　云南省文化厅文物处处长

解　毅　丽江县委书记

周　鸿　丽江城建局长

黄乃镇　丽江县文化局局长

云南省文化厅文物处处长邱宣充发言

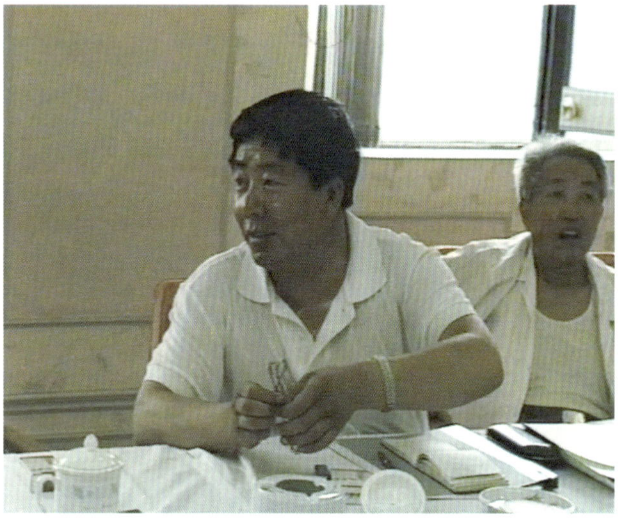

国家文物局副局长张柏主持会议

丽江县委书记解毅汇报情况

（编者注：评审会专家发言根据录音由和志伟整理；图片来自张旭拍摄的电视片截图）

（三）专家发言

1. 郑孝燮发言稿

郑孝燮发言

我是投赞成票的，对丽江报联合国人类遗产我投一票。丽江我没去过，看到一些资料，看了一些文献，还看了一些录像，丽江作为国家历史文化名城，现在我们还要给它升级，要戴上联合国的桂冠，主要价值在于它的纳西族文化为主体的这么一座古城，这座古城在历史上所处的地位，是极端重要的战略地位。刚才听到介绍了，这里在唐朝的时候，是唐朝中央跟吐蕃、南诏争夺的一个地方，在文化上受到汉族的影响；吐蕃在云南的北部，相当长的一段时期都起到一个重大的影响。到元朝时候，忽必烈率军渡金沙江去攻打大理国，而且在这里扎下了脚跟后才南下，成了他一个重要的军事据点。我想这些历史背景对古城的发展至关重要，也正因为这样，它在经济上、商业上往来方便。云南北部的横断山脉，澜沧江发源都在西藏，这是很重要的一个背景。朱元璋以后，这里主要实行土司统治的制度，我想我们向联合国报历史名城的时候，土司主要的建筑文化要有介绍，土司统治470年，有两处建筑：一个在城里，一个在东部。我想这个要报，一个县衙门、府衙门，一种行政中心的建筑要重点保护。这个名城目前报联合国还有一个重要价值是它的整个规划布局，它是灵活的、自由的，不像汉族地区方方正正的格局，它有它的特点就是因地制宜，自由灵活的布局；平遥这个城市的布局、风格、风貌反映的是汉族文化，而丽江古城反映了一个不规则灵活的，不受这些立法规章严格约束的特点，纳西族的文化不一定直接受汉族影响，所以整个丽江城规划布局就很好。

2. 罗哲文发言稿

罗哲文发言

我赞成前面同志的意见，我想补充一下它的价值。中华民族是多民族的国家，多民族的特点一个是多民族文化的融合，建筑等各方面交流。第二个呢，很重要的一点，我们希望古城的保护要加强，将来，的确能够使丽江古城真正、完整地按照世界遗产的要求，花点力气把它保存得完整一些，古城内不要搞新的项目了。

付熹年

3. 付熹年发言稿

我觉得还是要内容比较丰富。我感到古城报批文化遗产最困难了，我们国家在世界上是历史文化名城最多的一个国家，共有99个，但实际上能进世界级的名城很少，从世界上400多个遗产中可以看得出来，有100多个是人文景观和自然景观，去掉自然景观这一片，人文景观就占了一片。在这人文景观里很多都是个体建筑，在很小范围内，个体建筑也比较容易搞好，也容易通过。如果报出去文化遗产的话，对它将来的保护有好处。对我们来讲，我们迫切的工作就是抢救，这里面我觉得报名城特别要慎重，这次丽江作为第一家报联合国的名城，我认为把握比较大，因为这里文化内涵比较多，如果拿别的出去，包括上次提的平遥，我都没把握，所以报名城要慎重。另外，丽江我还觉得是不是范围、名称可以再推敲一下，咱们现在报的是古城，我们可以包括自然环境，把它扩大一下，这样可以更有利一些。

徐苹芳

4. 徐苹芳发言稿

我和大家的意见一样，同意申报，从它的历史情况看，这是一个镇，是自由发展的，所以我们在申报过程中应当把它清理一下。我想我们报的时候，要把它说的科学，讲它的价值，首先一个要抓住科学的定义。我想这个镇发展起来有几片，一片是以木府为中心的，还有一片是市场为中心的，如四方街，应当区分一下就容易说清楚了，比如说木府就不超过元代。另外一个，建筑的形成，我们恐怕也要做一点调查，哪一片的建筑比较老，哪一些是比较晚的，把这个理清楚了以后，这个镇发展的脉络就会比较清楚了，我想这工作是要做的，一个镇保存得那么好，在中国找不到第二个，而且还有特殊的意义，所以我们应该尽量争取成为世界文化遗产，同时作为一个正式的科学研究项目，把我们报的材料提高到科学水平。

5. 黄景略发言稿

古城在丽江保持到现在这个情况，在中国已经是很难得了，如果不抓紧时间把它保护下来，那么它比较脆弱，以后经济发展冲突，它就完了。去年年底我去了趟云南，只到了大理，没有到丽江，已经觉得很不错了。跟我去的人说，你还没有看到最好的，丽江要比这个还好。云南对滇西北这块地方是很重视的，我们回来到省里听了介绍情况，它是要把滇西北发展成为疗养区，口号叫要搞东方日内瓦。这些地方的确也是这样的，高原天蓝得不得了，水也非常清，环境很好，没有污染，所以把丽江古城作为世界文化遗产保留下来，对以后发展旅游业很有利。从这个角度来看，省里和地方上会有这个积极性的，这次是县委书记来了，充分表示地方的积极性高，我觉得从人和这个条件来说，丽江是具备了，及时把它报上去并保留下来是个很好的机会。

黄景略

6. 阮仪三发言稿

丽江古城在我们国家的文化遗产当中，是到目前为止保护得比较完整的、比较有特色的高原城市。这个城市布局的形态、街道和城市的艺术处理形成的一些结晶是我们现在留下来比较好的。你们这个录像还没有拍出来，我以前搞城市历史调查的时候去过丽江，觉得我的胶卷不够用，到处是井、小桥、池塘、房子的房栓，还有绿树辉映，红花绿叶，而且环境特别幽静。“小桥流水人家”这个情景是非常突出的，再加上高原上给人非常清丽的感觉，跟苏州是两个味道。苏州有比较多的文化内涵，而丽江是非常清丽、淡雅的一种山城味道。当然山在背后，但是这个城市里边地形上还是有所变化的，有高有低。就城市来讲，它的布局，街巷分水陆两个体系，水除了供应人们吃用以外，也造就了城市非常美丽的景色，这个景色正是人们能够在这里安居乐业的基础，这一点非常重要。另一方面，属于无形文化。按照日本人讲，有无形文化场和有形文化场两个相辅相成，如果没有这个文化内涵，城市本身就不具有生命力，丽江古城具有自己特有的少数民族和汉族交融形成的文化特色，这一点，也是很重要的，而且也是跟其他中原城市区别的地方，正好也说明我们中华民族的伟大和广博。我非常赞成把它列为世界文化遗产，以后我们就有一个世界的宝贝。总之，我们进行宣传以后，关键是人民群众认识到这是个宝。

阮仪三

王瑞珠

7. 王瑞珠发言稿

第一个是自然环境，自然的条件地理位置，它有雪山、有金沙江和古城，我觉得是我们中国一种丰富文化背景下的，以山水为主，充分利用地形构筑起来的，反映了我们这个民族历史的悠久和当地民族的勤劳。水系我看了也很有特色，有水、有井，像三眼井就很有特色。

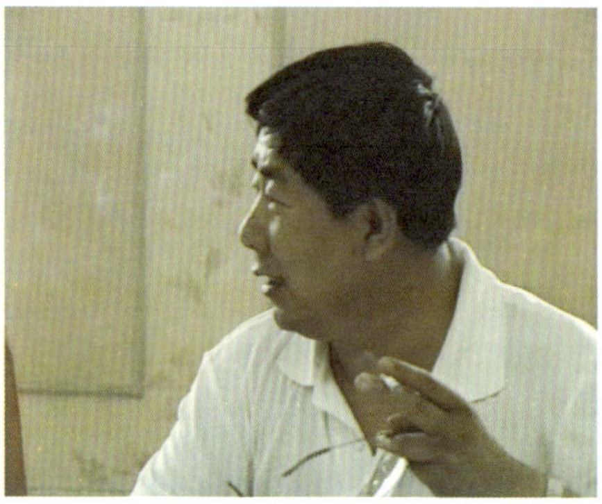

张　柏

（四）张柏总结

没有别的意见了吧，这个项目就这样了，专家的意见很清楚了，第一个就是同意报，第二个就是回去以后要把材料弄好，第三个要科学地保护好。你们这个宝贝，是咱们国家的一个宝贝，专家们希望很大，所以咱们按照专家们提的意见和建议，回去好好地考虑考虑。我觉得你们这几个做法挺好的，几个措施也是挺好的，比如说有法、有明确的指导思想；有具体措施，包括建新区、保老区，包括 54321 工程，一定要按照保护古城的原则，把它真正地保护好，在现有的基础上，再好好考虑考虑，把保护再好好抓一抓。

1995 年 9 月朱镕基副总理到丽江考察，翻阅《丽江风光》画册，评价丽江很有文化

丽江白沙壁画

环球第一树——山茶之王
THE KING OF THE CAMELLIA—THE FIRST TREE IN THE WORLD

张旭、白枫夫妇

六、国家文物局一处处长郭旃到联合国教科文组织提交预备清单（1995年7月）

1995 年 6 月 15 日，郭旃在北京丽江古城申遗评审会上

七、国家建设部、云南省建设厅分别下派干部到丽江任职

1995年8月，建设部分别下派徐中堂挂职丽江行署副专员、陈矼挂职丽江县副县长；云南省建设厅下派张辉挂职丽江县副县长。

徐中堂副专员

陈矼副县长

张辉副县长（张辉供图）

八、国家历史文化名城专家到丽江古城考察

1995年9月，国家历史文化名城专家委员会委员郑孝燮、阮仪三、鲍世行一行3人到丽江古城进行为期7天的考察。

专家们对丽江古城及其周边环境进行考察，分别到丽江古城、白沙壁画、石鼓长江第一湾等地一一调研，对丽江古城的价值充分肯定，尤其对丽江古城既有明代土司府衙署，又有清代流官府衙，“一城两府”；四方街建设别于“两府”，四通八达，自成体系，成为商贸活动的中心，“三足鼎立”构成稳固而自由散发的古城布局产生了浓厚的兴趣。

郑孝燮和李锡在石鼓

郑孝燮冒雨在古城五一街考察

郑孝燮（右）、周鸿（左）、和云璋（中）

郑孝燮（中）、和绍兴（右）、周鸿（左）和玉峰寺喇嘛

郑孝燮和鲍世行（右）在黑龙潭

（左起）李锡、周鸿、阮仪三、赵重合在古城

古城全景图

郑孝燮在古城

民居大门

九、丽江县副县长和绍兴到联合国教科文组织汇报申报工作

1995年11月，丽江县副县长和绍兴借到法国巴黎的机会，到联合国教科文组织巴黎总部拜访，汇报丽江古城申遗工作，梁敏子女士等联合国教科文组织官员热情接待了他。

十、丽江县成立“丽江古城申报世界文化遗产工作组”

1995年12月13日，丽江县成立丽江古城申报世界文化遗产工作组，任命陈砋为组长，张辉、司晋云、李锡为副组长，从城建、文化等部门抽调段松廷等14人为成员。办公室设在丽江县博物馆，由李锡担任办公室主任。工作组下设文字、图片、图纸、录像四个小组，开始了全面细致的申报工作。

（一）丽江县人民政府关于成立丽江古城申报世界文化遗产工作组的通知

丽江纳西族自治县人民政府办公室关于成立丽江古城申报世界文化遗产工作组的通知

县直有关单位：

为了认真做好丽江古城申报世界文化遗产这一工作，县人民政府决定抽调县直有关单位人员组成丽江古城申报世界文化遗产前期工作组，具体负责有关项目申报的准备工作，现将工作组人员通知如下：

组　长：陈　砋（县人民政府副县长）

副组长：张　辉（县人民政府副县长），司晋云（县城建局副局长），李　锡（县文化局副局长）

成员：和体正（县城建局），木庚锡（县城建局），赵净修（县文化局），王志弘（县文化局），王晓明（县委宣传部），杨尔良（县文化局），和茂华（县广播电视局），杨启昌（县志办），和盛本（县档案局），段松廷（县城建局）。

工作组办公地点设在县博物馆，由李锡同志兼任办公室主任。

要求被抽调人员的所在单位领导，顾全大局，督促被抽调人员，务必于12月18日到县博物馆报到。各单位决不允许以任何条件、理由相互推诿，以确保做好此项工作。

抽调时间，1995年12月18日至96年6月底。被抽调人员的工资、奖金、福利以及差旅费均由原所在单位负责。

特此通知

一九九五年十二月十三日

县申遗工作小组全体成员合影（后排左起：洪卫东、张云萍、白清泉、杨尔良、陈砙、李静、和占军、司晋云、余存俊、和寿华、和映群、王晓明　前排左起：和凤菊、和木秋、和秋生、赵秀云、李锡、和体正、段松廷、李志清）

（二）丽江古城申报世界文化遗产工作组具体分为：申报文本组、录像组、图片组、图纸组

丽江古城申报世界文化遗产办公室——丽江县博物馆全景

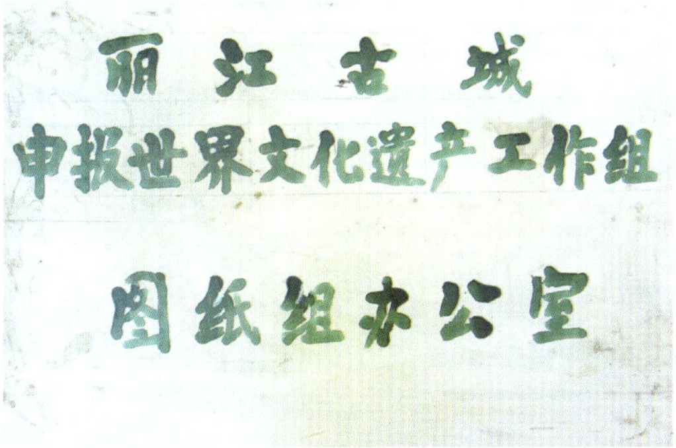

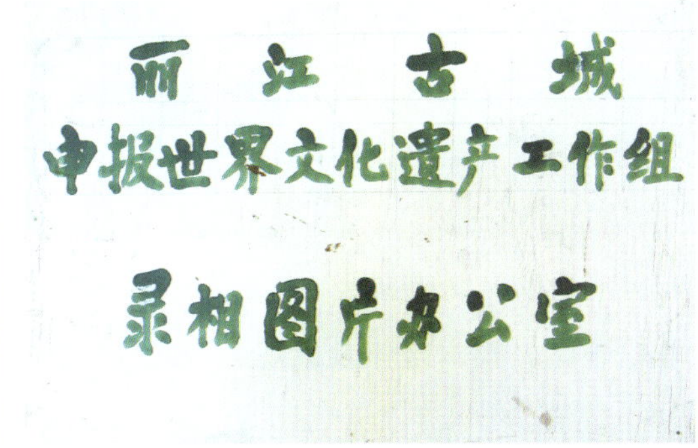

（三）国家文物局提供申报指导材料

丽江成立申报遗产工作组后，很快得到国家文物局提供的申报指导材料，包括《世界遗产目录提名表》以及国内关于申报世界文化遗产的相关资料。詹德华女士还专门撰写了一篇关于《世界遗产名录》和中国开展申报世界遗产历程的文章帮助指导我们开展相关工作，为我们提供了世界文化遗产概念及标准：

詹德华（詹德华供图）

一、世界文化遗产概念

根据“实施《保护世界文化与自然遗产公约》的操作指南”，文化遗产的定义是：

1. 文物古迹：从历史、艺术或科学角度看具有突出的普遍价值的建筑物、碑雕和碑画、考古元素或结构、铭文、洞窟以及联合体；

2. 建筑群：从历史、艺术或科学角度看在建筑式样、整体和谐或与所处景观结合方面具有突出的普遍价值的独立的或相互连接的建筑群；

3. 遗址：从历史、审美、人种学或人类学角度看具有突出的普遍价值的人类工程或自然与人联合的工程以及考古发掘所在的。

二、世界文化遗产突出普遍价值定义

根据“实施《保护世界文化与自然遗产公约》的操作指南”，突出的普遍价值指文化和（或）自然价值之罕见超越了国家界限，对全人类的现在和未来均具有普遍的重大意义。因此，该项遗产的永久性保护对整个国际社会都具有至高的重要性。世界遗产委员会将这一条规定为遗产列入《世界遗产名录》的标准。遗产列入《世界遗产名录》时，世界遗产委员会会通过一个《突出的普遍价值声明》，该声明将是以后遗产有效保护与管理的重要参考。

（四）世界文化遗产标准

根据“实施《保护世界文化与自然遗产公约》的操作指南”，如果遗产符合下列一项或多项标准，委员会将会认为该遗产具有突出普遍价值：

Ⅰ. 人类创造精神的代表作；

Ⅱ. 展示出在一段时期内或世界某一文化区域内，建筑、技术、古籍艺术、城镇规划或景观设计的发展方面人类价值观的重要交流；

Ⅲ. 能为依然存在或已消逝的文明或文化传统提供独特的或至少是特殊的见证；

Ⅳ. 是一种建筑、建筑整体、技术整体及景观的杰出范例，展现历史上一个（或几个）重要阶段；

Ⅴ. 是传统人类居住地或土地使用的杰出范例，代表一种（或几种）文化，特别是由于不可逆变化的影响下变得十分脆弱；

Ⅵ. 与具有突出的普遍意义的事件、或传统、观点、信仰、艺术作品或文学作品有直接或实质的联系。（委员会认为本标准只有在特殊情况下才能作为遗产列入《名录》的理由并且应与其他文化或自然遗产标准一起使用。）

十一、丽江发生 7.0 级大地震，申报工作中断

（一）丽江古城严重受损，申报工作被迫中断

1996 年 2 月 3 日 19 时 14 分，丽江县境内发生了里氏 7.0 级的强烈地震，人民的生命财产遭到严重的损失。死亡 293 人，重伤 3706 人，上万人轻伤，20 多万人无家可归或有家难回，直接经济损失 58 亿元。80% 以上的古城民居遭到不同程度的破坏，严重的全部倒塌，黑龙潭干涸，出水口变成了“落水洞”，丽江第一景观黑龙潭一下变成了腐臭无比的烂泥潭，从清溪下来的清水流向“落水洞”，园林工人用蛇皮布阻拦，清水不断从蛇皮布里渗出，一滴又一滴正如伤心之人不停地在流泪。几个不懂事的小孩在出水口的沙子里寻找物件，目不忍睹；黑龙潭象山西侧出现了长达一百多米的裂缝，南北走向，正好穿过五凤楼大殿，五凤楼受损严重；古城内三条河流和无数小溪失去了往日的喧闹，河里到处是土坯、残瓦和垃圾，古城淹没在地震带来的悲伤之中。世界文化遗产申报工作被迫中断，工作组人员全部返回原单位参加抗震救灾。

古城地震受损（组图）

古城地震受损（组图）

古城地震受损（组图）

震后干涸的黑龙潭

（二）各级领导视察地震灾情

一座正在申报世界文化遗产的古城发生了强烈地震，引起了国内外的极大关注，90 多个国家和地区的领导以及联合国秘书长致电中国政府和领导人表示关切，国内外相关机关和团体纷纷伸出援助之手，李鹏、吴邦国、温家宝、刘华清等党和国家领导人亲临丽江慰问灾民，指导抗震救灾。

和志强省长代表省委省政府慰问丽江灾民（市方志办提供）

和志强省长视察灾情（习慧仙供图）

（三）申报组全体人员投入抗震救灾

（左起）王志泓、李继白等

《全民动员　重建家园》（杨国相绘画）

（四）黑龙潭水复出

1996年2月7日早晨，丽江传来振奋人心的消息，古城人民奔走相告："黑龙潭出水了。"2月3日地震，黑龙潭泉水突然干涸断流，仅隔四天又恢复出水，并且流量比原来都大，真是神奇。有人说地震使黑龙潭地下岩层开裂，水脉断流，余震又使岩层吻合，水脉恢复，泉水复出。清澈的泉水，从锁翠桥喷涌而出，流向古城，涤荡地震留下的淤泥浊水，给丽江人民带来新的生机，大快人心。

黑龙潭公园（叶炳林摄）

（五）邵逸夫为丽江地震捐款

1996 年 2 月 7 日早上 10 点钟，李锡接到来自教育部港台中心丁雨秋同志打来的电话，说香港著名人士邵逸夫先生对丽江发生了强烈地震表示慰问，并准备为丽江地震捐款。

李锡立即将这一情况汇报给丽江县政府办公室。邵逸夫为丽江捐款 1370 万港币。

（六）丽江县博物馆为邵逸夫举行祈寿仪式

1995 年 8 月 24 日，香港著名人士邵逸夫先生及陪同人员方小姐一行在国家教育部港台中心丁雨秋同志的陪同下参观丽江县博物馆。这是一次难得的机会，丽江县博物馆为此做了充分的准备。除了安排贵宾欣赏博物馆珍贵藏品外，重头戏是为邵先生举行一次隆重的祈寿仪式：邵先生德高望重，已经是 86 岁高龄，祝他健康长寿是大家共同的心愿，恰好在纳西族传统习俗中有一套为德高望重的老人举行的买寿岁仪式——祈寿仪式。为此，大家请老东巴为邵先生祈福，祝他健康长寿。独特的文化，庄严的仪式，亲切的场面让邵老兴奋不已，留下了深刻难忘的印象。丁雨秋同志说，这是一次难忘的丽江之行。

老东巴和仕诚（左）、音乐学家宜科和邵逸夫（右）在一起

老东巴和学文为邵逸夫举行祈福仪式

（七）香港何氏家族为丽江地震捐款

丽江地震牵动着全国华人之心，香港烟草集团公司何英杰、何柱国及亲属为丽江地震捐款7500万港币。

（八）何柱国参观丽江县博物馆

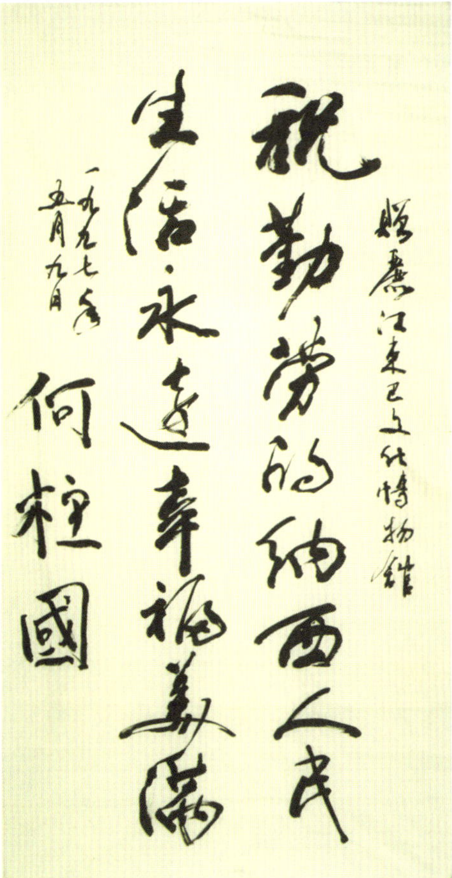
祝勤勞的納西人民
生活·永遠幸福美滿
贈麗江東巴文化博物館
一九九七年五月九日
何柱國

（九）建立香港同胞捐赠纪念碑、《纳西魂》雕塑、丽江地震救援纪念碑

为了表达对香港同胞的感激之情，让子孙后代铭记手足情，丽江建立了香港同胞捐赠纪念碑。纪念碑位于丽江新城北端，背靠玉龙山，眺望丽江古城。纪念碑底座周长 19.97 米，高 7.1 米，寓 1997 年 7 月 1 日党的生日和香港回归祖国这一天建立。纪念碑标示为双手合十紫荆花，紫荆花象征香港，寓意爱的奉献，象形文字“日”“月”寓同胞厚爱，观照日月，主碑墙长 19.96 米，高 2.3 米，表示丽江人民永远忘不了 1996 年 2 月 3 日不幸的时刻，墙体上刻有云南省省长和志强题“香港同胞捐赠纪念碑”，以及中英文捐赠单位、个人芳名、捐赠金额。纪念碑广场为七星图案，表达纳西族人民团结一心，重建美丽家园的决心。

香港同胞捐赠纪念碑（张辉供图）

丽江地震救援纪念牌

《纳西魂》反映纳西族人民在地震灾难中“凤凰涅槃”为主题的城市雕塑（作者马庆云，张辉供图）

（十）丽江县博物馆防震棚成为丽江古城申遗工作联系点

地震迫使申报工作组成员返回各单位抗震救灾，丽江县博物馆自然成为申报遗产工作的联系点。

李锡家地震受损严重，房屋倾斜，围墙倒塌，瓦片坠落，不得不到博物馆避难。一家四口人和工作人员住进临时防震棚，后县抗震救灾办公室特意安排了一顶救灾帐篷，于是和博物馆安全值班人员木耀君、和志伟、杨锡莲、姚润芝等住在一起，一住就是半年，救灾帐篷成了丽江古城申遗的联系点。

几乎每天都有来自不同媒体的记者和相关人员到博物馆采访和考察，关注丽江古城申遗的情况。工人日报社驻云南记者站记者何金武先生就是常客。大家在一起讨论，丽江古城受损如此严重，还能够完整地恢复重建，还能申报世界文化遗产吗？记者说：古城地震第二天，有的竖新房，有的举办婚礼，有废墟旁的小提琴独奏声。而这就是纳西人，经历过无数艰难险阻的纳西族人民在地震灾难面前保持着一种不畏艰辛、积极向上重建家园的信心。第二次世界大战结束后，德国一片废墟，社会学家泼普诺实地考察，发现住在地下室的居民，每家桌子上都摆了一盆鲜花，他断言：任何一个民族处在这样困苦的环境，还没有忘记爱美，那就一定能在废墟上重建家园。人们相信勤劳的纳西族人民一定能够在废墟上站立起来，丽江古城申遗一定会成功！

大约在 2 月 11 日左右，工作组接到云南省文物处处长邱宣充同志的电话，说联合国教科文组织将派专家来丽江考察，评估丽江古城是否还具备申遗的条件。看丽江的态度如何。工作组又惊又喜：惊的是丽江古城受损严重，而且还在余震之中；喜的是丽江古城受到联合国教科文组织的如此关注。他们立即向县委县政府领导汇报，县委县政府领导作出指示，事关重大，请和志强省长来决策。他们将情况转报省文物处邱宣充处长，邱处长转报和志强省长，和省长态度非常坚决：欢迎联合国专家来丽江古城考察。基于丽江的实际和安全考虑，国家文物局和省文物处安排联合国专家于 2 月 16 日考察丽江古城半天，早上从距丽江 70 公里的剑川县出发，下午回剑川住宿，并要求丽江做好接待和汇报工作。“半天”极其珍贵。县委书记解毅、县长和自兴在百忙之中召集副县长陈矼、建设局局长周鸿、文化局局长黄乃镇、副局长李锡等相关人员，安排接待和汇报工作。此时离 16 日只有 3 天时间。

领导要大家在一天内提出接待方案，包括考察线路、活动内容、汇报材料：考察线路和地点既要让专家看到古城受损严重的场景，又要让专家看到古城的基本格局不变，纳西族民居建筑墙倒房不倒，可以按原貌恢复的实际情况，特别要看到纳西文化之魂还在，丽江人民有能力恢复重建丽江古城。工作组接受了任务，回到博物馆开始了紧张而有序的筹备工作。白天考察线路，确定地点、联系人员、汇报方案，晚上撰写汇报材料。2 月 15 日和文化馆馆长赵德祥同志一起在五凤楼完成汇报材料时已经是晚上 10 点半。

丽江地区方志办杨树高和丽江日报社的陈琼经过采访，在《丽江日报》上发表了丽江古城将继续申报世界文化遗产的文章。

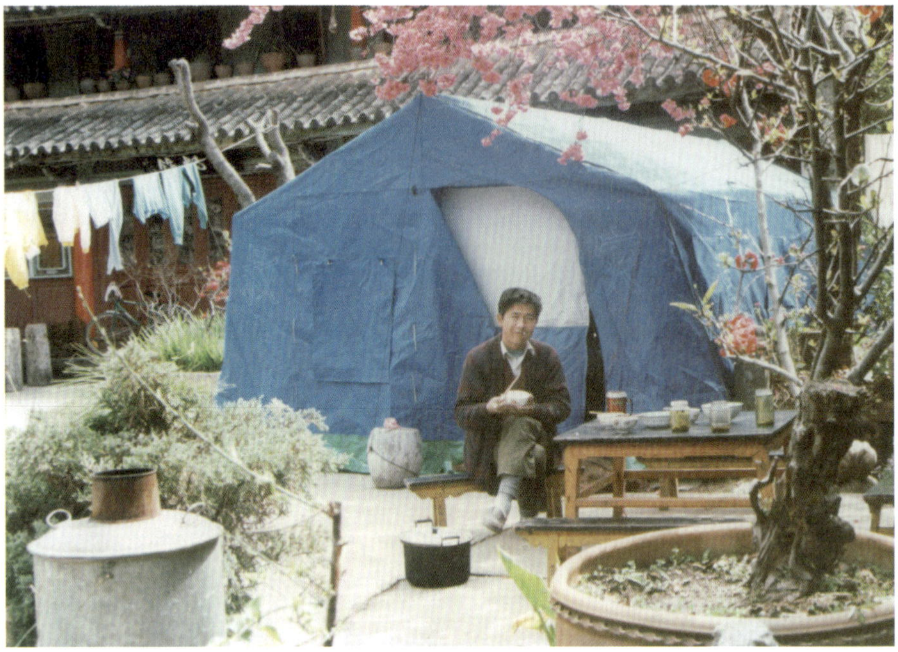

李锡在博物馆防震棚前

李锡与联合国专家木卡拉在博物馆防震棚前合影

十二、梁敏子女士考察丽江古城

1996 年 2 月 16 日早上 9 点，联合国教科文组织世界遗产中心官员梁敏子女士、联合国教科文组织驻亚太地区办事处主任理查德先生在国家文物局处长郭旃、云南省文化厅文物处处长熊正益的陪同下来到拉市乡政府所在地海东行政村，同行的还有新华社记者周笑雪、县长和自兴、申报世界遗产工作组陈砡、李锡、司晋云同志前往迎接，随后来到格兰酒店，县委书记解毅等领导在此等候。由于时间紧，未经休息考察团一行戴上钢盔帽，从新华街到四方街、七一街转百岁桥、再回光义街，随后到黑龙潭。考察团一行既看到地震后保存较好的新华街、四方街、光义街，又看到受损严重的百岁坊，看到纳西族民居墙倒房不倒的建筑特征，以及完全可以修复如初的客观条件。震后 13 天，丽江古城虽然遭受严重的破坏，但社会安定、秩序井然，小桥、流水、人家的格局依然还在，给考察团留下了深刻的印象。

县委书记解毅在格兰大酒店迎接贵宾

梁敏子一行在古城考察

考察团到了黑龙潭却是另一番景象：丽江自然景观和人为景观的荟萃之地黑龙潭是地震受损最轻的地方之一，有古朴大方的清代文明坊和雄伟健壮的明代石狮子；锁翠桥下喷涌而出的玉泉水形成瀑布，顺着玉河流向古城，皎洁的玉龙山倒映在天光云影的龙潭中；亭亭玉立的得月楼前横卧着长长的五孔桥，玲珑袖珍的一文亭点缀在湖面。顺着石板古道，解读古树丛林中明代建筑解脱林门楼、光碧楼以及设立在其中的丽江县图书馆和东巴文化研究所；离开新建的万寿亭，步入曾被乾隆皇帝加封过的龙神祠，丽江中国大研纳西古乐会的老人们早已等候多时，一曲优美的纳西古乐把考察团一行引入“此曲只应天上有”的境地。20 余位年纪七八十岁的老人的精彩演奏及投入的神情震撼了每一位听众。第二曲刚结束，梁敏子女士迫不及待地走上前去和老人一一握手，热泪盈眶；著名的纳西族音乐家宣科先生用中英文的介绍更使纳西古乐演奏会到达高潮。文化还在，纳西族古老的文明和自强不息的精神还在。在这些老人身上怎么也感受不到，这里才刚刚遭受七级地震。告别老人，一桌热气腾腾的纳西八大碗宴席，已经安排在珍珠泉边的草地上，几乎是席地而坐。初春二月，阳光明媚，大地上铺满了刚刚初生的绿草，百年垂柳吐出乳黄色的嫩芽，几株盛开的野桃花相互交错，桃红柳绿，泉水叮咚；北面的玉龙雪山半遮半羞，近在咫尺，远在天边……在剑川用过早餐的考察团一行早已是饥肠辘辘，美味飘香的饭菜让客人们宾至如归。为了这顿草地宴席，县文化馆馆长赵德强同志特意请丽江名厨王庭龙的女儿王晓风主厨，典型的纳西族八大碗应有尽有，春节宴席必不可少的猪项圈是张丽清同志从自己家里拿来的，宴席的主菜是纳西族的铜火锅，它是纳西族的传统名菜，主桌的那只火锅是丽江县文化馆的祖传。

梁敏子一行在古城考察

（左起）陈砇、理查德、梁敏子、和自兴在黑龙潭

梁敏子一行在龙神祠聆听纳西古乐（演奏人员名单：宣科、李灿青、黄丽梅、黄尔雅、习宏一、王震武、李承干、张龙汉、杨曾烈、和凌汉、牛维炯、和鸿章、和忠、王士尧、杨厚坤、王朝信、李月桂、周秋鸿、和化生、习梅芳、和文花、和秀芬、赵鹤年、和尚朝、和泽刚、和慧）

梁敏子一行在珍珠泉边吃工作餐

梁敏子一行参观丽江县博物馆

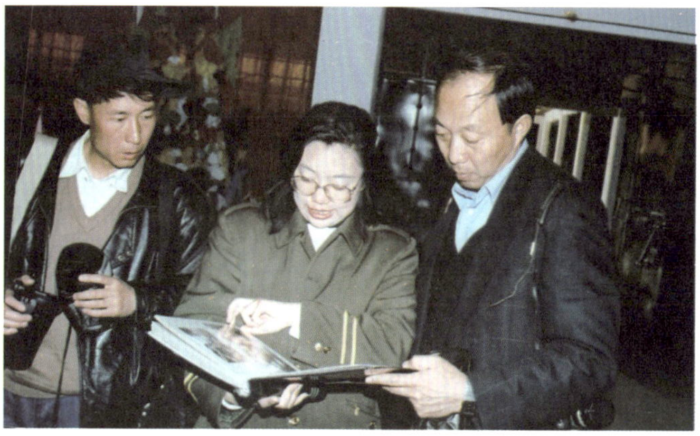

（左起）云南省文物处副处长熊正益、陈砿、郭旃

用过午餐，考察团经过明代建筑五凤楼，来到仿纳西四合五天井而建的丽江县博物馆，参观文物展览，与老东巴和学文先生亲切交谈，原丽江县博物馆馆长赵净修先生为考察团书写东巴文字对联，然后在东巴文化展厅临时布置汇报会，将展柜挪向四周，搬来桌椅板凳，围成一圈，营造了一个特别场所。主客双方围坐一起，媒体记者在外层，四周展板、展柜尽是珍贵的东巴文化展品。丽江县行署专员和段琪、丽江县委书记解毅、县长和自兴、副县长陈砿以及申报工作组成员和相关部门领导参加汇报会。

在听取了汇报后，联合国官员和国家文物局负责同志一致认为，古城虽然遭受严重破坏，但古城的基本格局还在，代表古城的文化精髓还在，具有悠久历史文化、热爱生活、自强不息的纳西人民还在，古城完全有条件按原貌复原；同时丽江大研古城是活着的城市，不同于王室宫殿，非常有特点，丽江古城的申报将弥补中国世界遗产中的空白。丽江大研古城申报世界遗产的原定程序不变，联合国教科文组织和中国政府将全力支持丽江申报世界遗产，并打破惯例：联合国教科文组织将对丽江古城恢复重建给予调拨 4 万美元的经费援助。

汇报会气氛热烈，联合国专家给丽江人民以振奋、定心和鼓励，也坚定了丽江人民申报世界文化遗产的决心和信心，同时保证了丽江古城能够原貌恢复。地震初期由于土坯建筑的倒塌导致不少民众在恢复时准备改用其他建筑材料，甚至有的领导还有要将丽江落后的土坯建筑废除的说法，如果是这样的话古城恢复的真实性就要大打折扣，申报的条件就要丧失。特别是忙坏了媒体记者，“遭受大地震后，丽江大研古城完全有条件申报世界遗产，联合国教科文组织和中国政府将全力支持丽江申报世界遗产”的消息通过媒体传遍世界，汇报会的谈话内容越来越多，大家忘记时间已过5点，客人应该返回剑川。但是此时梁敏子女士提出：丽江大研古城不是孤立存在，它与周边山川、四周村庄融为一体。她要求到周边的受地震破坏比较严重的村庄看一看，这是工作组原来没有想到的，但是应客人的要求，工作组选择了返回剑川路边的黄山乡白华行政村的开文自然村。

开文自然村位于大研古城西南部，是“2・3”地震受灾最重的村庄之一，同古城一样的民居建筑受损严重，考察团一行与老乡亲切交谈，问寒问暖，互致问候。梁敏子说：“丽江是世界上最美丽的地方之一，我要带世界上最著名的规划师和设计师来到丽江帮助恢复重建工作。”由于时间关系，大家不得不离开开文村。夕阳西下，一束束阳光透过马鞍山的丫口射在长水路两旁的白杨树上，泛出淡淡的金色光芒。目送考察团的中巴车消失在长水路的尽头，爬上蜿蜒曲折的黄山坡，内心一阵阵的喜悦，同时感到艰苦的申遗之路在等着大家……

丽江地委行署、县委县政府领导在博物馆东巴文化展厅举行汇报会

梁敏子女士一行到黄山乡开文自然村考察

丽江古城申报世界历史文化遗产工作仍在进行

联合国官员将来丽考察

强烈的地震，使丽江古城受到重创，但申报世界历史文化遗产的工作仍在进行，联合国官员将于2月16日来丽江考察。

联合国官员此行的目的是对丽江古城进行实地考察预审；评估地震给古城造成的损失，提出资助意见。

丽江古城申报世界历史文化遗产工作组办公室主任李锡告诉记者：地震给古城造成极大的伤害，但古城的历史沿革，古城的科学选址、充分利用自然、合理规化布局，“家家流水、户户垂杨”，古城自由灵活、不拘一格、富有变化的街道布局，作为古城灵魂的丰富的文化内涵等申报的基础条件没有改变，原定申报程序不变。

（杨树高　陈琼）

1996年2月16日《丽江日报》发表的采访报道

十三、白沙民居建筑群、束河民居建筑群列入世界文化遗产范围的客观条件和主观因素

（一）客观条件

白沙是纳西族定居丽江坝最早的村落之一，是木氏土司的发祥地，人杰地灵。据府志记载，白沙街早在唐代就有夜市。至今，这里还保留有唐代石狮，明清古建，白沙壁画，古迹斑斑，风景秀丽，几百户以三坊一照壁为主的民居建筑，以白沙街为中心，布局在南北走向的街道上，形成纵横交错的巷道和水系网络。四方街北高南低，引水入街，流水潺潺，一千多居民世代繁衍生息在这里，创造和保留了灿烂的物质文明和精神文明。每逢正月二十日“棒棒节”，这里成为丽江农副产品的交易场所和文化活动的中心，以农具为主的商品琳琅满目，应有尽有，有只缺“鸡笼头”之说。

因皮革业而兴盛繁荣的束河民居建筑依山傍水，错落有致。风水宝地，人才辈出，有“二龙抢宝出和氏三杰”之说。以青龙河上的大石桥为中心将其分为东西两个群落，西部群落依山而建，通风向阳，九鼎龙潭泉水由北向南，贯穿村落，形成小桥流水人家的江南水乡特色；东部群落，以四方街为中心，四通八达，街巷纵横，同样引水入街。束河以得天独厚的水利资源和离古城相近的自然条件，逐步成为茶马古道上的物资保障基地和休养身心场所。皮革业是束河居民的主要经济来源，“家家制革，户户纺线”成为束河独特的景象。束河人以皮革技艺走南闯北，“一个锥子走天下”是束河精神最好的诠释。

白沙民居建筑群鸟瞰图

白沙四方街

农耕

十里桥

街景

白沙壁画《孔雀明王海会图》

白沙义务文物保护小组（成立于 1987 年 11 月 27 日，前排：左：和澡、段修麟、和锡乾、和兆基、和显达、和顺礼、和耀祖、和文铎、和泽民；后排：左起：王庚奎、和光明、赵净修、木乘荫、李共久、和发源、和仕昌、和振功、木健先、和继武、李锡）

琉璃殿（玉龙县文管所供图）

大宝积宫（玉龙县文管所供图）

古城大石桥（车文宇供图）

（二）主观因素

地震期间，联合国官员梁敏子考察丽江古城，成为白沙民居建筑群和束河民居建筑群列入世界文化遗产范围的重要启示。

1996年2月16日，梁敏子考察丽江古城，在经过考察和听取汇报之后，强烈支持丽江继续申报世界文化遗产。会议即将结束，但人们总觉得还有许多话要对联合国专家说，丽江古城的价值不仅在于古城本身，还有周边的山水田园，民居村落与古城形成天然的血肉联系，成为不可分割的整体。这些话无意激发了梁敏子的兴趣，说要再去看一个古城周边地震受损严重的村子，于是临时决定到白华开文村考察。开文村虽然遭受地震的严重破坏，但依然保留着原始村落的基本布局，显示出纳西族民居建筑的风貌。好客的村民热情欢迎梁敏子一行，梁敏子说："开文村同古城一脉相承，形似神似，不可分割，丽江古城是一个活着的文化遗产，而且充满生机，价值独特。"

送走客人，一个大胆的想法在申遗工作者脑海里形成，丽江古城申报世界文化遗产的范围要扩大，白沙民居建筑群和束河民居建筑群映入眼帘。白沙、束河李锡太熟悉了，20世纪70年代读书求学，有一批来自白沙和束河的同学，特别是来自束河的三个同学有两位就住在四方街，一位住在西山脚下，来往都过青龙桥，每逢节假日都到同学家玩。1980年，作为丽江县教育工作队的队员，住进白沙文昌宫大殿的二楼里，早晚都在明清古建筑群和白沙四方街散步。1987年3月，调任丽江县博物馆馆长，白沙壁画和束河大觉宫直接由博物馆管理，同年11月27日白沙壁画首次对外开放，同日成立了由和乡达担任组长的云南省第一个村民义务文物保护小组。1987年李锡撰写的《白沙文物现状的考察与述评》一文中就直接把白沙、束河、大研古城三个四方街联系在一起："以上两街的建设基本上与大研古城的布局相近，特别是引水、用水的问题上，也是这两条街的突出特色，傍水设街，同样可以引水洗街，这些都堪与大研古城媲美。"况且，纳西文化由北向南逐步发展，白沙、束河是基础，大研是发展的结果，有历史文化渊源关系。白沙民居建筑群、束河民居建筑群与大研民居建筑群大同小异，白沙和束河完全有条件列入世界文化遗产范围。白沙的古建筑群和农耕文化、束河的藏式碉楼和皮革业是大研古城所缺少的，将白沙和束河列入世界文化遗产不仅扩大了遗产地的范围，而且丰富了文化内涵，有百利而无一害。一种强烈的责任感和使命感促使工作组立即向县委县政府领导和申遗小组汇报，并得到了领导和同事的支持。明确了古城申遗的范围，确定了申报遗产的名称——丽江古城（包括大研古城、白沙民居建筑群、束河民居建筑群）。

束河民居建筑群鸟瞰图

街景

青龙桥

街景

束河四方街

十四、丽江县编制《丽江古城中心地震恢复重建纲要规划》（1996 年 2 月）

十五、建设部副部长谭庆琏到丽江考察指导工作（1996 年 4 月）

（左起）和振岳（谭庆琏随行）、周津、谭庆琏、徐中堂、和绍兴、周鸿在云杉坪考察

谭庆琏在石鼓考察

谭庆琏在狮子山考察

十六、丽江古城申报遗产工作组恢复工作（1996 年 3 月 20 日）

十七、丽江古城申报工作组与云南工学院建筑系签订《丽江古城图纸测绘协议书》

蒋高宸教授与杨永清东巴（蒋高宸供图）

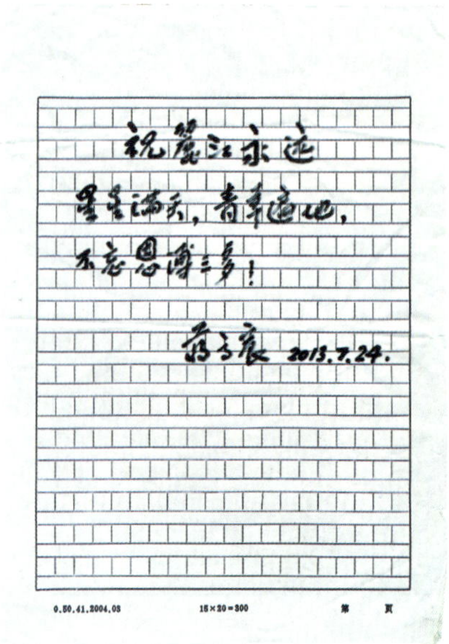

丽江县古城申报历史文化遗产范围绘图清单（目录）

类别	项目	图名	比例
宗教建筑	福国寺	遗址总平面图	1:500
	玉峰寺	总平面图	1:500
		大殿院平、立、剖面图	1:100
	普济寺	总平面图	1:500
		大殿院平、立、剖面图	1:100
	文峰寺	总平面图	1:500
		大殿院平、立、剖面图	1:100
		灵洞、喇叭学府总平面图	1:500
	指云寺	总平面图	1:500
		大殿院平、立、剖面图	1:100
白沙明清建筑群	总图	总平面图	1:500
	大宝积宫与琉璃殿	平、立、剖面图	1:100
	文昌宫	平面图	1:100
	金刚殿	平、立、剖面图	1:100
	大帝阁	平、立、剖石图	1:100
其他寺庙	三多庙	总平面图	1:500
		平、立、剖面图	1:100
	龙泉寺（三圣宫）	鸟瞰图	
	白马龙潭寺	总平面图	1:500
	净莲寺（上观音堂）	平面图	1:100
	靴顶寺	平面图	1:100
书院遗址	玉河书院	平面图	1:100
	雪山书院	平面图	1:100
白沙古镇	白沙四方街	总平面图	1:500
	水系	总平面图	1:1000 或 1:2000
	三塘水	总平面、剖面	自定
	锁翠桥	平面、透视	自定
大研镇古城	大石桥	平面、透视	自定
	小石桥	平面、透视	自定
	方子桥	平面、透视	自定
	玉龙桥	平面、透视	自定
	南门桥	平面、透视	自定
	玉龙锁脉桥	平面、透视	自定
	木板桥（选一典型）	平面、透视（或速写）	自定
	石板桥（选一典型）	平面、透视（或速写）	自定
	四 方 街	平面图、鸟瞰图	自定
	新华街双石段至翠文段	平面、沿街立面、剖面	1:100
		局部平面、局部立面、鸟瞰	自定
	黄山街四方街至接风楼	仝 上	
	现文街 横街	平、立、剖面图	1:100
	竖街	平、立、剖面图	1:100
	光义街关门口至忠义巷	平、立、剖面图	1:100
		局部平面	自定
	新义街 中和街	平、立、剖面图	1:100
	仁和街	平、立、剖面图	1:100
	密士街	平、立、剖面图	1:100
	街道总平面图	总平面图	1:1000 或 1:2000
	民居五组建筑	平、立、剖面图	1:100
		装饰大样	自定
石头城		平、立、剖面图	1:100
		总平面图	1:500
金龙桥	待 定		

十八、申报材料通过审查（1996年4月）

（一）丽江县政协文史组提交申报文本修改意见

前排左起：和心友、李群杰、孙志和
二排左起：戴云（李群杰秘书）、李锡、吕少康、王丕震、李植元、李世宗
三排左起：和若群、杨杰升、刘宗禹、王运恒、方宝良、宣绍武、和中孚
四排左起：和坚、牛耕勤、和仕果

《世界文化遗产·中国丽江古城申报文本（修改稿）》修改意见

县政协委员小组

1996年4月19日

送世界文化遗产中国丽江古城申报工作组　李锡　馆长

《申报文本（修改稿）》篇幅冗长，多有重复，杂乱无章，层次不分明，重点特色不突出。

1. 撰写文本，要用资料说明问题，少用或不用不说明问题的堆积一大堆形容词的说法。

2. 描述“范围”和“长度”要用国际统一计量单位，在有关建筑的描述中要准确使用专门术语，第2本29页7—8行“三层牌楼或石坊建筑”应为“重檐楼或建筑”等；

3. 第2本33页1行的“丽江县人民政府”应为“丽江县政府”或“丽江县国民政府”；4行中要加进“手工业区”；

4. 第2本34页小标题C中的“人数”应为“人口”，其他地方提高的“人数”亦均应为“人口”；

5. 第1本11页6行的“将以崭新姿态出现在世界人民面前”一句中的“崭新姿态”一词不要，只能用“古城原貌”之类的说法；6页倒2行“跨水筑楼”，不要用，跨水筑楼遮盖了洪水面，不利申报；

6. 第1本2页4行“丰富的……矿产资源”，不要提，丽江并没有什么具有工业开采价值的矿产资源；

7. 第12页“丽江古城（包括大研古城、白沙古建筑群……北岳庙）”，这个范围的面积是否与古城区1.5平方公里或3.8平方公里的描述有矛盾？

居住人口和城区面积前后不吻合，要统一于一个较为准确的数据，口径要一致；

第1本21页末“白沙民俗文化村”的提法使外国游客有一种白沙自然村本身即为融合着民俗文化之民族村，对人为表现民俗文化的小院称“村”不恰当，对这个“村”要给一个恰当的名字，这不同于在昆明或深圳等大城市的“民俗村”；

第3本47—69页（3）特色建筑物和构筑物中的道、广场、水系和桥梁以及“概述”部分中的宝山石头城都写得较好，民居部分写得不大满意，abc三个小标题本身就翻来覆去的，使人不得要领。古城的描述，外延多，内涵少，要在“山水城”上做文章，谓特色，尽皆在此。古城和东巴文化是主文化，但东巴文化部分要高度浓缩，既要能说明东巴经既是纳西古代百科全书，又要简练，要东巴文化的历史地位和社会教育功能，为教育人们保护玉泉水，其他都是次文化，次文化要服从于主文化，不要喧宾夺主；

第4本　周边城镇的白沙和束河文字不必多，略述即可；白沙的古代建筑群相当重要，还有束河的龙泉。

第2本　22—24页即第2自然段，可砍掉。22页，“大研古城就建于宋末元初……”一句中，公元1260年还是1271年忽必烈定国号元时？慎考！26页“1978年以”应为“1974年以”，而且一文亭是1958年扩建黑龙潭时搬迁的；

37页4行“县立中学”应为“县立高等学堂”；

第3本中，古城街道各为“七一街”“五一街”是解放前改名的，政治色彩很浓，与古城格调极不相称，应沿用解放前的街名，49页末，应加进光义街；

54页　C桥梁部分中，应加进百岁坊的仁寿桥；

67页光义街光碧巷58号不可能建于1905年，只能在1922年以后（王震先生讲，他懂的，他生于1922年，那么，始建时间就只能在1922年至1930年中间，慎考?）

第4本70页宝山石头城中72页头的“聪明智慧”之类的词语不必要；71页2行“东坝”是什么地方？有关宝山石头城的考要准确；

描述能衬托古城的自然环境等的分散零乱，这里出现一点，那里出现一点，不能系统地衬托出来，是否可采用由近及远的描述顺序？

水系的叙述，不要局限于玉泉水系，影响古城的还有玉龙雪山水系和金沙江；

古城周围的自然环境，要大书特书玉龙雪山、虎跳峡、长江第一湾等；

第4本78页2行“丽江规模的学校”一句，76页倒2行“白沙街的形成和发展为后来丽江古城的规模布局奠定了基础”一句有何根据？

79页（三）标题应为“丽江古城丰富的文化内涵”；

玉河书院，不需要考证，提到有此书院即可；

“加入申报目录的理由”中，“列入目录，理当然”一句未免狂妄，应去掉，只能用我们具备的条件来说明列入目录的理由；(203页倒2—3行〈第8本〉)；

汉文化的传入（第6本138—139页5行中），木旺不应列入木氏作家群中，所谓木氏六公，指的是木增以上的六公；

140页翰林不是2人，只有1人，举人可能只有50多人，不要罗列进去；

明末清初的留洋生只有周冠南1人，其余留洋生都是辛亥革命以后和民国时期的；“木耀南”应为“木”141页；

142页4行“杨绍书是现代建筑绘画专家”一句应改为“杨绍书是古代建筑彩绘专家”；

第6本154页丽江历史名人表中，要分丽江籍名人和外籍名人两类，不要年代顺序写，只要写丽江关系密切和对丽江有贡献有影响的名人，不要写官衔，不要写什么副使，把他描写雪山的汉文诗中的“玉龙雪山天下绝，积玉堆琼几千层”写进去更好；不写或少写名人，建议把周汝诚先生写进去；还有英国籍的地质专家米士，他在抗战时期到过丽江，是第一位发现丽江有大理石的专家，他著的《丽江地质志》现存于云南省地质局图书资料室；最好分主客顺序列表；

洛克的《古代纳西王国》一书应提及，主要成就是它。

153页的两个自然段不必写，对“三纲五常”不必解释。

申报文本中凡涉及庙宇楼阁的文字，均可略写，实话，我们地方的这点庙宇楼阁。

建议推举一位有较强组织能力的同志担任总纂，用一个脑子，一条思路，一支笔把此《申报文本（修改稿）》写成一本没有重复，没有遗漏，能突出重点特色，系统严谨符合联合国文化遗产审批委员会要求的申报文本。要把好校对关，一定要坚持三校，做到一字不错。

政协委员修改小组

组长：和续真（记录）

成员：李世宗　和达才　和心友　孙志和　王丕震　李植元　和鉴彩　宣　科　杨礼吉　木庚锡　年仁吉

修改时间：1996年4月18—19日

（二）丽江县志办主任杨启昌提交申报文本修改意见

丽江县志办公室 总编 杨启昌（杨鉴宇供图）

县内进行申报古城的同志及联合国有关官员：

你们好！

四个多月来，我因有病不能参加你们必要的活动，你们一定将准备工作做得很好。

《中国丽江古城》出书后，大家反映很好，这方面我不作多说了。

关于唐宋时期丽江古城的实际位置仍然在今天的大研镇，不是在白沙。唐朝时的官员樊绰来云南，认真写了一本书叫作《蛮书》，人们对这一本书评价很好，书中有好几处提到丽江，称丽江为“三赕览”或“三赕”“三赕览城”，三赕既是丽江坝的名字又是丽江古城的名字，其范围是在古城东面的文明、文林村。到了宋代称为“三赕”或“三赕城”。唐宋两朝管辖丽江坝的官员是木氏先祖，到了宋朝末年，三赕管民官改为通安州州官。元代中期作为丽江路的官府从拉扒（石鼓）迁到丽江古城，当时丽江古城有丽江路和通安州两个行政机关，丽江路在狮子山下，通安州在文明、文林一带。这个行政机关从元代中期一直延伸到明代结束，相继三百余年。

在宋朝末年，巨津州（九赕）纳西首领蒙醋醋的三十九代孙阿达拉势力很强，蒙古军从巨甸一带渡江后就跟阿达拉的部队发生战斗，从巨甸一直打到石鼓，在石鼓进行了七天的激烈战斗，结果阿达拉的部队失败，阿达拉和二弟被杀，但蒙古军看到阿达拉是纳西地方军的主要力量，第二年，仍任命阿达拉的儿子阿乾为“管民官”，九年后，该职才由丽江纳西首领阿宗阿良继任。到后来，这一官职有所变动，如有战功的章吉贴木儿（永胜纳西）也任过此职。到了明代，第一个知府是阿得，知府一职由木氏承袭直到清朝雍正元年（公元1723年）的“改土归流”为止。

所以，我认为《中国丽江古城》所提到的“南宋末年，丽江木氏先祖将其统治中心从白沙移至狮子山麓，开始营造房屋城池，称‘大叶场’”（文本13页），又如“丽江古城自宋末元初（公元11世纪末12世纪初）至今，已经经历了八百多年的历史”（文本52页），又如“丽江古城坐落在玉龙山下一块海拔2400米的高原台地上，始建于宋末元初（公元12世纪末至13世纪中叶）”（文本2页）。以上提法都是错误的，我们应该以唐史、宋史为主，认真地研究丽江古城，古城的历史已有1300多年了。

此致

敬礼！

丽江县志办公室　总编　杨启昌

1997年4月2日

十九、建设部、国家文物局评审申报文本

（一）申报材料失而复得

1996年5月6日，由丽江县副县长和炳寿率领的丽江古城申报小组一行数人到北京参加申报材料评审会。为了争取通过评审并及时于7月1日前报到联合国教科文组织世界遗产中心，申报工作组成员在抗震救灾中，加班加点，忘我工作，完成了所有申遗材料的准备工作满载而来，从北京首都机场分乘两辆的士来到预订的京西熊猫宾馆。下车付款，的士离去，大家点对行李，“哦哟！”突然有位同事惊叫一声，“资料袋不见啦！”并下意识地向的士离去的方向跑去。诸位默然呆滞而立，满满一个资料袋装的都是申遗的图纸、图片和影视资料。不过数分钟，同事拎着大提包转回来了。“阿弥陀佛”，同事说，“是的哥离开后，发现车内还有一个提包，就调头来找我们”。万幸，资料失而复得。北京好！北京的哥更好！回想起来，我们非常后怕，要是“的哥”把资料带走，那近半年的努力就白费了，再有天大的本事也无法在短期内重新完成图纸绘制、图片拍摄和影视制作了，7月1日前报送世界文化遗产中心的任务也泡汤了。感谢北京、感谢北京“的哥”，救了世界文化遗产丽江古城一命。遗憾的是激动之余，没有能够记下“的哥”的车牌号码，让我们大家一起说一声“谢谢”！

（二）会议简况

1996年5月7日，建设部、国家文物局在北京组织专家评审丽江古城、平遥古城、苏州园林申报文本。

国家建设部王景慧、付爽，国家文物局郭旃、詹德华，教科文中国全委会马燕生以及郑孝燮、王瑞珠等国内著名专家参加了评审会。丽江、平遥、苏州园林方面的负责人参加会议；丽江县副县长和炳寿、陈砡、张辉以及申报小组成员李锡、司晋云参加会议。评审会强调申报材料要真实客观、突出特色、简明扼要、不要攀比，特别禁止追求什么第一，夸大其词。对各个材料提

出了具体修改意见，会议要求尽快修改完善、定稿、装订成册，上报国务院，力争 7 月 1 日前报送联合国教科文组织世界文化遗产中心。

评审会

（三）在京丽江籍专家与申遗工作组一起修改文本

5 月 7 日，建设部和国家文物局组织专家评审后，申报材料要大幅度修改，20 多万字的文本要精简到 3 万字左右，录像带、图纸和图片也要精简。时间短、任务重，泰山压顶，十万火急，离 6 月 30 号以前报联合国教科文组织世界遗产中心的时间只有 50 多天了，来不得半点犹豫。和炳寿副县长当即决定，邀请在京丽江籍专家协助完成修改任务。白庚胜、车文龙、王福林等人火速赶到，京西熊猫宾馆一下成为一个热点。修改文本是重头戏。白庚胜先生是大家当仁不让，拿起了修改大笔，统览一遍，成竹在胸，大处落笔，一气呵成；李锡紧随其后，细细收拾，添缺补漏；政府办和超同志等候在旁，定稿一页就送一页到宾馆附近打字室打印，形成链条。这样经过一天一夜的努力，终于大功告成，修改完毕。领导决定在北京皇城脚下，吃一顿皇家饭慰劳慰劳。李锡和和超坚守岗位，完成任务后赶到饭店用餐。遗憾的是，小小的打印店经过一天一夜的折腾，错误百出，等到完成任务时已是晚上 9 点了，两位同事随便吃了碗面条回到宾馆，倒床便睡。到了深夜，突然一声“地震了”的喊叫声，和超从床上一跃而起准备夺门而出。原来“2・3”地震和超家房屋倒塌，他是从屋架缝隙和瓦砾堆中爬出来的，至今还心有余悸，心神未定。

白庚胜（左二）、和炳寿（右二）、和超（右一）和李锡在一起

车文龙、王福林夫妇

二十、丽江古城申遗文本翻译成英文

1996 年 5 月，丽江古城申报世界文化遗产文本送交外交部外文翻译公司翻译成英文。

二十一、白海思女士及法国人文科学博士大理·安派先生到丽江考察（1996 年 5 月 12 日）

二十二、国务院总理李鹏到丽江地震灾区视察

1996 年 5 月 13 日，国务院总理李鹏到丽江地震灾区视察，听取了丽江古城震后恢复重建以及申报世界文化遗产工作汇报，并对今后的工作作出了重要指示。

二十三、建设部向国务院作《关于云南省丽江古城震后修复重建的请示》

建设部文件

建规[1996]285号　　签发人：侯　捷

关于云南省丽江古城震后修复重建的请示

国务院：

丽江是我国历史悠久、独具民族与地方特色的历史文化名城，其中3.8平方公里的古城，基本保存着古朴的历史原貌，目前正向联合国科教文组织申报列入世界文化遗产。在此次云南地震中，古城多处遭受较大的破坏，最近李鹏总理在视察丽江灾情后，指示建设部要对丽江古城的修复重建给予支持和帮助，我们一定全力以赴，作好我们

应做的工作。经实地考察，并听取了各方面的意见，提出如下建议：

一、丽江古城绝大部份建筑物是民房，其修复重建要贯彻李鹏总理提出的“自力更生、艰苦奋斗、依靠群众、重建家园”的精神，事实上，当地政府和群众也是这样做的。震后三个多月来，古城民房的修复工作已取得明显进展。从古城保护的角度看，主要是对修复工作加强技术指导，使之既保存了古城风貌，又适当增强抗震性能。对于少数与古城风貌不协调又遭严重震损的建筑物，则拆除另建，适当降低古城建筑密度，增加绿地，这方面的投入应以居民和企事业单位为主，政府只能少量给以支持。

二、丽江古城是云南省著名的旅游胜地。古城内既有特色鲜明的建筑群落和风土人情，又有鳞次栉比的商店、摊位、市场，对中外游客有很大的吸引力。这是古城活力之所在，且呈现较强的发展势头。但古城的基础设施十分落后，随着经济的发展，古城的环境已开始恶化。这个问题不解决，不仅制约着老百姓生活质量的提高，而且将导致古城的窒息和毁损。面临申报世界文化遗产，工作的重点应放在城市基础设施改善上，铺设排水管网，改造供水设施，修整道路桥梁，改建水冲公厕和电力电讯线路等

等。世界各国的历史文化名城，无不在保存城市建筑原貌的同时，着力改造其市政基础设施。这对丽江古城尤为必要，也是治本之策。这方面所需资金宜主要靠政府和国家给予安排。同时，要分别轻重缓急，不可能都一步到位。

三、丽江古城的修复重建需要有一个总的规划。云南省规划部门已经提出了一个规划方案，这个方案原则上是可行的，可在此基础上进一步完善，并根据需要和可能，量力而行，分步实施。建设部已邀请有关方面专家赴丽江，将对古城保护的规划方案和技术方案给予必要的指导。

四、丽江是少数民族地区，经济基础薄弱，古城的修复重建经费，需国家给予一定的支持。1994年政协副主席钱伟长同志视察历史文化名城保护工作后，曾向朱镕基副总理提出建议，建立国家历史文化名城保护基金。我部据此向国务院提出报告，建议“九五”期间国家每年安排3000万元用于一些尚来得及抢救的重要历史街区的保护整修，改善基础设施和环境条件。国家计委已同意每年安排1500万元用于基础设施建设，并提议由财政部每年安排1500万元用于建筑物的保护整修。恳请国务院批准此项基金，并从中今明两年各拨出500万元支持丽江古城的

修复重建，主要用于基础设施建设和重要公共设施的修复。此外，经营性的旅游配套设施、商业服务网点以及风景旅游点等的经费可考虑由国家旅游局安排一定数量的贷款解决；文物保护单位的修复建议由国家文物局从国家的文物保护经费中适当给予支持。

中华人民共和国建设部

一九九六年五月[illegible]日

主题词：城乡建设　云南　地震　重建　请示

二十四、昆明、丽江分别召开丽江大地震后古城重建与文化保护座谈会

（一）《丽江大地震后古城重建与文化保护座谈会纪要》

丽江大地震后古城重建与文化保护座谈会
纪　　要

一九九六年五月十八日下午，丽江地区文化局、丽江县文化局共同在黑龙潭龙神祠举行了“丽江地震后古城重建与文化保护座谈会”。丽江地县宣传、文化、城建、方志、民委、旅游、科委、东巴所、文联等主要领导，丽江社会各界专家学者，知名人士及人民日报、云南日报、丽江报、丽江电视台记者共50余人参加座谈会。

这次会议是继今年四月十五日在昆明召开的“丽江地震后古城重建与文化保护学术座谈会”的延伸。旨在积极动员各界人士，特别是专家学者的支持参与，围绕古城重建的文化保护这一命题，集思广益、献计献策为古城重建的科学决择提供依据。

座谈会采取重点发言与自由发言相结合的方式，气氛热烈。与会专家学者就“古城建制沿革及史迹保护”、“古城民俗文化及保护开发”，“古城教育史略及史迹保护”、“古城民间文化艺术及保护对策”、“古城建筑文化及保护对策”、“古城与环境保护”等问题，从宏观层次到微观层次，从有形文化到无形文化进行了深层次的讨论。达成如下共识：

一、丽江古城是滇西北商业文化重镇。

古城性质的确定是古城保护的前题，我国的文化名城，丰富多彩，各具特色。丽江古城由于特殊的地理位置，早在西汉初年西南丝绸之路支道由北经丽江达东南亚各国，另一条由南向北的“茶马古道”经丽江达西藏及印度、尼迫尔等国。抗日战争时期，丽江成为当时中国

1

唯一的国际商道，丽江古城的商业文化得到空前发展。丽江古城被史家称为“滇藏贸易集散地和商品物资中转站”。历史上古城商号云集、店铺林立，以四方街为中心店铺幅射北至古路湾、南抵下八河，西起金甲村，东止文明村，可见商业文化繁荣之一斑。会议认为：丽江古城有别于王朝都城、军事要塞、风景胜地等城市性质，只有明确为滇西北商业文化重镇的性质，才能在保护工作中突出名城特色，保存其历史风貌。

二、古城是纳西族文化的载体。

丽江古城有别于历史上因某种功能用途建造的现已变成遗址遗物的死文物，更有别于“民族村”、“锦绣中华”等复制品。古城从营建到现在，纳西族人民世世代代在这里繁衍生息，是具有生命力的活文物。古城人的语言、服饰、风俗及生产、生活过程，不带任何表演性质和赝品性质，古城是纳西有形文化和无形文化的载体。决策部门应在保护有形文化的同时，应特别加强无形文化的保护传承，鼓励古城人讲纳西语、穿纳西服，恢复传统的民族节活动。这方面，大研古乐会建立传习馆的举措值得肯定。

随着社会发展，古城面临外来文化的严重冲击，表现之一，古城内主要街道外来经商者充斥了市场，中心市场四方街已较少看到操纳西语、穿纳西服的纳西经商者。表现之二、现代娱乐性歌舞厅、卡拉ＯＫ厅、电子游戏机正逐步渗透古城，淡化了古城纳西文化氛围。会议建议工商、税务、文化等部门应鼓励纳西工商业、纳西文化的发展，并给予适当的倾斜政策。让纳西文化在古城中占主导地位。

三、要重视古城史迹保护。

丽江古城在漫长的历史发展过程中，留下了许多宝贵的史迹，这

2

些史迹或与重大的历史事件相关，或与历史上著名人物相连，它们用实物的形式记载了古城昨各个方面发展衍变的履程。

明代丽江军民府(木府)和清代丽江府记载了历史上丽江土司制度和流官制度政治演变历史。明代丽江军民府重建的工作已列入政策重建规划，并已开始实施，这是一件的意义的工作。流官体系建筑(今文林、文明一带)，据府志记载，曾筑过一座土城墙，现在按中原城市规制营建的几条十字街，玉水绕城半周，以及左祖右社的基本布局依然如故，一些流官时期建造的典型建筑如文庙、武庙，清代丽江府、丽江县衙部分建筑还保留至今，在恢复重建中尤需重视流官体系建筑的保护维修。

纳西族历来重视教育，古城内留下了许多教育史迹，如玉河书院、雪山书院、丽江府中学堂八大教室、是亭等，决策部门应重视保护修复这些能体现纳西族教育发展轨迹的代表性史迹。

纳西族以开放著称，境风众多的喇嘛寺、佛寺、道观、国外教堂以及本土东巴教，是开放民族的缩影。历史上形成的起于北的喇嘛教到丽江而止，源于南的汉传佛教到丽江而终，构成了丽江宗教文化独特的一景。会议建议决策部门保护修复好古城内寺观庙宇，以体现历史上多姿多彩的宗教文化。

古城内每个院落是古城的细胞。在考虑保护好各个单体建筑的同时，特别要保护好一些较完好典型四合院和三坊一明壁院落，这些典型院落一般与历史上文化、教育界、工商界、军政界知名人士相联系，以名人故居名义来加以保护，会议特别强调要着手保护好周霖、方国瑜故居、借以教育后生、激励进步。

四、要重视开发纳西族传统饮食文化。

3

明崇桢年间徐霞客游历丽江，在其游记中记载了木氏在解脱林设宴“大肴八十品，罗列甚遍，不能辨其孰为异味也”。游记中文字记载的有：白葡萄、龙眼、荔枝、酥饼油线、发糖、柔猪、牦牛舌等。近几年随着旅游业的发展，我区各宾馆、饭店为开发传统饮食文化作了一些有益的探索。但这些工作还局限于在利益趋使下的商业行为，而真正把传统饮食文化作为一项旅游业中不可忽视的产业来开发，需要大量的调查(包括对山区、半山区、河谷区、坝区饮食文化的调查)整理、调试工作，这需要有一定的班子，给予一定的投入，建议政府对这项工作给予重视和必要的扶持。

五、要重视古城环境保护。

水是古城的灵魂，黑龙潭近十年中就有两次干涸，专家认为，这与年降雨量有关，但主要原因是大量滥伐森林所至。古城的环境保护应处理好大环境与小环境关系，古城的环境保护应着眼于更大的范围，建议古城周围15公里内采取封山育林和植树造林，城内外污染古城环境的企业应尽早搬迁。

六、要净化古城文化市场。

丽江古城是纳西文化的载体，随着社会发展，古城面临现代外来文化的严重冲击。现代娱乐性歌舞厅、卡拉ＯＫ厅、电子游戏充斥古城，甚至出现了一些与纳西传统文化格格不入的，不健康的东西，一些古董店，工艺品店成了挖坟盗墓者销赃、窝赃的场所、假冒的字画特别是假冒伪劣的东巴文字满街出现。建议文化、工商部门应加强文化市场的整顿和打假活动。尽快制定方案，对东巴字画市场加以规范，让现代娱乐形式转移到新城，还给古城平静、安宁、健康的文化氛围。

会议经领导、专家、学者及职能部门的共同努力，达到了预期的

4

目的。同时，因个别决策部门领导未能出席会议而深感遗憾。会议认为能否保护好古城是关乎民族兴衰成败的大事，是历史赋予我们这代人的光荣使命，保护好古城离不开古城人特别是古城人中的专家学者和决择部门、职能部门的共同参与支持，这样的座谈会很大意义，并希望经常召开。建议座谈会内容以纪要的形式整理出来，分呈各级领导和决策部门。

丽江地区行署文化局

丽 江 县 文 化 局

一九九六年五月十八日

5

明代建筑五凤楼

（二）昆明世界文化遗产丽江古城学术讨论会

No⑮

世界文化遗产丽江古城学术讨论会名单

（排名不分先后）

何耀华　云南省社科院院长，研究员
木　桢　云南省民委副主任
胡　润　云南省社科联副主席
袁显尧　云南省社科联副主席
江　克　云南省社科联副主席
李丽珍　云南省社科联秘书长
朱胜祥　云南省社科联学会部主任
金凤云　省委办公厅
张　晖　省建设厅，原丽江县副县长
韩先成　省建设厅规划中心处长
饶继纯　省设计院
庄　忆　省规划院院长
殷仁民　省规划院顾问
熊奇伟　省规划院高级规划师
张明光　省规划院总工程师
蒋高宸　云工大建筑系教授
朱良文　云工大建筑系教授
周文华　云工大建筑系教授
杨大禹　云工大建筑系教授
熊静娴　昆明大学旅游研究所长
林超民　云大副校长、人文学院长、教授
谢本书　云南民院历史系主任、教授
杨德鋆　云南民院民研所研究员
李国文　云南民院科研处长、副研究员
王学智　云师大中文系副教授
余嘉华　云师大中文系教授
邱宣充　省文化厅原文物处长、教授
李昆声　省博物馆长、研究员
马文斗　省博物馆干部
高宗裕　省民博馆长、研究员
木基元　省民博陈列部主任、副研究员

8

张云岭　省民博副研究员
木鹏章　省计委副主任、高级经济师
和丽峰　省民语委办主任、副研究员
和少柏　昆明市体委副主任
花泽飞　昆明市旅游局长
段复祥　云南民族村常务副主任
罗福良　云南民族村行政总监
何　俊　云南民族村艺术总监
和兆兴　禄丰县政协主席
冯　勇　省审计厅外资处丽江地震援建项目官员
习惠仙　省地矿局主任医师
和鸿昌　云南民院原统战部副部长
和钟华　云南社科院副研究员
王清华　云南社科院民族学所副所长　研究员
杨福泉　云南社科院民族学所研究员
薛金铃　云南社科院民族学所助研
何清泉　丽江行署驻昆办主任
张宝珍　丽江行署驻昆办副主任
李宝堂　丽江县政府驻昆办主任
木红春　丽江县政府驻昆办副主任
黄理彪　广西师大出版社总编兼副社长
唐毓飞　中国民族大辞典办公室主任
覃建臣　中国民族大辞典总编委
王立荣　中国民族大辞典云南编委会办公室主任
任维东　人民日报记者
徐　冶　光明日报记者
杨润光　云南电视台新闻部主任
张　信　文摘周刊主任
江世震　云南日报记者
李　暄　云南民族中学校长、副教授
和丽萍　“丽江苑”经理
和　颖　云大社会学系研究生
高志英　云大历史系研究生
和继全　云南民院历史系学生
杨世光　云南人民出版社编审、作家

9

杨仲录 云南人民出版社编审
夫 巴 昆明市建委作家
汤世杰 省文联作家
饶阶巴桑 成都军区诗人
甘雪春 云大外事处长、副教授
艾立克 比利时学者
和中孚 昆明铁路局干部
杨一奔 丽江地区志办主任
和文光 丽江地区博识乐公司副经理
李 弋 省社科院民族学所编辑
和福生 省教委副主任
夏文义 省外办专家处长
施明辉 省外办处长
金 诚 省外办处长
夏剑峰 省外办处长
和家祥 《奥秘》杂志副编审
和爱军 日本东京大学农学生命科学部留学生
(杨廷仁 丽江县长)
(卜金荣 丽江县副县长)
(木崇根 丽江县政府办副主任)
段松廷 丽江“文化遗产申报办”秘书
郭大烈 云南社科院民族学研究所长、研究员
黄琳娜 云南社科院马列研究所秘书
李 硕 省政协报记者
木 光 省政协常委

10

昆明世界文化遗产丽江古城学术讨论会成果在本书中郭大烈老师回顾文章中有所表述。

二十五、团中央书记李克强为丽江青年志愿者题词

1996年6月1日上午，胡锦涛、姜春云、陈慕华、彭珮云等党和国家领导人在中南海怀仁堂亲切接见来自全国“手拉手”互助活动进京报告团，与报告团成员亲切握手合影留念，并听取汇报。共青团丽江县委书记木志英汇报丽江抗震救灾、恢复重建家园和全国小朋友开展“手拉手”活动的情况。党和国家领导人对丽江地震十分关心，团中央书记李克强当即在会上为丽江抗震救灾、恢复重建家园的青年志愿者题词：“向在丽江抗震救灾、重建家园斗争中高举青年志愿者旗帜的青年朋友们致敬！”

全国“手拉手”互助活动汇报团

手拉手友情卡

’96 6·1

姓名：木志英

单位：云南丽江

团县委书记

我的好朋友：少年儿童

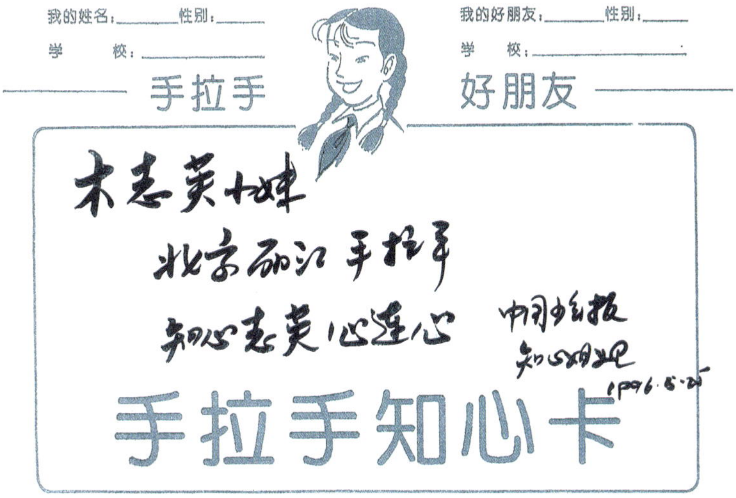

我的姓名：______性别：______

学 校：______

我的好朋友：______性别：______

学 校：______

手拉手 好朋友

木志英小妹

北京丽江手拉手

知心志英心连心

中国少年报

知心姐姐

1996.5.25

手拉手知心卡

木志英（木志英供图）

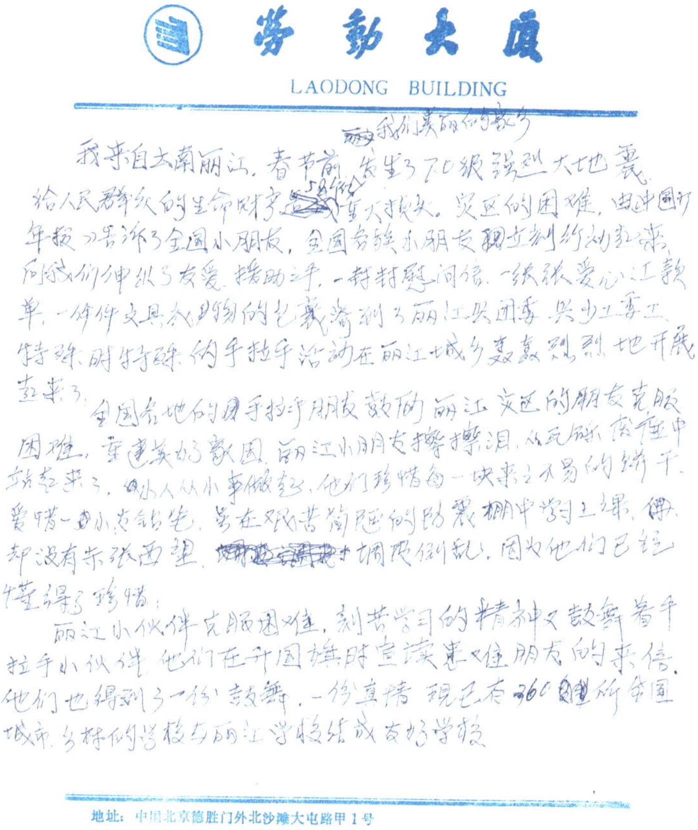

劳动大厦

LAODONG BUILDING

我们美丽的家乡

我来自云南丽江。春节前发生了7.0级强烈大地震，给人民群众的生命财产造成重大损失。灾区的困难，由中国少年报告诉了全国小朋友，全国各族小朋友们立刻行动起来，向我们伸出了友爱、援助之手。一封封慰问信、一张张爱心汇款单、一件件文具和衣物的包裹涌到了丽江共青团、少工委。特殊时期特殊的手拉手活动在丽江城乡轰轰烈烈地开展起来了。

全国各地的手拉手朋友鼓励丽江灾区的朋友克服困难，重建美好家园。丽江小朋友擦干眼泪，从瓦砾废墟中站起来了。小人从小事做起，他们珍惜每一块来之不易的饼干，爱惜一支小小铅笔。虽在艰苦简陋的防震棚中学习上课，但却没有东张西望、调皮捣乱，因为他们已经懂得了珍惜。

丽江小伙伴克服困难、刻苦学习的精神又鼓舞着手拉手小伙伴。他们在升国旗时宣读患难朋友的来信，他们也得到了一份鼓舞、一份真情。现已有360所全国城市、乡村的学校与丽江学校结成友好学校

地址：中国北京德胜门外北沙滩大屯路甲1号

二十六、申遗文本印制完成

1996年6月，陈砡和司晋云到深圳彩视电分有限公司印制申遗文本。

二十七、丽江古城申报世界文化遗产文本

世界文化遺產

WORLD CULTURAL HERITAGE

中國麗江古城

CHINA'S LIJIANG OLD TOWN

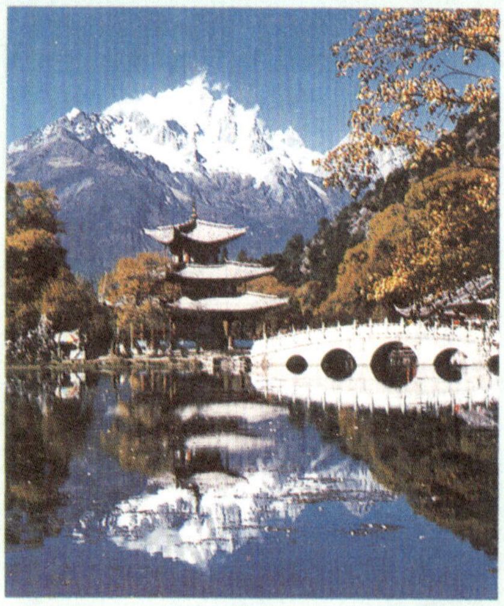

中華人民共和國建設部

Ministry of Counstruction P.R.C.

目 錄

CONTENTS

一、概述

麗江納西族自治縣位于中國雲南省西北部，其地理坐標為北緯26° 34' 至27° 26'，東經99° 23' 至100° 32' 之間，面積7648平方公里，人口32.9萬人。這里居住着納西、傈僳、普米、漢、白、彝、藏等十多個民族。其中，納西族18.4萬人，占總人口的57%。

由于地處青藏高原南端的橫斷山脈向雲貴高原北部過渡的銜接地帶，麗江的氣候受南亞高原風影響，干濕季分明，溫度變化不大，周圍風景秀麗，自然環境優美。

麗江的地勢由西北向東南傾斜，呈階梯狀遞降。海拔最高點在玉龍山主峰扇子陡為5596米，最低海拔在金沙江河谷，為1219米，高差達4337米。

早在十萬年前，已有舊石器晚期智人“麗江人”在這里活動。金沙江河谷洞穴岩畫的發現和眾多的新石器、青銅器、鐵器的出土等證明麗江是中國西南古人類活動的重要地區之一。據史書記載，戰國時期（前475-前221年），麗江屬秦國蜀郡，兩漢置遂久縣，唐代先后歸屬吐蕃與南沼，宋時臣服大理國。到元至元八年（公元1271年），設麗江宣慰司，始稱麗江。明代（公元1368-1664年），設麗江

I. Introduction

Lijiang Naxi Autonomous County is located in the northwestern part of China's Yunnan Province. Covering an area of 7,648 square kilometers and with a population of 329,000 people, the county's geographic coordinates are between 26 degree 34' N and 27 degree 26'N and between 99 degree 23' E and 100 degree 32' E. Among the more than 10 ethnic minorities living in the county, including Lisu, Pumi, Han, Bai, Yi and Zang (Tibetan), Naxi is the most populous one, accounting for 57%, or 184,000 people, of the total.

As Lijiang lies in the transitional area between the southern tip of the Qinghai-Xizang Plateau and the Yunnan-Guizhou Plateau, its climate is influenced by the South Asian Plateau wind. With distinctive dry and wet seasons, temperature changes are moderate. Lijiang is famed for its beautiful scenery and nice natural environment.

Lijiang' terrain slopes progressively from the northwest to the southeast. The highest point is the Shanzhidou, the main peak of the Yulong Mountain, which is 5,596 meters above sea level. The lowest point is in the Jinsha River valley, with an elevation of 1,219 meters. The

• 麗江古城

Lijiang old town

軍民府；清雍正元年（公元1723年）設麗江府；民國時期（公元1911-1949年）設麗江縣；1949年7月成立麗江縣人民政府，1961年4月改置麗江納西族自治縣。

麗江古城座落在玉龍山下一塊海拔2400米的高原台地上，始建于宋末元初（公元12世紀末至13世紀中葉），總面積3.8平方公里。舊設土司衙署于城南，周圍建宮室苑囿。在一條東西主軸線上，排列着石牌坊、丹池、大殿、配殿、光碧樓、玉音樓等建築物。明代大旅行家徐霞客曾驚嘆曰："宮室之麗，擬于王者"。

城北為商業區，以四方街為中心，四條干道呈經絡狀向四周延伸，臨街均設商業鋪面。

城東為舊時流官府衙所在地，現存文明坊、文廟、武廟。

"城依水存，水隨城在"是麗江大研古城的一大特色。位于城北的黑龍潭為古城主要水源。潭水由北向南蜿蜒而下，至雙石橋處被分為東、中、西三條支流，各支流再分為無數細流，入牆繞戶，穿場走苑，形成主街傍河、小巷臨水、跨水築樓的景象。水網之上，造型各異的石橋、木橋多達354座，使大研古城的橋梁密度居中國之冠。

麗江民居極富民族特色，平面布局有三坊

difference between the two is 4,337 meters.

As early as 100,000 years ago, there were Old Stone Age people "Lijiang People" living here. The cave paintings discovered in the Jinsha River valley and the numerous unearthed stone artifacts, bronze ware and ironware of the New Stone Age all prove that Lijiang was one of the main areas in southwest China where the ancients were living. Historical records indicate that during the period of the Warring States (475-221 BC), Lijiang was under the jurisdiction of the Shu region of the Qin State. Lijiang was established as Suijiu County during the Western and Eastern Han Dynasties, and later fell under the jurisdiction of the Tufan and Nanzhao regimes. During the Song Dynasty, Lijiang acknowledged allegiance to the Dali regime. By the 8th Zhiyuan year (AD 1271) of the Yuan Dynasty, A Lijiang xuanwei Department was established and the place was called Lijiang for the first time. The ming Dynasty (1368-1644) established the Lijiang Junmin Prefecture. In the first Yongzheng year (1723) of the Qing Dynasty, the Lijiang Prefecture was established. During the Republic of China (1912-1949), Lijiang

• 玉龍山雪景
· Yulong Mountain.

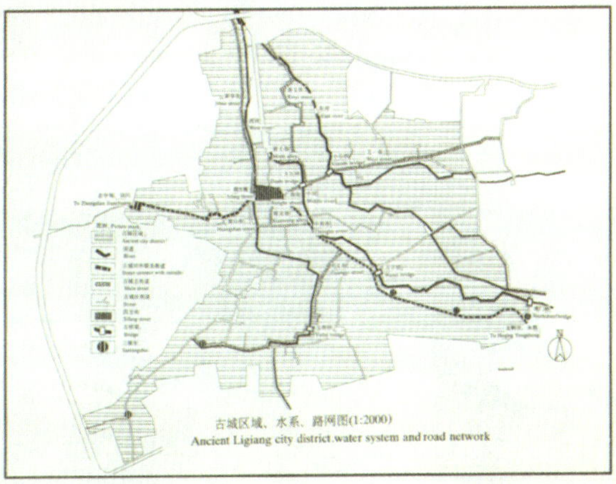

古城区域、水系、路网图(1:2000)
Ancient Ligiang city district.water system and road network

became a county. In July 1949, the People's Government of Lijiang County was established, and in April 1961 the county was changed into Lijiang Naxi Autonomous County.

The Lijiang old town was situated at a tableland at the foot of the Yulong (jade dragon) Mountain, with an elevation of 2,400 meters. The city was first built in late Song and early Yuan Dynasties (late 12th century, mid 13th century), covering an area of 3.8 square meters. The headman's office was in the southern part of the city, which was surrounded with palace chambers and gardens. Along the main east-west axis lined the memorial archway, pond, main hall, side halls, Guangbi tower and Yuyin tower. Xu Xiake, a famous traveler during the Ming Dynasty, said, "The beauty of the palace chambers can compare with that of the king's."

The northern part of the city was a commercial district with the Sifangjie (rectangular street) as the center, from which four main streets radiated, each being flanked by shop fronts.

The eastern part of the city was where the office of the Liuguan (the non-native governor appointed by China's imperial court) was. At present, there are Wenming Archway, Wen

一照壁、四合五天井、前后院、一進多院等多種形式。房屋就地勢高低而建築，以兩層居多，也有三層，適用且美觀。

作為古城主要居民的納西族擁有悠久豐富的傳統文化，聞名遐爾的東巴文化、納西古樂、白沙壁畫等便是其重要的內涵。

作為中國歷史文化名城，麗江大研古城集中體現了納西族獨特的人居環境、地方歷史文化和民族民俗風情。其博大精深的文化內蘊，為研究城市建築史、民族發展史等提供了寶貴的資料。它不僅是中國，而且也是全人類珍貴的文化遺產。

二、具體地點

- 長江第一灣 The Frist Zagzig of Yangzi River
- 白沙壁畫 The Baisha Murals

6

• 泸沽湖
Lu-Gu Lake

Temple and Wu Temple.

One of the main features of the Dayan old town is that "the city depends on water for existence and water comes along with the city". The city's water comes from the Heilongtan (black dragon pool) in the north. At the Shuangshi Bridge, the flow divides into three tributaries, which further divide into numerous streams, running through walls and past houses and visiting squares and gardens. Streets go along rivers, lanes border streams, and some houses stride over warerways. The crisscross water system is dotted with 354 stone or wooden bridges, which ranks the Dayan old town first in China in terms of the density of bridges.

Dwellings here have a unique ethnic style. There several plane layouts: sanfangyizhaobi (one main house, two side houses, and a screen wall facing the main house); sihewutianjing (a compound with houses around a square courtyard); qianhouyuan (a compound with front and back courtyards); and yijingduoyuan (a compound with multiple courtyards in a vertical row). Houses are usually built on slopes, and most of them are two-storied. Occasionally one

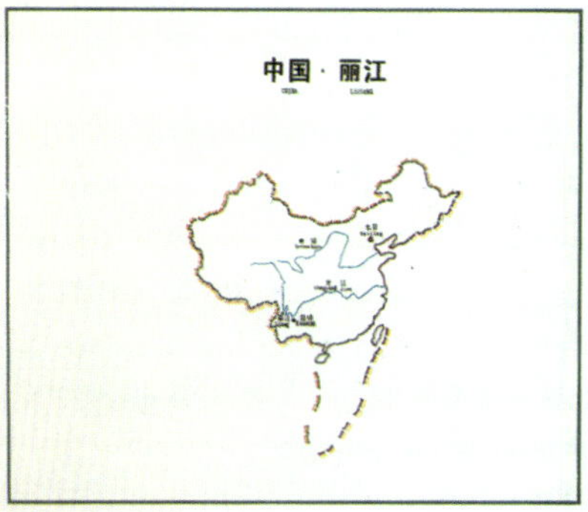

（一）國家

中華人民共和國

（二）省和地區

雲南省麗江地區麗江納西族自治縣

（三）遺產名稱

麗江古城（包括大研古城、白沙民居建築群、束河民居建築群）。

（四）地圖上的准確位置和地理方位標志

麗江納西族自治縣位于雲南省西北部，地理坐標為東經99°23'至100°32'，北緯26°34'至27°26'。麗江古城位于麗江納西族自治縣中部，其地理坐標為東經100°14'，北緯26°52'。

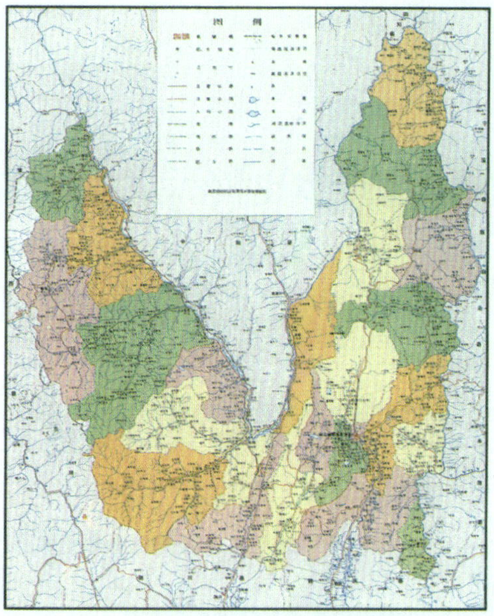

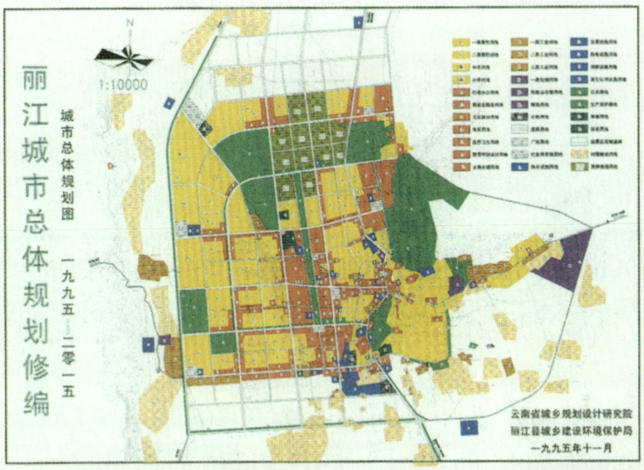

can see some three-storied houses. All of them are practical and yet beautiful.

As the city's predominant inhabitants, the Naxi minority boasts of its rich traditional culture, especially the well-known Dongba culture, the Naxi ancient music and the Baisha murals.

A historical and cultural city in China, Lijiang's Dayan old town highlights Naxi monirity's unique living environment, local history and culture, and ethnic customs and habits, all of which constitute a treasury for the studies of the history of urban construction and the history of the development of ethnic minorities. Indeed, the town is a precious cultural heritage not only for China but also for rest of the wrold.

II. Specific Location

1. Country

The People's Republic of China

2. State, Province & Region

Lijiang Naxi Autonomous County in Lijiang Prefecture in Yunnan Province.

3. Name of Heritage

Lijiang's old town (including the Dayan old town, Basha housing cluster and Shuhe housing cluster).

4. Geographic location

Situated in the northwestern part of Yunnan Province, the county's geographic coordinates are between 99 degree 23' E and 100 degree 32' E, and between 26 degree 34'N and 27 degree 46' N. The Lijiang old town is located at 100 degree 14' E and 26 degree 52'N in the middle of the county.

5. Maps

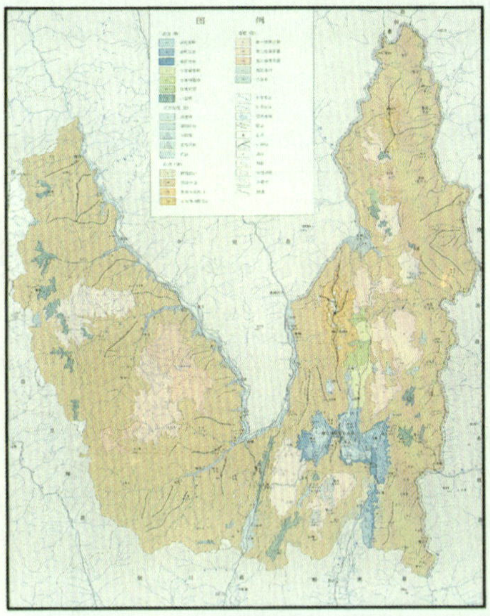

（五）圖錄

（1）麗江在中華人民共和國的位置示意圖

（2）麗江在雲南省的位置示意圖

（3）麗江縣行政區划圖

(1) Sketch map of Lijiang's location in the People' s Republic of China

(2) Sketch map of Lijiang's location in Yunnan Province

(3) Administrative map of Lijiang County.

(4) Geomorphologic map of Lijiang County.

(5) Lijiang's municipal master plan.

(6) Satellite image map of Lijiang County.

(7) Sketch map of protected zones of Lijiang old town.

III. Legal Data

1. Owner

The People's Republic of China

2. Legal Status

(1) National Laws

（4）麗江縣地貌圖

（5）麗江城市總體規划圖

（6）麗江縣衛星影像地圖

（7）麗江古城保護區划圖

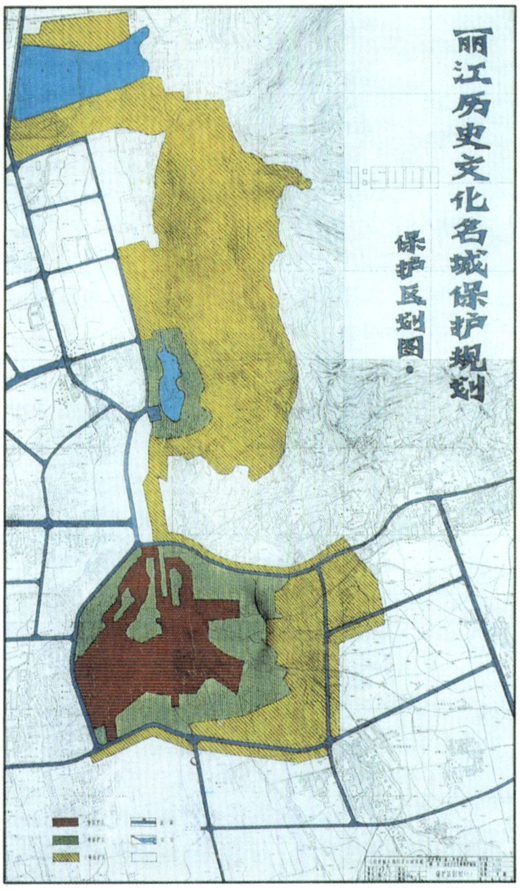

三、法律資料

（一）所有者

中華人民共和國國家所有

（二）法律地位

1、國家大法

《中華人民共和國憲法》規定：

第二十二條“國家保護名勝古跡、珍貴文物和其它重要歷史文化遺產”。

《中華人民共和國城市規划法》規定：

第十四條“編制城市規划應當注意保護和改善城市生態環境，防止污染和其他公害，加強城市綠化建設和市容環境衛生建設，保護歷史文化遺產、城市傳統風貌、地方特色和自然景觀”。

《中華人民共和國文物保護法》規定：

第二條“在中華人民共和國境內，下列具有歷史、藝術、科學價值的文物，受國家保護”

（一）具有歷史、藝術、科學價值的文化遺址、古墓葬、古建築、石窟寺和石刻；

（二）與重大歷史事件、革命運動和著名人物有關的，具有重要紀念意義、教育意義和史料價值的建築物、遺址、紀念物。

《中華人民共和國文物保護法》規定：

第四條“在中華人民共和國境內地下、內水、領海中遺存的一切文物，屬于國家所有。國家制定保護的紀念建築物、古建築、石刻等，除國家另有規定以外，屬于國家所有”。

第五條、“屬于集體所有的和私人所有的紀念建築物，古建築和傳世文物，其所有權受國家法律的保護。文物的所有者必須遵守國家有關保護管理文物的規定”。

2、各級政府頒布的法律、法規

The Article 22 of the Constitution of the People' s Republic of China stipulates: “The state protects scenic spots and historical sites, valuable cultural relics and other important historical and cultural heritage.”

The Article 14 of the Law of the People's Republic of China on City Planning stipulates: “In formulating city plans, attention should be paid to the protection and improvement of urban ecological environment, the prevention of pollution and other public hazards, the strengthening of urban greening and sanitation, and the protection of historical and cultural heritage, urban traditional styles and features. local features and natural landscape.”

The Article 2 of the Law of the People' s Republic of China on the Protection of Cultural Relics stipulates: “The state shall place under its protection, within the boundaries of the People' s Republic of China, the following cultural relics of historical, artistic or scientific value:

(1) Sites of ancient culture, ancient tombs, ancient architectural structures, cave temples and stone carvings that are of historical, artistic or scientific value;

(2) Buildings, memorial sites and memorial objects related to major historical events, revolutionary movements or famous people that are highly momorable or are of great significance for education or for the preservation of historical data.”

The Article 4 of the same law stipulates: “All cultural relics remaining underground or in the inland waters or territorial seas within the boundaries the People' s Republic of China shall be owned by the state. Memorial buildings, ancient architectural structures, stone carvings, etc., designated for protection by thestate unless governed by other state regulations, shall be owned by the state."

The Article 5 of the same law stipulates: "Ownership of memorial buildings, ancient architectural structures and cultural relics handed down from generagion to generation which belong to collectives or individuals shall be protected by state laws. Owners of the cultural relics must abide by the relevant state regulations governing the protection and control of cultural relics."

2. Laws & Regulations Promulgated by Governments at Various Levels

表1、有關法律、法規及規章

類型	名　　稱	頒布時間	頒布單位
法律	《中華人民共和國城市房地產管理法》	1994.7.5	中華人民共和國
法規	《中華人民共和國文物保護法實施細則》	1992.4.30	中華人民共和國國務院
法規	《城市市容和環境衛生管理條例》	1992.6.8	中華人民共和國國務院
法規	《城市綠化條例》	1992.6.23	中華人民共和國國務院
地方法規	《雲南省城市規划管理條例》	1992.11.25	雲南省第七屆人民代表大會
地方法規	《雲南省麗江歷史文化名城保護管理條例》	1994.6.2	雲南省第八屆人民代表大會
地方法規	《雲南省城市建設管理條例》	1994.11.30	雲南省第八屆人民代表大會
規章	《關于麗江縣城總體規划的批復》	1985.11.25	雲南省人民政府
規章	《關于麗江歷史文化名城保護規划的批復》	1995.7.14	雲南省人民政府
規章	《麗江大研古城消防安全管理暫行辦法》	1995.12.10	麗江縣人民政府

3、重點文物保護單位

1965年以來，雲南省人民政府、麗江縣人民政府先后公布了一批麗江古城文物保護單位。（表2）

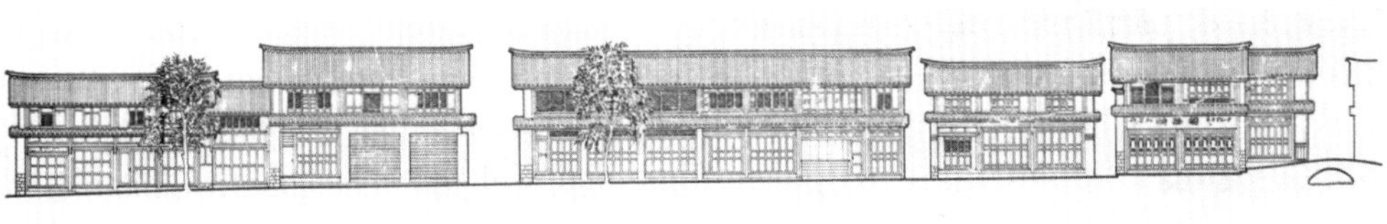

四方街南立面图
South Elevation of Sifang Street

表2.省縣級重點文物保護單位

類型	名　　稱	批準時間（年、月）
省級	琉璃殿與大寶積宮	1965.1
	福國寺五鳳樓	1983.1
	普濟寺銅瓦殿	1987.12
	北岳廟	1993.11
縣級	大覺宮	1982
	木家院	1982
	玉峰寺	1982
	文峰寺	1982
	玉泉古建築群	1982
	白馬龍潭寺	1982
	指雲寺	1982
	三聖宮	1985
	文昌宮	1988.11
	文廟、武廟	1988.11
	方國瑜先生墓	1988.11
	玉河書院	1988.11
	玉龍鎖脈寺	1988.11
	玄天閣	1988.11
	汝吉小學	1988.11
	馬子雲先生墓	1988.11
	紅二方面軍過麗江指揮部	1988.11
	靴頂寺	1988.11
	嵌雪樓	1988.11
	麗江府中學堂舊址	1990

(此表不包括麗江大研古城以外的文物保護單位)

（三）管理部門

Table 1. Laws & Regulations At National & Regional Levels

type	name	date	issuer
law	Law of the People's Republic of China on Urban Real Estate Administration	1994.7.5	People's Republic of China (PRC)
regulation	Rules for the Implementation of the Law of the People's Republic of China on the Protection of Cultural Relics	1992.4.3	PRC State Council
regulation	Rules on the Administration of Urban Appearance & Environmental Sanitation	1992.6.8	PRC State Council
regulation	Rules on Urban Landscaping	1992.6.23	PRC State Council
regional regulation	Rules of Yunnan Province on Urban Planning & Administration	1992.11.25	7th Yunnan People's Congress
regional regulation	Rules of Yunnan Province on the Protection & Control of Lijiang Historical & Cultural City	1994.6.2	8th Yunnan People's Congress
regional regulation	Rules of Yunnan Province on Urban Construction & Administration	1994.11.30	ditto
regulation	Reply of Approval to the Municipal Master Plan of Lijiang County	1985.11.25	Yunnan People's Government
regulation	Reply of Approval to the Protection Plan of Lijiang Historical & Cultural City	1995.7.14	ditto
regulation	Provisional Provisions on Fire Prevention & Control of Lijiang's Dayan old town	1995.12.10	Lijiang People's Government

3. Major Historical & Cultural Sites Under State Protection

Since 1965, the people's governments of Yunnan Province and Lijiang County have placed under state protection the following historical and cultural sites in the Lijiang old town.

Table 2. Major Historical & Cultural Sites Placed Under Provincial & county Protection

class	name	date of approval
provincial	Liuli Hall & Dabaoji Palace	1965.1
	Wufeng Tower of Fuguo Temple	1983.1
	Tongwa Hall of Puji Temple	1987.12
	Beiyue Shrine	1993.11
county	Dajue Palace	1982
	Mujia Compound	1982
	Yufeng Temple	1982
	Wenfeng Temple	1982
	Yuquan ancient housing cluster	1982
	Baima Longtan Temple	1982
	Zhiyun Temple	1982
	Sansheng Palace	1985
	Wenchang Palace	1988.11
	Wen Temple & Wu Temple	1988.11
	Tomb of Mr. Fang Guo Yu	1988.11
	Yuhe Academy	1988.11
	Yulong Suomai Temple	1988.11
	Xuantian Pavilion	1988.11
	Ruji Primary School	1988.11
	Tomb of Mr. Ma Ziyun	1988.11
	Cross-Lijiang River Command of the Second Front Red Army	1988.11
	Xueding Temple	1988.11
	Qianxue Tower	1988.11
	Site of the former Lijiangfu Middle School	1988.11

Note: This table does not include the cultural relics under state protection outside Lijiang's Dayan old town.

3. Administrative Departments

The highest administrative organs of the People' s Republic of China are: the Ministry of Construction and the State Bureau of Cultural Relics.

中華人民共和國最高管理機構：中華人民共和國建設部、中華人民共和國國家文物局。

麗江納西族自治縣直接管理部門：雲南省麗江納西族自治縣城鄉建設環境保護局、雲南省麗江納西族自治縣文化局。

四、特征

（一）麗江大研古城

1、歷史沿革

（1）古城發展大事記

南宋末年，麗江木氏先祖將其統治中心從白沙移至獅子山麓，開始營造房屋城池，稱“大葉場”；

南宋寶佑元年（公元1253年），木氏先祖阿宗阿良歸附元世祖忽必烈。寶佑二年（公元

四方街平面图(1:500)
Sifang Street plan

四方街鸟瞰图
Sifang Street aerial perspective

The direct administrative organs of Lijiang naxi Autonomous County: the Bureau of Urban & Rural Construction & Environmental Protection, and the Bureau of Culture.

IV. Unique Features

1. Lijiang's Dayan old town

(1) Historical Evolution

A. Chronicles of old town's Development

In late Southern Song Dynasty, the forefathers of the native Mu family in Lijiang moved their center of rule from Baisha to the foot of the Shizi Mountain, and began building houses and city wall and moat. The place was then called "Dayechang"

In the first Baoyou year (1253) of the Southern Song Dynasty, Forefather of the Mu family, Azong Aliang, submitted to the authority of Hubilie, emperor of the Yuan Dynasty. In the following year (1254), a Sandan administrative office was established in Dayechang under the jurisdiction of Chahanzhang administrative office.

In the 13th Zhiyuan year (1276) of the Yuan Dynasty, the Chahanzhang administrative office was changed into the Lijianglu Junmin general administrative prefecture.

The next year (1277), the Sandan administrative office was changed into the Tongan prefecture with the seat of government being in today's Dayan old town.

In the 15th Hongwu year (1382) of the

1254年），在“大葉場”設三賧管民官，其建制隸屬于茶罕章管民官；

元至元十三年（公元1276年），茶罕章管民官改為麗江路軍民總管府；

元至元十四年（公元1277年），三賧管民官改為通安州，州治在今大研古城；

明洪武十五年（公元1382年），通安州知州阿甲阿得歸順明朝，設麗江軍民府，阿甲阿得被朱元璋皇帝賜姓木并封為世襲知府；

明洪武十六年（公元1383年），木得在獅子山麓興建“麗江軍民府衙署”；

清順治十七年（公元1660年），設麗江軍民府，仍由木氏任世襲知府；

• 四方街科貢坊

· KeGong Archway in Sifang Square

Ming Dynasty. Prefect Ajia Ade of the Tongan prefecture submitted to the authority of the Ming Dynasty, and the Lijiang Junmin prefecture was established. Ajia Ade was awarded the surname "Mu" and made a hereditary prefect by Emperor Zhu Yuanzhang.

The next year (1383), Mu De built the office of the Lijiang Junmin Prefecture at the foot of the Shizi Mountain.

In the 17th Shunzhi year (1660) of the Qing Dynasty, the imperial court reestablished the Lijiang Junmin Prefecture and re-conferred the Mu family with the title of hereditary prefect.

In the first Yongzheng year (1723) of the Qing Dynasty, the imperial court introduced in Lijiang a policy of "gaituguiliu", meaning replacing the native prefect with a non-native one (liuguan) appointed by the imperial court. The Mu family was demoted to the post of Tutongpan.

In the following year (1724), the first non-native prefect Yang Bi arrived in Lijiang and began building prefectural office, barracks and educational and training departments at the foot of the Jinhong Mountain, northeast of the old town. All of thes buildings were surrounded with a city wall.

In the 35th Qianlong year (1770) of the Qing Dynasty,

清雍正元年（公元1723年），朝廷在麗江實行“改土歸流”，改由朝廷委派流官任知府，降木氏為土通判；

雍正二年（公元1724年），第一任麗江流官知府楊馝到任后，在古城東北面的金虹山下新建流官知府衙門、兵營、教授署、訓導署等，并環繞這些官府建築群修築城牆；

乾隆三十五年（公元1770年），麗江軍民府下增設麗江縣，縣衙門建于古城南門橋旁；

民國二年（公元1912年），麗江廢府留縣，縣衙門遷入原麗江府署衙內；

民國三十年（公元1941年），在麗江設雲南省第七行政公署及麗江縣政府；

1949年，設麗江專員公署及麗江縣人民政府，

1961年，設麗江納西族自治縣。

（2）城市建設者

宋末元初，由木氏先祖阿宗阿良興建“大

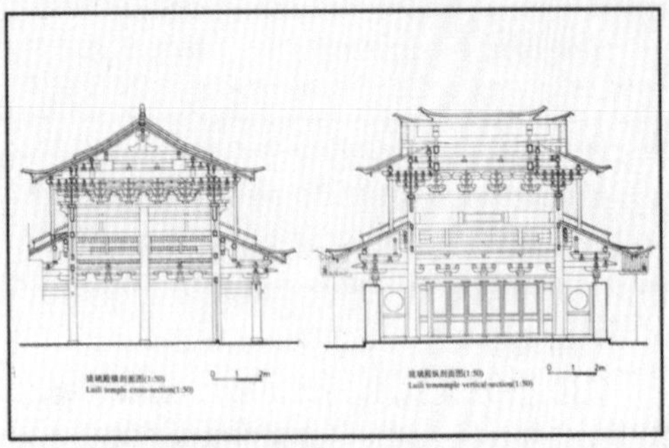

琉璃殿横剖面图(1:50)
Luili temple cross-section(1:50)

琉璃殿纵剖面图(1:50)
Luili temmple vertical-section(1:50)

葉場”；

明代，麗江古城的建設主要由歷代木氏知府主持進行。明萬歷年間（公元1573年），知府木增興建皇帝欽賜准建的“忠義坊”；

清代第一任流官知府楊馝按朝廷禮制建流官府衙及府城。納西族民居則由居民根據家庭生產生活需要、經濟條件和用地狀況，自由靈活地安排建設。

（3）城市功能和居民

麗江古城是納西族的聚居地，是保存納西族傳統文化的載體。自建成以來，一直發揮區域政治及民族文化教育中心，滇藏貿易、中印

Lijiang County was established under the Lijiang Junmin Prefecture, with the government office located beside the Southern Gate Bridge of the old town.

In the second year (1912) of the Republic of China, the prefecture was abolished but the county retained. County government moved into the former Lijiang prefectural government office.

In the 30th year (1941) of the Republic of China, the central government established in Lijiang the seventh administrative office of Yunnan Province and the Lijiang county government.

In 1949, the central government established the Lijiang prefectural commissioner's office and the people government of Lijiang County.

In 1961, the Lijiang Naxi Autonomous County was established.

B. City Builders

In the late Song and early Yuan Dynasties, Azong Aliang, forefather of the Mu family, built the Dayechang.

During the Ming Dynasty, the Lijiang old town was mainly built by the successive prefects from the Mu family. In the Wanli year (1573), Prefect Mu Zeng built "Zhongyifang" (Loyalty and Righteousness Archway) upon the personal authorization of the emperor.

Yang Bi , the first non-native prefectural governor in the Qing Dynasty, built the "liuguan"

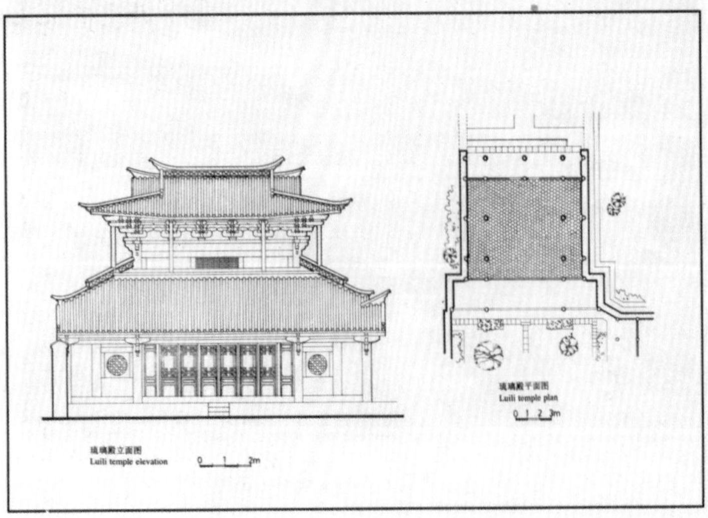

琉璃殿平面图
Luili temple plan

琉璃殿立面图
Luili temple elevation

office and the city wall in accordance with the rules of the imperial court. However, the dwellings were all built by local residents in accordance with the needs of their life and production and in light of their financial conditions and the availability of lots.

C. City Functions & Residents

The Lijiang old town is a place where Naxi minority has been living in compact communities. It has been also the carrier of the naxi traditional culture. Since its establishment, the town has served as a center of regional political life and ethnic cultural and education. It has also been a trade hub between Yunnan Province and Tibet and between China and India.

Today, 6,269 families, or 25,379 people, are still living in the old town. Among them, Naxi people total 16,999, accounting for 66.7% of the total population. About 30% of the residents are still engaged in the traditional handicraft occupations and commercial activities, such as making copper and silver wares, fur and leather products, textiles and wines.

D. Natural Disasters & Preventive Measures

Historically, earthquake has been the main natural disaster in Lijiang region. Following are some of the historical records:

On June 19, 1481 (the 17th Chenghua year of the Ming Dynasty), the Tong an region of the Lijiang Junmin Prefecture was hit by earthquake.

貿易樞紐之作用。

目前，麗江古城內仍居住6269戶居民，共25379人。其中，納西族16999人，占總人口的66.7%，有30%的居民仍在古城內從事以銅銀器制作、皮毛皮革、紡織、釀造業為主的民族傳統手工業和商業活動。

（4）自然災害及防范措施

麗江歷史上的主要自然災害是地震。據記載：

明成化十七年（公元1481）6月19日，麗江軍民府通安州發生地震，“牆垣多傾，以后晝夜徐動約八、九十次，至二十四日止”；

明正德十年（公元1515年）5月6日，大理發生地震波及麗江，“聲如雷，民廬舍盡圯”；

明天啟四年（公元1624年），麗江發生里氏5級、烈度6度的地震，部分房屋例塌；

清乾隆十六年（公元1751年）5月25日，劍川發生里氏6.5級、烈度9度的地震，地震波及麗江，造成一些損失，麗江流官府圍牆倒塌，城鄉共倒塌房屋242間，死18人。

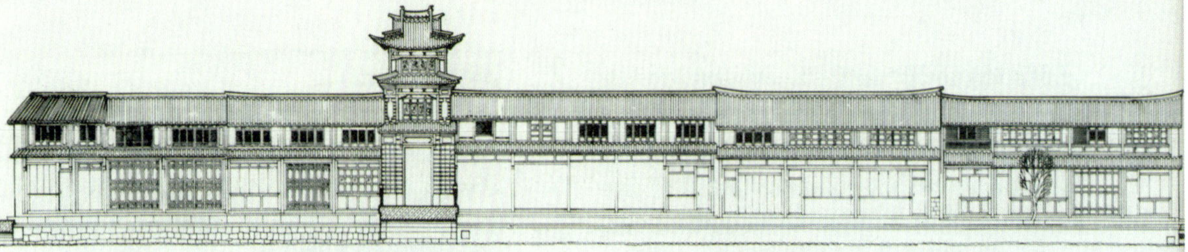

清光緒二十一年（公元1895年）12月20日，麗江發生里氏5.5級、烈度7度的地震。此后，余震持續至次年三月。部分房屋倒塌。

民國二十二年（公元1933年）3月1日，麗江發生5級地震。

1951年12月21日下午16時30分，劍川發生里氏6.25級地震，波及麗江，麗江九河、中濟受災較重，古城受輕災，麗江死65人，傷633人，倒塌房屋4345間。

1961年4月8日，麗江發生5級地震。

1977年6月9日，麗江發生5級地震。

1996年2月3日，麗江發生里氏7.0級強烈地震，震中烈度9度，麗江古城部分房屋遭到嚴重破坏。

由于麗江處于多地震區，麗江居民在工程抗震方面積累了豐富的經驗，民居建築中的穿斗式木結構具有很強的抗震性能，特別是木構架的承重部位。高度及節點都采取了特殊的設計手段，使房屋具有“牆倒屋不塌”的特點，使麗江古城歷經多次大地震而未被毀滅。

2、特征

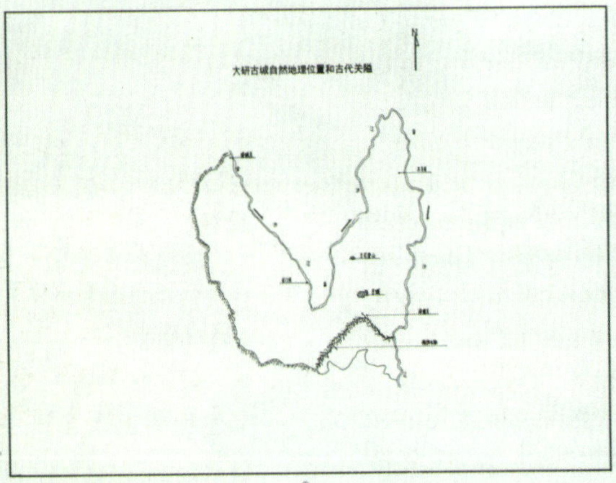

“The quake destroyed many walls, and was followed by about 80-90 after-tremors day and night until June 24.”

On May 6,1515 (the 10th Zhengde year of the Ming Dynasty), an earthquake hit Dali, affecting Lijiang. “It sounded like thunders, and dwellings were all destroyed.”

In 1624 (the 4th Tianqi year of the Ming Dynasty), an earthquake measuring 5 on the Richter scale hit Lijiang. The intensity of the tremor was 6 magnitude, and some of the houses were destroyed.

On May 25,1751 (the 16th Qianlong year of the Qing Dynasty), an earthquake measuring 6.5 on the Richter scale and with an intensity of 9 magnitude hit Jianchuan and affected Lijiang. The wall of the Lijiang Liuguan’s office collapsed and a total 242 houses were destroyed. 18 people were killed.

On December 20,1895 (the 21st Guangxu

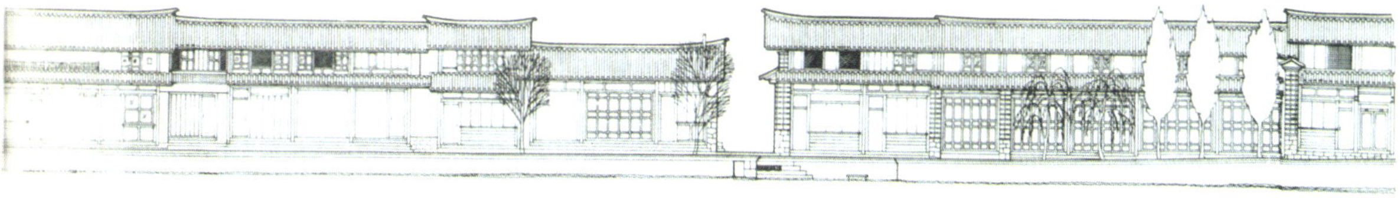

year of the Qing Dynasty), Lijiang was stricken by an earthquake measuring 5.5 on the Richter scale. The tremor's intensity was 7 magnitude. After-tremors continued till March of next year. Some houses collapsed.

On March 1,1933 (the 22nd year of the Republic of China), Lijiang was hit by a quake measuring 5 on the Richter scale.

At 16:30 P.M. on December 21, 1951, Lijiang was affected by an earthquake measuring 6.25 on the Richter scale with the epicenter in Jianchuan. In Lijiang, the most suffered areas were Jiuhe and Zhongji, and the old town was moderately affected. In all, 65 people were killed and 633 wounded and 4,345 houses were destroyed in Lijiang.

On April 8, 1961, Lijiang was hit by a tremor measuring 5 on the Richter scale.

On June 9, 1977, Lijiang was hit again by a quake measuring 5 on the Richter scale.

On February 3, 1996, Lijiang was hit by a strong earthquake measuring 7.0 on the Richter scale. The intensity at the epicenter was 9 magnitude. Some houses in the old town were seriously destroyed.

As Lijiang is located in an area prone to earthquakes, the local people have

（1）選址

麗江古城以大江深峽、高山險關為依托，在城四周設關口防守，西北設塔城關，西設石門關，西南設九河關，東北設太子關，城南設邱塘關。

麗江大研古城的選址，充分利用了地理環境及黑龍潭水源，北依金虹山、西枕獅子山，總體上座西北而朝東南，利用獅子山擋住了冬季來自西北方向的寒風，東南接遼闊平川，春迎朝陽，夏驅熱氣，建築物依山就勢，層疊起伏。

（2）街道廣場

麗江大研古城的街道以四方街為中心，取以新華街、五一街、七一街、新義街、光義街五條主要街道為經絡的格局。街道依山傍水，空間時而封閉，時而開朗，組成了一個通達全城的路網。

主街

道的中心部位均留有廣場，其中以四方街為最大。四方街不僅是大研古城的中心，也是滇西北地區的集貿和商業中心。其西側的制高點是科貢坊，為風格獨特的三層門樓。西側是西河，東為中河。西河上設有活動閘門，利用西河與中河的高差沖洗街面。這種獨特的衛生設施，在國內外都屬罕見。

古城的街巷全部用紅色角礫岩（民間稱為五花石）鋪裝而成，具有雨季不泥濘、旱季不

accumulated rich experiences in anti-quake engineering. The unique wooden structures of their dwellings have very good resistance to earthquakes. In particular, special techniques are adopted to design the weight-bearing points, heights and joints of the wooden frameworks so that even when the walls collapse the houses do not. It is for this reason that the Lijiang old town has survived numerous earthquakes.

(2) Unique Features

A. Site Selection

Against a backdrop of high mountains, the Lijiang old town faces a deep river and has strategic passes around: the Tacheng pass in the northwest, the Shimen pass in the west, the Jiuhe pass in the southwest, the Taizi pass in the northeast and the Qiutang pass in the south.

Site selection of Lijiang's Dayan old town has taken full advantage of the geographic conditions and the Heilongtan water source. With the Jinhong mountain in the north and the

三塘水透视图
Santangshui perspective

Shizi mountain in the west, the city was built on a slope from the northwest to the southeast. The Shizi mountain shields the cold wind from the northwest, while the vast plains in the southeast greet the morning sun in spring and dispel heat in summer. All the buildings are arranged in a terraced pattern.

B. Streets & Squares

All the streets in the Lijiang Dayan old town radiate from the Sifangjie (a rectangular street). The main ones are Xinhuajie, Wuyijie, Qiyijie Gùang yi jie and Xinyijie. Taking advantage of slopes and streams, a road network reaches every corner of the city. Each central section of the main street has a square, and the biggest one is on the Sifangjie which is not only the center of the old town but also a trade and commercial hub in the northwestern part of Yunnan Province. West of the Sifangjie is the Kegongfang (imperial examination archway), the highwest point of the town. The three-story archway is flanked by the Western River in the west and the Central River in the east. There is a movable floodgate across the Western River. Utilizing the different water levels of the two rivers, the floodgate diverts water to wash the streets. This unique sanitary facility is rare both in China and else where in the world.

All the streets and lanes of the old town are paved with red breccia, which is not muddy in rainy season and dusty in dry season. These fine-grained stones coordinate perfectly with the entire environment of the town.

C. Water System

飛灰的特點，石上花紋圖案自然雅致，質感細膩，與整個城市環境十分協調。

（3）水系

黑龍潭是麗江大研古城的主要水源，以此為起點，清澈的流水通過線網狀河道溝渠流經千家萬戶，與散點狀井泉構成嚴整的水系，以滿足全城消防、居民生活用水需要。

a. 河道：

位于象山麓的黑龍潭有數十個出水點，出水量為1.918至4.430立方米/秒，匯成潭面近4

22

• 黑龍潭
Black dragon pool

萬平方米。潭水由北向南流至雙石橋下分成東河、中河、西河。三股支流并進而分成無數細流，穿巷走戶，入牆過屋，流遍全城。古城的街道與河道密切結合，街景與水景相得益彰。河道最寬處5至6米,最窄處不足1米。

b. 泉潭：

大研古城之泉潭有黑龍潭、白馬龍潭和義尚甘澤泉等。白馬龍潭位于獅子山南麓、古城西側，又名獅乳泉，水面面積近百平方米，出水量0.023立方米/秒。泉水甘潔清純，從未枯竭。甘澤泉位于古城東面的金虹山麓，水面面積有幾十平方米，出水量0.01立方米/秒，水質十分純淨。

c.井:

大研古城內散布多處水井，并大多取“三眼井”形式。“三眼井”即一井分三眼，三眼相連，依次為：飲用水眼、洗菜用水眼和洗滌

Heilongtan (black dragon pool) is the main source of water of Lijiang's Dayan old town. From there, clear water flows through the crisscross network to reach every household. Supplemented by scattered wells and springs, the entire water system can meet the needs of life and fire control of the entire town.

a. Rivers. Situated at the foot of the Xianshan mountain, the 40,000-square-meter Heilongtan pools the water from dozens of water springs which together can supply 1.918-4.430 cubic meters per second. From Heilongtan, water flows southward down to the

Shuangshi Bridge, where it branches into three tributaries: the eastern, central and western rivers which further subdivide into numerous streams threading through lanes and households to reach every part of the town. The widest points of the water system are 5-6 meters wide and the narrowest less that one meter.

b. Spring Pools. The old town boasts of many spring pools, including the Heilongtan, the Baimalongtan and the Yishang Ganze spring. The Baimalongtan pool is located at the southern foot of the Shizishan (lion mountain) and west of the old town.

The 100-square-meter pool is also called Shiru spring (lion's breast spring). It can produce 0.023 cubic meters of clear water per second, and has never dried up. The Ganze spring lies at the foot of the Jinhong mountain, east of the town. The spring has a surface of several dozens of square meters and yields 0.01 cubic meters of pure water per second.

c. Wells. There are many wells in the town. Most of them are "three-eyed", which means a well has three openings. one for drinking, one for washing vegetables and one for washing.

D. Bridges

Along the inner-city Yuhe water system, there are a total of 354 bridges. or 93 bridges per square kilometer. Most of them are corridor bridges (which can shield wind and rain), stone arch bridges, slabstone bridges and plank bridges. The most famous ones are the Suocui bridge, the Dashi bridge, Wanzi bridge, Nanmen bridge, Ma' an bridge and Renshou bridge, all of which were built during the Ming and Qing dynasties. Their unique styles have earned Lijiang the name of "bridge city".

用水眼。

（4）橋梁

在麗江古城區內的玉河水系上，飛架有354座橋梁，其密度為平均每平方公里93座。形式有廊橋（風雨橋）、石拱橋、石板橋、木板橋等。較著名的有鎖翠橋、大石橋、萬子橋、南門橋、馬鞍橋、仁壽橋。它們均建于明清時期，具建築獨特風格，使麗江古城成為一座橋城。（表3）。

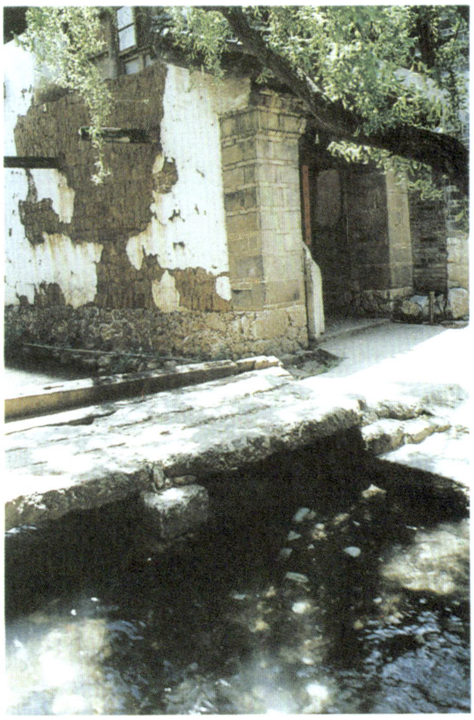

表3玉河水系麗江古城區的橋梁

水系 類別	主河道（玉龍橋以上）	西河	中河	東河	西河與中河水巷（四方街、現文巷）	合計
石拱橋		4	7	3		14
石板橋		109	1	41	18	169
木板橋	2	31	5	24	2	64
石木廊橋	1					1
混凝土廊橋	1					1
混凝土拱橋	1		1			2
混泥土板橋	3	33	4	63		103
合計	8	177	18	131	20	354

Table 3: Bridges Along Yuhe Water System In Lijiang old town

	main waterway(up from Yulong Bridge	Western River	Central River	Eastern River	between western & eastern rivers	total
stone arch bridge		4	7	3		14
slabstone bridge		109	1	41	18	169
plank bridge	2	31	5	24	2	64
corridor bridge(of stone & wood)	1					1
corridor bridge (concrete)	1					1
concrete arch bridge	1		1			2
concrete slab bridge	3	33	4	63		103
total	8	177	18	131	20	354

锁翠桥立面图(1:100)
Shuocui bridge elevation

锁翠桥剖面图(1:50)
Shuocui bridge section

锁翠桥平面图(1:100)
Shuocui bridge plan

• 古城橋梁
The bridges in old town

(5)民居

麗江古城的民居建築是納西族建築藝術和建築風格的集中體現。它在納西族原始的井干式木楞房形式基礎上吸收、融匯了漢、白、藏等民族建築的一些優點而形成，在布局形式、建築藝術等方面都有鮮明的地方特色與民族風格。

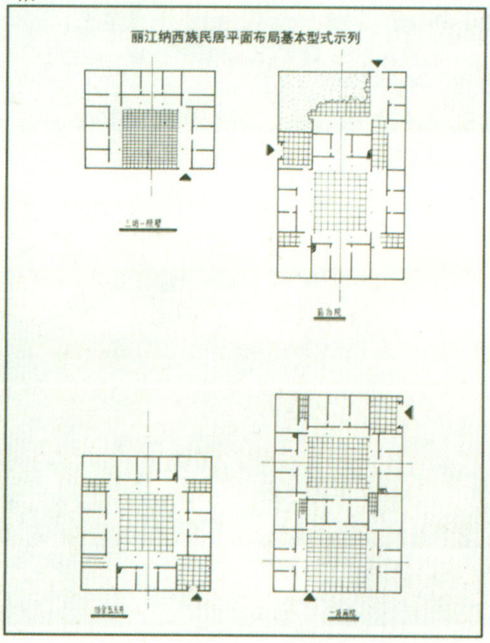

丽江纳西族民居平面布局基本型式示列

E. Dwellings

The dwellings in the old town are a typical manifestation of the architectural art and style of Naxi minority. Proceeding from its original "jingganshi" timber structure, the Naxi pwoplw developed a unique architectural art and style by absorbing some of the architectural styles of the Han and Zang nationalities.

a. Plane Layout & Architectural Features:

The dwellings here are normally 7.5-meter-high two-story wooden structures. Occasionally some are three-story. The typical pattern consists of a "chuandoushi" wooden framework, adobe walls, a tile roof and an external corridor. According to the pattern of wooden framework and external corridor, the houses can be classified into 7 major categories: pingfang (bungalow), minglou (open storey), liangbusha (two-step corridor), qishailou, manlou, menlou and liangmiansha . The layouts include sanfangyizhaobi , sihewutianjing, qianhouyuan, yijinliangyuan, liangfangguaijiao, siheyuan, duojintaoyuan, and duoyuanzuhe . Of them the patterns of sanfangyizhaobi and sihewutianjing are most popular.

The sanfangyizhaobi pattern consists of a main house, two side houses and a screen wall facing the main house. They form a sanheyuan. The sihewutianjing pattern consists of the main house, two side houses and one house opposite the main house. The four houses from a closed compound, in which there are five courtyards, the main one in the middle and a small one in each of the compound' s four corners . These two patterns are the most populous ones in Lijiang. All the other patterns derived from the two.

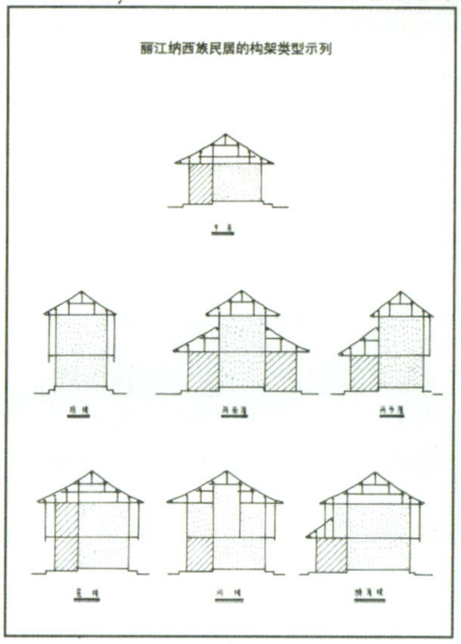

The wooden framework is pretty flexible, but its has two basic roof patterns: Xuanshan and Yingshan. All the main weight-bearing points have such devices as "lemagua", "dijiao", "chuanfang" and "qianjing" to reinforce the entire structure.

All the pillars lean inward in a 1% degree of inclination, also to increase the stability of the structure. All the joints of the wooden framework use "liangdeng tenon", "datou tenon" and "pingchan tenon", and hidden conical wedges are used to fasten the soft joints so that the whole structure can be resilient to earthquakes. The walls, heavy in the lower part (adobes) and light in the upper (boards), are also very strong.

a. 平面布局與建築特色：

民居建築一般是高約7.5米的兩層木結構樓房，也有少數三層樓房，為穿斗式構架、壘土坯牆、瓦屋頂，設有外廊（即廈子）。根據構架形式及外廊的不同，可分為平房、明樓、兩步廈、騎廈樓、蠻樓、悶樓、兩面廈等七大類。布局形式有三坊一照壁、四合五天井、前后院、一進兩院、兩坊拐角、四合院、多進套院、多院組合等類型，其中以三坊一照壁和四合五天井為典型。

三坊一照壁， 即主房一坊，左右廂房二坊，加上主房對面的照壁，合圍成一個三合院。四合五天井指由正房、下房、左右廂房四坊房屋組成的封閉式四合宅院。除中間一個大天井外，四角還有四個小天井或漏閣。三坊一照壁、四合五天井是麗江民居中最基本，最常見的形式，其它布局形式都是它們的變異、演化、發展和組合。

麗江民居的構架處理十分靈活，有懸山和

硬山兩種屋頂形式，在木構架主要受力部位，設有“勒馬掛”、“地腳”、“穿枋”、“千斤”等具有拉結作用的構件，整個構架按百分之一的斜度使柱頭往里傾斜、柱根部向外展開，增強了構架的穩定性。

在構架的聯結節點部位，根據受力的情況，分別使用“兩蹬榫”、“大頭榫”、“平插榫”，并設暗梢等柔性節點，以利于抗震。下重（土坯）上輕（木板）的護牆體堅固實用。

麗江民居在體型組合及輪廓造型上縱橫交錯。輪廓優美；外觀的立面多為石砌勒腳，牆面抹灰，牆角鑲磚，青瓦鋪頂，色調和諧，外觀朴素。

b. 民居庭院中的局部特色：

麗江民居非常注重房屋的裝飾，其重點是門樓、照壁、外廊、門窗隔扇、天井、梁枋等。

門樓的形式有磚拱式、木過梁平拱式及木構架式三種，磚拱式門樓多為中間高、兩邊低的三滴水牌樓式樣。木過梁平拱式門樓則是以木過梁承托、外包薄磚的三滴水牌樓。木構架式門樓多為雙坡屋面，檐下用多層花板、花罩裝飾。

民居照壁一般有三滴水、一字平式兩種，內部的外廊小照壁多用大理石裝飾。房屋的門窗均飾以木雕圖案，如鳥禽、花卉、琴棋書畫、

The dwellings have different outer shapes, all beautifully-looking. The walls normally sit on stone foundations and are lime-plastered, with the corners paneled with bricks. Roofed with dark gray tiles, these houses look simple and coordinating.

b. Features of Courtyards

Residents in Lijiang pay great attention to the decoration of their houses, especially the arches over gateways, the screen walls, the external corridors, the doors and windows, the courtyards and the roof beams.

There are normally three patterns of arches over the gateways: brick arches, beam-supported arches and wooden-framed arches. The first pattern rises in the middle and lowers at two ends. The second is supported by beams and paneled outside with thin bricks, while the third is a double-slope roof with the eaves decorated with multiple carved wooden panels.

All the doors and windows are decorated with

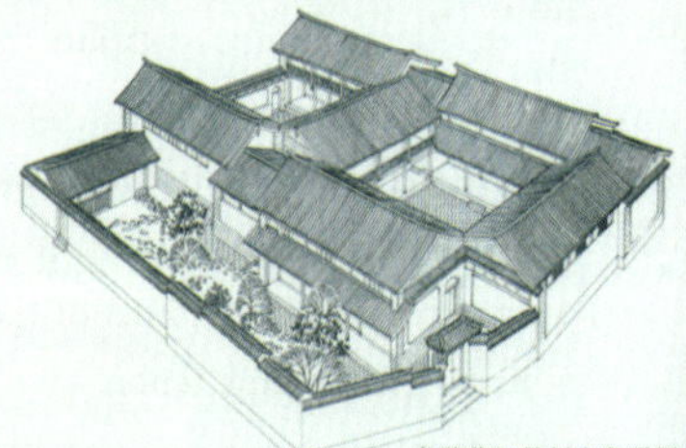

光碧巷58号赵宅鸟瞰图
Number 58 of Guangbi alley:aerial perspective

文尚文明村18号透视图
Number 18 of Yishangwenming village:perspective

30

• 民居構架處理—懸山和硬山
· The basic roof patterns of dwelling

wood carvings such as birds, flowers, musical instruments, paintings and stone wares, a combination of practical functions and artistic tastes. In addition, beams, pillars, railings, pillar foundations, eaves and roof beams are also decorated. For example, both ends of the main beam are carved into beast heads, or known as "lion's head" . The pillar foundations are also carved into drum-shape or bottle-shape.

c. Courtyard Design

The courtyards in the old town are paved with cobblestones or colored stones, and the patterns of pavement vary according to the sizes of the courtyards or the tastes of the owners, often depicting flowers, birds, fish, pests, yin-yang, folklore or fairy tales. They are simple in technique and compact in layout.

The compound which has a large space or contains multiple courtyards generally has two archways, one screen wall, a flower bed and a pond.

d. Typical Courtyards

At present, a total of 32 courtyards have been designated as the first batch placed under state protection.

博石器皿等，是功能與藝術相結合的產物。此外，對梁枋、柱頭、欄桿、柱礎、勒腳、檐口、屋脊等木作、石作、瓦作部位也加以裝飾。如大過梁的梁頭雕成獸頭，俗稱“獅子頭”，柱礎亦雕成圓鼓形、瓶形等。

c. 民居庭院設計

古城民居的庭院采用鵝卵石、五花石等為原料鋪裝，圖案根據庭院大小或房主喜好而定，內容涉及花鳥魚蟲、八卦陰陽、民間傳説、神話故事等，手法古朴，布局嚴謹。占地大、院落多的宅院，普遍由兩坊一照壁、花台、水池等構成。

福

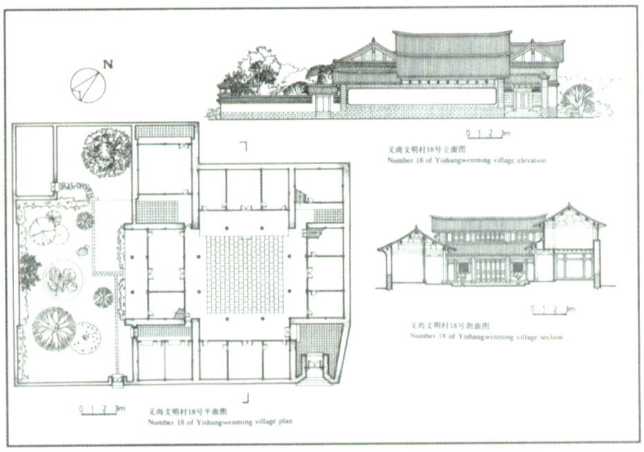
N
0 1 2 3m
义尚文明村18号立面图
Number 18 of Yishangwenming village elevation
0 1 2 3m
义尚文明村18号剖面图
Number 18 of Yishangwenming village section
0 1 2 3m
义尚文明村18号平面图
Number 18 of Yishangwenming village plan

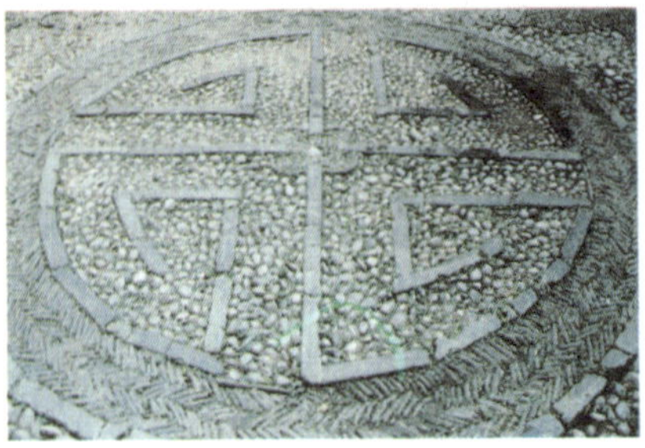

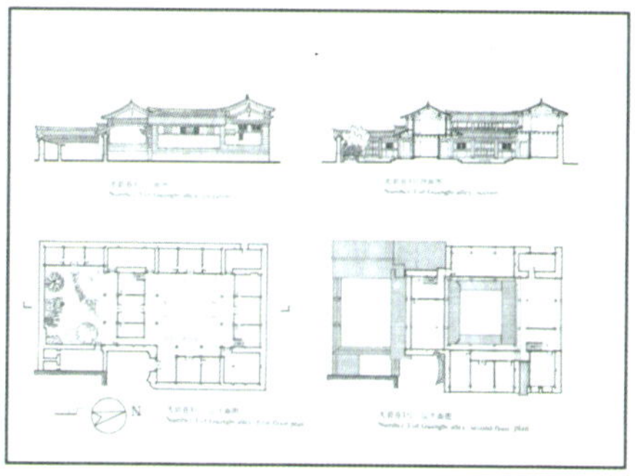

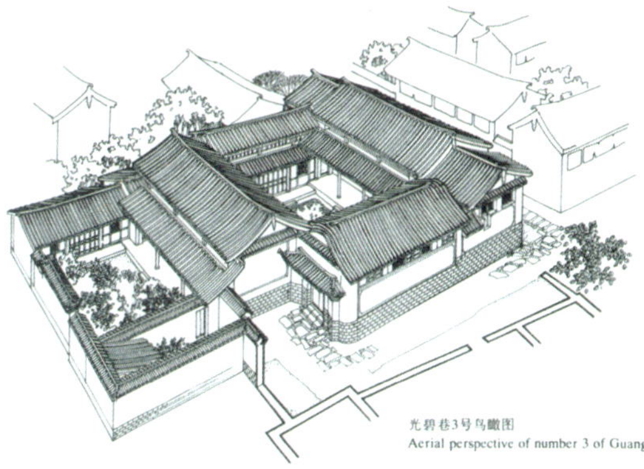

光壁巷3号鸟瞰图
Aerial perspective of number 3 of Guangbi alley

d. 典型的民居庭院范例：

目前，已第一批確定32處庭院為重點保護民居。

現就其中7所有典型意義的民居，列表說明如下：（表4）

位置及門牌	所有者	特色說明
光義街光碧巷3號	楊樹春	建于1925年，平面形式為前后院，正院為四合五天井，正房朝東，四坊皆兩層，前院為兩坊拐角的花園。正房為騎廈樓，廂房為明樓吊廈，下房兩面廈，前院廂房為平房，裝飾精細。
光義街光碧巷58號	趙琴修 趙鶴修等	建于1925年，平面形式為一進兩院加花園，兩院并列，正院為四合五天井，正房朝東南；附院為三坊一照壁，但照壁面對的是花廳，而不是正房，正、附院以花廳相通；正、附院東南有花園，房皆兩層，構架多樣。
五一街文治巷85號	和運新	距今約80年，平面形式為前后院，現已變為三坊一照壁，正房東面的漏閣寬大，天井鋪地圖案豐富生動，裝飾效果好；石砌勒腳構圖生動，大門為八字門，設檐風牆，有官僚住宅特點。
義尚文明村8號	義尚辦事處集體	建于1887年，平面為四合五天井，西側附花園，正房及大門朝南，四角小，天井大，正房及廂房兩層，下房一層，西廂房作為花廳通至花園。
光義街官院巷	王協中	清末時建造的納西族民居庭院，前后院式平面組合，后院為住宅，布局頗具園林之趣，前院供生活使用，西河水流經前院，供飲水及澆花之用。前院一側臨街面，設店鋪。
新華街雙石段4號、 74號	張之雷 張福	建築布局極具特色。張福宅是多進套院平面組合，臨街面底層為地下室，作鋪面，另一面為一樓一層組合庭院，各宅能隨地勢逐級而上相套。張之雷宅臨街一層為鋪面，另一側為一樓一層組合庭院，該宅為水邊建築，即房前為渠。該組民居充分反映了利用山和水的自然條件布局建築的風格。
五一街	麗江縣人民政府	距今約百年，平面形式為多進套院，兩組一進兩院前后相套組成四個院落，另附一個花園，是典型的富家深宅大院。

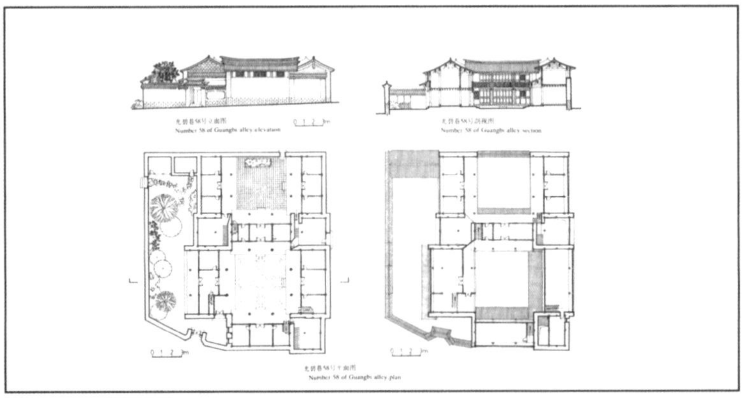

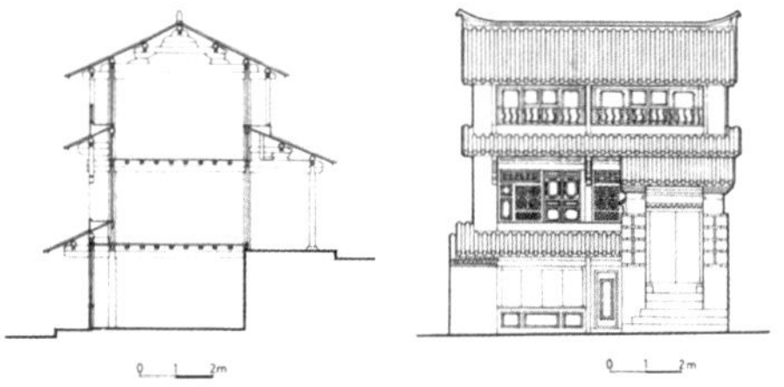

新华街双石段74号剖面图
Number 74 of Xinhua street section

新华街双石段74号立面图
Number 74 of Xinhua street elevation

The following table lists 7 typical courtyards with detailed descriptions: (table 4)

address	owner	description
3 Guangbixiang, Guangyijie	Yang Shuchun	built in 1925, consists of front & back courtyards. main courtyard is sihewutianjing pattern, with the main house facing east. all four houses are two story. front courtyard has a garden. main house is qisalou and side houses are mingloudiao sha. side houses in front yard are bungalows, beautifully decorated.
58 Guangbixiang, Guangyijie	Zhao Qinxiu, Zhao Hexiu	built in 1925, compound consists of two through court yards plus a garden. main yard is sihewutianjing pattern with the main house facing southeast. secondary yard is sanfangyizhaobi pattern. screen wall faces parlor that connects front and back courtyards instead of facing the main house. there is a garden in each yard, and all houses are two-story. wooden frameworks vary.
85 Wenzhixiang, Wuyijie	He Yunxin	about 80 years old. original plane layout consisted of front & back courtyards, but has changed into sanfangyizhaobi. the "louge" east of the main house is spacious. Courtyard is paved with rich designs. diversified stone carvings. gate is wider outside and narrower inside with a screen wall. has a style of an official residence.
8 Wenmingcun, Yishang collective, Yishang office	collective, Yishagn office	built in 1887. a sihewutianjing pattern, with a garden in the west. the main house and the gateway facing the south. the courtyard is spacious. both the main and side houses are two-story. the southern house is one-story. the western side house serves as a parlor leading to the garden.
Guanyuanxiang, Guangyijie	Wang Xiezhong	built in late Qing Dynasty. front courtyard is for living while back courtyard for residing. water from western river flows through front courtyard, supplying water for drinking and watering. one side of front courtyard facing street is used for commercial purpose.
4 & 74 Shuangshiduan, Xinhuajie Wuyijie	Zhang Zhilei Zhang Fu	a group of unique dwellings. Zhang Fu' s residences is a combination of multiple through courtyards. ground floor of the house facing street is a basement used as shop front. At the other end of the compound is a combination of two-story houses. all courtyards go up along slope. Zhang Zhilei' s residence has one end facing street with ground floor used as shop front. the other end is a combination of two-story houses. this is a waterfront compound. Both compounds take full advantage of the natural beauty of mountain and water.
	People' s Government of Lijiang County	about 100 years old. a combination of multiple through courtyards, with a garden. a typical wealthy residence.

（二）大研古城周邊民居建築群

1、白沙民居建築群

白沙民居建築群位于大研古城北8公里處，曾是宋元時期麗江政治經濟文化的中心。白沙民居建築群分布在一條南北走向的主軸上，中心有一個梯形廣場，四條巷道從廣場通向四方。民居鋪面沿街設立，一股清泉由北面引入廣場，然后融入民居群落，極具特色。麗江納西族有名的棒棒節也起源于此。按傳統習俗，正月二十日開大殿（白沙街東側，有護法堂等古建築群）祭神。當天麗江各民族都紛紛前來拜祭，集市貿易以木制品、竹編器具為主，應有盡有。白沙民居建築群形成和發展為后來麗江大研古城的布局奠定了基礎。

2. Housing Clusters Around old town.

(1) Baisha Housing Cluster

The Baisha housing cluster, 8 km north of the Dayan old town, was a political, economic and cultural center in Lijiang during the Song and Yuan Dynasties. The houses here stand along a north-south axis, with a terraced square in the middle from where radiate four lanes. The lanes are flanked with shop fronts. Clear

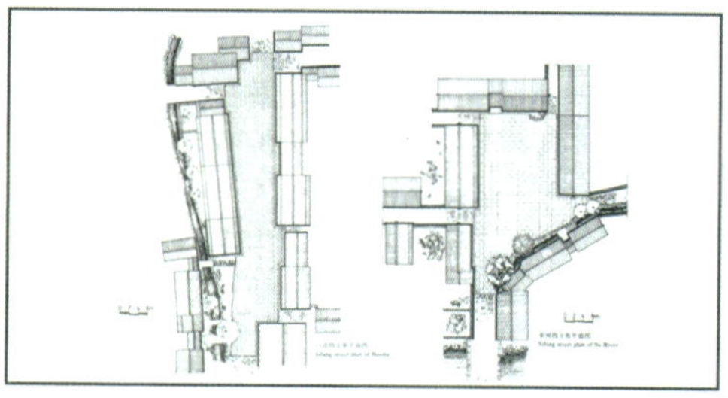

spring water flows from the north into the square and then penetrate into private houses. The well-known "bangbang festival" originated from here. According to traditional customs, the main hall of a temple east of the Baisha street is open for sacrificial ceremonies and the residents of all ethnic minorities converge for the occasion. When there is a market, the dominant commodities are articles made of wood and bamboo. The formation and development of the Baisha housing cluster had laid the foundation for the layout of the later Lijiang's Dayan old town.

(2) Shuhe Housing Cluster

4 km northwest of the Lijiang old town, the Shuhe housing cluster is in fact a small suburban market .

Built at a hillfoot and beside a stream, the houses here are well arranged. In the street, there is a spring called "jiudinglongtan" or "dragon spring". In the clear pool, fish are visible. From there the spring water flows through the neighborhoods. Besides, a river called "qinglonghe" runs through the Shuhe village, across which strides the Qinglong bridge built during the Ming Dynasty. The bridge, which is 4 meters high, 4.5 meters wide and 25 meters long, is the largest stone arch bridge in Lijiang. East of the bridge is a small rectangular street, 33 meters long and 27 meters wide. The rectangular street goes beside the stream and is dotted with shop fronts. Like in the Lijiang old town, water can be drawn to wash the streets.

The Shuhe village is noted for its cultural education and handicraft industry. There is a middle school of considerable scale, named "Shuhe Middle School". Many villages are engaged in leather processing and other handicraft occupations. It is a famous village of cobblers. A saying goes: "Shuhe cobblers go everywhere with awl in hand."

3. Rich Ethnic Culture

(1) Major Cultural Relics & Historical Sites

A. Ming-Dynasty Lijiang Junmin Prefectural Government

2、束河民居建築群

束河民居建築群在麗江古城西北4公里處，是麗江古城周邊的一個小集市。

束河依山傍水，民居房舍錯落有致。街頭有一潭泉水，稱為"九鼎龍潭"，又稱"龍泉"。泉內水質清澈，游魚可數，從泉中溢出的流水蜿蜒于街衢旁。另外，青龍河從束河村中央穿過，建于明代的青龍橋橫跨其上。青龍橋高4米、寬4.5米、長25米，是麗江境內最大的石拱橋。橋東側建有長33米、寬27米的小小四方街。其四周鋪面林立，依水設街，形制與麗江古城四方街相似，同樣可以引水洗街。

束河以發達的文化教育和手工業而著稱。村中辦有規模較大的束河中學，許多人以從事皮革加工和其它手工業為生，是著名的皮匠村，有"束河皮匠，一根錐子走天下"之說。

（三）豐富的民族文化

1、重要文物古跡：

（1）明代麗江軍民府與木家院：

• 石牌坊 The stone Archway

• 束河唐代石橋 The stone Bridge in Suhe

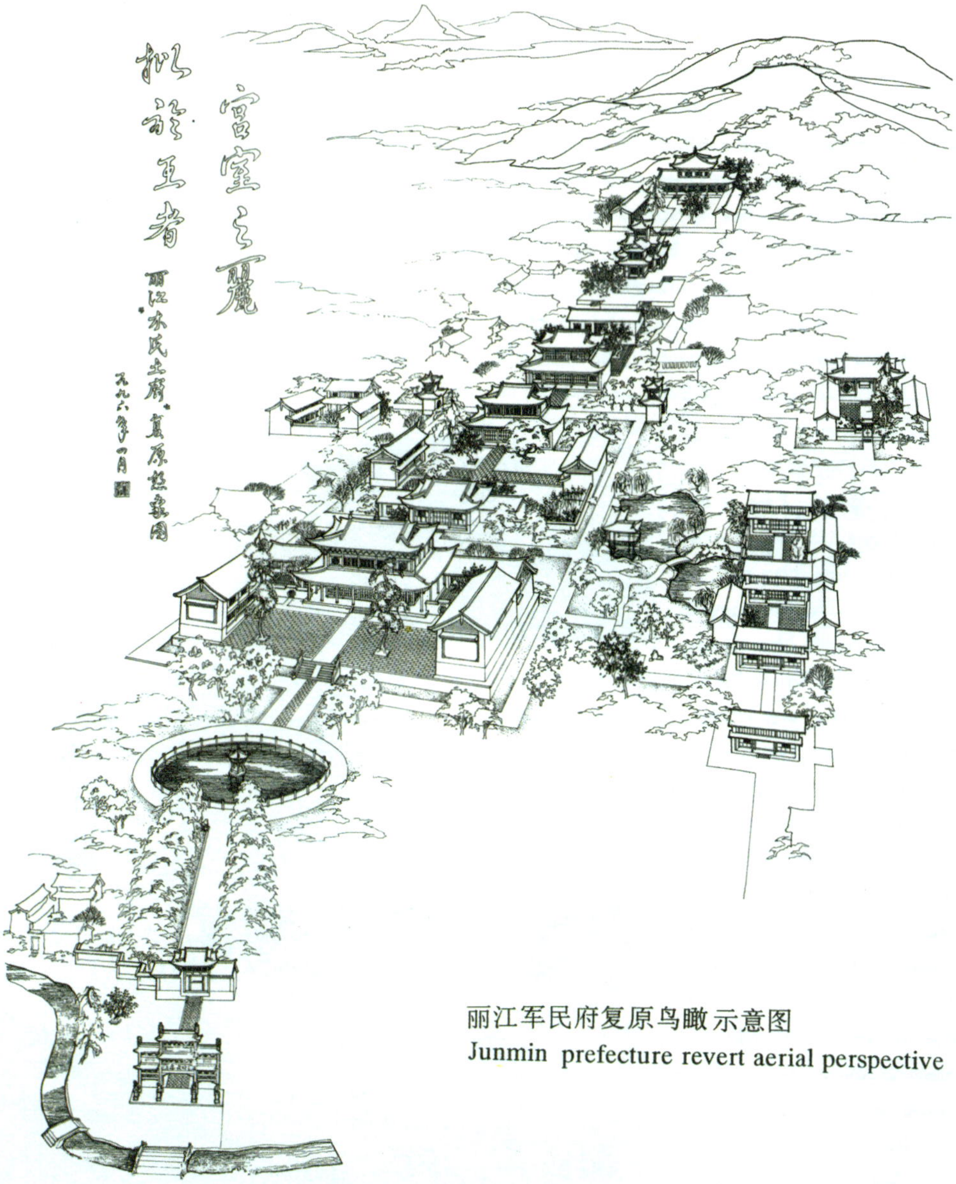

丽江军民府复原鸟瞰示意图

Junmin prefecture revert aerial perspective

丽江军民府复原平面示意图(1:500)
Junmin prefecture revert plan

明代麗江軍民府府衙與木家院位于麗江大研古城西南，始建于明洪武十五年（公元1368年），府衙分布在一條286米長的東西軸線上，依次排列有金水橋、忠義坊、圓池、正殿、光碧樓、壽星樓、丹墀、一文亭、玉音樓、三清殿（玉泉閣），直至獅山御園，一進數院，巍峨壯觀。府衙北側建有一進三院住宅，俗稱木家院。麗江軍民府衙于清咸豐、同治年間遭兵亂洗劫，現存一文亭、光碧樓、石牌坊獅子等。

（2）玉泉明清建築群

玉泉明清建築群位于黑龍潭公園內，包括雲南省重點文物保護單位明代建築福國寺五鳳樓；麗江縣重點文物保護單位文明坊、石獅、一文亭、解脱林門樓、光碧樓、得月樓、龍神祠等，以五鳳樓最富特色（表5）

表5玉泉明清建築群主要建築

建築名稱	建築年代	分布地點	結構
五鳳樓（法雲閣）	公元1601年	原址在福國寺，現遷至黑龍潭	木結構
文明坊	公元1891年	原址在麗江古城北門坡，現遷至黑龍潭	木結構
光碧樓	公元1573年	原址在麗江軍民府，現遷至黑龍潭	木結構
解脱林門樓	公元1601年	原址在芝山福國寺，現遷至黑龍潭	木結構
龍神祠	公元1736年	黑龍潭	木結構
得月樓	公元1876年	黑龍潭	木結構

福國寺五鳳樓

五鳳樓（原名法雲閣），位于黑龍潭公園北端，始建于明萬歷二十九年（公元1601年），1974年由芝山福國寺搬遷至黑龍潭，1983年被公布為雲南省重點文物保護單位。樓

Office & Mujia Compound:

The construction of the prefectural government office and the compound in the southern part of the Lijiang Dayan old town began in 1368 (the 15th Hongwu year of the Ming Dynasty). The government office, built along a 286-meter-long east-west axis, was an impressive complex, which consisted of the Jinshui bridge, the Zhongyi archway, a round pond, a main hall, the Guangbi tower, the Shouxing tower, the Danchi terrace, the Yizi pavilion, the Yuying tower, the Sanqing palace (yuquan pavilion), and the Shishan royal garden . North of the government office was an official residence called Mujia compound, which consisted of three through courtyards . The government office was destroyed in wars during the rule of Xianfeng and Tongzhi emperors of the Qing Dynasty. Only the Yizi pavilion, Guangbi tower, stone archway and stone lions survived.

B. Yuquan Architectural Structures of Ming & Qing Dynasties

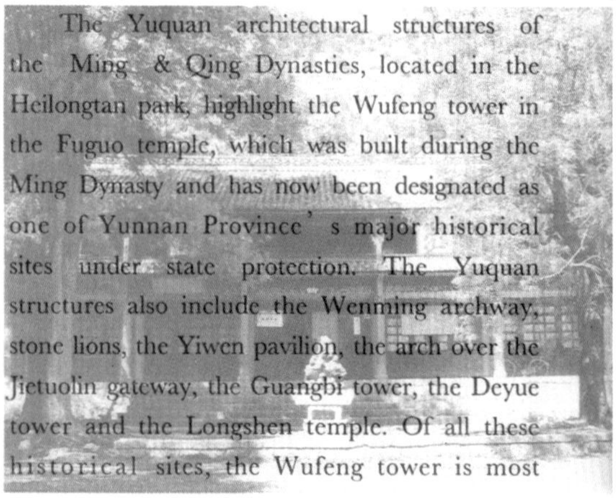

The Yuquan architectural structures of the Ming & Qing Dynasties, located in the Heilongtan park, highlight the Wufeng tower in the Fuguo temple, which was built during the Ming Dynasty and has now been designated as one of Yunnan Province ' s major historical sites under state protection. The Yuquan structures also include the Wenming archway, stone lions, the Yiwen pavilion, the arch over the Jietuolin gateway, the Guangbi tower, the Deyue tower and the Longshen temple. Of all these historical sites, the Wufeng tower is most exceptional.

Table 5. Major Architectural Structures of Ming & Qing Dynasties In Yuquan

name	year of construction	location	structure
Wufeng tower (Fayun pavilion)	1601	originally in Fuguo temple, now moved to Heilongtan	wood
Wenming archway Guangbi tower	1891	originally on slope outside northern gate of Lijiang old town, now moved to Heilongtan	wood
arch over Jietuolin	1573	originally in Lijiang Junminfu, now moved to Heilongtan	wood
gateway Longshen temple	1601	originally in Fuguo temple in Zhishan, now moved to Heilongtan	wood
Deyue tower	1736	Heilongtan	wood
year of	1876	Heilongtan	wood

Wufeng Tower in Fuguo Temple

The Wufeng tower, formerly called Fayun pavilion, is located in the northern tip of the Heilongtan park. It was first built in the Fuguo temple in Zhishan in 1601 (the 29th Wanli year of the Ming Dynasty), and was moved to the present site in 1974. It was listed in 1983 as one of Yunnan Province's major historical sites under state profection. The 20-meter-high tower is a three-story structure, with an octagonal roff. In all, it has 24 upturned eaves. Looking from any angle, the tower resembles five colorful in-flying phoenixes, and hence the name of the tower. Of the 32 pillars, the four central ones are 12 meters high, on top of which

高二十米，為層甍三重檐結構，基呈亞字形，樓台三疊，屋檐八角，三層共疊成二十四個飛檐，從任何一個角度看，都見翼然飛角，就象五只彩鳳展翅來儀，故名五鳳樓。全樓共有三十二棵柱子落地，其中四棵中柱各高十二米，柱上部分用斗架手法建成，樓尖貼金寶頂。天花板上繪有太極圖、飛天神王、龍鳳呈祥等圖案，線條流暢，色彩絢麗，具有漢、藏、納西等民族的建築藝術風格，是中國古代建築中稀世珍寶和典型一范例。

（3）白沙宗教建築群

包括琉璃殿、大寶積宮、大定閣、金剛殿、文昌宮。其中琉璃殿和大寶積宮于1965年被公布為雲南省第一批重點文物保護單位，現已推薦為中國重點文物保護單位。（表6）

表6 白沙宗教建築群主要建築

建築名稱	建築年代	分布地點	結構形式
琉璃殿	公元1417年	白沙	重檐歇山頂，以唐、宋斗拱承重為主的形式
大寶積宮	公元1582年	白沙	重檐歇山頂，平面呈正方形，一二層檐下為斗拱，頂部六角藻井。
大定閣	公元1573年初建，1743年重修	白沙	重檐攢尖頂平房四合院
金剛殿	公元1573年	白沙	重檐攢尖頂，四壁鑲大理石
文昌宮		白沙	三進院落

（4）白沙壁畫

白沙壁畫分別分布在琉璃殿、大寶積宮、大定閣等白沙宗教建築群中，繪制于明朝初期（13世紀初），現存44幅。

壁畫內容以宣講宗教教義為主，兼有明代納西族社會生活內容，融合有佛教顯宗、密宗及道教題材，在藝術風格上融合了漢文化傳統技法和藏、納西等少數民族繪畫風格，用筆設色細膩流暢，色彩絢麗多姿，采用疊金、貼金等手法，更顯得金壁輝煌；人物造型逼真，體態各異，個性突出，栩栩如生，呼之欲出。其中以大寶積宮內壁畫為規模最大，保存最完整。最大的一幅《如來講經圖》高3.67米，寬4.98米，面積18.29平方米。

2. 神秘的納西東巴文化

納西族自遠古時期就創造了一種獨特的民族文化，因其主要保存于納西族宗教東巴教中而得名。

東巴文化主要包括東巴文字、東

are sets of brackets supporting the beams within and roof eaves without. A gold-plated dome crowns the tower. The ceiling is painted with the Diagram of the Supreme Ultimate, the flying gods, and dragons and phoenixes. These rich

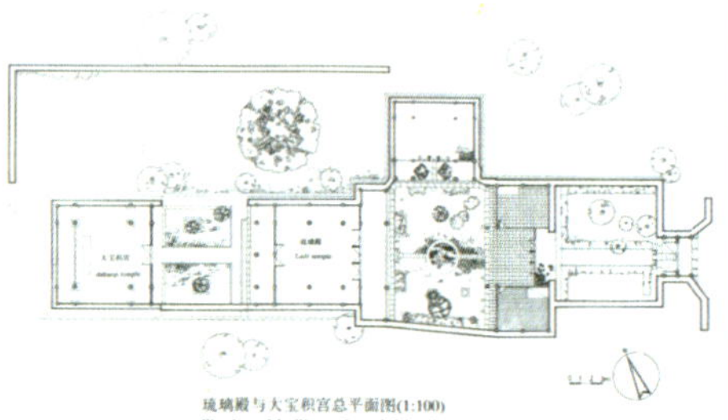

琉璃殿与大宝积宫总平面图(1:100)
Sit plan of Luili temple and dabaoji templ

colorful paintings represent the architectural and artistic styles of the Han, Zang and Naxi nationalities. The tower is a rare treasure and a typical model of the ancient Chinese architecture.

C. Baisha Religious Complex

The Baisha religious complex consists of the Liuli hall, the Dabaoji hall, the Jingang Hall and the Wenchang hall. The first two were listed in 1965 as Yunnan Province's

first batch of major historical sites under state protection and have been recommended to be listed as China's major historical sites under state protection.

Table 6. Major Buildings of Baisha Religious Complex

name	year of construction	location	structure
Liuli hall	1417	Baisha	double-eaved roof, sets of brackets used to support weight
Dabaoji palace	1582	Baisha	double-eaved roof, square plane, sets of brackets used to support eaves of first & second stories, hexagonal roof.
Dading pavilion	built in 1573, re-built in 1743	Baisha	double-eaved roof, bungalow, compound.
Jingang hall	1573	Baisha	double-eaved roof, marble-paneled walls.
Wenchang palace		Baisha	compound with three courtyards.

D. Baisha Murals

Baisha murals can be found in the Liuli hall, the Dabaoji palace. the Dading pavilion and other religious buildings. They were painted in the early Ming Dynasty (early 13th century), and 44 of them still preserved.

The contents of these paintings are related to religious teachings, including the subjects of Buddhism and Taoism. Some of them also depict the life of the Naxi people. Their artistic style integrates the traditional painting techniques of the Han nationality and the style of the Zang and Naxi monorities. Lines are graceful, and colors rich and bright. Gold foils were also used to add brilliance. The characters

巴經、東巴繪畫、東巴音樂、東巴舞蹈、東巴法器和各種祭祀儀式。

（1）世界上唯一活着的象形文字：

東巴文字，屬原始象形文字，共有1400個單字，至今仍使用不衰，故被譽為目前世界上唯一還活着的象形文字，被視為全人類的珍貴文化遺產。它從十九世紀七十年代起引起國際學術界的關注。法國學者巴克在他出版于1913年的《麼些研究》中首次介紹了370個東巴文字。美國學者洛克曾對東巴文字的收集研究作出過重要的貢獻。中國學者編著的《納西象形文字譜》，《麼些象形文字字典》等，也都代表了東巴文字研究領域的高水平。

（2）納西族古代社會的百科全書－東巴經

東巴經是用東巴文字寫成的經書。現存約四萬冊。其中不雷同的書目約一千多種，除中國外，美、英、法、日、德、加拿大，奥地利等國都有東巴經收藏，僅藏于美國國會圖書館和哈佛大學圖書館的就多達四千多冊。

“東巴”經內涵豐富，是研究納西族古代哲學思想、宗教民俗、社會歷史、倫理道德、民族關系、文學藝術、語音文字諸方面的珍貴資料。如東巴經中的《跳神舞蹈規程》、《祭什

羅法儀跳規程》、《舞蹈來歷》、《舞蹈的出處與來歷》等是世界上唯一用象形文字寫成的舞譜，現在還能按譜起舞。

（3）東巴繪畫：

東巴繪畫，大體分為木牌畫、紙牌畫、卷軸畫三種，其中以卷軸畫最負盛名。"神路圖"是東巴畫中的代表，長約14米，寬約30米，整幅畫分為三段：表現天堂、人間、地獄，畫面上共畫有三百七十多個人、神、佛、鬼形象及七十多個奇禽怪獸，線條粗獷，造型質朴而又生動悦目。

（4）種類繁多的東巴祭祀儀式：

東巴教祭祀儀式共有五十多種。其中規模較大的有祭天，祭祖，祭風，求壽等。

（5）眾多的東巴法器：

東巴法器計約三十種，其中最重要的是：五佛冠，法帽，法杖，展啷（銅板鈴），達古（皮手鼓），法刀。東巴誦經時用作伴奏的樂器有："負負板柯"（白海螺、吹響器），"板柯"（犛牛角號），"耳鑼"（銅鑼）等。

are life-like and different from each other. The Dabaoji palace boasts of the most complete collection of murals in the complex. The largest painting is 3.67 meters high and 4.98 meters wide. This 18.29-square-meter painting depicts the scene of Tathagata explaining the scriptures.

(2) Mystical Naxi Dongba Culture

The naxi minority has since ancient time created a unique etchnic culture, which derived its name from the fact that it was contained mainly in the Dongba religion.

Dongba culture is made up primarily of Dongba characters, Dongba scriptures, Dongba paintings, Dongba sacrifical utensils and Dongba sacrifical rites.

A. World's Only Living Pictographs

Dongba characters belong to the primitive pictorgraphs, which totaled about 1,400 characters. These characters, still being used today, are cited as "the only living pictographs in the contemporary world" and cherished as a valuable cultural heritage of mankind. They began attracting the attention of the international literary world in the 1870S. For example, French scholar Baker first introduced 370 Dongba characters in his

"Mexic Studies" published in 1913. American scholar Lock had made important contributions to the collection and study of the Dongba characters. The works "The Pedigree of Naxi Pictographs" and "A Dictionary of Mexic Pictorgraphs" written by Chinese scholars also represented a major advance in the studies of Dongba characters.

B. Dongba Scriptures--an Encyclopedia of Ancient Naxi Society

Dongba scriptures were written in Dongba characters. Of the 40,000 volumes of Dongba scriptures that have been preserved till present-day, more than 1,000 titles are different from each other. Besides, there are also collections of Dongba scriptures in the United States, Britain, France, Japan, Germany, Canada and Austria. The U.S. congressional library and the Harvard University library claim to have collected as many as over 4,000 volumes.

Dongba scriptures have rich contents and offer valuable data for the studies of the

3、麗江古城周邊宗教建築

麗江古城周圍還分布許多有特色的宗教建築，這些宗教建築包含漢傳、藏傳佛教、道教等多種宗教，其中以五大寺和北岳廟為最著名。（表7）

表7宗教建築

名稱	位置	建築年代	現狀
文峰寺	古城西南文筆山腰	清雍正十一年（公元1733年）	完好保存、1990年修葺
玉峰寺	玉龍山南麓	清乾隆二十一年（公元1756年	完好1988年重修
普濟寺	芝山	清乾隆三十六年（1771）	完好
指雲寺	拉市鄉秫度山下	清雍正五年（1727）	1995年修復
福國寺	芝山	明萬曆二十九年（1601年）	部分損毀
北岳廟	城北玉龍山下	唐代宗大歷十四年（公元769年）現狀	經明、清兩代多次重修，目前基本完好

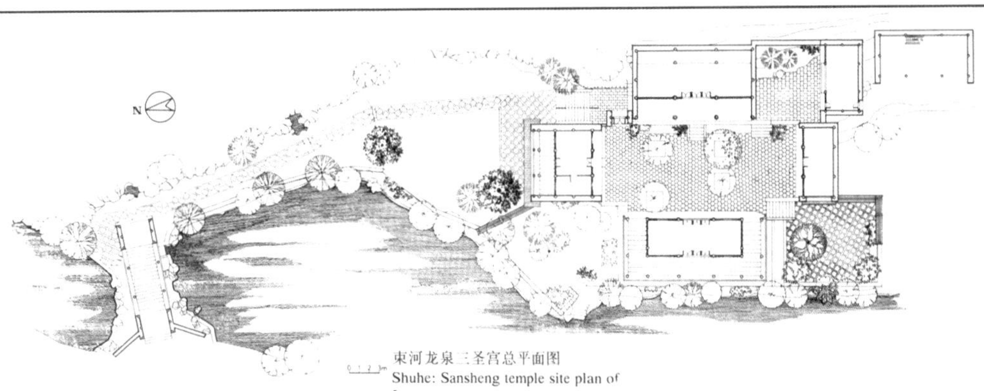

東河龙泉三圣宫总平面图
Shuhe: Sansheng temple site plan of Longquan

ancient philosophy, religion, customs, history, ethics, ethnic relations, literature, arts, language and characters of the Naxi people. For example, "The Rules of Sorcerer' s Dances", "The Rules of Loufayi Dances in Sacrificial Rites", "The Origin of Dances" and "The Origin and History of Dances" are the world' s only dance guidebooks written in pictographic characters. Even today, they can be used to guide dancing.

C. Dongba Paintings

Dongba paintings can be classified into three major categories: wood painting, paper painting and scroll painting, of which the last being the best-known. "Shenlutu" (picture of god' s road) is the representative work of Dongba painting. It is 14 meters long and 30 centimeters wide, and can be divided into three parts: the heaven, the human world and the hell. The painting depicts more than 370 people in addition to gods, Buddha, ghosts and more than 70 birds and beasts. The lines are bold and vigorous, and the modeling is simple and life-like.

D. Sacrificial Rites

In the Dongba religion, there are more than 50 kinds of sacrificial rites, the most important being those offering sacrifices to the heaven, the ancestry and the wind and those pleading for longevity.

E. Sacrificial Utensils

There are about 30 kinds of utensils used by the naxi people in sacrificial ceremonies. The most important ones are wufoti, caps, sticks, zhanlang (copper coin bells), dagu (leather hand drums) and knives. The musical instruments used when reciting

Dongba scriptures include "fufubanke" (white conches), "banke" (yak horns), "erlou" (copper gongs), "didi", and "li" (bamboo flutes, horizontal and vertical).

(3) Religious Buildings Around Lijiang old town

There are many unique religious buildings around the Lijiang old town, including those of Buddhism and Taoism. Prominent among them are five temples and one shrine.

Table 7 Religious Buildings

name	location	year of construction	conditions
Wenfeng temple	halfway up Wenfeng mountain, southwest of old town	1733 (11th Yongzheng year of Qing Dynasty)	good, repaired in 1990
Yufeng temple	southern foot of Yulong mountain	1756 (21st Qianlong year of Qing Dynasty)	good, repaired in 1988
Puji temple	Zhishan mountain	1771 (36th Qianlong year of Qing Dynasty)	good
Zhiyun temple	at foot of Mudu mountain, Lashi township	1727 (5th Yongzheng year of Qing Dynasty)	repaired in 1995
Fuguo temple	Zhishan mountain	1601 (29th Wanli year of Ming Dynasty)	partially destroyed
Beiyue shrine	at foot of Yulong mountain, north of old town	769 (14th Dali year of Tang Dynasty)	faily good, repaired during Ming & Qing dynasties

五 文獻目錄

書名	卷、冊數	年代	著者	版本
《蠻書》	10卷	唐代	樊綽	中華書局1962出版《項達注本》
《大元一統志》	麗江路二卷	元代	孛蘭	《雲南史料叢早》油印本
《雲南志》	原本4卷	元代	李京	原本不存，明清史料中有收。
《明實錄》	雲南部分一部	明代	徐文德等輯	
《木氏宦譜》	1冊	明代	木公	刻本
《六公傳•忠孝記》	1冊	明代	馮可時	刻本
《康熙雲南通志》	30卷	清代	范承、吳自肅	刻本
《滇南志略》	6卷	清代	劉慰三	刻本
《麗江府志略》	2卷	清代	管學宣、萬咸燕	1988年麗江縣志辦校刊
《清實錄有關雲南史料》	4卷	清代		雲南人民出版社
《光緒麗江府志稿》	9冊	清代	陳宗海、冒沅	麗江文化館石印本
《滇史記略》	1冊	清代	周蘭坪	抄本
《麗江縣志書》	3冊	民國		抄本
《東巴文化藝術》	1冊	1979年	【英】杰克遜	荷蘭海牙出版社出版
《徐霞客游記》	上、下 2冊	明代	徐宏祖	雲南人民出版社出版（1985）
《劉敦禎文集》	第三卷	民國	劉敦禎	
《歷史文化名城－麗江》	1冊	1988年	金卓桐、木培根、楊啟昌等	雲南人民出版社出版
《麗江納西族民居》	1冊	1988年	朱良文、木庚錫	雲南民族出版社出版
《被遺忘的王國》	1冊	二十世紀五十年代初	【俄】顧彼得	1991年李冒春翻譯， 雲南人民出版社出版
《中國西南的古納西王國》	英文版 2冊	二十世紀五十年代初	【美】洛克	1971年雲南大學歷史所翻譯，

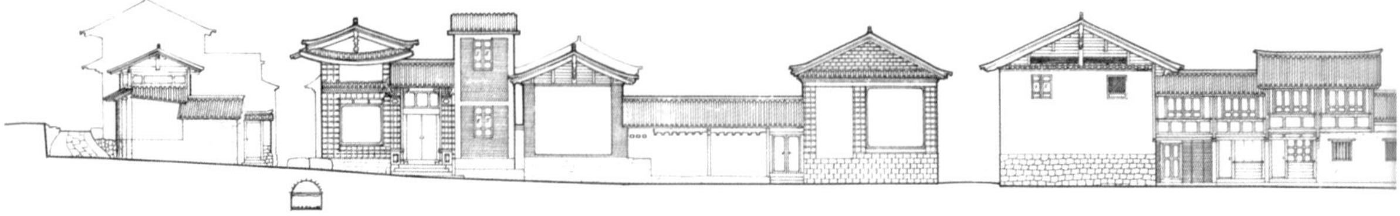

V. Literature Catalogues

title	volume	year	author	edition
Manshu	10	Tang Dynasty	Fan Chao	Zhonghua Book Company, 1962
Dayuan Yitongzhi	2	Yuan Dynasty	Bao Lan	Collected Writings of Yunnan' s History, mimeograph
Annals of Yunnan	4	Yuan Dynasty	Li Jing	original edition not found, many were included in historical data of Ming & Qing dynasties.
Mingshilu	1	Ming Dynasty	Xu Wende	
Mushi Huanpu	1	ditto	Mu Gong	block-printed
Liugongzhuan-Zhongxiaoji	1	ditto	Feng Shike	ditto
Kangxi Yunnan Tongzhi	30	Qing Dynasty	Fan Cheng, Wu Zisu	ditto
Diannan zhilue	6	ditto	liu Weisan	ditto
Lijiangfu Zhilue	2	ditto	Guan Xueyi, Wan Xianyan	published by Lijiang county annals office, 1988
Historical Materials about Yunnan Recorded during Qing Dynasty	4	ditto		Yunnan People' s Publishing House
Guangxu Lijiang Fuzhigao	9	ditto	Chen Zonghai Mao Yuan	Lijiang Cultural Office, lithography
Dianshi Jilue	1	ditto	Zhou Lanping	transcript
Annals of Lijiang County	3	Republic of China		transcript
Dictionary of Mexie Phonetic Characters	1	1945	Li Linchan	Published in Taiwan, Reprinteid in Lijiang in 1982.
English Encyclopedia of naxi Language	2	1963	Lock (U.S.)	published in Rome in 1972
Religion of Naxi Minority	1	1979	Jackson (UK)	published in the Hague.
Dongba Culture & Arts	1	1992	He Wanbao	Yunnan People's Publishing House
Travels of Xu Xiake	2	Ming Dynasty	Xu Hongzu	Yunnan People's Publishing House, 1985
Collected Works of Liu Dunzhen	3	Republic of China	Liu Dunzhen	Yunnan National Publishing House
Lijiang--A Historical & Cultural City	1	1988	Jin Zhuotong, Mu Peigeng, Yang Qichang	Yunnan People's Publishing House
Dwelling Houses of Lijiang Naxi Minority	1	1988	Zhu Liangwen Mu Gengxi	Yunnan People's Publishing House
Forgotten Kingdom	1	early 1950s	Peter Gu (Russian)	Translated by Li Maochun in 1991, Yunnan People' s Publishing House
The Ancient Naxi Kingdom in Southwest China	2	early 1950s	Lock (U.S.)	Translated by Yunnan University in 1971,

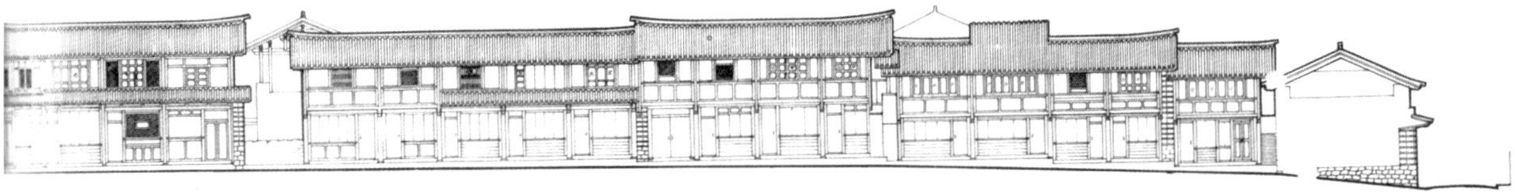

六、保護情況

（一）鑒定

麗江古城是一個風景秀麗、歷史悠久和文化燦爛的名城。它集漢、藏、白等各種民族城市布局和建築特色之大成，同時具有納西族獨特的建築風格和文化內涵，是中國乃至世界范圍內罕見的保存完好的少數民族古城。

（二）保護歷史

麗江古城自宋末元初（公元十一世紀末十二世紀初）至今，已經歷了八百多年的歷史。古城八百年來的形成和發展史同時也就是它的保護歷史。古城居民對古城的自發性保護一直沒有停止過。有關保護城市水源、城市道路和城市市容衛生等的民謠、詩詞和鄉規民約，至今仍在街頭巷尾流傳。

Ⅵ. Protection

1. Appraisal

Lijiang is a beautiful old town with a long history and a splendid ethnic culture. The city has absorbed the urban layout and architectural features of the Han, Zang, Bai and other nationalities, while keeping the unique architectural styles and cultural heritage of the Naxi people. It is a well-preserved ancient ethnic city rarely seen not only in China but also in the rest of the world.

2. History of Protection

The Lijiang ancient city, built in the late Song and early Yuan dynasties, is more than 800 years old. The history of its formation and development has also been a history of protection. The city' s residents have never ceased their spontaneous protective efforts. Even today, one can hear the songs and poems and see the local rules and regulations concerning the protection of the old town's water resources, streets, landscape and sanitation.

As from the Qing Dynasty, the introduction of the system of appointing a non-native to be Lijiang' s governor has enhanced the government consciousness in protecting the ancient city and its environs. The Annals of Lijiang Prefecture, revised twice during the rule of Emperors Qianlong and Guangxu of the Qing Dynasty, contained detailed descriptions of the town's layout, environment, water system and architectural styles, which were matched with diagrams. During the Qing Dynasty, the local government also promulgated decrees concerning the protection of Lijing' s forest resources, bridges, water system and religious buildings. In 1848 (the 28th Daoguang year), for example, a "forever compliance" tablet was erected with inscribed stipulations that the forests in the Xiang mountain beyond the Heilongtan pool must be protected. The tablet is still well-preserved.

Local rules and regulations also represented city residents' efforts of protection. Records indicate that the residents had placed "waste paper baskets" at all main road junctions and bridge heads to prevent littering, which not only helped keep the town clean but also avoid fire disasters. In addition, local residents also erected tablets at main points in and outside the town, specifying measures to protect water system, environment, mountains and plants as well as punishments for offenders. As a result, the pine woods of the Ming Dynasty at the Shizi mountain, the great stone bridge, the Wanzi bridge, the Ma'an bridge, the Yuhe water system and the large numbers of dwellings are all wellpreserved.

During the period of the Republic of China, a construction bureau was set up by the Lijiang county government to be in charge of the protection, construction and administration of the ancient city. Besides, a special association was also set up to help protect the historical sites and cultural relics in Lijiang County.

Since the founding of the People's Republic of China in 1949, the governments at various levels have all paid great attention to the protection of the old town. In 1979, the Lijiang county government set up a bureau of urban

清代以后，流官和土官制度的雙重出現使政府對麗江古城和古城周圍環境的保護意識有所增強，清乾隆、光緒年間兩次編修的《麗江府志》中都對古城的布局、環境、水系、建築風格等作了較詳細的描述，并配有位置圖。清代麗江地方政府還專門公布過保護麗江的森林資源、橋梁水系、宗教建築等的政令，使保護和管理上升到地方立法的高度。如清道光二十八年（公元1848年）設立的"永遠遵守"碑，便是至今保存完好的有關政令。它明確規定保護黑龍潭水源處的象山森林。

"鄉規民約"在清代也集中體現了古城居民的自覺保護意識。據記載，古城居民曾在城市各主要道路路口和橋頭設立"字紙簍"，專門集中放置廢紙，并加燒化，起到既可以保持城市清潔，又防止火災的作用。古城居民還在古城周圍及城內的主要部位刻字立碑，規定保護水系、環境、荒山、植物等具體措施和獎罰辦法。其結果，獅子山明朝古柏群、大石橋、萬子橋、馬鞍橋、玉河水系、成片的民居建築等至今仍完好保留。

民國時期，麗江縣政府設建設科（局），負責古城的保護、建設和管理等工作，還曾成立"麗江縣文物古跡保存會"。

中華人民共和國成立后，各級政府對古城的保護工作十分重視。1979年，麗江縣人民政

府城建局成立，負責古城保護及對周圍風景名勝區進行行業管理的工作；1983年，麗江縣文化局成立，負責管理轄區內的各級重點文物保護單位。麗江縣人民政府還先后于1958年、1965年、1983年和1995年組織力量 編制、修訂縣城總體規划。1994年6月2日，雲南省人民代表大會常務委員會以地方立法的形式頒布了《雲南省麗江歷史文化名城保護管理條例》。1995年，根據古城保護的實際需要，麗江縣制定了旨在保持古城原始風貌，改善古城內居民的生活條件，合理維修建設市政公共設施和降低古城人口密度的古城保護近期工程實施方案，并逐步付諸實施。最近，以“修舊如舊”為宗旨的修復明代麗江軍府衙署工程已經動工。另外，拆除有礙古城風貌的現代建築、擴大古城公共設施用地、疏散古城內過密城市人口等工作也在積極展開。

（三）保護管理計划

1.城市總體規劃和古城保護規劃

麗江城市總體規划于1958年首編，1995年進行第三次修編。規划根據麗江自然人文資源豐富，旅游業已成為麗江社會經濟支柱產業的特點，確定麗江城市性質為：“國家級歷史文化名城，玉龍雪山風景名勝區主景區之一和發展中的旅游城市”，在城區布置、城市功能分區上符合城市性質要求，規划以保護古城、發展新城、輻射周圍地區為原則，全面考慮規划區域內城鎮體系的空間結構、等級規模和功能組織，認真處理好歷史文化名城及風景區保護管理、新城區開發建設、把麗江建設成滇西北旅游重鎮幾者之間的關系，重點規划了城區范圍內的道路交通、城市基礎設施和古城保護等項內容，確定了城市向西發展，形成古城風貌完整、新城充滿現代化氣氛、古城新城完美結合并各自獨立，不久的將來將麗江建設成一個

construction to be in charge of the protection of the old town and the control of business activities at the scentic spots around the town. In 1983, the county set up a bureau of culture to manage all the major historical sites and cultural relics in the town. The county government also drew up and revised the town's master plan respectively in 1958, 1965, 1983 and 1995. On June 2, 1994, the Standing Committee of the People's Congress of Yunnan Province adopted a local legislation on the protection of the historical and cultural city of Lijiang. In light of the practical needs of protection, the Lijiang county government formulated an engineering plan in 1995, which was designed to protect the town's original appearance, improve inner city residents' living conditions, repair municipal facilities and reduce population density. The plan is being implemented. Under the guiding principle of keeping the cultural relics in their original state, renovation has begun at the Lijiang Junmin prefectural government office first built during the Ming Dynasty. In the meantime, some modern buildings which do not coordinate with the style of the old town are being dismantled, public facilities are being expanded, and the excessively dense population in the inner city are being dispersed.

3. Protection & Administration Plan

(1) City's Master Plan & old town's Protection Plan

The master plan of the Lijiang city, which was first drawn in 1958, has been revised three times by 1995. As Lijiang is endowed with rich natural and human resources, tourism has been selected as Lijiang' s "pillar industry". Therefore, the master plan stipulates that the nature of the Lijiang city should be "a national-level historical and cultural city, one of the main scenic spots of the Yulong snow mountain, and a dveloping tourist city". The plan also stipulates that the city' s layout and the geographic distribution of municipal functions must coform to the stipulated nature of the city. So the old town's protection, the new city' s development and the surrounding areas' development must give full consideration to the specified space, scale and function of the city. The relations must be properly handled between the protection and administration of the historical and cultural city and its scenic spots on the one hand and the development of the new city and the building of Lijiang into a major tourist city in northwest Yunnan on the other. In particular, the plan contains stipulations on the urban road network and infrastructure facilities and on the protection of the old town. City development will be directed to the west so that the style and features of the old town will remain intact while the new city will be one full of modern atmosphere. In all, Lijiang will become a tourist city with a population of 200,000 in the near future. At present, the master plan has been passed by the county legislature. After being approved by the higher authority, the plan will become Lijiang' s supreme law governing the building and protection of the old town.

The protection plan was formulated in 1988. In keeping with the requirements of the

擁有20萬人口的旅游城市的發展目標。目前，城市總體規划（修編）已經麗江縣人大常委會討論通過，待上級政府批准后，將作為麗江古城建設和保護的最高法規予以實施。

麗江古城的保護規划于1988年開始編制。規划根據麗江城市總體規划的要求，就“古城保護的指導思想”、“確定性質”、“制定保護區划和保護措施”、“調整保護城市布局”等進行了詳細的規划，并就規划的實施機構等問題作了明確的規定。規划划定的一級古城保護區面積51.73公頃，二級保護區面積70.08公頃，三級保護區面積261.1公頃，規划還對各級保護區內的規划控制范圍和要求作了詳細的規定。規划確定麗江古城的保護重點是空間形態、水體體系、建築群體環境、地方歷史建築以及具有民族特色的人文景觀和民族民俗風情。根據古城總體價值，確定古城的整體保護原則和保

護古城歷史價值、文物價值、藝術價值的重要性，確定古城新城分區發展，新城在功能上為古城服務，以提高居民的生產生活水平。行將成立的“麗江古城保護管理委員會”是規划的監督執行機構。

2. 近期保護工程實施方案

根據麗江縣城市總體規划和古城保護規划，針對古城保護中存在的具體問題，結合長遠保護需要，麗江縣人民政府確定了近期古城保護亟待解決的工程項目，具體內容是：(一)新建和完善五個系統：新建古城排水排污系統；新建街巷照明系統；完善古城道路網系統；新建供水管網與消防系統；新建電力電信系統。工程實施中采取給排水管網進河、電力電信線路入地的方法，主要解決古城水系污染，改善古城居民生活環境，消除隨意搭架的電力電信線路和自來水明線給古城城市環境和整體風貌帶來的影響和破坏，消除火災隱患；(二)增加“四個設施”：增加高標准的公共廁所和環衛設施；增加綠化用地；增加文化設施；增加旅游接待設施。以達到改善古城環境條件、增加公共基礎設施面積、合理調整古城結構布局的目的；(三)改造“三條街道”：結合旅游發展需要，根據麗江古城作為“西南茶馬古道重要商品集散地”的特點和古朴城市風貌，以“修舊如舊”為原則修繕改造四方街、七一街、新華街、賣雞巷等主要街道，形成具有鮮明特點和一定規模與吸引力的傳統商業街區；(四)實現“兩個降低”：通過拆除古城內部分影響古城景觀和整體風貌及不協調建築和建築密度過大地區的危舊房，達到遷出部分古城居民，降低古城建築密度和人口密度的目的；(五)達到一個提高：通過上述努力，提高古城水體潔淨度、環境清潔度，改善古城整體環境質量。

master plan, the protection plan contains detailed and clear-cut stipulations on the guiding principle of protecting the old town, the nature of the city, the designation of protected zones, the measures of protection, the adjustment and protection of the city layout, and the establishment of the implementing bodies. Under the plan, the grade-one protected zone cover a total area of 51.73 hectares, the grade-two 70.08 hectares, and the grade-three 261.1 hectares. There are also detailed specifications concerning the protected zones of each grade. The emphasis of protection will be placed on the city's space formation, water system, architectural structures, local historical buildings, unique human and natural landscape, and ethnic customs and habits. Proceeding from the overall value of the old town, the overall principle of protection will be decided and the importance of the city's historic, cultural and artistic values be appraised. The development of the new city should be separated from that of the old city, and functionally the new city should serve the old one and improve the level of production and living of the residents.

The committee of the protection and administration of the Lijiang old town, which will soon be set up, will be the supervisory body for the implementation of the plan.

B. Near-term Engineering Plan

In accordance with Lijiang's master plan and protection plan and in view of the practical conditions and the long-term needs of protection, a near-term engineering plan has been worked out to solve the most pressing problems.

a. Build an improve 5 systems: build a new drainage and sewerage system in the old town; build a lighting system covering all streets and lanes; improve the road network in the old town; build a water supply and fire control system; and build a power and telecommunications system. The sewer pipes will be buried in the rivers and the power and telecommunications system will go underground so that they will not spoil the beauty of the old town while fire disasters could be avoided and living conditions improved.

b. Add four facilities: modern public lavatories and sanitary facilities, landscaping, cultural facilities, and tourist accommodating facilities. These projects will help improve the city's environment and offer convenience to tourists.

c. Rebuild three streets: the Sifanjie street, Qiyi street, Xinhua street and the Maiji lane will be rebuilt. The rebuilt streets will keep their original style and features as the traditional commercial blocks.

d. Realize two "reductions": The density of buildings and the density of population will be reduced by demolishing some buildings that do not coordinate with the city's overall style and features as well as those old and dangerous buildings in the high-density areas and by dispersing part of the residents from the old town.

e. Achieve one "improvement": The city's water system and environment will be qualitatively improved.

C. Rehabilitation & Reconstruction Plan

3. 麗江"2•3"大地震震后恢復重建計划：

1996年2月3日，麗江發生歷史 上罕見的里氏7.0級大地震，麗江古城也受到了一定程度的破坏。根據古城作為歷史文化名城特殊的價值和地位，中國各級政府都極為重視古城的恢復重建工作，制定了以恢復古城風貌、維護古城原有城市空間形態、水體體系、建築群體環境、地方歷史建築以及具有民族特色的人文景觀和少數民族風俗風情為宗旨，以降低古城建築密度、居住密度，改善居住環境與交通條件、提高抗災防災能力為目的的震后古城保護規划，確定結合古城主要旅游線路和地震受損程度，重點在近期恢復重建以明代麗江軍民府衙署為點，新華街、新義街、七一街、光義街為線的11.8公頃的范圍。

（四）保護管理措施

1. 加強立法、依法保護

依據《中華人民共和國憲法》、《環境保護法》、《城市規划法》、《文物保護法》等國家法律法規及《雲南省城市建設管理條例》、《雲南省麗江歷史文化名城保護管理條例》等地方法規，依法對古城加強保護管理；

2. 建立健全管理機構和管理體制，加強政府職能在保護管理古城上的力度。

麗江縣城市建設與環境保護局全面負責麗江古城的保護與建設管理工作，并成立專門的古城保護機構——麗江古城保護管理委員會；

麗江縣文化局負責古城范圍內各級文物保護單位的保護管理；

成立"麗江古城保護專家組"，負責指導、協調和監督麗江古城的保護和建設；

3. 加強宣傳教育，提高居民的保護意識：

通過多種宣傳媒介，廣泛向群眾宣傳古城的重要價值和豐富資源，幫助居民增加對居住環境的了解，提高作為一個古城居民的榮譽感和責任感，從而提高居民熱愛古城、保護古城的自覺性；

嚴厲打擊違反國家法規、破坏古城的任何行為，全面提高居民的保護意識，積極宣傳貫徹保護古城的鄉規民約；

4. 建設和完善城市基礎設施，保護古城風貌，改善城市環境：

（1）建設古城排水排污工程，解決目前生活污水大量排入古城水系、造成水系污染的問題，保護古城水系的清潔；

（2）建設古城消防防火體系，保護古城建築，解除火災隱患；

（3）完善、改進古城自來水給水系統，采取水管入地原則，改善古城居民的生活條件，維護古城古朴風貌；

（4）加強電信電力建設，爭取線路入地，推進古城居民生活現代化進程，同時保護古城的整體布局形式；

5. 保護古城周圍森林和豐富的植物資源，改善古城外部環境；

（1）培養環境保護意識，保護麗江古城周圍優美的自然環境；

（2）建立古樹名木檔案，加強保護管理；

古樹名木是麗江古城的重要組成部分，現存的國家和省級古樹名木有63棵。根據國家有關規定，每一棵古樹都要登記造冊、建立檔案、掛牌管理；

6. 搶救和保護文物古跡；

7. 完善基礎資料的搜集整理，建立古城保護資料庫，引進高科技人員和管理干部，對古城進行深入的研究和科學的管理；

8. 結合旅游業的發展，進行適當改造和合理開發：

（1）根據整舊如舊的原則，拆遷破坏古

After February 3 Strong Earthquake

On February 3, 1996, Lijiang was hit by an unprecedentedly strong earthquake measuring 7.0 on the Richter scale. The old town also suffered considerable damage. In view of Lijiang's special value and importance, the Chinese governments at all levels have paid great attention to the rehabilitation and reconstruction of the ancient city. They have worked out plans to restore the city's style and features, maintain its original urban space formation, water system, architectural structures, historical buildings, unique ethnic human and natural landscape, and local customs and habits. In the meantime, the density of ancient buildings and the density of population will be reduced, while living conditions, transportation and the ability to resist and prevent disasters will be enhanced. In light of the main tourist routes and the damage done by the earthquake, work emphasis will be placed on the rehabilitation and reconstruction of the 11.8 hectares which include the Lijiang Junmin Prefectural Government Office and the four main streets: Xinhua, Xinyi, Qiyi and Guangyi.

4. Protection & Administration Measures

(1) Strengthen legislation and enforce protection according to laws.

Protection and administration of the old town will be strengthened in accordance with the provisions of the state laws and regulations, including the Constitution of the People's Republic of China, the Law on Environmental Protection, the Law on City Planning, the Law on the Protection of Cultural Relics, and the Regulations on the Administration of Scenic

Spots and Historical Sites, as well as the local laws and regulations such as the Rules of Yunnan Province on Urban Construction and Administration and the Rules of Yunnan Province on the Protection and Administration of the Lijiang Historical and Cultural City.

(2) Establish administrative bodies and systems and strengthen government role in the protection and administration of the old town.

The bureau of urban construction of the Lijiang county government will be in charge of the overall protection, construction and administration of the old town. A special body, the committee on the protection and administration of the Lijiang old town, will be responsible for the protection of the city.

The bureau of culture of the Lijiang county government will be responsible for the protection and administration of all the major historical sites and cultural relics within the framework of the old town.

A special body, the group of experts on the protection of the Lijiang old town, will direct, coordinate and supervise the protection and reconstruction of the Lijiang old town.

(3) Strengthen publicity and education to enhance the protection consciousness of the residents.

Through various media institutions, the masses will be educated to appreciate the important value and rich resources of the old town, understand the environment in which they live, and enhance their sense of honor and responsibility as inhabitants of the old town so that they will consciously love and protect the city.

城整體風貌的不協調建築和部分危舊房，增加古城內城市綠化用地和公共廣場用地面積，改善古城環境，增強古城避災和防災功能；

（2）重點規划，分期實施，組織合理的古城游覽線路，合理組織并適度控制古城客流；

（3）適當增加古城內公共建築和旅游接待設施；

9. 在新城內建設新型居民住宅小區，引導古城居民向新城疏散，降低古城居民人口密度，減輕古城的生活負擔。

七、加入《世界遺產名錄》的理由

麗江古城是一座具有較高綜合價值和整體價值的歷史文化名城，它集中體現了地方歷史文化和民族風俗風情，體現了當時社會進步的本質特征。流動的城市空間、充滿生命力的水系、風格統一的建築群體、尺度適宜的居住建築、親切宜人的空間環境以及獨具風格的民族藝術內容等，使其有別于中國其他歷史文化名城。古城建設崇自然、求實效、尚率直、善兼容的可貴特質更體現特定歷史條件下的城鎮建築中所特有的人類創造精神和進步意義。麗江古城是具有重要意義的少數民族傳統聚居地，它的存在為人類城市建設史的研究、人類民族發展史的研究提供了寶貴資料，是珍貴的文化遺產，是中國乃至世界的瑰寶，符合加入《世界遺產名錄》理由a(V)。

（一）麗江古城在中國名城中的地位

麗江古城歷史悠久，古朴自然，兼有水鄉之容、山城之貌，它作為有悠久歷史的少數民族城市，從城市總體布局到工程、建築融漢、白、彝、藏各民族精華，并自具納西族獨特風采。1986年，中國政府將其列為國家歷史文化名城，確定了麗江古城在中國名城中的地位。

（二）麗江古城充分體現了中國古代城市建設的成就

有别于中國任何一座王城，麗江古城未受“方九里，旁三門，國中九經九緯，經途九軌”的中原建城禮制影響。城中無規矩的道路網，無森嚴的城牆，古城布局中的三山為屏、一川相連；水系利用中的三河穿城、家家流水；街道布局中“經絡”設置和“曲、幽、窄、達”的風格；建築物的依山就水、錯落有致的設計藝術在中國現存古城中是極為罕見的，是納西族先民根據民族傳統和環境再創造的結果。

（三）麗江古城民居是中國民居中具有鮮明特色和風格的類型之一

城鎮、建築本身是社會生活的物化形態，民居建築較之官府衙署、寺廟殿堂等建築更能反映一個民族一個地區的經濟文化、風俗習慣和宗教信仰。麗江古城民居在布局、結構和造型方面按自身的具體條件和傳統生活習慣，有機結合了中原古建築以及白族、藏族民居的優秀傳統，并在房屋抗震、遮陽、防雨、通風、裝飾等方面進行了大膽創新發展，形成了獨特的風格，其鮮明之處就在于無一統的構成機體，明顯顯示出依山傍水、窮中出智、拙中藏巧、自然質朴的創造性，在相當長的時間和特定的區域里對納西民族的發展也產生了巨大的影響。麗江民居是研究中國建築史、文化史不可多得的重要遺產。

（四）麗江古城是自然美與人工美，藝術與適用經濟的有機統一體

麗江古城是古城風貌整體保存完好的典范。依托三山而建的古城，與大自然產生了有機而完整的統一，古城瓦屋，鱗次櫛比，四周蒼翠的青山，把緊連成片的古城緊緊環抱。城中民居朴實生動的造型、精美雅致的裝飾是納西族文化與技術的結晶。古城所包涵的藝術來源于納西人民對生活的深刻理解，體現人民群眾的聰明智慧，是地方民族文化技術交流融匯的產物，是中華民族寶貴建築遺產的重要組成

Any action violating state laws and regulations and jeopardizing the old town will be strictly prohibited. All residents should enhance their consciousness of protection, and various local rules and regulations should be worked out to protect the city.

(4) Build and improve the city’s infrastructure, protect its unique style and features, and improve its municipal environment:

A. A drainage and sewerage system will be built in the old town so that the large amount of sewerage will no longer be dumped into the city’s water system.

B. A fire control system will be built to protect the buildings in the old town and remove hidden disasters.

C. The water supply system will be improved, with pipes buried in the ground. This will help improve the living conditions of the residents and preserve the simple style of the city.

D. Telecommunications and power networks will be built, with the lines buried in the ground. This will help modernize the life of the residents and maintain the city’s overall layout.

(5) Protect the surrounding forests and rich botanical resources so as to improve the city’s outer environment:

A. Nurturing the consciousness of environmental protection to preserve the beautiful natural environment around the city.

B. Establish a record system for all the ancient and famous trees so that protection could be strengthened.

Ancient and famous trees constitute an important part of the Lijiang ancient city. There are a total of 63 trees being placed under state and provincial protection. According to the relevant regulations, registration must be made and files kept for each of the ancient trees so that administration could be strengthened.

(6) Rescus and protect historical sites and cultural relics.

(7) Strengthen the collection and annotation of basic data, and establish a data bank for the old town. For this purpose, senior technical and administrative personnel will be recruited to carry out in-depth research and scientific management of the old town.

(8) Proper transformation and rational development will be carried out in conjunction with the development of the tourist industry.

A. The buildings that do not coordinate with the city's overall style and the dangerous shabby houses will be demolished. Inner-city green land will be expanded and public square widened. Disaster shelters for human beings and fire control facilities will be added.

B. Sort out priorities and implement in phases. Rationalize the tour routes and the flow of tourists within the old town.

C. Increase public buildings and tourist accommodating facilities in the old town.

(9) Residential communities will be built in the new city to attract the residents from the old city so that the latter' s population density could be reduced.

VII. Reasons for Entering the World Heritage Listing

Lijiang is a historical and cultural city with a comprehensive value and an overall importance. It is a unique embodiment of the local history

部分。

（五）麗江古城包容着豐富的民族傳統文化，集中體現納西民族的興旺與發展，是研究人類文化發展的重要史料

麗江古城的繁榮已有800多年的歷史，它已逐漸成為滇西北經濟文化中心，為民族文化的發展提供了良好的環境條件，聚居在這里的納西族與其他少數民族一道創造了光輝燦爛的民族文化。不論是古城的街道、廣場牌坊、水系、橋梁還是民居裝飾、庭院小品、楹聯匾額、碑刻條石，無不滲透納西人的文化修養和審美情趣，無不充分體現地方民族宗教、美學、文學等多方面的文化內涵、意境和神韻，展現歷史文化的深厚和豐富內容。尤其是具有豐富內涵的東巴文化、白沙壁畫等傳統文化藝術更是為人類文明史留下了燦爛的篇章。

（六）關于麗江古城的真實性

麗江古城從城鎮的整體布局到民居的形式，以及建築用材料、工藝裝飾、施工工藝、環境等方面，均完好地保存古代風貌，首先是道路和水系維持原狀，五花石路面、石拱橋、木板橋、四方街商貿廣場一直得到保留。民居仍是采用傳統工藝和材料在修復和建造，古城的風貌已得到地方政府最大限度的保護，所有的營造活動均受到嚴格的控制和指導。麗江古城一直是由民眾創造的，并將繼續創造下去。作為一個居民的聚居地、古城局部與原來形態和結構相背離的附加物或是“新建築”正被逐漸拆除或整改，以保證古城本身所具有的藝術或歷史價值能得以充分發揚。

以上所述麗江古城是具有綜合價值與整體價值的歷史文化名城，只有列入世界文化遺產名錄加以保護，才能使其得以永久傳世，并更好地發揮其所具有的世界意義。

and culture and the ethnic customs and habits and a demonstration of the essential features of social progress.

It is distinct from China's other historical and cultural cities in various aspects, including a flowing urban space, a water system full of life-force, coordinated architectural structures, rationally spacious dwellings, a pleasant climate and unique artistic styles and contents. Its architectural style, which appreciates nature, emphasizes utility, respects simplicity and seeks compatibility, represents a crystallization of the creativity and progress of mankind in specific historical conditions. The existence of the city offers valuable data for the studies of the history of urban construction and the history of the development of nationalities. It is a rare cultural treasure, not only for China but also for the entire world. It coforms with criterion a (V) for entering the World Heritage Listing.

1. The Position of the Lijiang old town In China's Famous Cities

Lijiang, noted for its long history and simple style, has the beauty of both a water-side town and a mountainous town. As an ethnic city with an ancient history, Lijiang is a typical demonstration of the unique style of the Naxi ethnic group and a condensation of the architectural tastes of China's Han, Bai, Yi and Zang nationalities in terms of both overall layout and specific buildings. China's desgination in 1986 of Lijiang as a national historical and cultural city further confirmed its importance among Chinese famous cities.

2. The Lijiang Ancient City Represents the Achievements of Urban Construction in Ancient China.

Unlike any other imperial cities in China, the Lijiang old town has no traces of the established rules governing the building of cities in the Central Plains. It has neither a regular road network nor overbearing city walls. With the three mountains as its backdrop, it has a river system to run through and to reach every street corner. The street patterns, layout style, terrain utilization and architectural coordination are all unique among existing Chinese ancient cities.

3. Dwellings Have Distinct Style Among Chinese Private Residences.

Cities and Architecture are in essence a material manifestation of social life. Compared with government offices and temples, dwellings can better mirror the economy, culture, customs and religions of a specific nationality in a specific region. In terms of layout, structure and modeling, the dwellings in Lijiang have incorporated the fine tradition of the ancient dwellings in the Central Plains and of the Bai and Zang nationalities. In the meantime, the Lijiang dwellings have developed their own unique style according to the local conditions and tradition. They are innovative in the designs, earthquake-resistance, sun shading, flood prevention, ventilation and decoration. However, the most striking feature of all is that there is no uniform pattern. By taking advantage of the terrain, each house is unique in itself, simple and yet creative. This style has a strong influence over the development of the Naxi minority for a long time. The dwellings in Lijiang provide an important heritage for the studies of the history of Chinese architecture and culture.

4. Lijiang old town Incorporates Natural Beauty with Man-made One and Artistic Tastes with Practical Utility.

Being a well-preserved old town, Lijiang which was built against three mountains represents a perfect organic integration with the nature. Nestling in the brace of green mountains, the tile-roofed houses lie row upon row on a mountain slope. Their simple patterns and exquisite decorations are a crystallization of the Naxi culture and techniques, demonstrating the wisdom of the Naxi people and their deep understanding of life. They constitute an important component of the architectural heritage of the Chinese nation.

5. The Rich Traditional Culture Is a Vivid Illustration of the Thriving and Development of the naxi Minority and Offers Valuable Materials for the Study of the Cultural Development of Mankind.

The Lijiang old town has thrived for as long as more than 800 years. It has become an economic and cultural center in northwestern Yunnan Province and provided an excellent environment for the development of ethnic culture. The Naxi and other ethnic groups living here have created a glorious culture. The city' s streets, squares, archways, water system, bridges, civilian dwellings, courtyards, inscribed boards and carved tablets all embody the cultural and artistic accomplishments of the Naxi people and the rich cultural heritage of the ethnic religion. In particular, the Dongba culture, the Baisha murals, have constituted a brilliant chapter of the history of human civilization.

6. The Truthfulness of Lijiang old town

Lijiang is a well-preserved old town either in the municipal layout and the patterns of civilian dwellings or in the building materials, artistic decorations and environmental protection. The road network and the water system remain unchanged. The stone pavements, stone arch bridges, slabstone bridges and Sifangjie trade square are all preserved. The dwellings here are rehabilitated and rebuilt in traditional techniques and materials. The local government has done its utmost to protect the entire landscape and strictly controls all construction activities. The Lijiang old town has been created by the masses and the creation will continue. Any additions or new buildings that do not coordinate with the city's original style and features are been demolished or remedied so that the city's own artistic and historical values will be brought into full play.

In summary, Lijiang is an ancient historical and cultural town with high comprehensive and overall values. Only when It is entered in the Listing of World Cultural Heritages can it be passed on from generation to generation and play its role ofworld importance.

《世界文化遺產·中國麗江古城》

制作：

麗江縣人民政府

監制：

麗江古城申報世界文化遺產領導小組

主編：

麗江古城申報世界文化遺產工作組

編委會成員：

陳　砿 張　輝 李　錫 司晋雲

趙靜修 段松庭 王志泓 楊爾艮

木庚錫 楊啟昌 和茂華 王曉明

謝振強 和體正 和盛本 和鵬英

責任編輯：

陳　砿 張　輝 李　錫 司晋雲

撰稿：

段松庭 陳　砿 李　錫 張　輝

王志泓 趙靜修 楊啟昌 謝振強

攝影：

牛　暾 楊爾艮 司晋雲 鄭一兵等

繪圖：

雲南工業大學建筑系

制版：深圳彩視電分有限公司
印刷：深圳美光印刷股分有限公司

二十八、丽江古城申报部分资料

（一）丽江古城周边环境

玉龙雪山

金龙桥

长江第一湾

宝山石头城

泸沽湖

石鼓

九十九龙潭

拉市海湿地公园

（二）丽江古城周边关隘

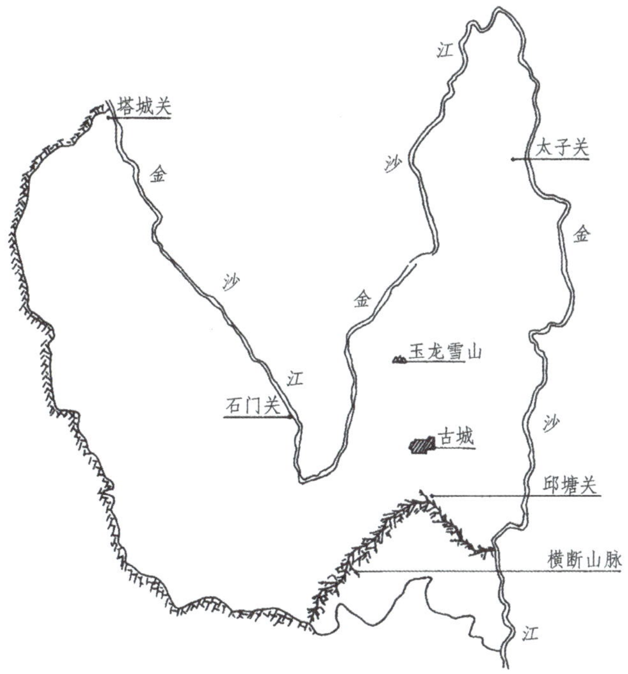

太子关（和继先供图）

塔城关

邱塘关

石门关

（三）丽江古城民居、文化、文物、民俗、宗教

民居庭院

六合门

巷道

菜园

小桥流水

天井

文峰寺

指云寺

福国寺旧址（洛克摄）

玉峰寺

普济寺

文昌宫（玉龙县文管所供图）

唐卡（清）

白沙壁画（明）

大觉宫壁画（明）

白沙壁画（明）

曲英多吉佛画（清）

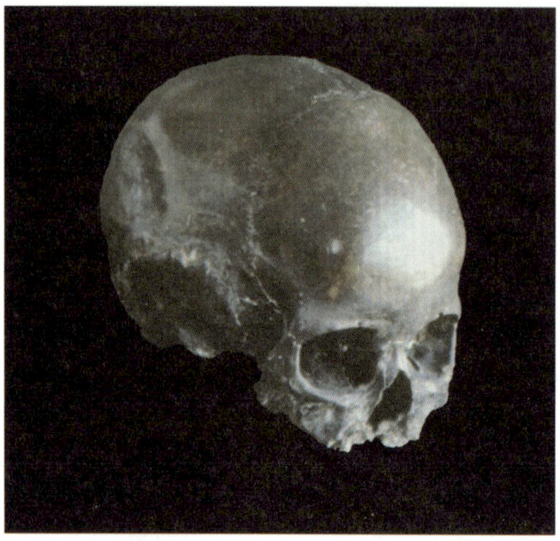

丽江人头盖骨（5—10 万年前）（高峰供图）

新石器时期的器具

蜀郡铁镲

战国双耳陶罐

高禾塔砖（宋）

火葬罐（元明）

宝山州印（明）

吐蕃文字碑（唐）

木氏历代宗谱碑

窗雕（明）

徐悲鸿《双马》

齐白石《寿桃》

和志坚《山水》

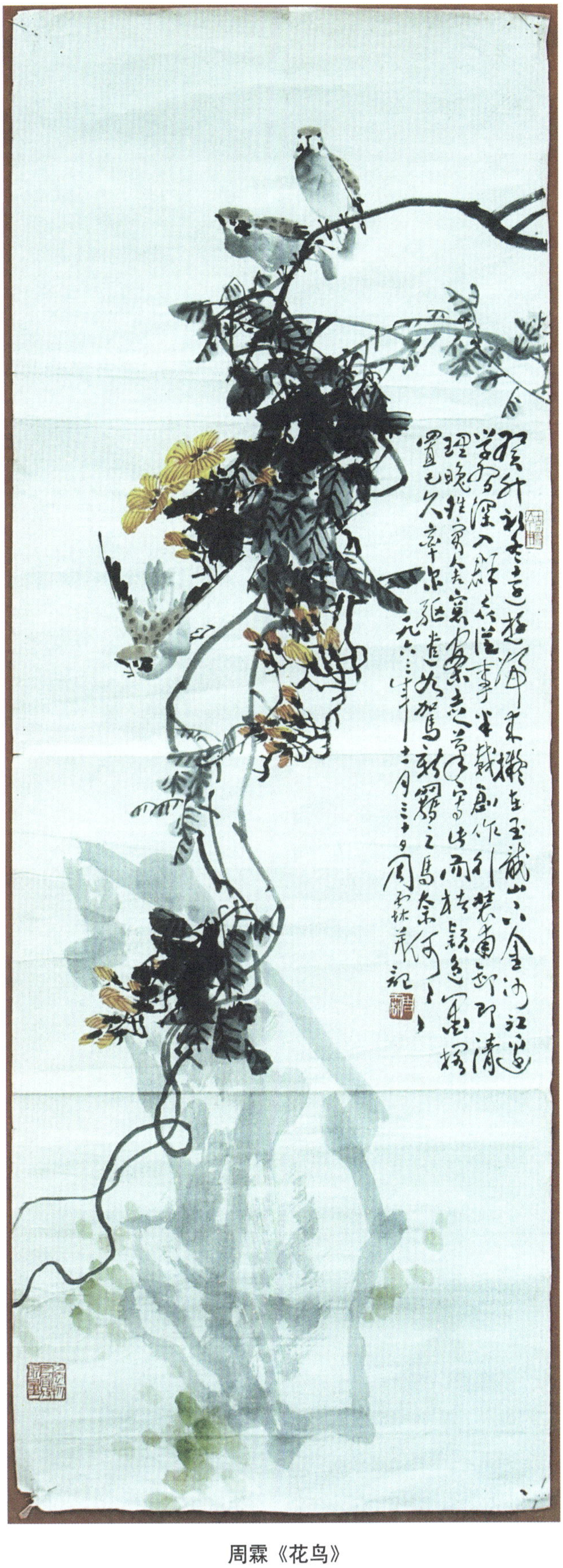

周霖《花鸟》

担当和尚《山水画卷》（明）

东巴经书

象形文字刻板

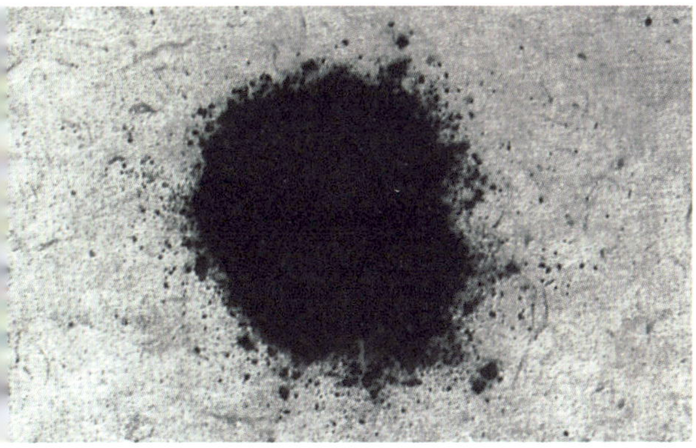

东巴墨

东巴竹笔

东巴纸

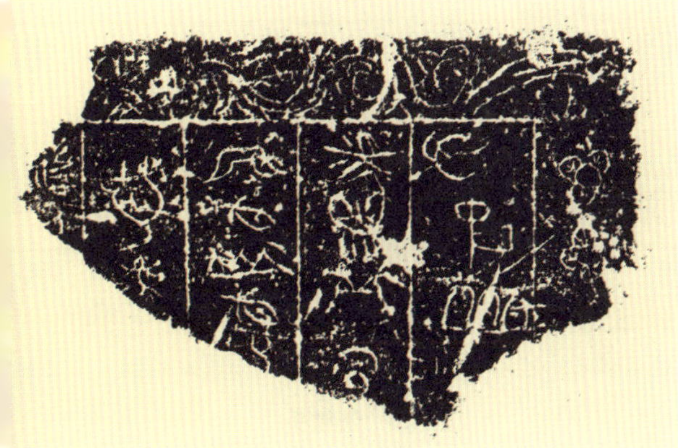

象形文字砖

扁铃

手鼓

木偶

法杖头

泥塑

面偶

纸牌画（子高勒）

署神

诺妥神

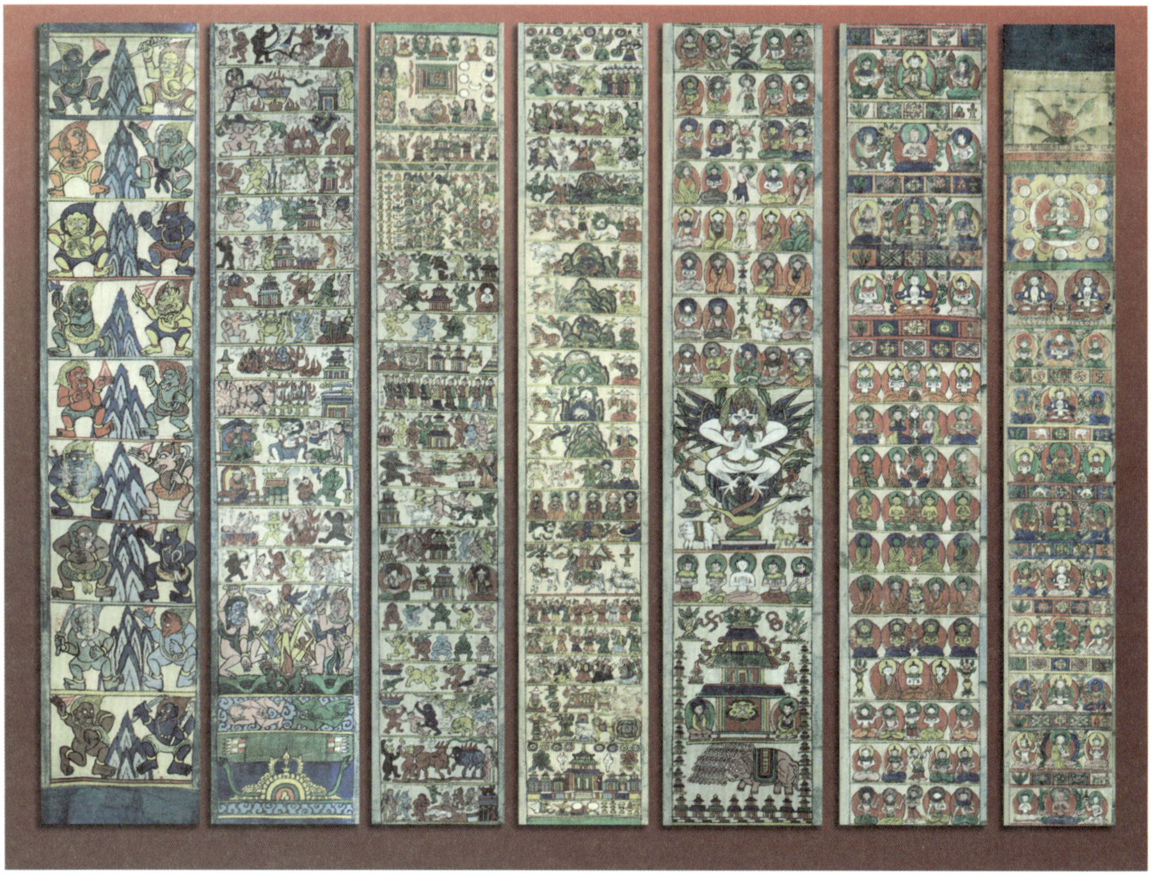

神路图

神路图

木牌画

五神冠

祭天仪式

祭风仪式

祭丁巴什罗仪式

祭丁巴什罗仪式

棒棒会

麒麟舞

古乐演奏

打铜

制作丽江粑粑

制作藏靴

刺绣

毛纺工艺

二十九、丽江古城电视专题片制作及古城图片摄影人员

根据遗产申报工作组的分工，由王志鸿、王晓明、和茂华等负责完成丽江古城电视专题片的制作；由王志鸿撰写电视专题片解说词；由司晋云、杨尔良、牛墩等完成古城照片摄影。

王志鸿（王志鸿供图）

王晓明（王晓明供图）

和茂华（和茂华供图）

司晋云（司晋云供图）

杨尔良（杨尔良供图）

牛墩（牛墩供图）

三十、丽江古城申报文本（包括：图片、图纸、录像、幻灯片）报送国家建设部

三十一、申遗文本上报联合国教科文组

国家教育委员会、建设部、文化部、外交部关于推荐丽江古城、平遥古城和苏州园林列入世界遗产名录的请示，经时任国务院总理李鹏签字后于1996年6月26日上报联合国教科文组织，被列入“世界遗产清单”预备清单，编号C—311。

国家教育委员会
建设部
文化部
外交部

签发人：韦　钰　潭庆琏
李源潮　李肇星

教科[1996]4号

关于推荐丽江、平遥古城和苏州古典园林列入《世界遗产名录》的请示

国务院：

为合理确定、保护和弘扬全人类的共同遗产，联合国教科

1

文组织于1972年制定了《保护世界文化和自然遗产公约》(以下简称“公约”)。根据公约规定,各缔约国可向负责实施公约的世界遗产委员会(教科文组织下设政府间机构)自愿提交申请列入《世界遗产名录》(以下简称“名录”)的本国的文化和自然遗产项目。各缔约国在尊重遗产所属国主权的同时,也承认经世界遗产委员会审查批准列入名录的遗产项目是世界遗产的一部分,整个国际社会均有责任予以保护。截至1995年底,全世界列入名录的文化和自然遗产项目达469个。

经全国人大常委会批准,我国于1985年11月加入该公约,并于1987、1989、1991、1993、1995年先后向世界遗产委员会提交了五批申请列入名录的文化和自然遗产项目。至1994年底,我国共有14处国家重点文物保护单位和风景名胜区被批准列入名录,它们是:万里长城、北京故宫、周口店“北京人”遗址、敦煌莫高窟、秦始皇陵及兵马俑坑,泰山、黄山、武陵源、九寨沟、黄龙、布达拉宫、承德避暑山庄及周围庙宇,曲阜孔府孔庙孔林、武当山古建筑群。此外,我同教科文组织合作,开展了一系列培训、研究和宣传活动,对我国文化和自然遗产的保护、管理与宣传、利用起到了积极的推动作用。

为继续推进我与教科文组织在保护文化和自然遗产领域的良好合作,使我国更多的优秀遗产走向世界,经会商,1996年我们拟推荐云南丽江古城、山西平遥古城和苏州古典园林作为文化遗产列入名录。

当否,请示。

附件:丽江古城、平遥古城、苏州古典园林简介

国家教育委员会
建
文
外 交 部

一九九六年六月十八日

主题词:教育 文化 古迹 请示

附件：

丽江古城、平遥古城、苏州古典园林简介

丽江古城　位于云南省西北部，是纳西族聚居地。战国时属秦国蜀郡，南北朝时纳西族先民羌人迁此，南宋时建城，元至清初为纳西族土司府所在地。后为丽江府治。现老城区仍保存传统格局与风貌，具有浓郁的地方特色。新建民居亦就地取材，采用传统形式。古迹有木氏土司府邸、明代创建的五凤楼等?附近保存有纳西族古代壁画的大宝积宫琉璃殿、玉峰寺、普济寺，还保存有纳西族古代象形文字的"东巴经"、纳西古乐等。1996年初地震后，古城格局及主要文化遗存仍保存完整。

平遥古城　位于山西省中部，城始建于周宣王时期。现在保存完整的城池，为明洪武初年(公元1370年)重修，城墙高12米左右，周长6.4公里，有垛口、马面、敌楼、角楼、瓮城等，古城面积2.25平方公里。城内街道、商店、衙署等比较完整地保存着传统格局和风貌，楼阁式的沿街建筑、四合院民居以及市楼、文庙、清虚观等古建筑都很有特色。城北的镇国寺万佛殿和殿内塑像是五代遗物，雕塑和壁画十分精美。城西南的双林寺，殿宇规整，寺内彩塑也有很高艺术价值。

苏州古典园林　是世界造园艺术中东方园林的杰出代表之一。在设计构造中，追求"仁者乐山，智者乐水"崇尚自然的孔子、老庄哲学思想境界，在住宅旁有限的空间，叠山理水，栽花种木，模仿自然，配置功能和造型各异的亭、阁、楼、榭等园林建筑，辅以大量的匾额、对联、字画等中国传统文化内容，把

4

自然山水之美浓缩于宅园之中，形成充满诗情画意的文人写意山水园林，在都市内创造出独特的人与自然和谐相处的居住环境。其中拙政园、留园、网师园、环秀山庄是苏州古典园林的典型例证。

黄山古柏

古城民居

三十二、木考拉、尼西海拉到丽江古城考察

1996年6月10日至13日，联合国教科文组织文化官员木考拉先生，教育官员尼西海拉女士到丽江古城考察。木考拉说：“木考拉是我的汉名，是一位汉学家取的。”李锡介绍说：“丽江纳西族官姓木、民姓和，你是木氏土司的后代，我们应该喊你木老爷。”木考拉会意，有趣地说：“对！我是木土司的后代，但离开丽江时间久了，人也晒黑了，纳西话也不会说了。”

木卡拉和老东巴和学文在一起

木卡拉和尼西海拉在博物馆木楞房火塘旁

东巴木琛向尼西海拉赠送东巴字

木卡拉在丽江会堂观看古城资料片

三十三、建设部召开丽江古城2·3地震震后恢复重建规划研讨会（1996年7月）

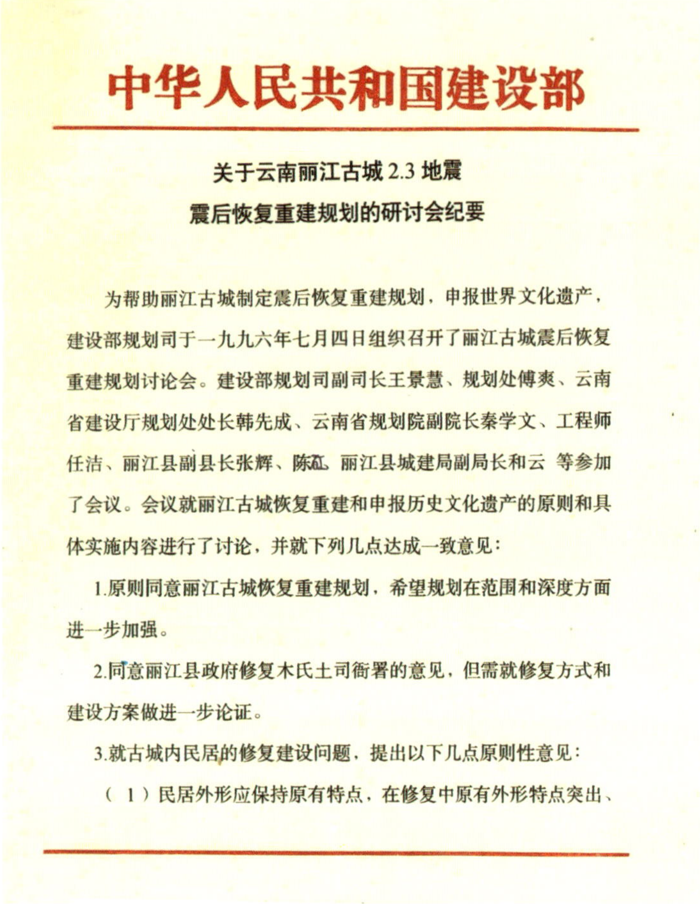

中华人民共和国建设部

关于云南丽江古城2.3地震
震后恢复重建规划的研讨会纪要

为帮助丽江古城制定震后恢复重建规划，申报世界文化遗产，建设部规划司于一九九六年七月四日组织召开了丽江古城震后恢复重建规划讨论会。建设部规划司副司长王景慧、规划处傅爽、云南省建设厅规划处处长韩先成、云南省规划院副院长秦学文、工程师任洁、丽江县副县长张辉、陈[illegible]、丽江县城建局副局长和云 等参加了会议。会议就丽江古城恢复重建和申报历史文化遗产的原则和具体实施内容进行了讨论，并就下列几点达成一致意见：

1.原则同意丽江古城恢复重建规划，希望规划在范围和深度方面进一步加强。

2.同意丽江县政府修复木氏土司衙署的意见，但需就修复方式和建设方案做进一步论证。

3.就古城内民居的修复建设问题，提出以下几点原则性意见：

（1）民居外形应保持原有特点，在修复中原有外形特点突出、

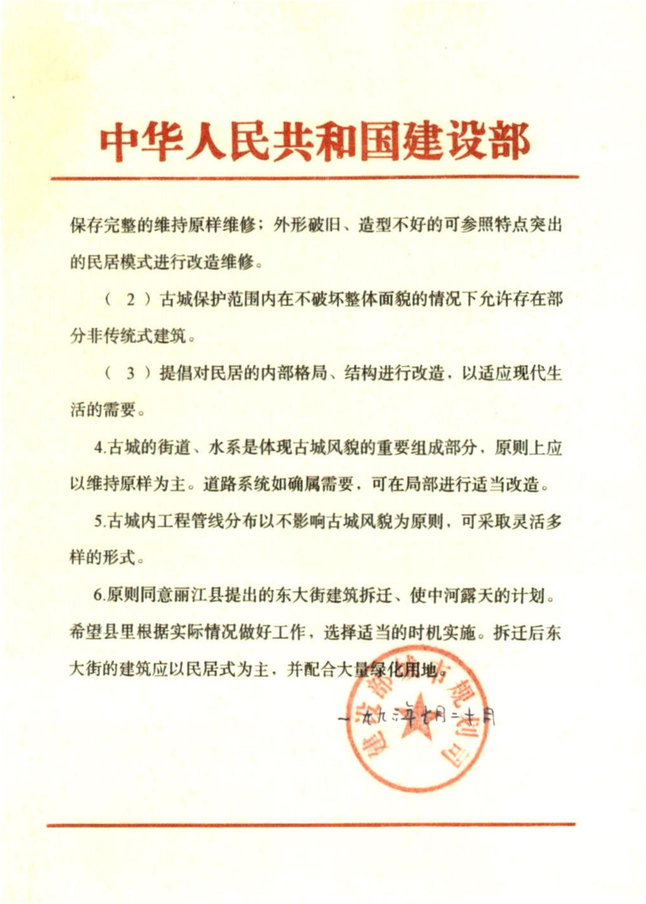

中华人民共和国建设部

保存完整的维持原样维修；外形破旧、造型不好的可参照特点突出的民居模式进行改造维修。

（2）古城保护范围内在不破坏整体面貌的情况下允许存在部分非传统式建筑。

（3）提倡对民居的内部格局、结构进行改造，以适应现代生活的需要。

4.古城的街道、水系是体现古城风貌的重要组成部分，原则上应以维持原样为主。道路系统如确属需要，可在局部进行适当改造。

5.古城内工程管线分布以不影响古城风貌为原则，可采取灵活多样的形式。

6.原则同意丽江县提出的东大街建筑拆迁、使中河露天的计划。希望县里根据实际情况做好工作，选择适当的时机实施。拆迁后东大街的建筑应以民居式为主，并配合大量绿化用地。

第二　整治篇

一、丽江县成立“丽江古城申报世界文化遗产整治工作组”（1996年8月18日）

（一）丽江县人民政府关于成立丽江古城申报世界文化遗产整治工作组的通知

丽江纳西族自治县人民政府办公室

丽政办［1996］33号

**丽江纳西族自治县人民政府办公室
关于成立丽江古城申报世界文化遗产整治工作组的
通　　　　知**

各乡（镇）人民政府，县直各委、办、局（公司）：

丽江古城申报世界文化遗产工作，于去年12月份成立县工作组开展工作以来，虽然经历了丽江“2·3”强烈地震，但整个申报过程上，得到了国家、省、地有关单位领导和专家支持，经过工作组全体同志的艰辛努力，到今年6月26日，经国务院批准，丽江古城作为我国推荐的世界文化遗产项目，已正式上报联合国教科文组织总部，该总部工作委员会拟定于1997年4月到我县进行现场鉴定工作，按国家有关部门的要求，对目前古城环境，完善基础资料和行业管理，提高古城居民的名城意识，分步实施古城震后恢复重建详细规划等方面需进行较全面的整治 。为全面按期完成丽江古城申报世界文化遗产整治工作，推进申报工作的顺利进行，经县人民政府研究，决定成立

— 1 —

丽江古城申报世界文化遗产整治工作组，现将其组成人员通知如下：

组　长：陈　江（县人民政府副县长）
副组长：李　锡（县文化局副局长）
　　　　司晋云（县城建局副局长）
　　　　和占军（大研镇人民政府副镇长）
成　员：王红君（县旅游局副局长）
　　　　和映群（县爱卫会副主任）
　　　　和鸿珍（县教委）
　　　　和寿华（大研镇人民政府）
　　　　和秋生（大研镇人民政府）
　　　　余存俊（县公安局）
　　　　段松廷（县城建局）
　　　　和木秋（县城建局）
　　　　白清泉（县城建局）
　　　　木丽章（县工商局）
　　　　王菊喜（团县委）
　　　　和积建（环卫所）

以上被抽调人员的抽调时间，从发文之日起到完成整治工作计划为止。被抽调人员单位必须服从县人民政府的安排，不得以任何条件、理由相互推诿，以确保工作任务的完成。丽江古城申报世界文化遗产整治工作组成员抽调期间的工资、奖金福利和差旅费由原所在单位负责解决。

— 2 —

（此页无正文）

一九九六年八月六日

主题词：古城　工作机构　通知

抄报：丽江地区行政公署办公室。

抄送：县四大机关办公室，县人武部，县法院、检察院。

（共印80份）

丽江纳西族自治县人民政府办公室　　一九九六年八月七日印发

打印：杨志英　　校对：和　超

— 3 —

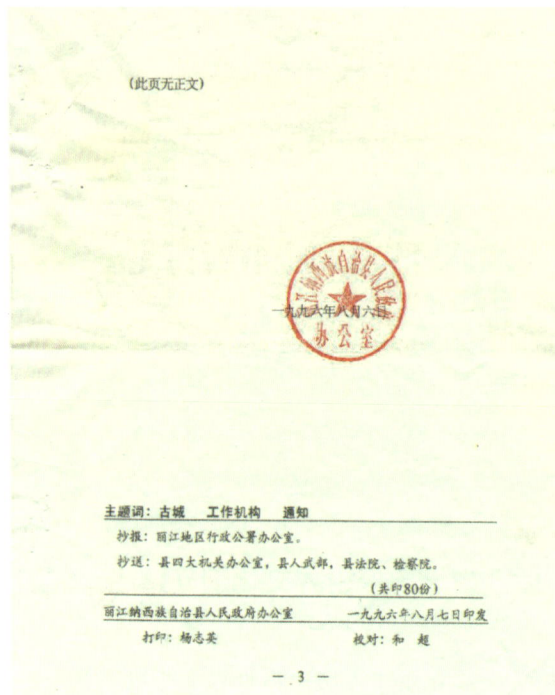

（二）丽江县人民政府批转丽江古城申报世界文化遗产工作组《关于丽江古城整治方案的通知》及整治任务分解表

丽江古城申报世界文化遗产古城
整治小组通讯录

姓　名	工作单位	单位办公室电话		住宅电话	传呼
陈　虹	县政府	5123533			127-70711
李　锡	县博物馆	5124172	5121621		127-70712
司晋云	县城建局	5124654		5120876	127-70572
和木秋	县城建局	5121614			
和秋生	大研镇政府	51234876			
和寿华	大研镇政府	51234876			
和占军	大研镇政府	51234876		5128205	127-70537
白清泉	县城建局	5121283		5124055	
余存俊	县公安局	5121770		5125379	
木丽章	县工商局	5123261		5126291	
段松庭	县城建局	5123360			
王晓明	县委宣传部	5123346	5121213	5123731	
和积建	环卫所	5124656		5128729	127-01046
王菊喜	县委	5123633			
王红君	县旅游局	5121706		5126200	
和映群	县爱委会	5122515		5123249	
杨相承	县教委	5121235			
和鹏英	县博物馆	5124172			

NO⑩

此件已经8月29日政府常务会讨论通过。

9/9

“丽江古城申报世界文化遗产”整治计划任务分解表

项目		内容	时间	资金预算	负责人
环境卫生	1、垃圾堆放坑拆除	拆除现有30座垃圾堆放坑，每座位1.5m²	96·10月—12月	3，000元	
	2、垃圾袋制作	容量5KG左右垃圾袋，黑、兰两色，古城6500户，每户月用垃圾袋8个计，一次订作半年使用量，32万个，以0.50元/个成本计，每户、每袋补助0.30元。	96·9—11月	100，000元	
	3、关于古城卫生管理规定	起草、交政府讨论、政令颁布出台(包括门前三包、道路、河道等)	96·11月底颁布	1，000元	
	4、宣传垃圾袋装之好处	在电视上发布通告，起草宣传口号、标语，组织居委会进行宣传，做到家喻户晓	96·9—11月	20，000元	
	5、订做古城内的垃圾清运车	设计、订做30台有特色的木制垃圾清运车(马车或人力车)	96·9—11月	150，000元	
	6、古城内卫生维护管理“火钎队”	组织离退休老人组成卫生维持队(50人)，对古城道路纸屑等进行巡察清检，并有权力处罚5—20元/人次的罚款	96·10月起实施	劳务费200元/人日 1年：20万元	
	7、成立“古城环卫公司”实行物业管理	组成在环卫所基础上的环卫公司，进行物业管理，实行环卫有偿服务制度	97·4月成立		
	8、垃圾堆放站、处理厂问题	(1)通往处理厂的公路建设1公里 (2)垃圾运送车辆更新3辆	97·2月	100，000元 250，000元	
	9、河道卫生及污水明沟治理	有550米左右污水明沟需要治理，其卫生打扫可组织企事业单位及居民义务劳动 河道卫生治理、清理同古城排污工程同步进行	96·12—97·2	10，000元	
	10、厕所修建	结合进行贷款项目，其中可列于沿街水冲厕所新建2—3个 47个现有厕所大部分在地震中破损。主要旅游线路需重新调查布局，恢复重建10个左右	96·9—97·2	另行计算	
	11、厕所管理	招临时工对厕所进行固定的清扫、管理，计50人左右，管理者实行有偿服务，厕所收费。前期费用政府适当支出。	96·11月起，建成一个实行一个	20，000元	

—1—　　103.4万元

项目		内容	时间	资金预算	负责人
城市基础设施	1、果皮箱、路灯、路椅、花台	五条街道主要临街面、路灯、路椅、花台、果皮箱等根据古城风貌特点统一设计、订做，力求内格一致。果皮箱50个，路灯50套，座椅40把，花台200m²	96·9月起组织设计、订做，协调电力部门 97年2月安装	300，000元	
	2、路牌	按国家标准制做旅游线路指示牌、景点标志牌、主要景点说明牌(包括周围景观)、公共道德宣传牌、公共场所指示牌、布告牌等，约150个左右	97年2月安装 96年9月起定点、设计、制作	150，000元	
	3、公共绿地建设	东大街三角地、中河两岸、密士巷空地等处，根据重建规划进一步踏勘，确定5—6块集中小块绿地进行规划设计、建设施工	96·9开始设计 96·10起选苗育苗 97·2现场施工	150，000元	
		主要街道立面(以沿河面为主)行道树补植(新种)，以柳为主，以其中“户户垂杨”之效果实现约需250株柳	96·10备苗 97·2施工	25，000元	
	3、水泥桥拆建	主要街道水面共有9座水泥桥，很伤整体景观，拆除后修建栎木桥	96·9动工	200，000元	
	4、路面整修	对主要街道的五花石路面进行踏察、整修，对破损的五花石更换，四方街等路面非五花石部分拆换。计需石300m²—400m²。	古城排污完成后现场施工 96·11准备	40，000元	
		对居民住宅前的一些水泥踏步指导拆除重建，以各人出钱建设为主	96·3月前完成	5，000元	
	5、沿街立面改造	制定规范要求，对主要有破坏效果的沿街立面进行指定改造，政府补助少许材料损失	96·10开始实施	20，000元	
	6、消防设施完善	在“巴黎圣母院”处设立古城消防站，配备必要的消防器材和设备	96·10月实施	200，000元	
	7、交通管理问题	(1) 骑警上街巡逻 (2) 制定“法令”，古城内白天禁止一切机动车辆进入，晚上进入拉货物、建材的车辆必须登记办证	97·1月实施 96·9月实施	已落实 10，000元	
	8、工商市场管理	(1) 工商部门提出方案，东大街水果市场、圣母院农贸市场搬迁，集中建市场、管理 (2) 四方街工艺品市场治理			

—2—　　110万元

项目		内容	时间	资金预算	负责人
重点民居保护	1、重点民居分布调查	调查并初步确定古城范围内需保护的重点民居150—200处(专家组)	96·10完成	5，000元	
	2、重点民居保护管理办法	根据初步确定的重点民居，起草有关“重点民居保护办法”，规定所有者的权力和义务以及具体操作手段。	96·10—11月底	2，000元	
	3、与居民签定合同、挂牌	与确定的保护民居房主或承租人签定合同，制作“重点保护”标专牌、挂牌	97·2	50，000元	
	4、编印“重点保护民居”一书	将挂牌保护民居的情况、现状、特点等编制成书	96·11—97·3	40，000元	
管线治理问题		主要是街面的电话、电力、电视线路的隐蔽处理问题，与地区有关部门协商，向地区领导汇报，以求得解决办法。			
建立古城保护管理档案陈列室		在博物馆中，利用140m²的展室，布置档案陈列，记载以解放后为主的[illegible]，布置实物、照片、文字陈列，音像资料同时准备。	96·9—97·3	120，000元	
古城保护管理资料索引	保护资料目录搜集	在丽江县、云南省及国内其它城市、国外有关地区查找、搜集有关丽江古城建设、保护方面的资料、书刊目录	96·9—11月	50，000元	
	整理、列表、成书	将搜集到的资料按名称、著者、版本、主要内容、现存地点等项整理	96·11—12月	20，000元	
	编计算机软件，建成计算机目录索引	编索引程序，录入资料库，完善查找功能	97·1—3月	30，000元	
完善保护机构，开拓保护资金渠道		申请成立专门机构——保护委员会，设计专门编制和办公地点，负责管理古城3.8KM面积，组织专家研究会等	96·9月	30，000元	
		研究建立“名城保护基金”的多种政策，多方筹款，尽快建立基金，由委员会统一管理使用，用于古城保护、环境治理			
编辑、出版一系列保护管理丛书计划		小册子：丽江古城概况、古城修复指南　　(非正式出版物)	96·9月付印	20，000元	
		与有关专家合作编写“古城建设与保护”系列丛书，争取今年出三本：(1)建筑方面、(2)文化方面、(3)导游方面(名胜)	97·4月前	100，000元	

—3—

项目		内容	时间	资金预算	负责人
宣传古城宣传申报	政府行为	组织召开丽江省、地县机关干部大会，介绍申报工作的重要意义和进展情况，动员下一步的整治工作进展，展示申报工作成果	96·9月中旬	5，000元	
		组织印发一系列关于整治工作的文件和规定、政策			
	大型活动	每月一次“爱我古城日”，组织中、小学生宣传，发放宣传品，组织机关企事业单位参加统一安排的义务劳动	96·9月起	10，000元	
		团县委、教委系统、学生、学校组织“作文大赛”、“演讲比赛”各一次	97·2—3月	5，000元	
		全社会组织“知识竞赛”，电视[illegible]追声势	96·10—97·4	8，000元	
		组织演出一台专题文艺晚会	97·4月演出	8，000元	
		组织群众文艺演出，啧热热、罢儿巴舞、阿丽丽、纳西古乐等	97·4月	30，000元	
		组织“古城申报”书画展	97·3月	5，000元	
		组织一次大型“申报”咨询工作，散发宣传品，开动宣传车等	97·2	5，000元	
	广播电视	利用电视台发通告，每天播映宣传口号，集中配合具体整治内容(特别是垃圾袋装、修改门面民居挂牌等与老百姓密切相关的内容)进行新闻及专题宣传	96·9—97·4	8，000元	
		专题宣传：“我们的家园”、“周末问答”等现有专栏，以申报宣传为主，由工作组提供内容；在电视台新开辟“古城走向世界”专栏	96·9—97·4	30，000元	
		制作“纳西快板”、“骨气”等传统民族特色录音带，利用广播宣传	96·11	5，000元	
	标语、宣传牌	拟定统一的宣传口号，在城市(包括新城)主要街道制作、悬挂、摆放宣传标语及宣传牌50个左右	96·11	15，000元	
	报刊、文章	组织在《丽江报》建立古城申报专刊，登载申报知识、保护常识及作文比赛得奖作品	96·9—97·5	10，000元	
		在城内设立2—3个宣传专刊、定期组织稿件(每月一期)	96·10	15，000元	
		组织丽江报、玉龙山、文史资料等报刊出专刊，宣传申报	97·3	35，000元	
		组织稿件在省内外报上宣传丽江申报	96·10	10，000元	
	简报	每月一期“申报”简报，报道申报的具体情况、宣传保护战略	96·9	8，000元	

—4—　　21.2万元

项目	内容	时间	资金预算	负责人
外出考察	在工作全面展开之前，根据建设部要求，赴外省考察学习，4—6人，2周左右时间 (1) 张家港垃圾处理、卫生治理情况； (2) 苏州申报整治工作情况； (3) 安徽古城民居的保护、治理和利用； (4) 昆山古城保护、基础设施； (5) 平遥治理经验。	96·9中旬-下旬	40，000元	
白沙束河街整治工作		96·10—97·3	400，000元	
		不可预见费 15%	461，700元	
		合　计	354.450 万元	

—5—

（三）丽江县人民政府关于丽江县城区环境卫生清理整治的通告

关于丽江县城区环境卫生清理整治的通告

为了进一步抓好城市卫生工作，配合丽江古城申报世界文化遗产工作的顺利进行，促进我县旅游事业的发展，给国内外游客提供一个清洁的城市旅游卫生环境，县人民政府决定对丽江县城范围内进行一次生活垃圾清理整治。望驻丽各单位，城镇居民做好城区卫生整治工作，现将有关事项通告如下:

一、卫生整治主要地段

西安街、福慧路、西安街环路、古城区、北门坡。

二、清运时间安排

1.1996年9月4日至9月6日为各片区以办事处为单位集中生活垃圾到指定地点堆放。

2.1996年9月7日至9月11日为生活垃圾清运时间，由环卫所统一组织清运，车辆由环卫所统一安排。

三、有关规定

1．在此次生活垃圾清运整治中，单位、个人不得把恢复重建中的建筑垃圾混合在生活垃圾之中，违者进行重罚。

2．西安街各巷段、古城各街道、五一街各巷道，必须把生活垃圾堆放到便于汽车清运的指定地点，不按指定地点堆放的生活垃圾由谁倒谁处理而且要给予处罚。

-1-

3．驻丽各单位、个体户的门前三包范围内，由单位和承包者负责清扫和清运。

4．清运整治后，任何单位和个人不得随意乱丢乱倒生活垃圾，一旦发现，给予罚款处理。

5．凡清运的垃圾必须拉到指定堆放点即南口垃圾场。

6．城区范围内的各单位、居民、外来经商的个体户要积极参加清运整治工作。

丽江纳西族自治县人民政府

一九九六年九月三日

-2-

（四）丽江古城申报世界文化遗产宣传口号

丽江古城申报世界文化遗产宣传口号

1.统一思想，提高认识，齐心协力，做好丽江古城申报世界文化遗产工作。

2.全民动员，积极参与，搞好古城整治工作。

3.搞好环境卫生，美化我们的家园。

4.整治古城环境，保护古城风貌。

5.增强名城意识，树立文明形象，为古城增添光辉。

丽江古城整治小组

一九九六年九月五日

二、整治环境卫生现场办公会

1996 年 9 月 5 日，整治工作组组织召开“整治环境卫生现场办公会”，县委副书记王继禹、副县长陈砡布置相关工作。全城居民（包括白沙、束河）开始大规模清扫街道、清理河道、清运垃圾，并举行“爱我古城　义务劳动日”，由此拉开了古城全面整治环境的序幕。

王继禹接受采访

大研镇政府及街道办事处负责人参加现场办公会（左起：杨竹清、郭培均、孙勇、杨志鸿、杨尚芬、和汝白、和述远等）

三、梁敏子再次到丽江古城考察

1996 年 9 月 13 日，世界遗产中心官员梁敏子女士、法国钦隆市市长伊维斯·格先生、法国著名建筑大师多米尼克·佩洪先生到丽江古城考察指导工作。

他们此行的目的主要有三个：一是受联合国教科文组织的派遣对丽江古城的恢复重建进行全面考察指导；二是应中国建设部的邀请在中国四座古城中选择一个历史地段作为世界遗产中心的试点项目，合作进行古城保护与修复；三是实现梁敏子之前对丽江的承诺。

丽江县委县政府在格兰大酒店举行汇报会，县长和自兴作汇报

梁敏子女士和李哲先生

梁敏子一行考察丽江古城东大街恢复工程

东大街

考察古城三眼井

大研镇党委书记和志敏（右一）陪同考察古城民居

一见面，梁敏子女士就说："丽江是世界上最美丽的地方，现在我把世界上最著名的建筑大师请到丽江来了！"并一一向大家介绍法国客人。丽江县委县政府在格兰大酒店召开汇报会，向客人全面汇报丽江古城申报世界文化遗产的进展情况和丽江古城震后恢复情况，然后请联合国专家分别到丽江古城、白沙民居建筑群、束河民居建筑群、玉龙雪山等地考察。联合国专家在丽江县博物馆与文化人士交流，对丽江申报遗产工作和恢复重建提出了许多宝贵的意见。

法国著名建筑大师多米尼克·佩洪先生（左一）、法国钦隆市市长伊维斯·格先生（左二）与申报组副组长司晋云

梁敏子与小朋友亲切交谈

梁敏子一行在古城考察

梁敏子在电视台俯瞰古城

梁敏子一行在古城考察

白沙乡党委书记张存正（左一）陪同梁敏子一行在白沙壁画考察

丽江古城对多米尼克大师留下了非常深刻的印象，在东大街他非常兴奋地和李锡一起登上丽江县工商银行的五层楼顶，观察丽江古城的格局，钢混结构建筑组成的东大街像一把钢刀插入古城心脏，工商银行、农业银行、建设银行三足鼎立，挡住玉龙雪山景观；玉泉中河完全埋藏在水泥路下，多米尼克大师非常心疼，感慨这么美丽的一座古城居然出现这样不协调的建筑，表示一定要拿出一个符合丽江古城历史原貌的恢复重建方案。

最后梁敏子女士一行同古城申遗小组和丽江建设局决定将“新华街—四方街—新义街”这个历史地段的恢复重建与保护项目提交联合国和法国方面。

梁敏子一行在束河考察

梁敏子一行在束河考察

县政府秘书长杨勇（右一）陪同梁敏子一行在白水河考察

梁敏子一行在博物馆座谈

束河退休教师杨沛诚（金大龙供图）

束河皮匠张绍李（金大龙供图）

四、丽江召开古城整治动员大会

1996 年 9 月 16 日，丽江县委县政府召开古城整治动员大会，省、地、县、镇近千人参加，县委副书记沙文明主持会议，县委书记和自兴作动员报告，陈砡介绍申报工作进展情况，部署整治工作，徐中堂代表地委行署讲话。地委书记段增庆接受电视采访，同时举办古城申报成果汇报展，放映电视片《中国丽江古城》；开始“祝愿丽江古城申报世界文化遗产成功——万人签名活动”。

（一）召开整治动员大会

古城整治动员大会现场

地委书记段增庆接受采访

县委书记和自兴讲话

左起：和良辉、王继禹、杨廷仁、和家修、徐中堂等

参会中学生

举办申遗成果展示

举办申遗成果展示

放映古城申报遗产录像

（二）祝愿丽江古城申报世界遗产成功——万人签名活动

1996 年 9 月 16 日开始，历时 10 天，丽江古城申遗工作组主持举办了“祝愿丽江古城申报世界文化遗产成功——万人签名”活动，分别在丽江会堂、古城玉河桥、四方街、黑龙潭大门、丽江县一中、八中、大研中学、地区一中、师范学校、白沙、束河等地摆设签字台，共有 18000 多人参加了签名活动。活动得到了“丽江关心下一代工作委员会”的大力支持。

活动现场

参加活动的东巴、喇叭及勒巴舞传承人

活动现场

活动现场

活动现场

活动现场

活动现场（中间指挥者为原丽江县博物馆馆长赵静修）

活动现场

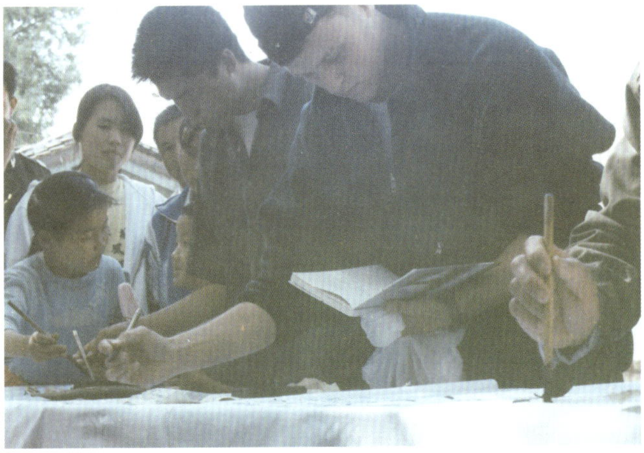

活动现场

和学文老东巴在活动现场

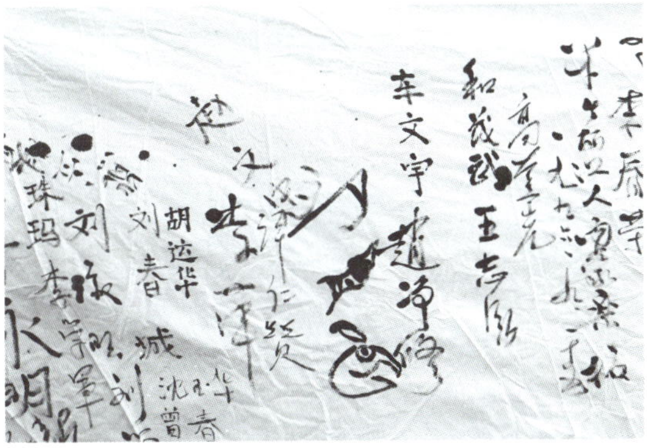

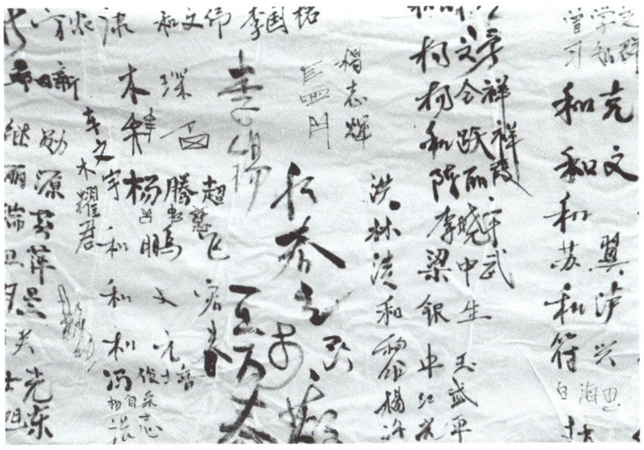

百米签字长卷片段

收藏于丽江县博物馆的百米签字长卷

五、媒体大力宣传丽江古城申报世界文化遗产

丽江古城申遗工作组主编《古城申报》简报，共出刊52期，先后有段松廷、洪卫东、木德仁、舒家政、和凤菊等参加编创工作；《丽江报》开辟“古城走向世界”专栏；丽江人民广播电台开办“古城走向世界”专题节目；丽江地区电视台、丽江县电视台也增开了宣传栏目。

木德仁（木德仁供图）

原丽江师范校长舒家政（舒家政供图）

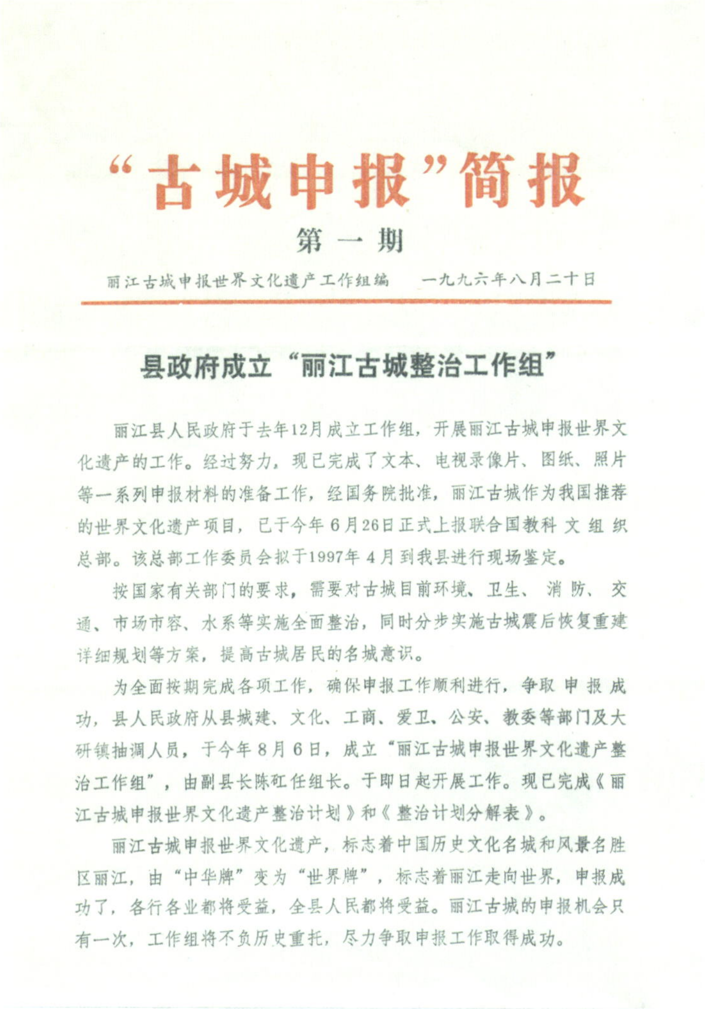

“古城申报”简报

第一期

丽江古城申报世界文化遗产工作组编　一九九六年八月二十日

县政府成立“丽江古城整治工作组”

丽江县人民政府于去年12月成立工作组，开展丽江古城申报世界文化遗产的工作。经过努力，现已完成了文本、电视录像片、图纸、照片等一系列申报材料的准备工作，经国务院批准，丽江古城作为我国推荐的世界文化遗产项目，已于今年6月26日正式上报联合国教科文组织总部。该总部工作委员会拟于1997年4月到我县进行现场鉴定。

按国家有关部门的要求，需要对古城目前环境、卫生、消防、交通、市场市容、水系等实施全面整治，同时分步实施古城震后恢复重建详细规划等方案，提高古城居民的名城意识。

为全面按期完成各项工作，确保申报工作顺利进行，争取申报成功，县人民政府从县城建、文化、工商、爱卫、公安、教委等部门及大研镇抽调人员，于今年8月6日，成立“丽江古城申报世界文化遗产整治工作组”，由副县长陈矼任组长。于即日起开展工作。现已完成《丽江古城申报世界文化遗产整治计划》和《整治计划分解表》。

丽江古城申报世界文化遗产，标志着中国历史文化名城和风景名胜区丽江，由“中华牌”变为“世界牌”，标志着丽江走向世界，申报成功了，各行各业都将受益，全县人民都将受益。丽江古城的申报机会只有一次，工作组将不负历史重托，尽力争取申报工作取得成功。

申报组成员段松廷

旅游局副局长王红君（王红君供图）

六、落实古城“五四三二一”及恢复重建工程

落实以“五四三二一”工程为中心的古城基础设施工作，拆除不协调建筑的综合治理工程。

“五四三二一”工程是经云南省人民政府批准实施的丽江古城基础建设工程，该工程的具体内容是：完善古城的五个系统，即供水与消防、电力与电信、排水、路灯、道路系统；实现古城的四个增加，即环卫设施、绿化用地、文化设施、旅游接待设施增加；修缮三条街道，即四方街、新华街、七一街的整修；达到两个降低，即降低古城的建筑和人口密度；实现一个提高，即提高古城的环境质量。

实施丽江古城排污工程，拆除古城主要河道上的水泥桥，重建木板桥；拆除不协调建筑；拆除垃圾坑等违章建筑，整治市容市貌；恢复四方街等主要街道的五花石板路；新建水冲式旅游公厕；安置形式古朴的路灯；新辟绿地；对古树名木进行挂牌保护；重点修复地震中受损的文物古建。

县委县政府相关部门负责人参加整治现场

公、检、法、司相关部门负责人参加整治现场

警车开道

装载机实施拆除违章建筑

拆除不协调建筑

拆除不协调建筑（传说中的“巴黎圣母院”）

修建古城排污设施

恢复重建古城民居（指挥者为县城建局工程师木庚锡）

修复受损文物古建

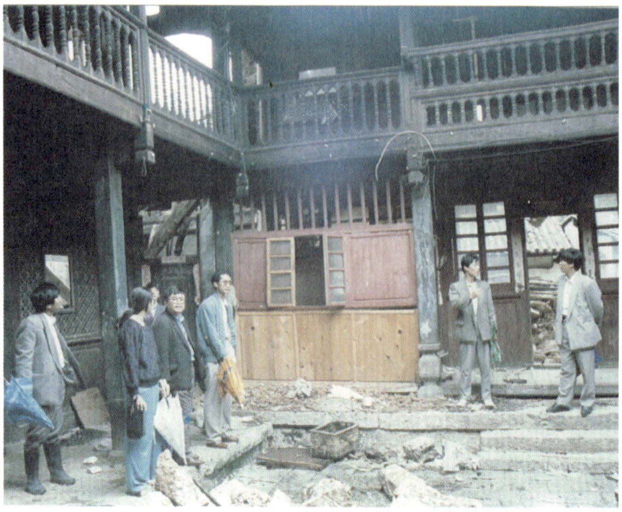

七、东大街实施拆除重建工程

东大街像一把匕首插入古城的心脏——四方街，严重地破坏了古城的原始风貌，与古城价值相背离。为了恢复古城的原始风貌，丽江县人民政府成立了“东大街拆除重建指挥部”，由副县长张辉同志负责。整个工程涉及17个单位，2万多平方米的建筑物。为了顾全大局，所涉及的单位积极支持，配合拆除重建工作，整个工作顺利进行。从1996年10月开始到1997年4月，将原来的框架结构水泥房改变成了传统的土木结构房；被掩盖在地下的中河重见天日；又增加了11座木桥；水泥路面被改换成五花石路面；两侧种植了柳树和花草，为古城保护与申报遗产打下了良好的基础。整个工程采用了木庚锡工程师的设计方案，并由他负责指导施工。

东大街拆除重建前状况

申报遗产宣传标语

丽江县人大常委会组成人员视察东大街工程

领导视察东大街工程

行署专员和段琪、县委书记和自兴等领导视察东大街工程

建设中的东大街木板桥

古城玉河三岔口

恢复重建后的东大街

恢复重建后的东大街民居

八、《丽江古城民居修复建设手册》及编创人员

1996 年 12 月，由丽江县城建局、丽江古城申报世界文化遗产工作组编写，段松廷、木庚锡等撰稿的《丽江古城民居修复建设手册》印制完成，分发到古城各家各户，用于指导民居修复。

丽江古城民居修复建设手册

丽江县城建局
丽江古城申报世界文化遗产工作组

一九九六年九月

古城庭院

九、木府恢复重建工程全面开始

木府始建于明代，为丽江军民府，明末徐霞客游历丽江，称其为“宫室之丽，拟于王者”，

毁于清咸同时期，光绪后建木家院，丽江“2·3”地震后受损严重。木府恢复重建工程及规划已列入丽江古城申遗文本，上报联合国教科文组织。

（一）成立木府恢复重建领导小组

丽江纳西族自治县人民政府文件

丽政发〔1997〕16号

丽江纳西族自治县人民政府关于成立
丽江古城木府恢复重建领导小组及其专家组的通知

各乡（镇）人民政府，县直各委、办、局（公司）：

木府恢复重建工程是我县丽江地震恢复重建利用世行贷款的首选项目，属重点工程建设项目之一。经过各级政府、有关部门和社会各界人士的大力支持和帮助，通过省地县有关专家的论证和县委常委会议研究，决定木府工程采用由省规划设计院设计的总体方案。目前这一工程已列入世行贷款项目并具备了开工条件。

此项工程项目时间期限短、技术要求高，工程任务重，为确保重点工程的顺利进行，实现“要真正把木府建设成为民族建筑之精华，弘扬民族文化”的总体要求，经

－1－

县人民政府研究，决定成立丽江古城木府恢复重建领导组及其专家组，分别负责工程建设协调领导和技术指导其具体安排如下：

一、领导小组

组　长：张　辉（县人民政府副县长）

副组长：黄乃镇（县文化局局长）

周　鸿（县城建局局长）

成　员：和耀新（县财政局局长）

王义林（县土地管理局局长）

蒋鹤寿（县计委主任）

高怀礼（县林业局局长）

奚文忠（县审计局局长）

胡锡平（县监察局局长）

和建芳（大研镇政府镇长）

领导小组办公室设在县文化局，由黄乃镇同志兼任办公室主任。

二、专家组

组长：张　译（高级建筑师）

成员：陈　江（风景园林工程师）

牛树勋（县城建局副局长，建筑师）

李阿凡（县城建局副局长，建筑师）

木庚锡（县城建局，工程师）

陈　平（地区消防支队、工程师，特邀）

曹建中（县城建局规划股股长）

－2－

赵德祥（县文化馆馆馆长）

宣　科（大研古乐会会长，学者，特邀）

赵净修（原县博物馆馆长，副研究员，特邀）

陈耀东（中国古建筑研究所研究员，特邀）

郭大烈（省社科院研究员，特邀）

木　光（临沧电影公司高级技师，特邀）

王志泓（县博物馆副馆长）

杨尚禹（九河乡、民间著名工匠，特邀）

总顾问：顾奇伟（省规划设计院，高级建筑师，特邀）

此通知

一九九七年三月五日

主题词：恢复重建　木府　机构　通知

抄报：丽江地区行政公署。
抄送：县四大机关、县人武部，县法院、检察院、地区消防支队，地区建委、文化局、计委，省规划设计院、社科院，临沧电影公司。（共印90份）

丽江纳西族自治县人民政府办公室　一九九七年三月十二日印发

打印：杨志英　校对：和　超

－3－

（二）木府恢复重建专家论证会

木府恢复重建专家论证会

左起：韩先成、周鸿、赵静修、顾其伟、黄乃镇

（三）木府恢复重建专家论证会纪要

木府方案专家论证会
会议纪要
（第四期）

丽江县文化局　　　　　　　　　　一九九六年十二月三十日

1996年12月30日云南省建设厅、丽江县人民政府在大研古城（格兰大酒店二楼会议室）联合主持召开了丽江木府恢复重建方案论证会。

会议由云南省建设厅城市规划处处长韩先成主持，省、地、县的历史、文化、古建筑、城市规划等方面的专家组成专家组参加了会议，对省规化设计院设计的木府方案进行了讨论。

专家组组长由省文化厅文物处处长邱宣充担任。

到会的专家及部分领导名单（附后）。

会上，首先由文化局局长项目负责人黄乃镇，向专家们介绍木府方案的设计过程。

他说：木府方案的设计，前后经历了近一年的时间，我们在查阅大量史料，走访众多专家学者，进行了大量历史研究的基础上，向设计者提供了木府的过去，先后聘请了云南工学院、省设计院、昆明以华民族研究院、北京林学院四家对木府进行设计，但四家的方案都有美中不足之处，为了不留任何遗憾，拿出一个最佳的方案来，在原四

—1—

家单位设计方案的基础上，遵照世行官员“宁波、无锡等地有我们世行的项目，那里有成功和失败的经验，你们应该去看看，以免走弯路”的指示精神，我们一行九人于11月21日至12月3日对宁波、苏州、无锡、南京四城市的古建筑及古建筑的恢复与保护进行了实地考察。通过考察，感受颇深，确定了丽江木府修复和保护的技术原则和方案，保证了木府设计方案的质量。

确定的技术原则是：

1　修复设计定位于明代末，保留后清之前的建筑。主要是因为明朝为木府的鼎盛时期。

2．充分体现纳西族的民族文化和建筑特色，反映其民族智慧，注重传统工艺，不照搬中原建筑模式。力求安全、经济、质朴和优美。

3、建筑材料的使用，全采用传统的砖木材料，尽可能收集、采购旧有木、砖、石、门窗等材料，而非采用“仿”和“包”的手法，使之建新若旧，古朴凝重，避免建成一个“崭新”的木府。

4．力求准确地体现木府的功能，反映当时的社会生活，同时考虑现代设施的配置，提高使用价值和社会服务能力。

根据以上原则，考察过程中，形成了一个较粗的方案

—2—

和构架，其主要有：

1、经反复分析现状和历史沿革，明确忠义牌枋至三清殿的中轴。

2、恢复传统的廊、院、殿府衙构架布局，形成有序的完整内向空间。

3、将木府衙署分为较明确的四个功能区：(1) 衙署区　(2)读书区　(3)礼乐区　(4)居住区

由东向西形成中轴线穿联照壁——金水桥——忠义牌坊——仪门——正殿——万卷楼——后殿（护法殿）——光碧楼——玉音阁——三清殿——狮子山的建筑空间，使其层次丰富，空间有序。

4、按丽江水贴宅而淌的传统，将水引入内院。

5、保留后清时期的木家院等古建筑，尊重历史的发展轨迹。

6、注意控制建筑的彩度，以灰石、青砖、黛瓦、粉面为主基调，使其凝重而质朴。

根据上述技术原则和初步方案，我们又聘请了云南省城乡规划设计研究院对木府进行设计。比较前后几家的设计，规划院的设计较为合理，它即符合木府的特点，又考虑到了文物的保护价值。

黄局长的讲话结束后，省规划院院长高级建筑师顾奇

—3—

伟对丽木府衙署保护、修缮、恢复的总体方案进行了说明。他主要介绍了设计的历史依据，木府的现状、项目的性质、设计的基本原则、主要设计构架等几个问题。

最后，到会的专家对木府方案进行了论证各位专家对方案都给予了充分的肯定，也提出了一些合理化的建议。

云南工业大学建筑工程学院院长兼教授朱良文指出：恢复古建筑，不外乎是搞好研究工作和设计工作，研究工作占七层，设计工作占三层，没有研究就没有建设，在研究的基础上进行建设，研究比建设更重要。顾教授的设计是在作了大量研究基础上进行的，事先与地方的有关部门作了咨询，因此，拉通从忠义牌坊至三清殿的中轴是可行的，把水系引进木府，思路也是正确的。但有点需要修改，一是从牌坊到门的前导空间显得不够大，二是前院的万卷楼与大殿谁是主体值得推敲，万卷楼的体量太大，应该把大殿作为一个高潮进行设计。

省文化厅文物处处长邱宣充说：这个方案是几个方案中最成熟的一个，指导思想明确，历史资料详实，设计构思全面，定性正确，一是设计时充分保留了原有的建筑，如石牌坛、木家院、三清殿等，二是恢复部分有充分的历史依据　建议把大殿改为议事厅，这样更符合衙署的特征

省文物考古研究所副教授张琼华也说：几个方案看下

—4—

来，顾院长的这个方案从文物角度看显得更亲切，更能让人接受。整个设计方案严格限制用料是严肃的，是与环境相吻合的。木府是纳西族最神圣的东西。纳西族是开放的，注重吸收各民族的精华，因此在设计时要体现这个风格。至于议事厅，要增加变化。

丽江地区行署副专员徐忠堂指出：我非常同意朱教授说的木府重建要以研究为主，挖掘历史资料的看法。特别同意邱处长的意见，对原有的建筑物要原样恢复，不能变。木府是一个官邸，因此要与周围环境相区别，但要适度，要符合它本来的身份

丽江县博物馆馆长副教授赵净修说：木府的历史资料可以在地方史中查到，原名丽江军民府衙署。木府建于明朝成化年间，主要石料是汉白玉，地板大都是方砖，瓦为灰瓦，墙壁为淡红色。看了几家的设计方案，省规划院设计的方案比较符合历史。

另外，地方专家组如工程师木庚锡等对规划院设计的方案也给予了充分的肯定，同时也提出了一些合理化建议。

专家们经过长时间的反复论证，原则上通过了由省规划院设计的木府方案，并形成了专家论证意见

（专家论证意见全文附后）

—5—

参加丽江古城木府恢复方案专家论证会签到表

项目 / 姓名	工作单位	职称	职务
赵净修	县博物馆	副研究员	馆长
[illegible]	丽江县文化局	馆员	[illegible]
[illegible]	省规划院	高级工程师	副院长
[illegible]	省规划设计院	高级建筑师	[illegible]
[illegible]	省规划设计院	高级建筑师	[illegible]
蒋高宸	云工大	教授	
[illegible]	[illegible]	[illegible]	
邱宣充	省文化厅文物处		处长
[illegible]	省文物考古研究所	副教授	
王翠兰	云南省设计院	高级建筑师 教授级	顾问
朱良文	[illegible]	教授	院长
[illegible]	[illegible]	工程师	
木庚锡	县城建局	〃	
[illegible]	丽江县城建局	工程师	
曹建忠	丽江县城建局规划股		股长

参加丽江古城木府恢复方案专家论证会签到表

项目 / 姓名	工作单位	职称	职务
陈平	[illegible]	工程师	[illegible]
[illegible]	县城建局设计队	工程师	队长
[illegible]	丽江县政府		副县长
徐忠堂	地区行政公署	高工	副专员
韩先成	云南省建设厅城市规划处	工程师	处长
[illegible]	省规划设计院	高级建筑师	顾问
[illegible]	县政府	工程师	副县长
黄乃镇	丽江县文化局		局长

（四）云南省文物委员会办公室提供木府恢复与重建的论证方案

云南省文物考古研究所、丽江县博物馆对木府遗址进行考古，由马长舟（右三）主持

考古现场一（左二张新宇）

考古现场二

黄乃镇局长在大具寻找木府重建原始材料

（五）木府恢复重建工地场景

国家文物局局长张文彬（左三）、省文化厅厅长贺光曙（左二）、行署文化局局长奚丽红（左四）和县委副书记和承勇视察木府

地委书记段增庆（左三）、县委书记和自兴（右二）、副县长和良辉（左二）等领导视察木府

行署专员和段琪（中）、行署秘书长何金平（右一）视察木府

县长杨廷仁（前排右一）、县委副书记和承勇（前排右二）、县文化局局长黄乃镇（前排右三）为新落成的建筑剪彩

木府重建场景

相关部门领导视察木府

木府工程总指挥、县文化局局长黄乃镇

建于明万历年间的石牌坊（洛克摄）

石牌坊模型

恢复重建中的木府

恢复重建石牌坊

丽江县文化局局长黄乃镇在石牌坊竣工典礼上致辞

世界银行总裁沃尔菲斯（左三）在副省长程宜宣（右三）、行署专员和段琪（左一）的陪同下参观木府

沃尔菲斯对木府利用世行贷款进行恢复重建取得良好效果给予高度评价

十、中央电视台《综艺大观》第 133 期在昆明现场直播丽江地震恢复重建节目

1996 年 7 月，中央电视台金越导演、著名作家焦乃基一行到丽江采风，准备在国庆节期间中央电视台《综艺大观》节目播出关于丽江专题片。丽江县人民政府安排李锡等全程陪同，大家深入丽江古城及周边城镇以及玉龙山等风景名胜，了解抗震救灾、恢复重建、申报遗产情况及丽江民族风情，内容极其丰富。

当金导演一行要离开丽江时，李锡要求金导演一定要在节目中安排倪萍女士介绍丽江古城申遗情况，并祝古城申遗成功。还说了这么一句话："在播放节目时，如果倪萍女士没有说，我就砸烂电视机，要让金导演来赔！"金导演笑了笑，让李锡写下请倪萍说的话。于是李锡在丽江宾馆大堂向服务员要了一张信笺，当场写下"现在丽江古城正在申报世界文化遗产，我们衷心祝愿丽江古城申报世界文化遗产成功！"金导演十分慎重地将信笺折叠，放入胸前的衣袋中。

节目播放那天，长达 45 分钟内容，李锡始终等待那一刻，终于当节目进入尾声时，倪萍女士深情地说："现在丽江古城正在申报世界文化遗产，我们衷心祝愿丽江古城申报世界文化遗产成功！"此时李锡激动得热泪盈眶，心情久久不能平静。

金越（前排左一）及摄制组人员在云杉坪（杨树高供图）

焦乃基和李锡

金越、焦乃基和丽江领导在一起（木鸿春供图）

左起：何金平、和自兴、段增庆、倪萍、和段琪、木鸿春、解毅、阿苏达里、和家修（木鸿春供图）

十一、雪山中路建成通车

1996年12月底，为保护古城，发展新城而修建的雪山中路建成通车。雪山中路长4300米，宽40米，双向6车道。

通车典礼实况

十二、丽江古城开展治理“脏、乱、差”

1996 年 12 月，大研镇、白沙乡为支持古城申报世界文化遗产工作，发动群众全面开展治理“脏、乱、差”工作。

县委书记和自兴带领相关部门治理古城“脏、乱、差”

街道办事处相关人员参与整理工作

居民清理古城垃圾

大研镇成立火钳队义务打扫古城环境卫生

古城居民参与打扫卫生

十三、申报组召开“申报世界文化遗产工作”新闻发布会

1996 年 12 月 20 日，申报工作组在丽江县博物馆举行丽江古城申报世界文化遗产工作座谈会，邀请地县相关部门和新闻单位参加，介绍申遗工作，听取意见。座谈会由李锡主持，司晋云介绍情况。

十四、聘请省内外专家鉴定重点保护民居

丽江古城申报世界文化遗产工作组分别于 1996 年 12 月 26 日至 28 日、1997 年 3 月 1 日至 3 日聘请省内外专家对大研、白沙、束河进行民居鉴定，确定了 140 院保护民居，其中 52 院为重点保护民居。

（一）专家分别对大研、白沙、束河民居进行鉴定

专家深入居民调查（左起：李锡、邱宣充、木庚锡、朱良文、殷仁民、李静、和鹏英、王翠兰、张瑛华、和木秋、蒋高宸、顾其伟、和占军、和寿华、韩先成）

民居调查一

民居调查二

民居调查三

民居调查四

民居调查五

民居调查六

民居调查七

民居调查八

民居调查九

民居调查十

民居调查十一

（二）召开专家鉴定会

丽江古城第一批重点保护民居考察鉴定专家组名单

姓名	工作单位	职称（职务）	签名
顾奇伟	云南省城乡规划院	高级规划师	
张瑛华	云南省文物考古研究所	副教授	
王翠兰	云南省设计院	教授级高级建筑师	
韩先成	云南省建设厅规划处	处长、工程师	
邱宣充	云南省文化厅文物处	处长	
蒋高宸	云南工业大学建筑系	教授	
朱良文	云南工业大学建筑工程学院	教授、院长	
骆仁民	云南省城乡规划院	高级建筑师	
李　锡	丽江县文化局	副局长、博物馆长、遗产工作组副组长、办公室主任	
司晋云	丽江县城建局	副局长、遗产工作组副组长	
和占军	丽江县大研镇人民政府	副镇长、遗产工作组副组长	
木庚锡	丽江县城建局	工程师	
和寿华	遗产工作组成员		
和木秋	遗产工作组成员		
牛树勋	地区建委		

（三）《丽江古城第一批传统保护民居专家鉴定意见》

丽江古城第一批传统民居保护
专家鉴定意见

为深化丽江历史文化名城的保护，全面做好古城震后恢复重建五作，迎接联合国世界文化遗产审查评定机构实地考察专家的到来，在云南省建设厅、文化厅、丽江县人民政府的具体组织下，由省、地、县有关专家组成专家组，于一九九六年十二月二十六日至二十九日，在现场对丽江古城第一批传统民居保护进行了认真的考察鉴定。有关意见，综合如下：

1、丽江县人民政府，在省内首创提出的传统民居的挂牌保护的决策和举措，并为此次考察鉴定做了大量卓有成效的准备五作，专家组认为此举对难度很大的民居保护五作具有很重要的意义。

2、传统民居保护是古城保护的深入和具体化，加深对传统民居价值的认识，强化保护的观念和措施，调动全社会保护传统民居的积极性，提高居民自我保护传统民居意识，为丽江古城人居环境的可持续发展奠下基础，是本次考察鉴定五作的基本出发点和指导思想。

—1—

3、丽江古城传统民居是丽江人民创造性智慧的结晶，价值高、数量多、内蕴丰富。保护五作应突出质量、抓住重点、长期坚持、分类指导、循序渐进，有层次地开展。作为第一步，宜在初选名单的基础上，分两类挂牌保护：第一类为："重点保护民居"46项；第二类为："保护民居"66项，总计112项，具体建议名单附后。 建议在挂牌的过程中，通过多种方式使定为保护民居的家庭认识自己的房屋的各类价值、特点和掌握保护的技术原则。

4、基于我们对丽江传统民居的现有认识和实际情况，在具体确定建议保护名单时，本着历史价值、文化价值、环境价值、科学价值，地方、民族特色的原则，考虑到代表的广泛性和必要的覆盖面，在参照上述基本原则确定第一批传统民居保护的名单时，还兼顾到以人文为背景的居住形态、平面布局、外部景观、内部环境、技术和艺术等诸多方面。

5、为推进丽江古城传统民居保护有效进行，建议通过法定程序编制有关传统民居保护的具体条例和实践指导手册，建立机构、加强管理，根据政府的实际财力定期提供必要和可能的经费支持，把传统民居保护五作，变为全社会的自觉行为。

—2—

上述条例和指导手册，应该体现传统民居保护的有关政策和指导思想，有明确的针对性和可操作性，并有利于调动全社会共同参与的积极性。

最后，专家组虽然此次鉴定会中对民居保护的若干五作提出了一些具体建议，但传统民居保护面对着两大不可回避的矛盾，一是民居建筑物质空间的凝固性与民居物质和文化生活要求不断动态变化的矛盾；二是民居建筑材料和结构的脆弱性与保护要求的真实性、长期性适灾能力的矛盾。这就决定了传统民居保护是一项意义重大、难度很高、涉及面广、十分复杂的系统五程，希望县里有关部门进一步以我国政府颁布的《中国二十一世纪议程》的精神为指导，在理论与实践的结合上，不断探索和总结传统民居保护的新经验，把丽江古城的保护提高到一个新高度。

专家组成员（签名）

一九九六年十二月二十九日　丽江

附：丽江古城第一批传统民居保护建议名单

—3—

（四）《丽江白沙、束河保护民居调查成果专家组鉴定意见》

丽江白沙、束河保护民居调查成果专家组鉴定意见

丽江县人民政府继丽江古城列入保护民居鉴定工作后，于1997年3月1日至3日，组织专家10人（名单附后）对丽江历史文化名城组成部分——白沙、束河的民居作了鉴定。通过现场逐一调查访问和讨论研究，鉴定工作的基本情况和意见如下：

1、在此次鉴定工作前，县古城整治小组对白沙、束河民居作了大量普查工作，并提供了供鉴定的调查成果。专家组对此作了充分肯定。

专家组认为，丽江历史文化名城除了大研古城外，白沙、束河是历史发展的组成部分，具有形态特征的共性和个性。因此，本次鉴定与丽江古城保护民居鉴定工作是统一的整体，相应的鉴定标准亦应在保持一致的前提下考虑乡村民居的特点，使第一批保护民居形成村、镇、城的完整体系。

2、鉴定工作对古城整治工作组提出的31个待定院落中的6个户院，因条件尚不成熟或因不属于两村范围和民居性质，决定待今后几批中再作考虑而未被列入。在调查中发现有三个民居院可列为第一批保护行列。鉴定认为调查成果和新增的共28个院可列入第一批保护点，其中一般保护22个院，重点保护6个院（名单附后）。

—1—

以上所建设的列为重点保护的6个院中，除符合鉴定标准外，还具有一定的典型特点，如农户1院，农兼手工业1户，大中宅院各1户，借鉴藏式碉楼建筑的1户，近年新建的1户。

3、在工作过程中，专家组对今后的保护工作也提出了一些建议，建议当前宜将搞好院内卫生环境作为保护工作的重心来抓，以进一步体现当代人居环境中的居民精神风貌。又建议进一步从整体或群体环境的范畴，对民居作出评价判断和宣传。如束河龙泉仁里村杨润娘户至马店的数院是历史上功能互有联系的群体；白沙三元村和尚勤、和善敏等户既是农户，又因临街而设小铺面，同乡村的整体功能联系紧密。类此等等建议在下一步关于保护民居的评价中加说明，使独立的院落介绍同人居社会环境有机地联系起来。

此外，原白沙护法堂虽然不能列为民居保护范畴，但具有相当的文物价值，请有部部门尽快拟定保护措施，加强保护。

鉴定专家组：顾奇伟
李德昭

鉴定专家组1997年3月3日于丽江

—2—

民居庭院（张桐胜供图）

十五、纳西民族服饰改革工程启动（1997 年 1 月）

纳西族服饰是纳西族的重要标志之一，是世界文化遗产的重要内容，为了既保留传统纳西服饰的特色，又符合现代社会发展需要，丽江县文化局启动了纳西族民族服饰改革工程，并将办公室设在了丽江县博物馆。

十六、纳西无形文化抢救工程小组成立

为配合丽江古城申报世界文化遗产，丽江县文化局于 1997 年 1 月成立纳西无形文化抢救工程小组，开始着手抢救纳西语言、音乐等无形文化遗产。

“古城申报”简报

第 16 期

丽江古城申报世界文化遗产工作组编　　1997年1月9日

刻不容缓的纳西无形文化抢救工程进行得有声有色

云南社科院郭大烈在丽江一次研讨会上指出：小民族如何迎接21世纪的到来？如何以自己的民族形象在21世纪林立于世界各民族之列？那就必须保留和抢救小民族的无形文化。郭大烈的话意在抢救纳西族的无形文化——语言、音乐等。抢救纳西族无形文化已有众多的有识之士多次呼吁，不能再延迟了。

在丽江古城申报世界文化遗产这具有重大意义的工作中，丽江县文化局配已合“古城申报”工作组坚持以弘扬主旋律，提倡多样化，为各族群众提供健康丰富的音乐文化产品，满足听众精神文化的需要，为两个文明服务为宗旨，特成立“纳西族无形文化抢救工程”小组，着手对唱不完的纳西调，唱不完的纳西歌进行收集、整理、归类等工作。

首先，收集纳西古歌和现代歌曲，目前这工作基本结束

其次，刻印歌单，供歌唱者选唱。

第三，请民间歌手、专业和业余歌唱家演唱，并请专家学者对歌曲及演唱水平进行鉴评，评选出50首最优秀的歌曲。

第四，灌制纳西歌曲磁带，卡拉OK录像带。在机关、学校、农村推广，在文娱场所播放。

滚滚金沙千载情，巍巍玉龙世代歌。

总之，让纳西古歌和歌唱纳西新生活的歌曲响彻丽江大地，振奋民族精神，艰苦奋斗，建设更加美好的家园，迎接新世纪到来，并在新世纪里纳西儿女与各兄弟民族携手共进。

刺绣一（金大龙供图）

刺绣二（金大龙供图）

制作米灌肠

剪纸

十七、丽江县委县政府在人民电影院举行丽江古城申报世界文化遗产整治工作部署动员大会（1997 年 1 月 23 日）

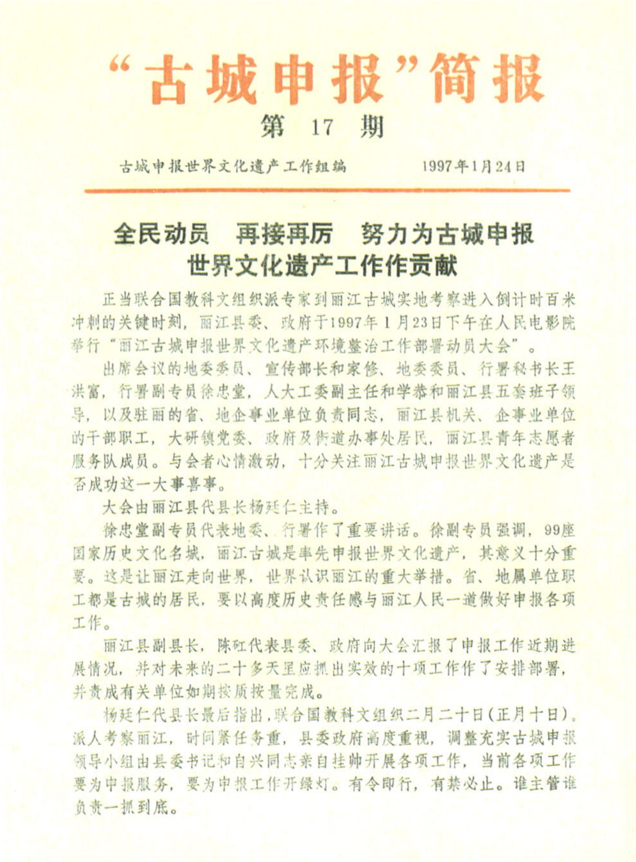

“古城申报”简报

第 17 期

古城申报世界文化遗产工作组编　　1997年1月24日

全民动员　再接再厉　努力为古城申报世界文化遗产工作作贡献

正当联合国教科文组织派专家到丽江古城实地考察进入倒计时百米冲刺的关键时刻，丽江县委、政府于1997年1月23日下午在人民电影院举行“丽江古城申报世界文化遗产环境整治工作部署动员大会”。

出席会议的地委委员、宣传部长和家修、地委委员、行署秘书长王洪富，行署副专员徐忠堂，人大工委副主任和学恭和丽江县五套班子领导，以及驻丽的省、地企事业单位负责同志，丽江县机关、企事业单位的干部职工，大研镇党委、政府及街道办事处居民，丽江县青年志愿者服务队成员。与会者心情激动，十分关注丽江古城申报世界文化遗产是否成功这一大事喜事。

大会由丽江县代县长杨廷仁主持。

徐忠堂副专员代表地委、行署作了重要讲话。徐副专员强调，99座国家历史文化名城，丽江古城是率先申报世界文化遗产，其意义十分重要。这是让丽江走向世界，世界认识丽江的重大举措。省、地属单位职工都是古城的居民，要以高度历史责任感与丽江人民一道做好申报各项工作。

丽江县副县长，陈矼代表县委、政府向大会汇报了申报工作近期进展情况，并对未来的二十多天里应抓出实效的十项工作作了安排部署，并责成有关单位如期按质按量完成。

杨廷仁代县长最后指出，联合国教科文组织二月二十日（正月十日）。派人考察丽江，时间紧任务重，县委政府高度重视，调整充实古城申报领导小组由县委书记和自兴同志亲自挂帅开展各项工作，当前各项工作要为申报服务，要为申报工作开绿灯。有令即行，有禁必止。谁主管谁负责一抓到底。

副县长陈矼安排整治工作，丽江地区人大常委会主任杨国清（中）参加会议

行署副专员徐中堂参加会议

十八、丽江县一中、县八中青年志愿服务队参加古城环境整治

“古城申报”简报

第 18 期

丽江古城申报世界文化遗产工作组编　　1997年1月29日

积极投入古城申报世界文化遗产热潮
丽江县一中、八中青年志愿服务队
奔赴古城整治前沿

丽江县古城申报世界文化遗产整治工作布置动员大会后，丽江县一中、八中团委在县团委组织下，于97年1月27日两校高中二年级11个班550名团员和青年组成的青年志愿社区服务队，在一中队长尹宏、副队长刘爱瑛，八中队长和红先、副队长和立根的率领下奔赴古城区和新城区整治、监督岗，为丽江古城申报世界文化遗产准备工作作青年学生应有贡献。

丽江县一中、八中高二学生利用寒假特组织社区服务队，分为若干分队到丽江古城区和新城区主要街道进行卫生、文明等站岗检查，他们胸佩“青年志愿者”徽章，手提塑料袋，将行人乱扔的纸屑、果皮拾起放入袋内。在红太阳广场，来自八中的黎志英、张润福提着一塑料袋垃圾对笔者说，在现时大家都去做的事没有什么特别，只有少数人去做的好事大家都觉得好奇和不被理解，也许这是现时社会的一个通病。作为青年志愿者应该为医治这“通病”出一点力。若全社会都觉得做好事自自然然，从不自觉到自觉做好事；那我们社会风气就会上了一个台阶。通过参与这活动也可以锻炼我们提高自身的素质。这两位学生的话道出了青年志愿者服务队的宗旨和广大青年学生的心愿。

在丽江古城申报世界文化遗产工作进入最关键的时候，丽江县一中，八中社区服务队的这一活动，无疑给从身边小事做起从我做起注入了新鲜活力，让我们向他们学习，为古城申报世界文化遗产出一份力发一分光和热。

县委书记和自兴（右一）、副书记杨美堂（右二）看望志愿者

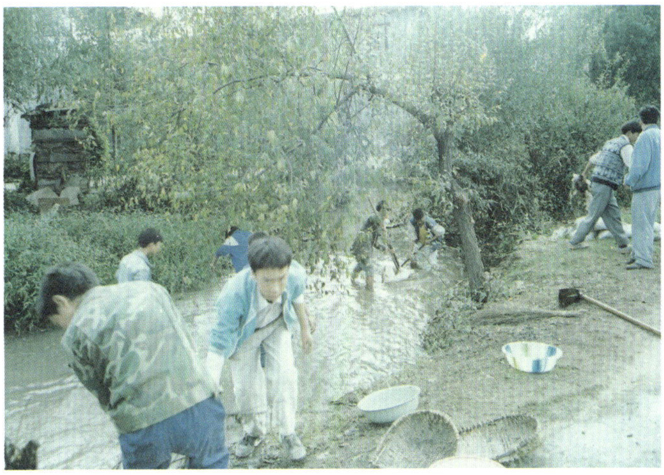

志愿者清扫古城街道和清理河道

十九、丽江县委县政府在丽江宾馆举行“2·3”地震周年祭新闻发布会

1997年1月29日，丽江县委县政府在丽江宾馆举行“2·3”地震新闻发布会，中央电视台等40多家新闻单位记者参加会议，县委县政府领导就古城申报、古城整治与恢复重建等方面作了介绍。

二十、春节在黑龙潭公园举办大型灯展

文艺晚会现场

观看演出的武警战士

二十一、完成丽江历史文化名城保护建设管理资料索引（1997年3月）

由古城申遗小组段松廷主持的丽江历史文化名城保护建设管理资料索引征集工作取得成效，并汇编出《古城资料索引》。

二十二、丽江东巴文化博物馆标志门落成（1997 年 3 月 8 日）

“古城申报”简报

第 32 期

丽江古城申报世界文化遗产工作组编　　1997年3月12日

东巴文化博物馆标志门落成

由八一电影制片厂美术师张春和（纳西）和东巴文化博物馆馆长李锡设计的东巴文化博物馆标志门经过紧张的精心施工于3月8日落成。

纳西东巴文化博物馆标志门的创意深邃，以古老东巴文化的原始神秘、自然古朴、粗犷奔放为基本特征，内涵先民对人与自然，生命与死亡，自然崇拜和祖先崇拜万物有灵的朴素哲学观念，以及存在于东巴文化中的各种仪式的精神特质和文化积淀，用东巴象形文字的单纯、自然、简洁形式综合概括和提炼，既追求造型上新颖独特，又不失东巴文化的精髓和灵魂。

标志门左右两侧竖高7米，直径为５０厘米的公柱和母柱。公柱柱身刻九级阶梯，母柱刻有七级阶梯，意为开天九兄弟，劈地七姊妹。公母柱腰身的菱形木板的图案表示为木、火、金、水、土五方五行，纳西语为“精围瓦徐”，意为构成万事万物的五种原质。横匾上书古老的东巴图画象形文字，译为汉语“丽江纳西东巴文化博物馆”。

落成典礼这天，恰逢“三八”国际妇女节，来自城乡的各族妇女在五凤楼前草地上载歌载舞，热闹非凡，欢度自己的节日，同时祝贺东巴文化博物馆标志门的落成。落成仪式庄严肃穆，在古城申报世界文化遗产工作组组长、丽江县副县长陈砡，丽江县文化局副局长李锡揭幕后，四位老东巴身着东巴服饰手持法器进行祭祀活动，然后跳起勒巴舞……

二十三、丽江县人民政府举行“重点保护民居授牌仪式”

1997 年 3 月 17 日上午，丽江县人民政府在大研镇新义街纳西古乐宫举行“丽江古城第一批重点保护民居挂牌仪式大会”。丽江县县长杨廷仁主持仪式，县委书记和自兴讲话，行署专员和段琪与其他领导向重点保护民居房主授牌并举行了揭牌仪式。

丽江纳西族自治县人民政府文件

丽政发〔1997〕15号

丽江纳西族自治县人民政府关于
公布丽江古城第一批重点保护民居和一般保护民居的
通　　　　知

各乡（镇）人民政府，县直各委、办、局（公司）：

丽江古城民居以其悠久历史、独特的纳西民族建筑风格和丰富的文化内涵著称于世，是丽江古城的重要组成部。为了进一步保护、开发利用好古城，促进申报世界文化遗产工作的顺利进行和丽江旅游事业的发展。按古城整治计划，由省地县三级有关专家对古城民居进行了科学的全面考察，并经县人民政府研究决定，将丽江古城第一批具有保护价值的民居140户（包括大研古城民居、白沙民居），分为重点保护52户和一般保护88户两个等级进行保护，并

－1－

实行挂牌管理。

望有关单位按专家组的要求，建立专门的档案，制定切实可行的保护民居的措施和优惠政策，动员各被保护民居的所有者和使用管理者，积极配合，共同把这项管理工作搞好。

附140户名单

一九九七年三月十一日

主题词：古城　民居　保护　通知

抄报：丽江地区行政公署。
抄送：县四大机关，县人武部，县法院、检察院，地区建委。
发：古城整治工作组，大研镇各街道办事处，白沙乡白沙、龙泉、开文行政村。（共印95份）

丽江纳西族自治县人民政府办公室　　一九九七年三月十二日印发

打字：杨志英　　　　校对：和　超　　李　文

－2－

丽江古城及白沙、束河重点保护民居挂牌户名单

编号	位置门牌	所有者	
1	新义街积善巷21#	和顺贞、杨寿钧、杨志高 杨嘉黄、杨嘉琼、杨爱芹	
2	新义街积善巷34#	牛存正	
3	新义街密士巷47# （公房6#）	古城宾馆	
4	新义街密士巷53# （内有公房21#22#）	杨光、牛桂凤、 丽江县人民政府	
5	新义街密士巷14#	牛存庚、牛存煌、牛存专 牛存增、牛存裕、牛义禹 牛义姑、牛淑英	
6	新义街四方街1#	李沾清	
7	新义街四方街17#	胡光玉、胡月新、胡金新 胡学屏、胡兴然	
8	新华街双石段28#	周益仙、杨继春	
9	新华街双石段62# （公房10#）	丽江县人民政府	
10	新华街双石段64#	李承贤、李典、李建儒 李玉清、吕少康、李桂芳 李旗、李华	
11	新华街双石段74#	张玉、张福、张福龙	
12	新华街黄山下段22# （公房45#）	丽江县人民政府	
13	新华街黄山下段23#	赵鸿兴、赵正光、赵正明	
14	新华街黄山下段12# （公房38#）	丽江县人民政府	
15	新华街公房40#	丽江县人民政府	
16	新华街黄山下段63#	桑荣华等二人	

丽江古城及白沙、束河重点保护民居挂牌户名单

编号	位置门牌	所有者	
17	新华街黄山上段69#	杨义彦、施志明、施义明	
18	新华街黄山上段35#	和佳作、和佳正、和佳元 和佳兴、和佳其	
19	新华街黄山上段41—42#	唐顺琴、王者度	
20	光义街官院巷4# （公房34—35#）	王小芝、邱之雷、李迎春 王启凤、王启弟、 丽江县人民政府	
21	光义街忠义巷40#	陶顺芳、赵世润、赵世新	
22	光义街忠于巷59#	解寿元	
23	光义街忠义巷60#	赵奇修	
24	光义街现文巷45—46#	刁良	
25	光义街现文巷42# （公房29#）	丽江县人民政府	
26	光义街金星巷2—3#	杨福泽、和之柏	
27	光义街光碧巷58#	赵鹤修、赵家修、赵增修 赵麟修	
28	光义街光碧巷3#	杨树春	
29	光义街忠义巷29#	赖金禄、赖金钻、赖金浩 赖金森、赖金泽	
30	义尚文明村18#	义尚办事处集体	
31	义尚文明村42#	桑永顺	
32	五一街文治巷88#	杨相、杨建平、和文光	
33	五一街文治巷85#	和立新、和余秀、和耀新 和永田、王勇、王永军	
34	五一街文治巷72—73# （公房71—72#）	丽江县人民政府	

丽江古城及白沙、束河重点保护民居挂牌户名单

编号	位置门牌	所有者	
35	五一街兴仁下段27#	杨丹桂	
36	五一街兴仁下段47#（公房11#）	丽江县人民政府	
37	七一街关门口1#（公房44#）	丽江县人民政府	
38	七一街关门口83#	王春庆、王泽霖	
39	七一街兴文巷74#	李承武、李承乾	
40	七一街兴文巷13#	李俊、李玉淋、毋志友谢党生	
41	七一街兴文巷64#	杨淮兴、杨华新、杨华昌杨淮源	
42	七一街兴文巷63#（公房8#）	丽江县人民政府	
43	七一街兴文巷17#	李文光、李木原	
44	七一街兴文巷19#（公房5#）	丽江县人民政府	
45	七一街兴文巷37—38#	周治禹、周庆元、周治渊周治源、周治谣、周治汉	
46	七一街八一下段68#	张之敖	
47	白沙三元村	和尚勤	
48	白沙忠义村（行政村办事处）	行政村集体	
49	白沙三元村	李怀总	
50	束河龙泉仁里村（合作医疗站）	村集体	
51	束河龙泉仁里村	杨润娘、白镇	
52	束河龙泉仁里村	杨爱古	

丽江古城、白沙、束河保护民居挂牌户名单

编号	位置门牌	所有者	
1	新义街积善巷106#	牛凤英、化尔雨、化尔端丽江地区制药厂	
2	新义街积善巷105#	杨德红	
3	新义街积善巷101#	和福全、和福生、和福林和福兴、和裕全	
4	新义街积善巷85#	杨振川	
5	新义街积善巷63#(公房14#)	丽江县人民政府、和彦昌	
6	新义街积善巷4#	地区电影公司、（三合酒店）	
7	新义街积善巷25#(公房11#)一坊	桑耀新、桑润荣、丽江县人民政府	
8	新义街密士巷48#(公房7#)	古城宾馆	
9	新义街密士巷43#	新义街办事处	
10	新义街密士巷74#	古乐队集体	
11	新义街密士巷78#	杨志仁、杨顺昭、杨继光杨国相、杨权	
12	新义街百岁坊33#(公房57#)	丽江县人民政府	
13	新义街百岁坊35#	和玉红、和玉香	
14	新义街百岁坊56#(内有公房54#)	丽江县人民政府、彭石生	
15	新义街百岁坊50#	孙志和	
16	新华街原公房13#	格兰酒店	
17	新华街双石段13#	杨绍书	
18	新华街双石段70#(内有公房11#	和根盛、和根源、和瑞芳李爱仑、丽江县人民政府	
19	新华街双石段76#	木直清、杨俊明、和木森	
20	新华街双石段69#	和生	
21	新华街翠文段28#(公房25#)	丽江县人民政府	

编号	位置　门牌	所　有　者	
22	新华街翠文段48#	年振海、年益溪	
23	新华街黄山下段67#	赵茂芝、赵茂壁、赵玉姑	
24	新华街黄山上段16#(公房51#)	丽江县人民政府	
25	新华街黄山上段34#(内有公房6间)	王世英、王世强、王者相 杨文生、陈应明、周宝祥 李德红、丽江县人民政府	
26	光义街官院巷22#(公房48#)	丽江县人民政府	
27	光义街忠义东村15#	杨茂春、和金泉	
28	光义街忠义巷64#	段玉生、潘云祥、杨子荣 赵允宽、张泽高、和金凤 赵寿芝	

编号	位置　门牌	所　有　者	
29	光义街新院巷9#	牛维明、牛维锦、牛维军 牛维政、牛维耀、牛维中	
30	光义街新院巷8#(公房30#)	丽江县人民政府	
31	光义街新院巷10#　公房	丽江县人民政府	
32	光义街新院巷20#(公房11#)	丽江县人民政府	
33	光义街仁和院	仁和集团	
34	光义街金星巷19#	丽江县人民政府	
35	光义街光碧巷28#		

编号	位置　门牌	所　有　者	
36	义尚文明村49#	李文龙	
37	义尚文明村27#	李顺禹	
38	五一街文治巷83#	李杜宗、李正宗、李高宗 李芝祥、李朴宗、李凤荣 李炘宗、李兴祥、李文宗 李仁、李义、李风新	
39	五一街文治巷15-17#	和凤仙、李德其	
40	五一街文治巷134#	和仪芬、李近日	
41	五一街文治巷110#	和煜昌	
42	五一街文治巷111#	赵玉清、邱本强、李振华 李振怀、邱福寿、	

编号	位置　门牌	所　有　者	
43	五一街文治巷97#(内有公房2间)	和钦浩、和德绍、和德清 和德美、和兴海 丽江县人民政府	
44	五一街兴仁上段74#	木顺昌	
45	五一街兴仁上段86#	和振坤、和建芳、和建武 和元杏	
46	五一街兴仁中段48#	赵耀三、赵谊三、赵锡嘉	
47	五一街兴仁中段51#(公房30#	丽江县人民政府	
48	五一街兴仁中段71#	和丽强、杨家修、杨家荣 杨家根	
49	五一街兴仁中段72#	李光兴、李德珍、杨永春	

编号	位置　门牌	所　有　者	
50	五一街兴仁下段19#(公房123#)	丽江县人民政府	
51	五一街兴仁下段45#	地区邮电局	
52	五一街兴仁下段32#(一院)	丽江县人民政府	
53	五一街兴仁下段32#(二院)	丽江县人民政府	
54	五一街兴仁下段31#	丽江县人民政府	
55	五一街文华巷70#	和文庆、牛裔舜	
56	五一街文华巷53#	郑跃中、郑允中	

编号	位置　门牌	所　有　者	
57	五一街振兴巷9#	沙少章、涂锡荣、涂茂章 涂成章、涂志章、涂华章 李燕凤	
58	七一街关门口4-8#	杨恩全	
59	七一街兴文巷段71#	李坚、李德贞、李德全 杨大昌	
60	七一街兴文巷14#	李济仁、李济洋、李彬	
61	七一街兴文巷31#	李文斌、李文补、李文龙	
62	七一街兴文巷34#(公房10#)	丽江县人民政府	
63	七一街八一下段185#(公房17#)	丽江县人民政府	

编号	位置　门牌	所　有　者	
64	七一街崇仁巷29#(公房47#)	丽江县人民政府	
65	七一街崇仁巷43#(公房)	丽江县人民政府	
66	七一街崇仁巷73#	和秋月、杨雪山、和月新 和恩输、丁炳三	
67	白沙三元村	和士昌	
68	白沙三元村	木如章	
69	白沙三元村	杨世雄	
70	白沙街尾村	张国钧、张顺清	
71	白沙三元村	和善敏	
72	白沙街尾村	王光荣	
73	白沙三元村	赵加林、和海珍、和满意 杨桂海、王世聪	
74	白沙忠义村	和学花	
75	白沙三元村	黄秀花	
76	束河龙泉街尾村	李克忠	
77	束河龙泉街尾村	杨文、杨英	

10

编号	位置　门牌	所　有　者	
78	束河龙泉仁里村	王嘉琴、王铁军、	
79	束河龙泉仁里村	王自眇、李锡兴	
80	束河龙泉仁里村	王时伟、王铁军	
81	束河龙泉仁里村	杨凤洪	
82	束河龙泉仁里村	王凤立	
83	束河龙泉仁里村	张凡、张琨	
84	束河龙泉仁里村	李永光	
85	束河龙泉仁里村	白金万	
86	束河龙泉仁里村	李正华	
87	束河龙泉仁里村	李应才	
88	束河龙泉仁里村	张凡	

县长杨廷仁主持挂牌仪式

李锡宣读重点保护民居名单

参加授牌仪式的重点保护民居代表

古城民居一角

丽江行署专员和段琪、丽江县委书记和自兴为重点保护民居授牌

重点保护民居标牌（标牌由云南省规划院院长顾其伟设计）

二十四、第二届兰花展销会

丽江古城申报世界文化遗产领导小组办公室和大研镇人民政府于2017年3月在古城联合举办第二届兰花展销会。

展览场景

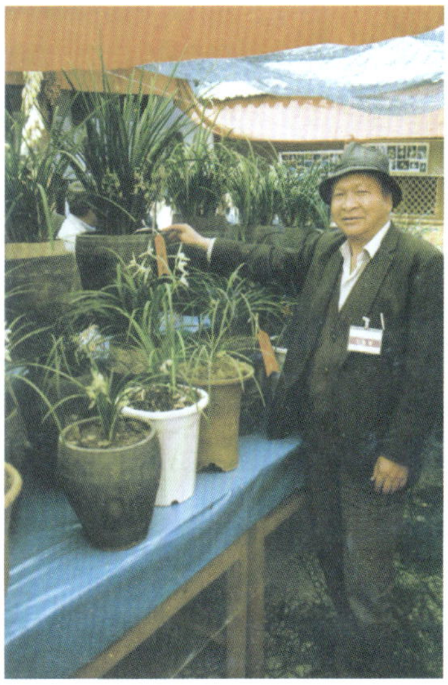

兰花展金牌获得者和文模

二十五、丽江地委行署听取丽江古城申报小组汇报工作

3月24日，地委行署段增庆、和段琪、和永昌、阿苏大岭、杨国清、解毅等领导听取丽江古城申报小组的工作汇报，对申报工作给予了充分肯定。鉴于联合国专家近期将到丽江进行考察评估，时间紧、任务重、涉及面广，为此，决定成立丽江古城申报世界文化遗产工作协调领导小组，由地区出面协调各方面力量，做好申报遗产的各项工作。

二十六、丽江行署成立丽江古城申报世界文化遗产整治工作领导小组

丽江地区行政公署关于成立丽江古城申报世界文化遗产工作协调领导小组的通知

丽江县人民政府，地直各委、办、局：

为了进一步做好丽江古城申报世界文化遗产的各项工作，动员全社会按时完成古城整治计划，确保申报工作顺利进行。经地区行政公署研究，决定成立丽江古城申报世界文化遗产工作协调领导小组，具体协调申报工作。现将组成人员通知如下：

组　长：和段琪　（行署专员）
副组长：解　毅　（行署副专员）
　　　　和自兴　（中共丽江县委书记）
成　员：何金平　（行署秘书长）
　　　　年继伟　（行署城乡建设环境保护局副局长）
　　　　李友仁　（行署文化局副局长）
　　　　沙文才　（行署工商局局长）
　　　　杨美堂　（中共丽江县委副书记）
　　　　陈　钰　（丽江县副县长）
　　　　张　辉　（丽江县副县长）
　　　　龚崇厚　（丽江县公安局局长）
　　　　周　鸿　（丽江县城建局局长）
　　　　黄乃镇　（丽江县文化局局长）
　　　　杨硕生　（丽江县工商局局长）
　　　　和玉杰　（丽江县爱卫会主任）
　　　　和建芳　（丽江县大研镇镇长）

协调领导小组办公室设在丽江县博物馆古城申报世界文化遗产整治工作组办公室，由陈钰同志兼任办公室主任。

丽江地区行政公署
一九九七年三月十二日

二十七、丽江县政府成立突击整治工作组

为迎接联合国专家的考察评估，完成古城整治任务，3 月，县政府抽调公、检、法、司、工商、城建等执法队成立了“整治突击组”，再次掀起古城环境整治热潮，丽江上万名干部群众、学生、部队官兵到古城清扫垃圾。

二十八、马燕生等领导和专家到丽江考察预验

1997 年 3 月 31 日至 4 月 1 日，由建设部周日良、付爽，教科文中国委员会马燕生、省建设厅韩先成等组成的预先验收组来丽江考察指导工作。

县委县政府举行汇报会

预先验收组在古城入口处考察

预验组在古城三眼井考察

预验组在丽江县博物馆考察

二十九、行署秘书长何金平部署古城“三线”整治工作

根据国家预验组提出古城三线（电力、电话、电视线）杂乱无章的情况，4 月 2 日，丽江行署秘书长何金平紧急召集相关部门，部署“三线”整治，限期 10 天完成，地区邮电局、电力公司、地县电视台紧急行动，加班加点，按时完成了任务。

三十、陈砙主持召开申报组工作会议

4月7日，陈砙主持召开申报组工作会议，成立整治、资料、接待3个小组，准备迎接联合国专家组的考察。

三十一、国际古迹遗址理事会会员、巴基斯坦国家考古和博物馆副局长哈利姆博士到丽江进行考察评估

1997年4月21日至23日，受联合国教科文组织的委派，国际古迹遗址理事会会员，巴基斯坦国家考古和博物馆副局长哈利姆博士到丽江古城进行为期3天的考察评估。中国联合国教科文委员会项目官员景峰、国家文物局文物保护司詹德华、国家建设部规划司付爽、左小平、云南省建设厅领导陪同考察。

4月21日上午，丽江地委、行署在格兰大酒店举行汇报会，向来宾介绍丽江古城申报世界文化遗产工作情况。地委书记段增庆、行署专员和段琪、副专员解毅、县委书记和自兴、县长杨廷仁、副县长陈砙、张辉，以及遗产申报工作组的同志参加汇报会。

行署副专员解毅（右一）、县委书记和自兴（右二）等领导到机场迎接哈利姆博士

段增庆书记、和段琪专员与哈利姆博士亲切交谈

丽江地委行署、丽江县委县政府在格兰大酒店举行汇报会

哈利姆博士听取汇报

联合国教科文组织中国全委会景峰（左）、省建设厅韩先成参加汇报会

右起：建设部付爽、国家文物局詹德华、建设部左小平、丽江县接待处沙文慧参加汇报会

右起：外事办李国武（翻译）、段增庆、和段琪、解毅、杨廷仁参加汇报会

陈矼汇报丽江古城申遗基本情况

左起：陈矼、张辉、李锡参加汇报会

哈利姆博士在解毅、和自兴、和建芳（女）等领导的陪同下考察丽江古城

哈利姆博士在古城民居考察

哈利姆畅饮三眼井清泉

哈利姆在七一街兴文巷 17 号与李维义一家合影

哈利姆博士在李维义家做客

哈利姆博士在古城入口处与纳西族老奶奶亲切交谈

哈利姆博士在万古楼俯瞰丽江古城

哈利姆博士一行在阿溢灿水井考察

哈利姆博士一行在纳西古乐宫聆听纳西古乐

4 月 21 日下午，哈利姆博士登上狮子山电视台屋顶，俯视古城全貌，随后沿新华街进入古城，详细考察了近 20 户三坊一照壁、四合五天井、一进多院为典型代表的古城保护民居，受到古城居民的热烈欢迎和热情接待。在已故著名画家周霖家，周霖之子周孚定当场作一幅“寒梅图”送给哈利姆博士。周孚定说：“这幅寒梅图象征着纳西人民在‘2·3’地震中表现出来的不屈不挠的民族精神。”哈利姆博士的到来使丽江古城陶醉在申报世界文化遗产的激情之中，经过近两年的申报筹备和宣传工作，申报世界文化遗产已经家喻户晓，深入人心。当哈利姆博士来到古城东大街入口处时，一群身穿纳西服装的老阿妈早已等候在路口，其中一位来自积善巷双目失明的老阿妈激动地说：“联合国，联合国，联合国到底是什么样子，让我摸一摸联合国同志！”同行的李锡把老阿妈的手握住哈利姆博士的手。当翻译把这一盛情传达给了哈利姆博士时，博士激动不已，深深体验了丽江纳西人民的热情、好客，以及对世界文化遗产的渴望。当晚，哈利姆博士到纳西古乐宫聆听了纳西古乐。

4 月 22 日，哈利姆博士到白马龙潭、光碧巷等地考察三眼井等古城水系及新老城区结合部情况；随后考察黑龙潭公园、东巴文化博物馆，并到白沙、束河进行考察。博物馆老东巴用纳西象形文字为他书写了“祝您健康长寿”条幅；白沙和士秀医生用英语与他交流，并送上珍贵的药茶；在国家级重点文物保护单位白沙壁画考察时，身为巴基斯坦国家考古和博物馆副局长的专家，认真听取了李锡的详细介绍，对纳西先民创造和保留了如此精致的壁画艺术品，给予高度评价，并有了如下对话：

哈利姆：“壁画是怎么保护的？”

李锡：“国家设立了专门的文物保护管理所，有严格的保护管理制度。”

哈利姆：“允许拍照吗？”

李锡："未经批准，不允许拍照。"

哈利姆："那我可以照吗?"

李锡："您是联合国专家，可以照。"

哈利姆："不行，你们要一视同仁，保护壁画这样古代艺术珍品要严格再严格!"

当哈利姆一行到束河时考察进入了高潮，杨春三月，春意盎然，束河民居建筑群依山傍水，流水潺潺、桃红柳绿，居民们穿上节日盛装，扶老携幼早已迎候在四方街、大石桥和三圣宫，当考察队伍沿着五花石路面，走过四方街，来到大石桥，束河老者杨沛诚先生代表村民向哈利姆介绍束河历史和风土人情。束河是茶马古道重镇，至今留下了许多古道遗迹，哈利姆博士在村中商铺买下了一顶狐皮帽，戴在头上，兴致勃勃，顺着沿街清溪，逆流而上，来到九鼎龙潭，泉水清澈，游鱼可数，四周古柏常青，月季盛开，一群纳西妇女跳着"阿丽丽"迎接客人。在热情的群众相拥下，进入三圣宫，扑面而来的是盛开的紫藤花和鲜红的铁根海棠，正殿里束河古乐队正在演奏着优美的古乐，在水楼上摆满了束河特产，水果、甜点、美食琳琅满目。哈利姆博士感慨万千地说："我是不是到了天堂?"

哈利姆博士与和仕秀医生亲切交谈

哈利姆博士在白沙壁画考察

杨沛诚老师向哈利姆博士介绍束河风情

哈利姆博士一行在束河九鼎龙潭寺

束河古乐队为哈利姆博士演奏纳西古乐（参加队员：王朝信、王朝禹、和执华、李永光、和运华、和金星、罗光荣、木枢、和相珍、和文源、和勋、李文育、白耀钢、李集义）

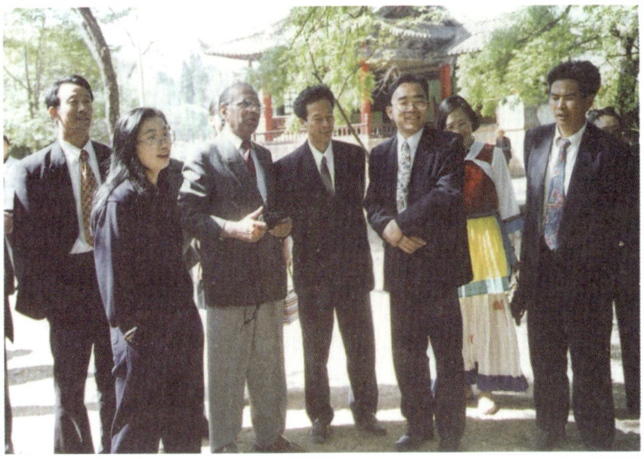

哈利姆博士一行在黑龙潭考察

哈利姆博士一行在丽江县博物馆考察

4 月 23 日早上，哈利姆博士一行来到玉龙雪山云杉坪、甘海子等古城周边景点考察自然风光，他赞美云杉坪是世界上风光最美的地方之一，在云杉坪哈利姆一行还幸运地与中国人民的伟大领袖毛泽东的儿媳邵华女士相遇，并同她合影留念。

当日下午，丽江地、县领导在格兰酒店听取了哈利姆博士进行考察的反馈意见。哈利姆博士说：这次到丽江考察，受到丽江地、县政府领导和民众的热情接待，结识了许多新朋友，领略了令人陶醉的自然风光和民俗风情，心里十分高兴。他说，其一，申报世界文化遗产有两条重要标准，一是看申报项目，从历史、科学、文化角度看是否具有普遍的价值；二是看真实性如何。由于丽江所处的独特的地理位置，有利于其吸收其他各民族的文化，丽江古城就是各民族文化融合的结晶，不论建筑风格还是文化内涵，在世界上都有一定的地位，所以独特性方面是站得住脚的。其二，丽江古城与一般的纪念物不同，它是一座至今仍有老百姓生活的古城，每一户居民都是一个很好的纪念物，符合世界文化遗产真实性的有关标准。其三，关于保护意识，我发现从政府部门的高级官员到普通百姓，都有很强的保护意识，保护工作做得非常出色；另外，从行政和法律的角度看，已有对古城保护的有力措施，在古城和新城之间，有一个明显的缓冲地带，体现了很好的保护意识。其四，除了古城还有东巴文化和美丽的自然风光，它们形成一个有机体，很有魅力；丽江古城在世界上已有一定的知名度，每天有数以百计的国外游客，由于有专门的机构和部门为他们提供服务，广大游客能在此度过美好快乐的时光。最后，想告诉大家的是，丽江古城是世界文化遗产申报名单中非常有竞争力的候选对象，关于丽江地、县政府，具有战略思想和远见的申报工作，我表示由衷的祝贺。

24 日上午，哈利姆博士离开丽江，圆满完成了考察任务。

哈利姆博士一行在云杉坪考察

三十二、丽江县博物馆等单位举办展览

为了迎接联合国教科文组织专家来丽江考察丽江古城是否具有列入世界文化遗产条件，丽江县博物馆等单位举办了系列展览。

（一）丽江县博物馆举办“古城历史文物展”“东巴文化展”“历代书画展”

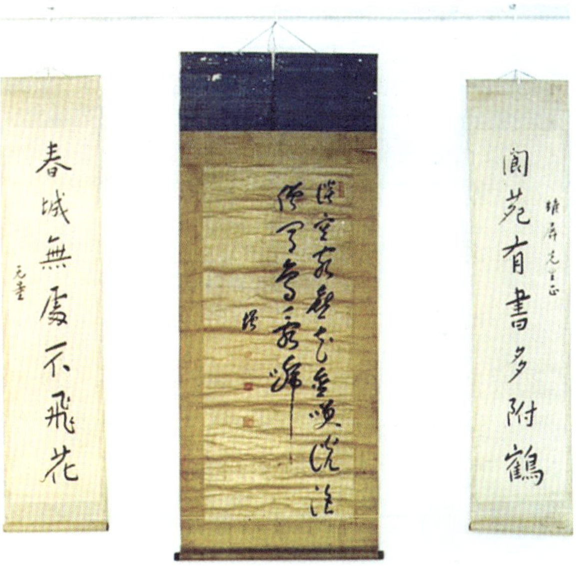

（二）历代陶瓷器展

广东省文物收藏家叶柄林先生热心纳西文化，以学习、宣传、抢救、保护纳西文化为己任，他以丽江县博物馆为活动中心，与丽江纳西人民建立了极其深厚的友谊，是丽江人民的老朋友。1997年丽江古城面临联合国专家的考察评估，他发现丽江有非常丰富的民族文化文物，但是缺乏大量的出土文物，特别是缺乏历代瓷器，而瓷器是中国的象征，“china”就是瓷器，联合国专家到丽江看不到瓷器，将是一大遗憾。于是，他将收藏多年的200多件历代陶瓷器自费从广州运至丽江，在丽江县博物馆举办了“历代陶瓷器展”，展出包括到新石器时期的彩陶、唐三彩、元青花瓶等历代珍品。

哈利姆博士观看展品

展览区一角

布置展览

博物馆工作人员合影（左起：杨太、牛增裕、杨家雄、杨志坚、叶炳林、李锡）

（三）丽江风情摄影展

吴丽女士是加拿大著名的摄影师，一辈子只拍黑白照片，游历世界各地，用无声的画面筑起世界各民族文化交流的桥梁。1990 年，她以加拿大印第安人文化使者的身份来到丽江，与纳西文化结盟。她不顾 70 多岁高龄跋山涉水，深入村寨拍摄了大量反映丽江各个民族风情的作品，并同其他同事一起促成了丽江县博物馆与加拿大夏洛特皇后岛印第安博物馆结成姊妹馆；纳西东巴文化到印第安博物馆展出等多项文化、教育交流项目。1997 年，丽江古城申报世界文化遗产，她将自己在丽江拍摄的作品精心挑选，自费印制，义务在丽江县博物馆举办了“吴丽丽江风情摄影展”。

吴丽摄影作品《束河街景》

吴丽和李锡在加拿大夏洛特皇后岛印第安博物馆

（四）古城画院举办“首届古城画展”

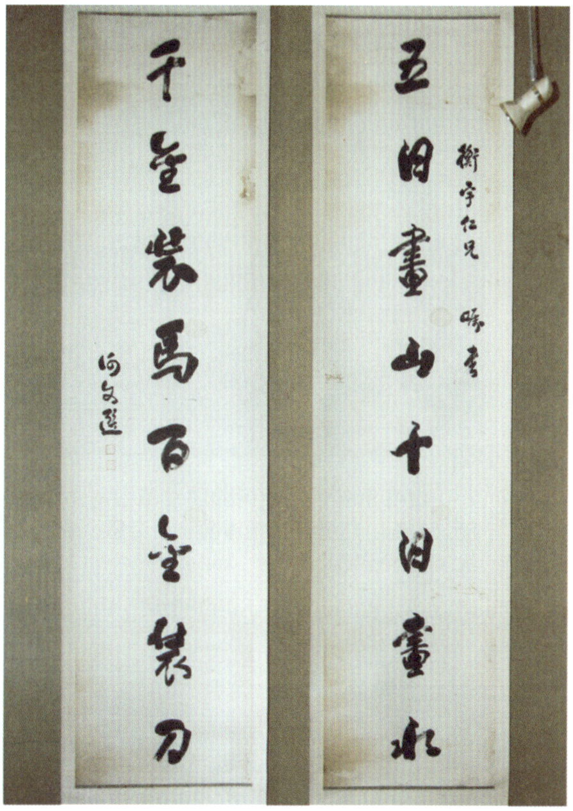

三十三、白海思博士到丽江考察

5 月 12 日至 16 日，联合国教科文组织专家白海思博士到丽江考察，就“协调社区发展和文化遗产点保护项目”古城古建筑保护和传统皮革业的传承与发展等进行调研。

束河皮匠张绍里

束河皮匠李金凤

张绍里讲述茶马古道故事

白海思就恢复束河传统皮革业与当地社区交流（左起：赵秀云、杨沛诚、白海思、李锡、和力民、社区干部）

李金凤在古城五一街商店

李金凤皮革制作

三十四、白海思和米查摩尔·大卫举办“关于古代建筑的修复与保护”讲座

5月17日，联合国教科文组织高级建筑专家米查摩尔·大卫博士到丽江考察指导。5月22日，联合国教科文组织专家白海思女士及米查摩尔·大卫博士共同在丽江县博物馆举办了“关于古代建筑的修复与保护”讲座。

米查摩尔·大卫（左一）在白沙壁画考察

白海思在万古楼

米查摩尔·大卫在博物馆木楞房考察，并寻找捕捉蛀虫、探讨防治蛀虫的方法

米查摩尔·大卫在万古楼考察

米查摩尔·大卫在指云寺考察（左起：李登龙、赵集兴、大卫、白海思、木宗义、和木秋、李锡）

米查摩尔·大卫在指云寺考察伏藏石

共同在丽江县博物馆举办“关于古代建筑的保护与修复”讲座

米查摩尔·大卫、白海思与申遗办公室人员座谈

白海思、杨沛成、赵秀云在束河

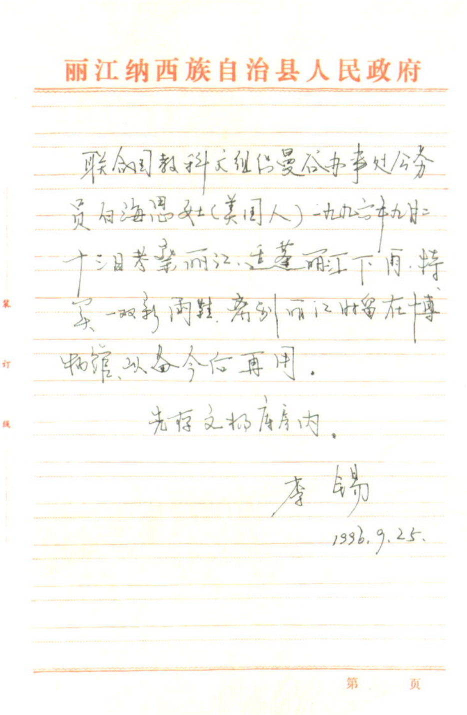

丽江纳西族自治县人民政府

联合国教科文组织曼谷办事处公务员白海思女士（美国人）一九九六年九月二十三日考察丽江，适逢丽江下雨，特买一双新雨鞋，离别丽江时留在博物馆，以备今后再用。

先存文物库房内。

李锡

1996.9.25.

第　　页

白海思的雨鞋

白海思和大卫夫妇捐赠给博物馆的神路图

白海思观看神路图

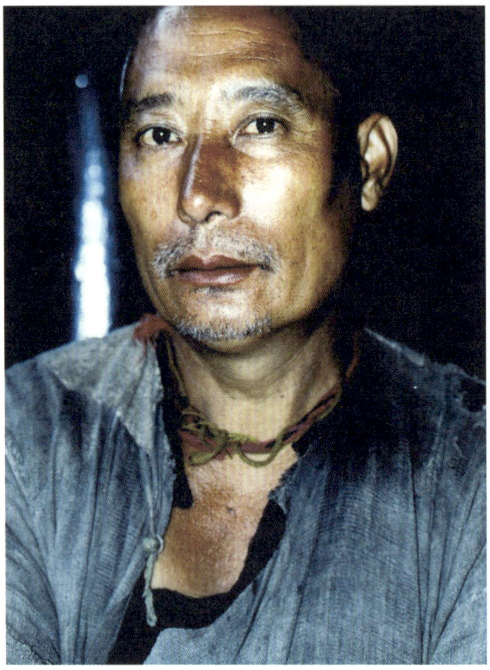
神路图作者依吉东巴丁巴

联合国专家（美国）金大龙

三十五、理查德自任丽江古城整治纠察队队长

吃过晚饭，李锡一家四口人，约赵秀云女士拜访住在格兰酒店的理查德先生和白海思女士。一行人离开黑龙潭，顺着玉河水来到格兰酒店。正好两位外宾已用过晚餐，见到他们来访寒暄几句，就说要去古城走走。离开格兰酒店，来到玉龙桥，时值黄昏，夕阳余晖从狮子山泻下，波光粼粼的玉河水一分为三，东、中、西河流向古城。理查德先生非常兴奋，建议大家顺着西河南下，有说有笑，鱼贯而行，小桥、流水、人家；夕阳、炊烟、行人，古城祥和宁静，充满生机。不过遭受地震破坏，正在恢复重建之中的丽江古城，离接受联合国专家的考察评估，还有许多不尽如人意的地方。作为联合国教科文组织亚太地区驻泰国办事处主任的理查德先生忘不了自己的职责，一边赞美古城的优点，一边指出古城的不足。李锡的女儿李文韵，8 岁，非常活泼，身上带着一个哨子，一边吹哨，一边和哥哥李文晓跑来跑去。"嘟嘟嘟"的哨声引起理查德的兴趣，他连忙让大家排成一队，说"我们是古城恢复重建纠察队，我是队长"。他跟李文韵要了哨子，还捡了一根树枝，指挥大家前进，"嘟嘟嘟……"一支雄赳赳、气昂昂的纠察队诞生了。"这盏路灯太亮、应该换掉；这座水泥建筑应该去掉；这些电线太乱，应该入地……"边走边说，好不威风。白海思这位来自美国的汉学家，多次来到丽江考察指导工作，从来没有像今天这样可以直率、无拘无束地表达自己的看法，神情庄重而兴奋异常。她一边甩手走正步一边高声谈论，直抒己见，一路激情。大家沿西河到四方街，转大石桥，然后向北过密士巷，返回酒店。理查德自己免去队长之职，队伍解散，哨子还给文韵，结束了愉快之旅。

理查德（中）在黑龙潭考察

三十六、建立重点民居档案

6 月上旬至 7 月，丽江古城申报工作组邀请大理城建学校师生 50 余人，对古城 112 户保护民居进行测图建档。申报工作组对民居进行拍摄和文字记述，建立了重点民居档案资料。

三十七、丽江地区邮电局发行“丽江古城申报世界文化遗产纪念封”

6 月下旬，丽江地区邮电局设计发行了“丽江古城申报世界文化遗产纪念封”一枚。

丽江古城申报世界文化遗产纪念
具有八百年历史的丽江古城位于中国西南边陲玉龙山下，金沙江畔。六千多户人家依山傍水，临街沿市，布局巧妙自然，无拘无束。黑龙潭泉水由北向南，分作三道走街窜巷，穿墙入户、冰清玉洁荡涤肺腑。二万五千居民在古老的纳西东巴文化和纳西古乐神秘的天国里过着“小桥、流水、人家”的田园生活。一座没有城墙的古城正在申报世界文化遗产。为此，丽江地区邮电局特发纪念封一枚。
封戳设计：杨国相
文字说明：李 锡
印 量：3000 枚
发 行：丽 江 地 区 邮 电 局
印 刷：云南金杯印刷有限公司
邮政编码

三十八、丽江古城申遗小组到黄山、苏州等地考察学习

6 月中旬，丽江古城申报遗产工作组一行 14 人到安徽黄山、江苏苏州园林、周庄及张家港市考察学习。

三十九、世界遗产委员会主席团会议在巴黎举行，评审通过当年申报世界遗产清单的项目

1997 年 6 月 27 日至 29 日，世界遗产委员会主席团会议在巴黎举行，评审通过当年申报世界遗产清单的项目，国际古迹遗址理事会充分肯定了丽江古城杰出的整体价值，认为纳西族人民自古以来的建筑传统和建筑外观设计构成独一无二的历史古城。尤其是与古城周围环境及城市居民建筑布局融合协调的城市水系，更显著地体现了其优秀的传统建筑工艺技巧。国际古迹遗址理事会对 1996 年丽江“2・3”大地震后优异的古城重建工作表示赞赏，认为古城修复重建真实地保留了其自古以来的建筑技巧与生活传统。主席团会议认为，丽江古城符合“世界遗产名录”标准Ⅱ、Ⅳ条，同时，由于申报资料不全而应列入重报项目。这就意味着丽江古城申报遗产受挫。以联合国教科文组织中国全委会名义列席会议的陈砡同志立即向会议提出解释说明，丽江已将相关材料完整地报给哈利姆先生。但由于哈利姆先生没有参加会议，无处对证。曾两次到丽江考察指导工作的梁敏子女士也出面协调，表明态度。参加会议的国家文物局郭旃处长同陈砡女士找到国际友人亨利・克利尔博士，汇报丽江古城申遗的实际情况，亨利・克利尔博士在听取了中国同事的紧急陈诉之后，打破常规，提请主席团审议通过，将审议预案中已写入的“建议重报”改为“建议补报”，从而为这一项目获得了当年紧急补报材料的机会，有望“起死回生”。

丽江古城申遗受挫这一消息传回丽江，一时间丽江舆论哗然。“丽江古城世界文化遗产被他们烧吃啦”……埋怨声、指责声、惋惜声铺天盖地。在申报遗产和地震中点燃的丽江人民文化自觉、民族自强之烈火被泼上了一盆冷水。大家有苦难言，欲哭无泪，无地自容。此时从巴黎传回了几种不同的消息，有的说丽江要紧急补报“丽江古城在中国九十九个历史文化名城中的地位和作用”；有的说要补报“丽江古城与中国其他列入世界文化遗产预备清单的名城之间的比较分析报告”。不管怎样，“死马都要当作活马医”。现在有了这样难得补报的机会，就要做好这两篇文章，并将起草任务分别交给了段松廷和李锡。段松廷同志很快完成了任务，而李锡则碰到了难题：这篇文章怎么写？山西平遥古城和丽江古城是同一批申报城市，肯定自己，压抑别人；还是赞美别人，谦虚自己，百思不得其解，稿子写了又撕，如果联合国教科文组织只给中国一个指标，那该如何是好？无奈去请教丽江的同事、专家和领导，大家都说这是个大难题。这时，又接到了世界遗产中心的正式通知，中国方面要提供丽江古城与平遥古城之间的比较分析报告。任务明确，重于泰山；时间紧迫，事关重大，来不得半点马虎大意，申报工作小组报经县委县政府

和地委行署，同意把战场移师省城。云南省建设厅、省文化厅对此事极为重视，立即在云南省规划院召开了省级专家评审会，陈锡诚、韩先成、顾奇伟、朱良文、蒋高辰、郭大烈、周文华等17名专家参加了会议，大家都有一个共同的看法：这篇文章的确不好写，这是联合国教科文组织给我们的考试卷。甚至主持人说：“这次会议几乎是保密会议，我们不能让兄弟城市知道啊!”明知山有虎，偏向虎山行，只有面对现实，才是唯一的出路。会议决定请规划大师顾奇伟老先生出山，由他执笔，李锡协助，力争在三天内拿出初稿。同时，丽江古城震后恢复重建工作得到联合国教科文组织的充分肯定，为此再增一份汇报丽江古城震后修复与保护的材料，由段松廷执笔。

第二天一早，大家来到顾老的办公室。顾老已退休，但和殷维民老专家一起安排了办公室，办公桌上摆满了图纸和绘制图纸的器具，顾老一把推开杂物，腾出办公桌，一左一右摆开了架势。大家一口气把多日的苦恼和思考全盘托出，顾老频频点头，沉思许久，突然他一声：“好，我们各写各的。”他把“丽江古城申报世界文化遗产文本”和“山西平遥古城申报世界文化遗产的文本”分开后又合在一起。你是“黄河”，我是“长江”，你有你的文明，我有我的古老。“各美其美，美美与共”。你是汉文化城市的标志，我是少数民族城市的典范，分开叙述，又合在一起，难道不是对比分析研究，难道不是中华民族城市文明对人类的一大贡献吗?“大师!”这才是大师啊，点石成金，大家如梦方醒，豁然开朗，如释重负，“解放了”，顾老，你是救星！思路确定，材料可找，不到三天，师徒二人终于完成了艰难的任务。

左起：梁敏子、郭旃、和自兴在黑龙潭

四十、世界遗产中心主任佰思德·冯德罗斯致电教科文中国委员会秘书长张崇礼

联合国教科文组织，世界遗产中心主任冯·德罗斯特先生给中国赴联合国教科文组织常驻团首席代表张崇礼的信。

尊敬的先生：

1997年6月23日至28日，在巴黎召开了世界遗产委员会第二十一次主席团会议。会议根据国际古迹遗址理事会提出的技术评估标准，认为中华人民共和国提交的丽江古城符合"世界文化遗产名录"标准Ⅱ、Ⅳ条，同时作出以下评估意见：

会议决定在1997年11月召开的主席团特别会议上，再次就丽江古城的提名进行讨论，以便国际古迹遗址理事会及世界文化遗产委员会能有足够的时间进一步彻底分析该城市的管理机构和保护机构的有关材料。国际古迹遗址理事会充分肯定了丽江古城杰出的整体价值，认为纳西族人民自古以来的建筑传统和建筑外观设计构成独一无二的历史古城。尤其是与古城周围环境及城市民居建筑布局融合协调的城市水系，更显著地体现了其优秀的传统建设工艺技巧。国际古迹遗址理事会对1996 年丽江"2·3"大地震后优异的古城重建工作表示赞赏，认为古城修复重建真实地保留了其自古以来的建筑技巧与生活传统。

关于这份提名，会议要求中国方面提供该城市与中国其它列入世界文化遗产预备清单的名城之间的比较分析报告。

由于我们要遵照世界遗产委员会建议，准备将在意大利那不勒斯召开的第二十一次主席团特别会议（1997年11月28日——29日）及世界遗产委员会第二十一次常务会议（1997年12月1日——6 日）上提交的工作报告，如果您能在1997年9月15日前作安排，将丽江古城与中国其它列入世界文化遗产预备清单的名城之间的比较分析报告提供给我们，我将不甚感激！

待会议处第二十一次主席团会议的会议纪要通过最后审定后，我将会给您寄去一份。

贵方政府　保证将会实施《世界遗产公约》，借此机会，我谨代表世界遗产中心再次向贵方致以谢意！并致以衷心的问候！

四十一、丽江政府审议、讨论两份补充材料

8 月 19 日，丽江地县领导审议讨论两份补充材料，提出重要修改意见。

四十二、召开“丽江古城申报世界文化遗产补充材料评审会”

8月21日，云南省建设厅、省文化厅在云南省规划院召开了省级专家评审会，陈锡诚、韩先成、顾奇伟、朱良文、将高辰、郭大烈、周文华等17名专家参加了会议，会议决定完成两份补充材料：一份《中国丽江古城和平遥古城综合分析》由顾奇伟执笔，李锡协助；另一份《丽江古城震后修复与保护》由段松廷执笔。

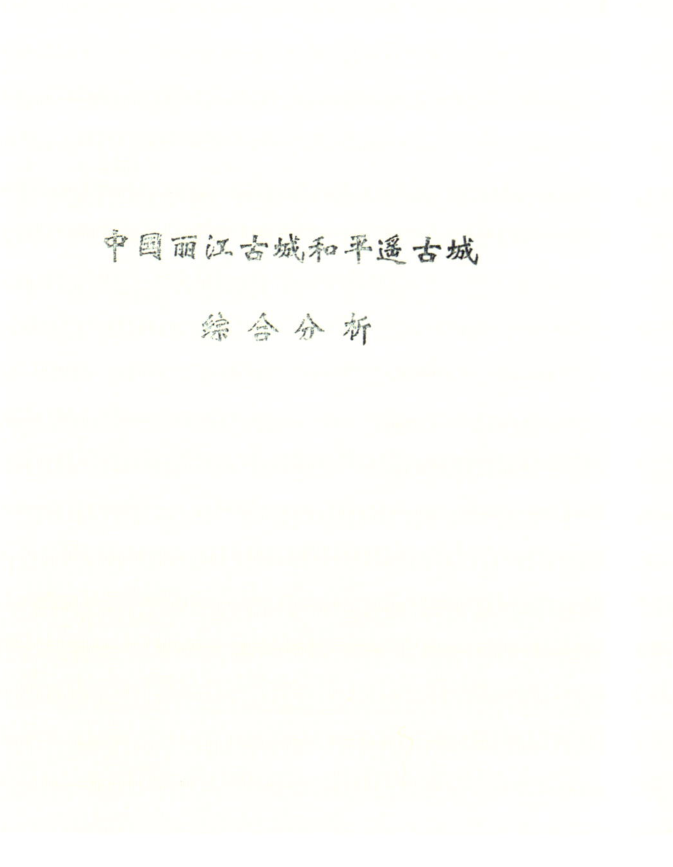

中国丽江古城和平遥古城

综合分析

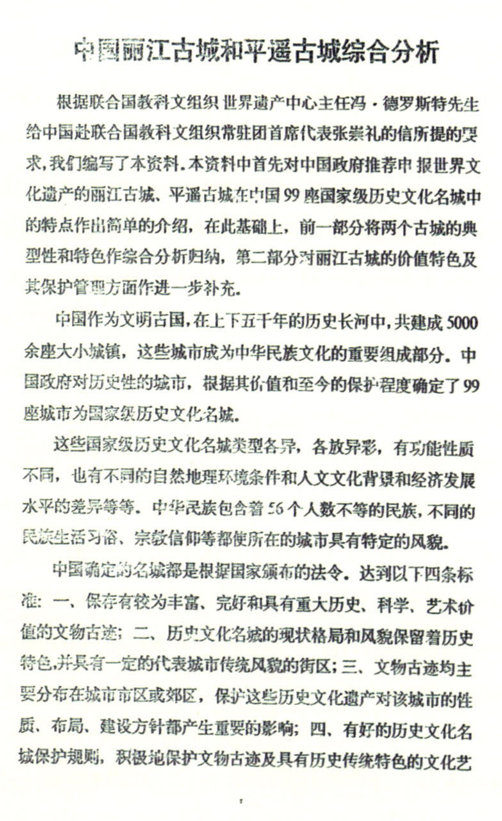

中国丽江古城和平遥古城综合分析

根据联合国教科文组织 世界遗产中心主任冯·德罗斯特先生给中国赴联合国教科文组织常驻团首席代表张崇礼的信所提的要求，我们编写了本资料。本资料中首先对中国政府推荐申报世界文化遗产的丽江古城、平遥古城在中国99座国家级历史文化名城中的特点作出简单的介绍，在此基础上，前一部分将两个古城的典型性和特色作综合分析归纳，第二部分对丽江古城的价值特色及其保护管理方面作进一步补充。

中国作为文明古国，在上下五千年的历史长河中，共建成5000余座大小城镇，这些城市成为中华民族文化的重要组成部分。中国政府对历史性的城市，根据其价值和至今的保护程度确定了99座城市为国家级历史文化名城。

这些国家级历史文化名城类型各异，各放异彩，有功能性质不同，也有不同的自然地理环境条件和人文文化背景和经济发展水平的差异等等。中华民族包含着56个人数不等的民族，不同的民族生活习俗、宗教信仰等都使所在的城市具有特定的风貌。

中国确定的名城都是根据国家颁布的法令。达到以下四条标准：一、保存有较为丰富、完好和具有重大历史、科学、艺术价值的文物古迹；二、历史文化名城的现状格局和风貌保留着历史特色，并具有一定的代表城市传统风貌的街区；三、文物古迹均主要分布在城市市区或郊区，保护这些历史文化遗产对该城市的性质、布局、建设方针都产生重要的影响；四、有好的历史文化名城保护规则，积极地保护文物古迹及具有历史传统特色的文化艺术，民族风情的精华和著名的传统工艺品。

中国根据联合国教科文组织关于申报列入世界文化遗产的条件，在中国现99座历史文化名城中首先选定丽江和平遥两个古城作为申报城市，是基于这两个城市具有独特和重要的历史文化价值，特别完整地保留着城市的整体形态，保存着丰富的历史文化内涵；同时，这两个城市在中国乃至世界众多的历史性城市中还具有典型代表性和鲜明而宝贵的个性。

一、丽江古城和平遥古城的典型性和特色：

丽江、平遥古城均有极高的历史、科学艺术价值和整体历史风貌特色保护的完整性。以下分别将具有深层次的意义和特点等列表作出综合分析

丽江和平遥古城的价值和特点

特点	丽江古城	平遥古城
自然·地理	· 位于中国西南，多山，人口低密度的地区 · 高海拔2400米 · 低纬度温带 · 横断山脉，青藏高原和云贵高原接合部，且城范围有雪山、大河、深谷。古城在高原小盆地的中部，离云南省首府昆明600Km	· 中国北方平原，人口稠密地区 · 低海拔 高纬度寒带 · 山西大盆地中部的冲积平原 离山西省的首府95Km
城市历史	· 早在5～10万年丽江就有古人类生存，考古学上称“丽江人”。新石器、青铜器时代都有先民聚居，汉代（公元前后）已设县制，宋末元初（公元十二世纪）丽江古城初具规模，明(十四世纪）有很大发展，现为发展到本世纪初的城市形态。	· 始建于公元前（827～787年）形成城市构架。 · 明洪武三年（公元1370年）扩以重筑城墙。 · 清初充实不断发展，现为发展到清末的规模和形态。
城市性质	· 远离古代中国统治中心的地区性政治经济文化中心。 · 府、县设建制所在地，古西南丝绸之路和茶马古道的交汇点和商品集散地。	· 靠近古代中国统治中心，县城政治、经济、文化中心，军事重镇；通商要道，曾为中国最早兴起的金融商贸中心。
历史上的经济状况	· 农业为主，兼及畜牧业、林业；农业以水田、旱地作物为主，产名马，名贵药材和珍稀动植物，有“植物王国”和“动物王国”之称，手工业发达。 · 古代中国通往南亚的必经之地，50年代才通汽车。 · 地区性产品交易中心。	· 以旱地作物的种植业为主；手工业发达，是古代中国中原腹地与边远地区之间的交通要道近代已有铁路、公路。 · 十九世纪中叶成为中原地区金融商业中心。
人文	· 中国唯一的人数较少的纳西族为主体的多民族聚居地。古城人口2.5万人。	· 中国人数最多的汉族为主的多民族聚居地。古城人口6.32万人。
古代建城思想体系	· 是中国古代建城思想中不固守制式，以环境和实用为出发点，强调利用自然条件，重点处理好山水城关系，因地制宜，选定和建设发展城市的典型代表之一。	· 古代建城思想中讲求城市功能环境和实用的基础上，强调必须依礼制，循法度，并渗入象征隐喻等营造制式的思想代表之一。
城市的形态构成	· 古城西、北向依山，东南接盆地农田顺水而居，无城墙而形成良好小气候等生态环境的居住条件，兼有山城水城的风貌。 · 以贸易、集散广场为重心，由水系、路网桥梁和居住宅院，相互交织，形成有序而又自然有机的城市网络。	· 建于大平原，跨水筑城，形成由高大、宽厚的城墙所围合的城市空间，有计划地由城市轴、中心楼、东西向，南北向街巷路网，以及左文庙、城隍庙，右武庙、衙署，东道观、西寺庙等构成严谨、严密秩序感强的城市。
	· 城市地形有较大高差，用地紧凑，建筑密度较高；形成形态各异，尺度较小，宽窄不一的城市空间，亲切宜人，利居住易交往。	· 地势平坦，用地宽松，建筑密度相对较低，形成清晰、明快、直接，易识别的空间网络，利聚散易管理。
工程设施	· 古城建筑以平民住宅为主体，极少深宅大院高楼重阁，道观、寺庙多为民居形态。 · 纳西族在本民族早期民居的基础上，以我为主，兼容并蓄，为我所用，多方吸取改造和创作，形成因地制宜的风格。	· 民居属中国民居体系中的北方四合院，并因地制宜加以发展变化，严谨对称，内向封闭，商贾豪门，深宅大院甚多　充分体现了中国封建社会的宗法。
文化艺术	· 充分保留了一个以少数民族为主体多个少数民族交融的历史文化风貌和较高的文化水平。 · 保留至今的东巴文化是纳西族的古代文化，其象形文字是人类文字史上的“活化石”。 · 有各种宗教相融合的宗教建筑和壁画艺术。 · 有“中国音乐活化石”之称的纳西古乐以及众多原始古朴的传统舞蹈。 · 有中国著名的文学、艺术教育等方面的名人。	· 体现了中国古代政治、经济、文化的重心中原文化的特点、现存76处重点文物保护单位中，属国家级的除城墙外，在从宋代（公元十世纪）以来的历史彩塑和唐(公元七世纪)建筑佛像等珍品。 · 有丰富的民间文化，如泥塑、剪纸、秧歌、戏曲等。 · 有中国著名的多个行业的古代、近代名人，特别是中国早期金融业的兴起形成特定的文化和人文风貌。
保护状况	· 有长期形成的珍惜保护古城的民风民俗，从五十年代起对城市发展，按照领导、专家、学者、居民共同形成的“保护古城，新建城区”的共识，继承保护了古城的风貌。 · 从1959年起有完整的保护规划和措施，并不断充实完善；受严重地震灾害后，在恢复重建过程中强化保护意识，深化规划，加大保护措施和管理力度，投入大量人力物力，使古城历史风貌特色比地震前更加充实突出，同时大力改善古城的基础设施，发展经济，为今后长期保护奠定了更为可靠的保证。	· 受现代建设性破坏小，长期得以完整保护。 · 1990年强化保护规划并邀请联合国人类居住中心专家进行实地考察，技术咨询。 · 制定各项保护措施和制定经济发展战略提高物质文化生活水平，使古城保护更加可靠。

从以上的归纳分析中我们看到：丽江是中国西南高原多民族地区中完整保存着明清时期的城市形态，路网水系，民居和民族风情传统生活习俗、文化艺术的历史风貌和少数民族特色的古城。平遥是中国北方平原汉族地区中完整保存着明清时期城墙、街道、店铺、民居、寺庙的历史文化风貌和地方特色的古城。丽江和平遥同是中国国家级历史文化名城中具有很高典型代表性和保护最完整的人类文化遗产。

二、丽江古城的特有价值

丽江古城在中国乃至世界人类文化遗产中特具的历史文化价值主要有以下五个方面：

（一）古老而又充满活力的丽江古城

丽江古城位于云南中国西北部，横断山脉青藏高原与云贵高原的接合部，处在高原小盆地的边沿，地势由西北向南倾斜，呈阶梯状递降，地理坐标为东经100°14′，北纬26°52′，海拔2400m，居住着25，379人，其中纳西族66.7%，其余为白、藏、汉、彝等民族。考古材料证明，早在5～10万年前，这里就有人类祖先繁衍。经新石器时代到青铜文化时期，先民们留下了灿烂的文化。始建于十一、十二世纪的丽江古城得到了不断充实扩大发展。拥有800年历史的丽江古城至今仍充满活力，特别是经受了地震灾害的丽江古城表现出它抵御自然灾害的能力；经恢复重建后，得以保持原有真实性的丽江古城，随着旅游业的不断发展，更加充满勃勃生机。丽江古城之所以始终具有生命力的原因，首先是人与自然高度结合，合理而且不断利用了繁衍发展的城市构架。

古城中至今还保留着历史村落群居的痕迹，证明古城经历了从家庭院落至群体和城镇的发展过程，即随着社会进步，古城是有机协调发展起来的，它既与周边山水相依，又与宽阔的田园相连，构成的生活空间层次非常利于进行多层面的生产生活劳动。

其次是良好的小气候环境：古城北依金虹山，西枕狮子山，东南接辽阔平川，　通风向阳，　又挡住冬季西北风，　使古城更比盆地具有四季如春的特点，　全年平均气温 17^{0}C（ 最高 28^{0}C 最低 -5^{0}C）黑龙潭充足洁净的泉水流淌全城各个角落，城市空间形态生动、尺度宜人，加上宁静舒适的小庭院，形成以人为本的生态环境和生活空间。

第三、　丽江古城的民居建筑和公共建筑都 是就地取材，成熟的传统工艺既易于建设修缮，　又使建筑工程具有一定的抗自然灾害的能力。纳西族人民在长期的民居建筑实践中总结出一系列防震抗震的经验，使丽江民居具有“墙倒房不倒”的特点。

第四、　民间长期形成的爱护古城环境和维护集体利益的群体意识，约定俗成的习惯以及领导意识和管理措施是古城保护、发展的决定因素之一，民间百姓坚决反对有影响环境的建筑和设施，对传统的建筑有着特殊的感情。丽江地震后，大批居民重建家园，古城迅速按原来的真实面貌全面恢复，证明了古城机体具有持续发展的生命力。1994 年 6 月，经云南省人大常委会批准，颁布了《云南省丽江历史文化名城保护管理条例》，并全面顺利实施，证明了政府和民众的保护意识和决心的强烈。

第五、　随着经济的发展，旅游业的兴起，人民生活的不断改善，为古城充满生机提供了可靠的物质保障。作为国家历史文化名城和向联合国申报世界文化遗产城市，丽江古城更加引人注目。政府的重视和决心，使能源、邮电、交通、食宿等基础设施得到进一步完善，原先来客不多的丽江，突然成为国际、国内的旅游热点。1996 年，来丽江旅游的人数猛增 到 115 万人次，1997 年预计达到 200万人次。丽江古城的历史价值，在于其有机而始终具有活力的机体，成为人类聚居从选址至营造和正在持续发展的城市生命史。

（二）丽江古城独特的布局结构与城市形态

丽江古城为多核心结构的自由式发展的城市格局，街巷、广场、桥梁、水系、民居均自由和谐地布局，无拘无束地发展。元明时期，古城在狮子山东侧沿西河一带发展，形成以明代“丽江军民府衙署”为中心的一片；清代后在北边东河一带形成以“丽江府衙”为中心的一片，两片之间则以贸易集散功能的四方街一片相联系。这样，就形成了以四方街为中心，沿四条主干道和三条主河道向外放射扩展的布局形式和“土司城”与“流官城”并存发展的城市结构。街道和水系相辅相成，街道不求平直，结合地形灵活布置，形成循环状放射形的街道系统。

（三）丽江古城民居的建筑特点

丽江古城的民居建筑是纳西族建筑艺术和建筑风格的集中体现。它在纳西族原始的井干式木楞房形式基础上吸收，融汇了汉、白、藏等民族建筑的优点，在布局形式、建筑艺术等方面具有鲜明的地方特色和民族风格。

古城民居建筑一般是高约 7．5 米的两层木结构楼房，也有少数三层楼房，为穿斗式构架，垒土坯墙，瓦屋顶，设有外廊（即厦子）。根据构架形式和外廊的不同，可分为平房、明楼、两步厦、骑厦楼、蛮楼、闷楼 、两面厦七大类。布局形式有三坊一照壁，四合五天井，前后院，一进两院，两坊拐角，　多进套院等类型；其中以三坊一照壁为最基本、最常见的型式，其它布局形式都是它们的变异、演化、发展和组合。

古城民居选址布局自由灵活多变，有一定的制式而不墨守成归；完全以用地环境，经济条件和个人意向合理布局，规划实施；或依山傍水或沿街临市，随意，巧妙、自然，形成规格不同，大小不一，参差错落的群体院落，构成了依山为屏，依河为伴；以街、巷、桥相联系的庞大的古城民居建筑群。

古城民居的构架处理十分灵活，有悬山和硬山两种山墙形式，在木构架主要受力部位设有“勒马挂”、“地脚”、“穿枋”、“千斤”等具有拉结作用的构件，整个构架按百分之一的斜度使柱头往里倾斜，柱根部向外展开，增强了构架的稳定性，具有一定的抗震能力。

古城民居其单体建筑重视敞开的廊厦作日常生活的重要空间，外墙的处理根据使用需要采取不同的材料，深远的屋面向纵横方向出挑，加强了保护结构，防晒、防雨功能；注重院内天井铺设具有隐喻性质的生动而又多样的图案，以及精美的门窗梁坊木雕使纳西民居更显风采。纳西民居至今还保留着中原地区早已绝迹的古建筑某些构件和特征，更增加其历史价值。

纳西民居因其功能，技艺、创造性和历史方面的高价值和特色以及由此而形成的真实美感使其成为中华民族民居宝库中的瑰宝之一。

（四）丽江古城的水系利用

丽江古城地处著名的横断山脉，三江并流（金沙江、怒江、澜沧江）、高山深谷、急流险滩的大区域之中。城郊海拔 5596m 的离赤道最近的玉龙雪山、长江上游的长江第一湾，以及在玉龙雪山和哈巴雪山之间的世界最深的峡谷之一的虎跳峡。有限的可耕土地，对外联系的艰辛等等，使纳西等各民族人民的生存发展面临更多的困难，需要具有更高的智慧，付出更大的努力。

纳西族为主所构筑的丽江古城处处体现着对自然资源珍惜利用和开发，又巧妙地使之成为既是山城又是水城，形成城在山水中，山水在城中的特定形态；达到了巧妙地利用自然为我所用的目的。

古城在选址营造一开始就不同于始于公元前形成的后为中央政府所肯定的筑城礼制，　避开良田好地，依山就势，理水而居，借两山形成屏障挡寒流成关隘，成为开合有度的城市空间，依托黑龙潭泉水，　充分利用水流落差，整理成东、中、西三个不同高程的干流，形成河－－渠－－沟的自流水网体系，渗入城市的肌体，形成高原上独有的“家家泉水，户户垂扬”人居环境。

在古城内地下水泉眼筑成三级自流的“三眼井”按饮用、洗菜、洗涤杂物的顺序使用后淌入排水沟。巧妙用水、文明用水。

民居建筑采取傍水而居，枕水而筑，引水入院、入宅；白天用水以生活，晚间加闸以溢水冲洗主要街道、广场，成为国内的独创。

从城市总体到细部，最大限度地活用、巧用一股活水，并使物化了的城市中充满了自然界的活力。

勤劳和聪颖才使一直流淌着新鲜血液的城市肌体散发出勃勃生机。

（五）民族文化熏陶着的文明古城

丽江是中国古代通往东南亚和南亚的“西南丝绸之路”、“茶马古道”必经的重镇，又处在长江流域文化、西南多民族文化的交汇点。近代国外传教士、学者的进入又带进了西方文化。古老的民族和周边文化的交汇，使民族的特质、使民风民俗、文化艺术异彩纷呈。

至今仍被大量纳西人所识读的古老纳西族象形文字，成为“象形文字的活化石”。用象形文字书写的数万卷东巴经书是古纳西族社会的百科全书，其中大量被收藏在世界范围内十七个国家，古城又是当今国际东巴文化的研究中心。

被誉为“中国音乐活化石”的纳西古乐作为丽江的珍贵遗产继续发扬光大。18个古乐队将古乐声飘在民间。古城的大研古乐队近十年来演奏千场以上，接待海内外宾客近50万人次，赴英、赴香港演出获得特殊的荣誉。

纳西族善于吸收其他先进民族文化，早在十四世纪丽江土司木公、木增等人诗集问世，被收入中国国家文库《四库全书》。同时，各种不同的宗教信仰在古城中或共存或融合；从原始图腾崇拜、自然崇拜到儒、释、道，以至于天主教、基督教等宗教和谐共处；在古城拥有各种寺、观、庙宇多达33座；已公布为各级重点文物保护单位的文物古迹39项，其中被公布为国家重点文物保护单位的琉璃殿与大宝积宫（白沙壁画）是民族团结和宗教融合的艺术体现。

丽江古城是人与自然、人与社会、人与人的生活画卷，是民族生存、发展进步的史书，它维系着过去，现在和将来。它是丽江纳西族和各族人民的，是中华民族的，也应该是世界的。

四十三、陈矼上报补充材料

8月29日，经审定后的两份补充材料和相关图纸由陈矼报送建设部，9月15日建设部将材料转报世界文化遗产中心。

四十四、米查摩尔·大卫博士再次来丽江考察

9月29日，联合国高级建筑专家米查摩尔·大卫博士再次来到丽江，讨论修改了双方合作并由段松廷执笔的《丽江古城民居保护手册》初稿。

米查摩尔·大卫博士、赵秀云在束河

大卫博士和李锡在博物馆标志门

大卫博士在古城

大卫博士在束河

四十五、李锡在河北承德参加世界文化遗产管理培训班

10 月，李锡在河北承德参加由联合国教科文组织中国委员会、建设部、国家文物局主办的世界文化遗产管理培训班。

左起：陈昊、郭旃、詹德华、李锡在培训班

李锡在培训班

理查德和李锡

四十六、挪威国王哈拉尔五世和王后宋雅访问丽江古城

1997 年 10 月 28 日，挪威国王哈拉尔五世和王后宋雅访问丽江古城。

挪威国王哈拉尔五世和王后宋雅在省长和志强的陪同下访问丽江

挪威国王哈拉尔五世和王后宋雅在博物馆参观

行署专员向挪威国王哈拉尔五世和王后赠送纪念品

四十七、召开“亚太地区遗产地方官员会议”

11 月 24 日，联合国教科文组织亚太地区办事处在泰国曼谷举办“亚太地区遗产地方官员会议”，陈砡、段松廷等参加会议并作专题发言，受到好评。

段松廷在会议上发言

第三　成功篇

一、世界遗产委员会第二十一次全体会议召开

1997 年 10 月 28 日至 12 月 6 日，联合国教科文组织世界遗产委员会第 21 次全体会议在意大利那不勒斯召开，丽江地区行署专员和段琪、丽江县委书记和自兴、副县长陈砡作为中国代表团成员参加会议。

（一）审查通过丽江古城申报材料

11 月 29 日，在有 20 个国家代表参加的主席团会议上，经过提供和补充了大量材料的丽江古城通过审查，决定提交全体会议评审表决。

（二）丽江古城列入“世界遗产清单”

丽江古城被主席团评审通过后，鼓舞了中国代表团，特别是来自丽江代表的信心，他们抓紧时间，利用各种机会，广泛地同来自日本、意大利、英国、澳大利亚等 124 个国家的代表交流。一方面向大家介绍丽江，赠送丽江 VCD 光盘、丽江古城画册、东巴象形文字画等纪念品，热情欢迎他们到丽江做客；另一方面分别同联合国教科文组织世界遗产中心主任佰思德・冯德罗斯、副主任梁敏子女士，世界遗产协调员亨利博士见面，争取他们的支持，为丽江古城评审通过打下了良好的基础。当地时间 12 月 3 日，联合国教科文组织、世界遗产委员会举行最后投票表决，世界遗产中心官员、主席团成员、124 个国家代表共 300 余人参加会议。会议从早上 9 时开始到晚上 8 时结束。大会开始由世界遗产中心主任佰思德・冯德罗斯宣布会议议题，先由亨利・克莱尔对每个提名作 15 分钟简短介绍，然后以提意见再表决的方式进行，对来自世界各国 37 个自然遗产和文化遗产提名地进行表决，在评审表决时对各个提名地争论很激烈，意见分歧也不小，当亨利先生对丽江古城作了简短的介绍后，会场内没有什么意见。第 21 届世界遗产委员会主席木槌敲下，同意将以大研古镇和白沙束河两处村镇为组合的丽江古城列入世界遗产，丽

江的领导和同事们高兴得几乎跳起来，随后平遥古城、苏州园林也相继评审通过。丽江古城申报遗产成功，这是丽江人经过多少努力换来的，它凝聚着各级领导和社会各界人士对丽江的关心和厚爱。参加会议的代表怀着激动的心情，同前来祝贺的各个国家的朋友一一握手，每个人都流下了激动的泪水，他们很快向丽江地委行署、丽江县委县政府报告了这一特大喜讯——“丽江古城申遗成功了”！

陈矼在第 21 届世界遗产大会
（陈矼供图）

郭旃与亨利克利·尔博士（郭旃供图）

右起：马燕生、佰思德·冯德罗斯、和段琪、郭旃、陈矼

（三）联合国教科文组织世界遗产委员会对丽江古城的评价和鉴定

丽江古城把经济和战略重地与崎岖的地势巧妙地融合在一起，真实、完美地保存和再现了古朴的风貌。古城的建筑及城市肌理历经无数朝代的洗礼，饱经沧桑，它融汇了各个民族的文化

特色而声名远扬。丽江古城还拥有古老的供水系统，这一系统纵横交错、精巧独特，至今仍在有效地发挥着作用。丽江古城以其保存浓郁的地方民族特色与自然美妙结合的典型具有特殊的价值，经过1996年地震，基本格局不变，核心建筑依存，恢复重建保留了历史风貌，保存了历史的真实性的总体评价，符合文化遗产（II）（Ⅳ）（v）标准而被列入世界文化遗产。

二、丽江地县联合在丽江会堂举行“庆祝丽江古城列入世界遗产清单新闻发布会”

12月4日早晨，丽江地县召开紧急会议，安排庆祝活动。下午5时，在丽江会堂召开“庆祝丽江古城申报世界文化遗产清单新闻发布会”，丽江地县各届代表千余人参加大会，行署副专员解毅主持会议，地委书记段增庆宣读了来自意大利的传真电报并发表讲话，杨廷仁县长也作了讲话。

附：

世纪盛事　空前机遇
走向未来　奔向世界

——在丽江古城列入世界文化遗产清单新闻发布会上的讲话

中共丽江地委书记　段增庆

（1997年12月4日）

同志们：

今天我们在这里召开新闻发布会，隆重地向大家公布丽江古城正式被列入世界文化遗产清单这一世纪盛事。

接丽江赴意大利那不勒斯参加联合国教科文组织世界遗产委员会第21次会议代表团传真电报：丽江古城于意大利当地时间1997年12月3日下午19时（北京时间1997年12月4日凌晨2时）经联合国教科文组织世界遗产委员会第21次全体会议正式批准，列入世界文化遗产清单。

丽江古城被列入世界文化遗产，成为全人类所共同拥有的宝贵财富。这是丽江107万各族人民的大喜事，也是云南省乃至中国人民和世界人民的喜事。

我国是一个具有5000年文明史的国度，丽江古城列入了世界文化遗产清单，填补了我国在世界文化遗产中无历史文化名城的空白；标志着中国在世界历史文化名城遗产中占有了一席之地；标志着又一中华民族创造的文明结晶成为全人类共同爱护、共同拥有、共同享受的宝贵财富。

丽江古城有着悠久灿烂的民族文化，与周围优美的自然环境和古朴的村庄紧密相连浑然一体，独具特色的历史、科学、文化价值决定了其在中国99个历史文化名城乃至世界名城中的地位。它被列入世界文化遗产，是世界人民珍惜爱护的结果，是国内关心支持的结果，是丽江人民努力珍惜保护的结果。为使丽江古城进入世界文化遗产，联合国教科文组织官员做了大量工作，付出了心血和汗水，中央、省的领导和有关部门高度重视，给予丽江全力支持。特别是去年遭受“2·3”大地震，在丽江遭受严重损失的情况下，联合国教科文组织官员和中央、省的有关部门领导、专家学者冒着余震的危险，对古城进行了认真考察，提出了许多宝贵的意见和建议，给了丽江人民莫大的鼓舞和支持，坚定和增强了丽江人民走向世界的信心和勇气。如今，丽江古城终于被列入世界文化遗产，丽江各族人民盼望已久的愿望终于实现了。为此，我代表丽江地委、行署和丽江各族人民向中央和省的领导及有关部门领导、专家学者，向联合国教科文组织官员、国外友人表示衷心的感谢！

丽江古城列入世界文化遗产，不但使它成为全人类灿烂的文化瑰宝受到珍惜和保护，而且把丽江推向了全国，推向了世界，极大地提高了丽江的知名度。它对于加快丽江经济和社会的发展，把丽江建设成为滇西北商贸中心和国际旅游城市带来千载难逢的好机遇，而且创造了最好的发展条件。更重要的是，它极大地鼓舞着我区各族人民努力拼搏，奋发向上，走向世界。

对于人类的文明，我认为应该包括两个部分：一是创造，二是保存。在艰辛的创造中实现艰难的保存，把创造的优秀成果保存下来，不断地传续下去，从而创造伟大的辉煌，是人类文明发展的关键所在。如果光有创造而没有保存，人类的文明就不复存在。金字塔、凡尔赛宫、罗马广场、北京故宫、万里长城就是人类文明的结晶，就是人类文明的辉煌。和世界上其他遗产一样，丽江古城的历史是一部人类文明的发展史、保护史。尽管历经了800余年的风雨沧桑，去年还遭受了7级大地震的劫难，丽江古城依然保持了其历史原貌的真实性。丽江古城之所以能够列入世界文化遗产，最根本的是丽江各族人民世世代代珍惜它、爱护它、保护它，才使它成为全人类文明智慧的结晶。可以说，没有保护，就没有丽江古城，也就没有丽江古城今天的灿烂与辉煌。

丽江古城列入世界文化遗产，在把丽江推向全国、推向世界的同时，也给丽江人民提出了更高的标准、更高的要求。保护古城，是向子孙后代负责，向全国人民负责，也是向全世界、全人类负责。我们一定要以对历史负责、对全人类负责的态度，像爱护眼睛一样把丽江古城这一人类文明的瑰宝爱护好、保护好。当前，要抓住古城列入世界文化遗产的契机，开展声势浩大的宣传活动，利用各种形式，大力宣传丽江古城成为世界文化遗产的重大意义，宣传世界文化遗产的价值和地位，使人人都明白丽江古城列入世界文化遗产，是丽江的光荣，云南的光荣，中国的光荣，从而做到更加自觉地珍惜和爱护古城，让这一民族文化结晶放射出更加夺目的光彩。其次，要加大保护丽江古城的执法力度。要通过大力宣传丽江古城保护条例等法律法规，增强公民依法保护丽江古城的意识，做到自觉遵守保护古城的条例条规。同时，要严格执法，对违反丽江古城保护条例的行为，要坚决依法查处，决不手软，从而真正建立起保护维护丽江古城的法律性和权威性。第三，要通过宣传教育，不断提高全民保护丽江古城的意识。做到从我做起，从点滴做起，时时事事维护丽江古城的形象，使这个世界名城形象不受玷污和影响。

同志们，丽江古城被列入世界文化遗产，给我们带来了千载难逢的发展机遇。我们必须紧紧抓住机遇，而不可丧失机遇。

首先，更高地举起邓小平理论旗帜，认真贯彻落实党的十五大精神，大力提倡敢为天下先的精神；发扬申报世界文化遗产过程中形成的敢闯敢试精神，自加压力，拼搏争先，变压力为动力，高起点、高标准、高速度把丽江建设成滇西北商贸中心和国际旅游城市。第二，切实加大对外开放力度。申报世界文化遗产的成功，是把丽江从封闭的大山中推向世界的重大转折，也是加大对外开放力度的新起点。把丽江建成滇西北商贸中心和国际旅游城市，需要像申报一样加大对外开放力度，把丽江推向世界，让世界了解和认识丽江。我曾经给玉龙雪山省级旅游开发区题词——“从历史走向未来，让玉龙奔向世界”，正是这个含意。这样，我们才能更加充分地利用好区内区外两种资源，大胆引进和吸收国内外先进经验、技术以及文明成果。同时要以招商引资为重点，以优惠的政策，优厚的回报，优质的服务，优良的环境吸引外商。第三，要加快基础设施建设，尽快建成交通发达、城市文化内涵丰富、环境美、商业和旅游设施齐全的商贸中心和旅游城市。

通过我们的努力，丽江古城这颗世界文化遗产的宝石，一定会闪烁出更加璀璨之光！

丽江发展史上的里程碑和转折点

——在庆祝丽江古城成为世界文化遗产新闻发布会上的讲话

丽江纳西族自治县人民政府县长　杨廷仁

（1997 年 12 月 4 日）

尊敬的各位领导、各位记者，同志们、朋友们：

雪岭高歌，金江欢腾。历史将永久记录下丽江的这一世纪盛事：北京时间 1997 年 12 月 4 日凌晨 2 点，在意大利那不勒斯召开的联合国教科文组织世界遗产委员会第 21 次会议上，丽江古城被正式列入世界文化遗产清单。这是丽江各族人民盼望已久的大喜事，这不仅是丽江的骄傲与光荣，也是云南的骄傲、中国的骄傲。此时此刻，我的心情与大家一样非常激动，非常自豪。在这喜庆的时刻，我谨代表中共丽江县委、县人民政府，向所有关心、支持、参与和帮助过丽江古城申报工作的各级领导、专家学者、国内外人士和丽江各级干部群众表示衷心的感谢！

丽江古城申报世界文化遗产自 1994 年 10 月和志强省长在滇西北旅游规划会上提出后，

得到了建设部、教科文组织中国委员会等国家主管部门及联合国方面的全力支持、帮助。

1995年6月15日，丽江古城正式被中国政府列入申报首选的预备清单；1995年12月，丽江县政府成立申报工作组正式开展申报工作；1996年6月24日，丽江古城的申报文件正式上报联合国有关方面；1997年4月21日，联合国专家到丽江评估鉴定。

到今天申报成功，我们经历了渴望与企盼的3年零两个月的申报过程。在这3年多的时间里，特别是在丽江“2·3”大地震后，在各级领导及各有关部门的不懈努力下，丽江各级干部群众迅速从废墟中站立起来，本着“整旧如旧，恢复原貌”的原则，在极短的时间里，变灾难为机遇，变压力为动力，高起点、高质量地进行古城恢复重建工作，并使古城申报工作按正常程序有条不紊地进行。古城申报成功，体现了各级领导对申报工作的重视和关心，倾注了全县各级干部群众对申报工作所付出的心血和汗水，凝聚了社会各界人士对申报工作的支持理解和帮助。雪山作证，我们永远感谢那些为丽江古城的创立、建设、发展作出贡献的人们，永远不会忘记为丽江古城申报工作献计献策，奔忙努力的人们。丽江古城被列入世界文化遗产，是丽江历史上值得大书特书的一笔，是丽江发展史上的里程碑和转折点，它标志着丽江已成功地走向世界，进入一个崭新的发展时期。古城的申报成功将对丽江经济、社会、文化，特别是旅游业发展产生广泛、深刻而全面的影响。古城申报成功，标志着丽江古城将得到更好的保护。我们申报的目的，是为了更好地保护。丽江古城是全世界人民共同拥有的财富；整个国际社会都有责任共同来保护它，它将得到国际社会的援助。丽江古城将有机会得到“世界遗产基金”的援助和技术合作，从而使丽江古城得到有效的保护。

古城申报成功，标志着丽江的知名度将大大提高。目前，丽江有国家历史文化名城、国家重点风景名胜区两项桂冠，在国内外有一定的知名度，但这毕竟只是国家级，只能算“中华牌”，古城申报的成功，则说明丽江已升格成为“世界牌”。而且，丽江古城又是中国第一批列入“世界遗产名录”的古城，意义非同一般。

古城申报成功，将全面推动丽江经济、社会特别是旅游业的发展。朱镕基副总理到丽江视察时指出：丽江将成为重要的“国际旅游景点”。古城申报的成功，标志着我们已把丽江古城这个旅游景点成功地推向世界，使丽江步入国际经济大循环，扩大了开放程度，促进了丽江思想大解放、观念大更新、经济大发展、社会大进步、文化大繁荣。

而另一方面，古城申报成功并不意味着我们可以一劳永逸，可以躺在“世界遗产”这个金字招牌上“吃老本”，相反它意味着我们肩上的担子更重、责任更大。丽江古城作为世界文化遗产虽属全人类共有，共同承担保护责任，但承担最直接、最主要保护责任的依然是丽江地方政府和丽江各族人民；而且古城类型的世界文化遗产是一种最难管理的遗产，它需要细心而严格的管理。世界文化遗产的管理有严格的管理标准，每隔五年，世界遗产中心要对管理状况进行一次检测，一旦管理不善，就要列入“危险中的遗产”，甚至可以除名。因此，我们要本着上对联合国及中国各级政府负责，下对丽江人民和子孙后代负责的态度，采取强有力的措施，切实保护管理好丽江古城。

一是要借鉴泰山、黄山两个世界遗产保护管理的成功经验，建立健全古城保护管理机构，加强对古城的保护工作。

二是要加强对丽江古城的系统科学研究、决策研究，建立古城保护资料，加强对古城传统建筑技术的抢救、整理、发掘，培训好古城保护人才；

三是要多方筹集资金，建立“丽江古城保护基金”，加大对古城保护的投入，继续完善古城基础设施，改善环境质量。

四是制定一系列古城保护的地方性法规和规章制度，强化管理队伍和执法力度，做到依法保护古城，适时修编古城保护规划。

五是加强对居民的遗产意识宣传教育，提高居民热爱家乡、保护古城的自觉性；同时出台一系列优惠政策，使古城居民通过保护好古城增加收入，实现“权、责、利”一致，以调动其保护积极性。

六是加强同联合国方面、国际组织、外国政府的联系与合作，争取更多的国外古城保护技术、财政援助项目，为古城保护注入新的力量。

同志们、朋友们！我们申报世界文化遗产的愿望已经实现了，让我们十分珍惜这一来之不易的成功，更加自觉地热爱古城、保护古城，使这一珍贵的世界文化遗产闪烁出更加夺目的光彩，让丽江阔步走向世界，让世界更加关注丽江。

三、《丽江日报》简讯

《向世界申报》填补了中国历史文化名城中尚无世界文化遗产的空白

——丽江古城申报世界文化遗产获得成功

（李群育　余丽军　李根）

和段琪、和自兴从那不勒斯来电：我们要十分珍惜这一来之不易的机遇，把丽江对外开放和经济发展提高到一个新水平

本报意大利那不勒斯专电　丽江古城于意大利当地时间1997年12月3日下午19时（北京时间1997年12月4日凌晨2时），经联合国教科文组织世界遗产委员会第21次全体会议正式批准，列入世界文化遗产清单。喜讯传来，丽江人民沉浸在无比喜悦与兴奋之中。

为了保护人类共同的世界文化与自然遗产，联合国教科文组织于70年代制定通过了《保护世界文化和自然遗产公约》，并成立由21个成员国组成的世界遗产委员会。每年由委员会制定、更新一份《世界遗产名录》，凡列入名录的遗产，即成为世界遗产的一部分，将受到整个国际社会的共同保护。自1985年我国加入世界遗产委员会以来，共有16个项目被

批准成为世界文化与自然遗产。但全世界已列入世界文化遗产的103个名城中，我国尚处于空白。丽江古城的申报成功，填补了这一空白，成为我国99个历史文化名城中进入世界文化遗产名录的第一个名城！她将受到国际社会和我国政府的高度重视和永久性保护，免受战争等非自然力的破坏。

丽江古城的申报成功，是丽江经济、社会和文化发展史上的一件大事，是全区各族人民、社会各界、各级政府和有关部门共同努力的结果。正在意大利访问的行署专员和段琪、丽江县委书记和自兴按捺不住激动的心情，于12月4日凌晨2点55分，专门打电话回来向丽江人民报告这一特大喜讯。他们说："丽江古城的申报成功，对于保护丽江古城、提高丽江在全国、全世界的知名度，加快丽江旅游业的发展必将起到巨大的推动作用；我们要十分珍惜这一来之不易的机遇，在邓小平理论和党的十五大精神指引下，真抓实干，加快丽江建设滇西北旅游商贸中心和重要国际旅游城市步伐，把丽江对外开放和经济发展水平提高到一个新台阶，以崭新的姿态迈入二十一世纪。"

四、丽江古城举行游行和篝火晚会

丽江古城申报世界遗产成功的消息传到丽江，人们奔走相告，欢欣鼓舞。12月4日晚上，从四方街到红太阳广场，从古城到白沙、束河，数以万计的人们拥向街头，在月光下举行游行活动，人们高举横幅，手持彩旗，举行篝火晚会，跳起欢快的民族舞蹈，载歌载舞，许多中外游客也加入到庆祝的队伍，古城不夜天，陶醉在成功的欢乐里。

五、丽江各界举行庆祝申报成功活动

5 日上午，在雪山中路举行“庆祝申报成功　万人长跑”活动，丽江各界 14000 多人参加。随后《丽江日报》推出庆祝申报成功专刊；丽江地县老体协举办“古城”知识讲座。

六、庆祝遗产申报成功贺电

丽江古城申报世界文化遗产成功后，丽江县人民政府和县长杨廷仁收到了来自瑞士“纳西文化展”参展人员、丽江县北京办事处、在北京纳西老乡、昆明市房地产开发经营总公司、在昆工作乡友、丽江南方旅行社、丽江乡友足球协会以及李群杰、郭大烈等乡友的贺信。

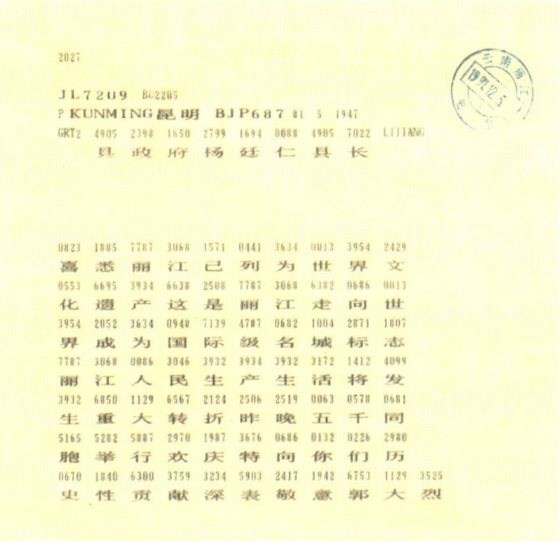

2027

JL7209　BU2205
P KUNMING昆明　BJP687 81 5 1947
GRT2 4905 2398 1650 2799 1694 0088 4905 7022 LIJIANG
县 政 府 杨 廷 仁 县 长

0823 1885 7787 3068 1571 0441 3634 0013 3954 2429
喜 悉 丽 江 已 列 为 世 界 文
0553 6695 3934 6638 2508 7787 3068 6382 0686 0013
化 遗 产 这 是 丽 江 走 向 世
3954 2052 3634 0948 7139 4787 0682 1004 2871 1807
界 成 为 国 际 级 名 城 标 志
7787 3068 0086 3046 3932 3934 3932 3172 1412 4099
丽 江 人 民 生 产 生 活 将 发
3932 6850 1129 6567 2124 2506 2519 0063 0578 0681
生 重 大 转 折 昨 晚 五 千 同
5165 5282 5887 2970 1987 3676 0686 0132 0226 2980
胞 举 行 欢 庆 特 向 你 们 历
0670 1840 6300 3759 3234 5903 2417 1942 6753 1129 3525
史 性 贡 献 深 表 敬 意 郭 大 烈

郭大烈给杨廷仁县长的贺信（郭大烈供图）

右起：和积彩、郭大烈、李宝堂、李朏在昆明参加庆祝活动（郭大烈供图）

七、12 月丽江地区邮电局发行“丽江古城列入世界文化遗产纪念封”

丽江古城列入世界文化遗产纪念
中国云南·丽江县博物馆纪念
丽江古城列入世界文化遗产纪念
云南丽江 1997.12.4
丽江古城经历了渴望与企盼的 3 年零两个月的申报过程，于意大利当地时间 1997 年 12 月 3 日下午 19 时（北京时间 1997 年 12 月 4 日凌晨 2 时），经联合国教科文组织世界遗产委员会第二十一次全体会议正式批准，列入世界文化遗产清单。为此，丽江地区邮电局特发行纪念封一套。
封图为纳西族的传说故事。大意是，纳西族世代居住在玉龙山下，山上长满茂密的森林，水塘里流淌着永不干涸的清泉。红虎当马骑，白鹿作牛耕，羊群满山，粮仓殷实，在灿烂的阳光下，人们编织着美好的生活。
设计：杨国相
数量：6000（枚）
发行：丽江地区邮电局 97-3（2-2）
印刷：云南金杯印刷有限公司

八、丽江东巴文化展在瑞士苏黎世大学民族学博物馆隆重开馆

1997 年 12 月 4 日凌晨、当地时间 12 月 3 日下午 7 时，丽江纳西东巴文化展在瑞士苏黎世大学民族博物馆展出。恰好与联合国教科文组织遗产委员会第 21 次会议评审通过丽江古城列入世界文化遗产同一个时间！为了庆祝这一美好的时刻，筹展人员决定等到来自那不勒斯的消息以后再举行开馆仪式，于是来自瑞士各界近两百名与会人员齐聚礼堂，静静地等待着，而民族博物馆馆长助理佩德斯女士则守候在电话机旁，与那不勒斯的朋友电话连线。终于在 7 时许，丽江古城列入世界文化遗产名录的消息从意大利传到了瑞士，顿时，全场人员起立，鼓掌欢迎，热烈庆祝，民族博物馆馆长欧比兹先生与李锡等来自中国的朋友紧紧拥抱，整个会场沉浸在无比欢乐的气氛中。接着举行丽江纳西东巴文化展开馆仪式：老东巴和积贵先生情不自禁地唱起东巴《吉日经》：“藏族人善于算年份，今年是最好；白族人善于算月份，今月是最好；纳西族善于算日子，今天是最好……”低沉而洪亮的东巴唱腔久久回荡在会场上，几百位海外朋友陶醉在博大精深的纳西文化之中。开馆仪式一结束，参展人员立即与丽江县博物馆联系，将这一喜讯告诉博物馆里的同事，同事们同样早早买好鞭炮等候这一消息，于是鞭炮声、欢呼声从地球的东方传到了西方。

参展人员：李锡、木琛、赵秀云、和积贵、张春和、张旭等以丽江东巴文化赴瑞士展览组的名义向丽江县人民政府发了贺电。而住在博物馆里的李锡夫人和艳芬及其儿子李文晓、女儿李文韵一次又一次地购买糖果，分发给大家，涌入庆祝申遗成功的潮流中！

丽江县博物馆、儒雷克大学博物馆结成姊妹博物馆签字仪式

纳西东巴文化展开展仪式

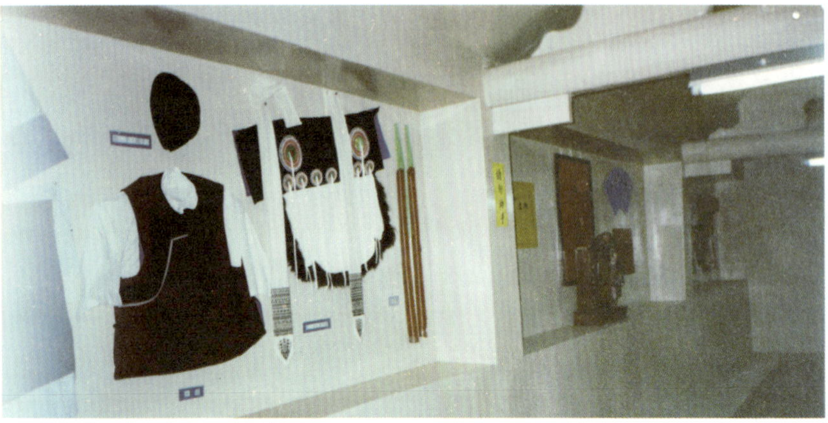

展览场景

右起：东巴和积贵、李锡、木琛在瑞士苏黎世

九、“庆祝丽江古城申遗成功，欢迎纳西东巴文化赴瑞士展圆满成功座谈会”召开

12 月，云南省社科院民族学所举行“庆祝丽江古城申遗成功，欢迎纳西东巴文化赴瑞士展圆满成功座谈会”，会议由民族学所所长郭大烈先生主持。

右起：木鸿春、江世震、和自兴、和积贵、和段琪、和耀华、陈砬、木基元、李盹、李宝堂

李昆生（右三）和积彩（右五）参加座谈会

东巴和积贵和李锡

十、省、地、县联合召开“丽江古城申报世界文化遗产成功”庆功大会

（一）会议简况

1998 年 2 月 26 日，云南省人民政府及丽江地委行署在丽江会堂召开“丽江古城申报世界遗产成功”庆功大会。云南省副省长刘京、建设厅厅长程政宁、地委书记段增庆等地县领导及各界代表近千人参加会议，程政宁在会上宣读了云南省人民政府关于表彰丽江古城申报世界文化遗产工作先进单位及个人的决定，其中丽江地委办、行署办、丽江县委县政府、大研镇政府等 5 个单位及段增庆、和段琪、和自兴、杨廷仁、陈砊、段松廷、李锡、司晋云、和占军等 9 人受省政府表彰，刘京、程政宁、段增庆分别为先进单位和个人颁奖；段增庆宣读了中共丽江地委、丽江行署关于表彰丽江古城申报世界文化遗产工作先进单位和个人的决定。

省政府领导表彰获奖人员

（二）《丽江地委行署关于表彰古城申报工作先进单位和个人的决定》

中共丽江地委文件

丽发【1998】5号

中共丽江地委　丽江地区行署
关于表彰丽江古城申报世界文化遗产工作
先进单位和先进个人的决定

各县委、县人民政府，地直各部、委、办、局：

丽江古城申报世界文化遗产工作，自1994年10月和志强省长在滇西北旅游规划会议上提出后，得到了建设部、联合国教科文组织中国委员会等国家主管部门及联合国方面的大力支持，经过三年零两个月渴望、期盼、艰苦细致的工作历程，终于北京时间1997年12月4日凌晨2时（意大利当地时间1997年12月3日下午19时）被列入世界文化遗产清单，丽江由此真正走向了世界。这对于促进我区旅

—1—

游支柱产业的发展，提高我区的对外开放水平有着深远的历史意义。

丽江“2.3”大地震后，在党中央、国务院的亲切关怀和省委、省政府的直接领导及省级有关部门的支持、帮助下，丽江各族干部群众迅速从废墟中站立起来，本着“整旧如旧，恢复原貌”的原则，在较短时间内，变灾难为机遇，变压力为动力高起点、高质量地进行恢复重建工作，全力支持古城申报工作，创造了恢复重建的“丽江速度”。丽江古城申报世界文化遗产成功，体现了各级领导对申报工作的重视和关心，倾注了各级干部群众的心血和汗水，凝聚了社会各界人士的理解和支持，涌现出了一大批为古城申报工作做出显著成绩和突出贡献的先进单位和个人。为发扬成绩、总结经验，树立榜样，学习先进，促进工作，地委、行署决定对地委宣传部等31个先进单位和何金平等58个先进个人进行表彰奖励。希望受表彰的单位和个人发扬成绩，再接再厉，继续为古城的宣传、保护和恢复重建及古城的开发、招商引资做出新的贡献。地委、行署号召全区各族干部群众，学习他们求真务实、勇于奉献、开拓进取、严谨扎实的工作作风，以极大的热情、下最大的决心抓好全区各项工作的

—2—

落实，为把我区建设成滇西北商贸中心和重要的国际旅游景区、加速我区经济社会的发展作出更大的贡献。

附：先进单位和先进个人名单

中共丽江地委
丽江地区行署
1998年2月23日

主题词：古城申报　先进集体和个人　表彰决定

中共丽江地委办公室　　1998年2月23日印发

（共印165份）

先进单位和先进个人名单

一、先进单位（31个）

1、地直单位（12个）：

地委宣传部、地区建委、地委办公室　行署办公室、地区电视台、丽江报社、丽江民航站、地区文化局、地区广播电视局、地区邮电局、地区电力公司、东巴文化研究所

2、丽江县（19个）：

宣传部、县委办、政府办、城建局、文化局、博物馆、电视台、财政局、驻昆办、工商局、教委、旅游局、爱卫会、团　委、公安局交警大队、接待处、大研镇党委、政府、白沙乡党委、政府、格兰大酒店

二、先进个人（58个）

何金平	周　津	王晋生	李宏学	木文铎
木　良	和世华	王继禹	杨美堂	沙文明
和承勇	和良辉	周　鸿	张　辉	保明东
和志敏	和春雷	和建芳	李宝堂	杨　勇
黄乃镇	卫永红	沙文慧	宣　科	和耀新
杨承新	和光云	张赛东	洪卫东	和　超
赵文忠	赵净修	王红君	和映群	和鸿珍

—1—

和寿华	和秋生	和盛本	余存俊	和木秋
白清泉	木丽章	王菊喜	和积建	和体正
木庚锡	王志泓	王晓明	杨尔良	和茂华
杨启昌	杨之鹏	张存正	梁国相	周新程
舒家政	李代增	杨志坚		

—2—

牛增裕和李锡

（三）《丽江县人民政府关于表彰申报工作先进个人的决定》

中共丽江纳西族自治县委员会文件

丽党发（1998）11号

中共丽江县委　县人民政府关于表彰丽江古城申报世界文化遗产工作先进个人的决定

各乡（镇），县直各部、委、办、局：

丽江古城申报世界文化遗产工作，自1994年10月和志强省长在滇西北旅游规划会议上提出后，得到了建设部、联合国教科文组织中国委员会等国家主管部门及联合国方面的大力支持，经过三年零两个月渴望、期盼和艰苦细致的工作历程，终于在北京时间1997年12月4日凌晨2时（意大利当地时间1997年12月3日下午19时）被列入世界文化遗产清单，丽

—1—

江由此真正走向了世界。这对于促进我县旅游支柱产业的发展，提高我县的对外开放水平，加速把丽江建成新的国际旅游景点有着深远的历史意义。

丽江“2·3”大地震后，在党中央、国务院的亲切关怀和省委、省政府、地委、行署直接领导及有关部门的支持、帮助下，丽江各族干部群众迅速从废墟中站立起来，变灾难为机遇，变压力为动力，高起点、高质量地进行恢复重建工作，并本着“整旧如旧，恢复原貌”的原则，全力进行了古城的恢复重建和申报工作，并最终取得成功。丽江古城申报世界文化遗产的成功，体现了各级领导对申报工作的重视和关心，倾注了我县各级干部群众的心血和汗水，凝聚了社会各界人士的理解和支持；同时涌现出了一大批为古城申报工作做出显著成绩和突出贡献的先进个人。为发扬成绩、总结经验、树立榜样、学习先进、促进工作，县委、政府决定对陈矼等73个先进个人进行表彰奖励。希望受表彰的同志发扬成绩，再接再厉，继续为古城的宣传、保护和开发做出新的成绩，为丽江经济的腾飞再立新功。

附：先进个人名单

—2—

（此页无正文）

中共丽江 县 委
丽江县人民政府
一九九八年三月三十日

主题词：古城申报　先进个人　表彰决定

中共丽江县委办公室　　一九九八年三月三十日

（共印 1 2 0 份）

—3—

先进个人名单

一等奖（5人）

陈　砡　李　锡　和占军　段松廷　司晋云

二等奖（68人）

何金平　周　津　王晋生　李宏学　木文铎
木　良　和世华　王继禹　杨美堂　沙文明
和承勇　和良辉　周　鸿　张　辉　保明东
和志敏　和春雷　和建芳　李宝堂　杨　勇
黄乃镇　卫勇宏　沙文慧　宜　科　和耀新
杨承新　和光云　张赛东　洪卫东　和　超
赵文忠　赵净修　王红君　和映群　和鸿珍
和寿华　和秋生　和盛本　余存俊　和木秋
白清泉　木丽章　王菊喜　和积建　和体正
木庚锡　王志泓　王晓明　杨尔良　和茂华
杨启昌　杨之鹏　张存正　梁国相　周新程
舒家政　李代增　杨志坚　和云璋　龚崇厚
杨汝敏　和鹏英　杨锡莲　李　静　赵德祥
和凤菊　和秀云　杨相程

—4—

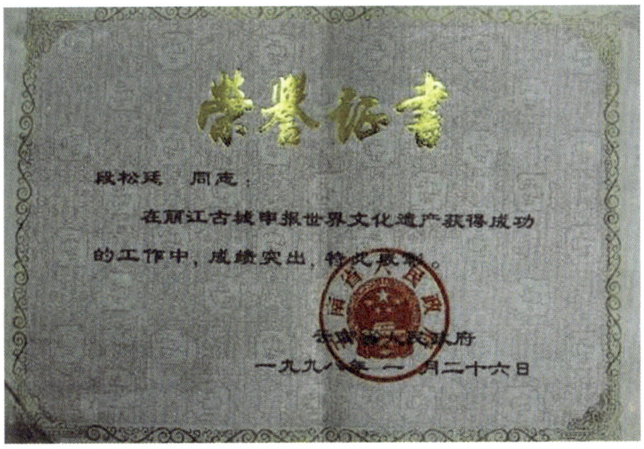

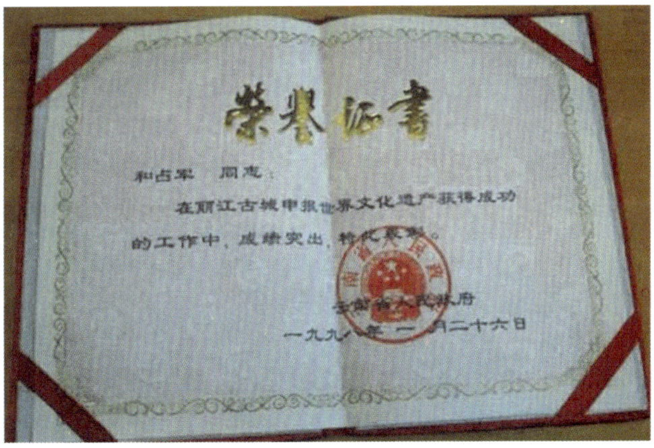

十一、世界文化遗产中心主任佰思德·冯德罗斯到丽江考察访问

1998 年 3 月，世界文化遗产中心主任佰思德·冯德罗斯在联合国教科文组织中国全委会马燕生、国家文物局郭旃、建设部付爽、曹南燕等领导陪同下到丽江考察访问。

右起：于富增、佰思德·冯德罗斯、郭旃在云杉坪

佰思德·冯德罗斯和李锡在云杉坪

右起：付爽、曹南燕、杨廷仁、佰思德·冯德罗斯、李国武考察古城

十二、联合国教科文组织中国全委会，建设部、国家文物局在北京举行世界文化遗产标志牌授牌仪式

（一）会议简况

1998 年 5 月 25 日下午，北京人民大会堂浙江厅喜气洋洋，气氛热烈。中国联合国教科文组织全国委员会、国家建设部、国家文物局在这里隆重举行世界遗产证书和中国世界遗产标牌颁发仪式，表彰世界遗产保护管理先进单位。

全国政协副主席孙孚凌、国家建设部部长俞正声、副部长赵宝江、教育部副部长、中国联合国教科文组织全国委员会主任韦钰、国家文物局局长张文彬，副局长张柏等部委领导，全国 19 个世界遗产所在地的各级政府领导、管理机构代表，全国知名的遗产保护专家、学者以及联合国教科文组织代表共计 200 多人参加颁发仪式，政协副主席孙孚凌等领导为丽江古城、平遥古城和苏州古典园林管理机构代表颁发世界遗产证书，向全国 19 个世界遗产单位管理机构代表颁发中国世界遗产标牌，这是中国政府首次向遗产单位颁发世界遗产标牌；各级领导同时向世界遗产保护管理先进单位颁发奖状。云南省建设厅副厅长陈锡诚，丽江地委委员、丽江县委书记和自兴代表丽江古城管理机构上台领证书和标牌，孙孚凌副主席将世界遗产证书颁发给和自兴书记。

建设部副部长赵宝江，国家文物局局长张文彬、联合国教科文组织代表野口升先生在致词中热烈祝贺丽江古城、平遥古城和苏州古典园林被列入《世界遗产名录》。他们在致词中说：山西平遥古城是中国明清时期保存完整的汉民族城市的范例；云南丽江古城则是保存浓郁地方文化、民族特色并与自然美妙结合的典型，具有特殊的价值；苏州古典园林是中国古典园林的杰出代表。中国的自然文化遗产以其独特性和多样性成为世界遗产的重要组成部分，显示出具有上下五千年文明史的中华民族文化的巨大魅力和历史沉淀。国家有关部门将继续做好申报列入《世界遗产名录》的工作，使我国有更多的优秀的文化遗产和自然遗产走向世界，并尽快制定完善有关保护和管理法规，加强管理，保护好世界遗产，为人类作出积极贡献。

云南省人民政府办公厅刘海建副处长，省建设厅韩先成处长，省文化厅文物处余剑明，原丽江县副县长陈砡，丽江县人民政府副县长周鸿，县文化局副局长、丽江县博物馆馆长李锡等同志参加了颁发仪式。

（二）《中国联合国教科文组织全国委员会关于颁发中国世界遗产标牌的通知》

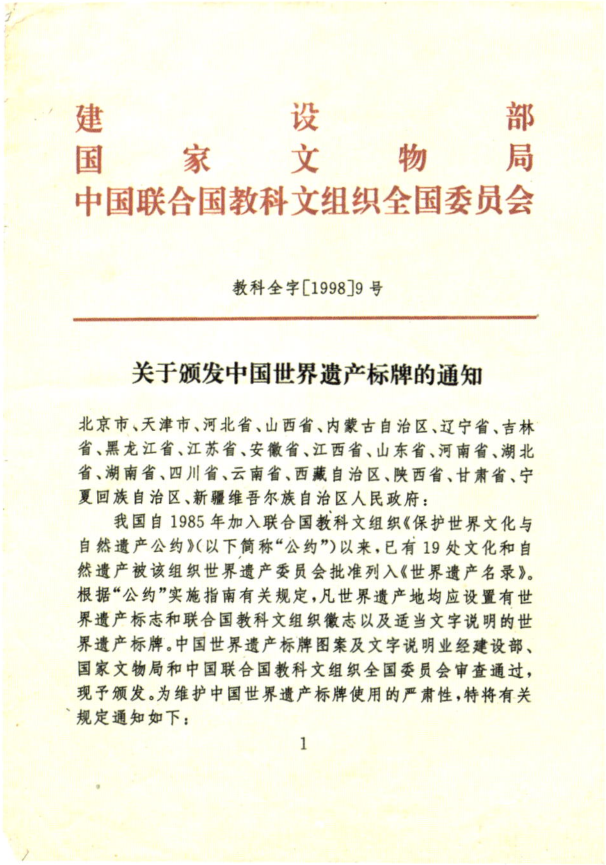
建　设　部
国　家　文　物　局
中国联合国教科文组织全国委员会

教科全字[1998]9号

关于颁发中国世界遗产标牌的通知

北京市、天津市、河北省、山西省、内蒙古自治区、辽宁省、吉林省、黑龙江省、江苏省、安徽省、江西省、山东省、河南省、湖北省、湖南省、四川省、云南省、西藏自治区、陕西省、甘肃省、宁夏回族自治区、新疆维吾尔族自治区人民政府：

我国自1985年加入联合国教科文组织《保护世界文化与自然遗产公约》（以下简称“公约”）以来，已有19处文化和自然遗产被该组织世界遗产委员会批准列入《世界遗产名录》。根据“公约”实施指南有关规定，凡世界遗产地均应设置有世界遗产标志和联合国教科文组织徽志以及适当文字说明的世界遗产标牌。中国世界遗产标牌图案及文字说明业经建设部、国家文物局和中国联合国教科文组织全国委员会审查通过，现予颁发。为维护中国世界遗产标牌使用的严肃性，特将有关规定通知如下：

1

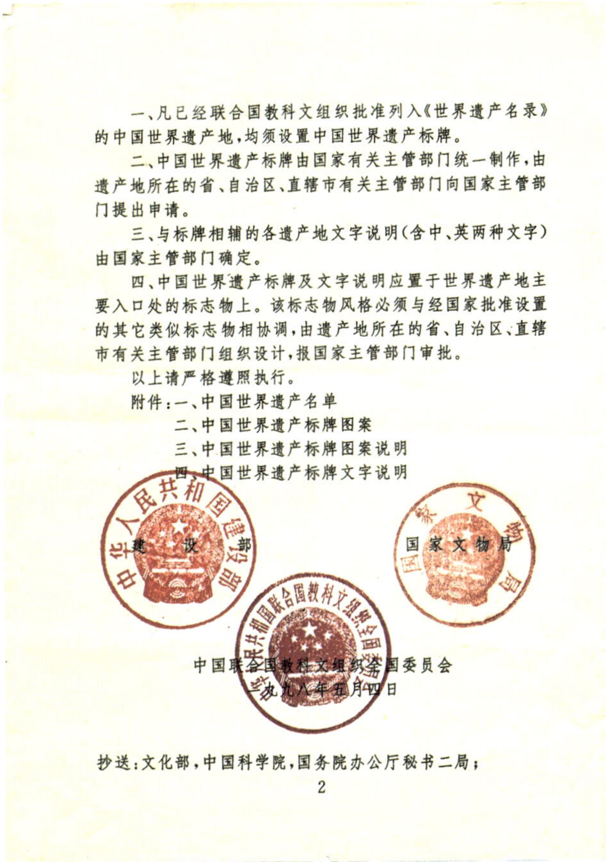
一、凡已经联合国教科文组织批准列入《世界遗产名录》的中国世界遗产地，均须设置中国世界遗产标牌。

二、中国世界遗产标牌由国家有关主管部门统一制作，由遗产地所在的省、自治区、直辖市有关主管部门向国家主管部门提出申请。

三、与标牌相辅的各遗产地文字说明（含中、英两种文字）由国家主管部门确定。

四、中国世界遗产标牌及文字说明应置于世界遗产地主要入口处的标志物上。该标志物风格必须与经国家批准设置的其它类似标志物相协调，由遗产地所在的省、自治区、直辖市有关主管部门组织设计，报国家主管部门审批。

以上请严格遵照执行。

附件：一、中国世界遗产名单
　　　二、中国世界遗产标牌图案
　　　三、中国世界遗产标牌图案说明
　　　四、中国世界遗产标牌文字说明

建设部　　国家文物局

中国联合国教科文组织全国委员会
一九九八年五月四日

抄送：文化部，中国科学院，国务院办公厅秘书二局；

2

（三）中国世界遗产标牌图案及其说明

附件二

中国世界遗产标牌图案

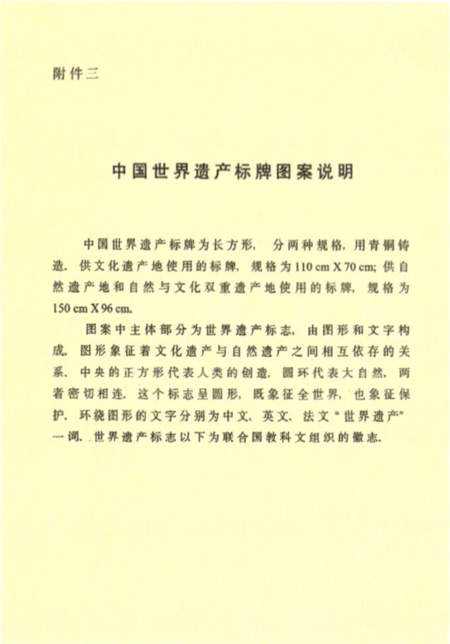

附件三

中国世界遗产标牌图案说明

中国世界遗产标牌为长方形，分两种规格，用青铜铸造。供文化遗产地使用的标牌，规格为110 cm X 70 cm；供自然遗产地和自然与文化双重遗产地使用的标牌，规格为150 cm X 96 cm。

图案中主体部分为世界遗产标志，由图形和文字构成。图形象征着文化遗产与自然遗产之间相互依存的关系。中央的正方形代表人类的创造，圆环代表大自然，两者密切相连。这个标志呈圆形，既象征全世界，也象征保护。环绕图形的文字分别为中文、英文、法文“世界遗产”一词。世界遗产标志以下为联合国教科文组织的徽志。

中国世界文化遗产标志墙

（四）中国世界遗产丽江古城标牌文字说明（中英文）

丽 江 古 城

根据《保护世界文化和自然遗产公约》，联合国教科文组织世界遗产委员会确认丽江古城之独特历史文化价值，并于一九九七年批准将其作为人类文化遗产列入《世界遗产名录》。为了全人类的利益，保护丽江古城，人人有责。

中华人民共和国建设部
中华人民共和国国家文物局
中华人民共和国联合国教科文组织全国委员会
一九九八年颁

THE OLD TOWN OF LIJIANG

IN PURSUANCE OF *THE CONVENTION CONCERNING THE PROTECTION OF THE WORLD CULTURAL AND NATURAL HERITAGE*, THE WORLD HERITAGE COMMITTEE OF THE UNITED NATIONS EDUCATIONAL, SCIENTIFIC AND CULTURAL ORGANIZATION (UNESCO) RECOGNIZED THE OUTSTANDING UNIVERSAL VALUE OF THE OLD TOWN OF LIJIANG FOR ITS HISTORICAL AND CULTURAL SIGNIFICANCE AND DECIDED TO INSCRIBE IT AS A CULTURAL SITE ON *THE WORLD HERITAGE LIST* IN 1997. THIS WORLD HERITAGE SITE DESERVES PROTECTION FOR THE BENEFIT OF ALL HUMANITY.

MINISTRY OF CONSTRUCTION OF CHINA
NATIONAL ADMINISTRATION OF CULTURAL HERITAGE OF CHINA
CHINESE NATIONAL COMMISSION FOR UNESCO
1998

世界文化遗产
丽江古城标志碑

（五）世界文化遗产证书颁发仪式

中国联合国教科文组织全国委员会主任、教育部副部长韦钰讲话

国家文物局局长张文彬讲话

联合国教科文组织代表野口升讲话

和自兴和陈矼在仪式上

和自兴和李锡在仪式上

余建明和李锡在仪式上

周鸿和李锡在仪式上

木考拉和李锡在仪式上

（六）世界文化遗产丽江古城证书及说明

联合国教科文组织世界文化和自然遗产保护协定

世界遗产委员会已将丽江古城列入世界文化遗产名录

本名录确认：凡列入本名录的文化或自然场所，即具有特殊的和世界性的价值。为了全人类的利益，需要加以保护。

马约尔

联合国教科文组织总秘书长

颁发日期：1997 年 12 月 6 日

UNITED NATIONS EDUCATIONAL, SCIENTIFIC AND CULTURAL ORGANIZATION

CONVENTION CONCERNING THE PROTECTION OF THE WORLD CULTURAL AND NATURAL HERITAGE

The World Heritage Committee has inscribed

the Old Town of Lijiang

on the World Heritage List

Inscription on this List confirms the exceptional and universal value of a cultural or natural site which requires protection for the benefit of all humanity

DATE OF INSCRIPTION 6 December 1997

DIRECTOR-GENERAL OF UNESCO

（七）人民大会堂请柬

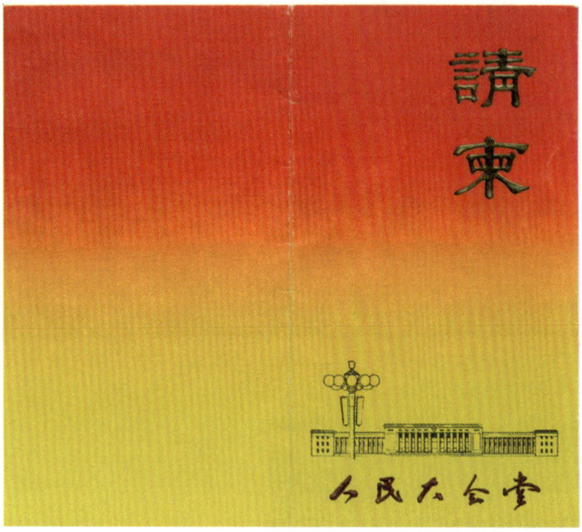

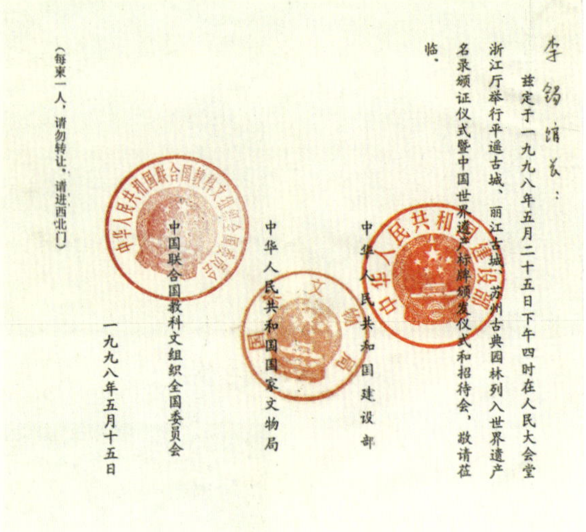

李锡馆长：

兹定于一九九八年五月二十五日下午四时在人民大会堂浙江厅举行平遥古城、丽江古城、苏州古典园林列入世界遗产名录颁证仪式暨中国世界遗产标牌颁发仪式和招待会，敬请莅临。

中华人民共和国建设部

中华人民共和国国家文物局

中国联合国教科文组织全国委员会

一九九八年五月十五日

（每柬一人，请勿转让，请进西北门）

十三、丽江县文化局组织设计世界文化遗产丽江古城徽记

（一）《丽江县文化局关于设计制作世界文化遗产丽江古城徽记的请示》

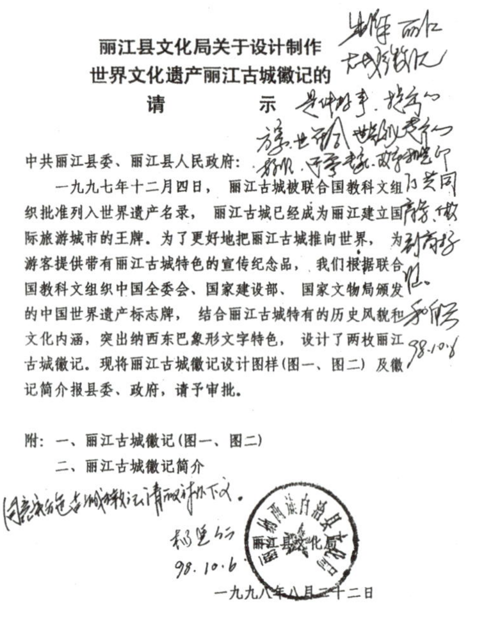

丽江县文化局关于设计制作
世界文化遗产丽江古城徽记的
请　　　示

中共丽江县委、丽江县人民政府：

一九九七年十二月四日，丽江古城被联合国教科文组织批准列入世界遗产名录，丽江古城已经成为丽江建立国际旅游城市的王牌。为了更好地把丽江古城推向世界，为游客提供带有丽江古城特色的宣传纪念品，我们根据联合国教科文组织中国全委会、国家建设部、国家文物局颁发的中国世界遗产标志牌，结合丽江古城特有的历史风貌和文化内涵，突出纳西东巴象形文字特色，设计了两枚丽江古城徽记。现将丽江古城徽记设计图样（图一、图二）及徽记简介报县委、政府，请予审批。

附：一、丽江古城徽记（图一、图二）
　　二、丽江古城徽记简介

一九九八年八月二十二日

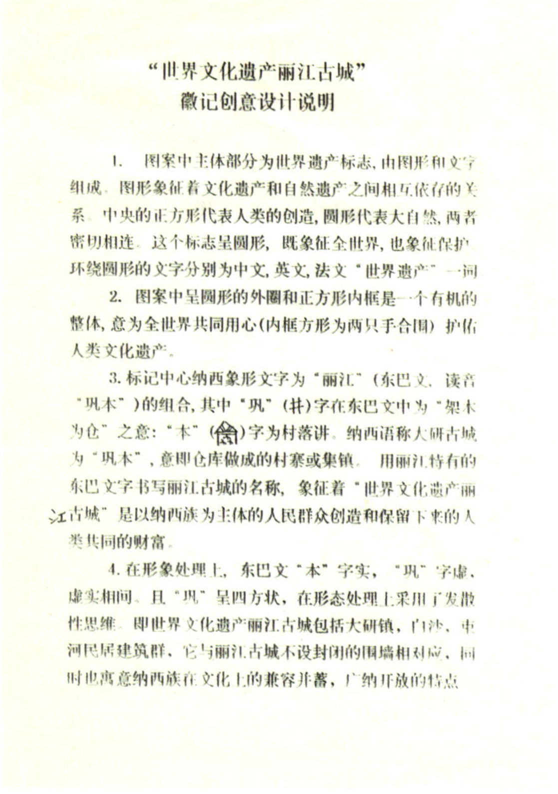

“世界文化遗产丽江古城”
徽记创意设计说明

1. 图案中主体部分为世界遗产标志，由图形和文字组成。图形象征着文化遗产和自然遗产之间相互依存的关系。中央的正方形代表人类的创造，圆形代表大自然，两者密切相连。这个标志呈圆形，既象征全世界，也象征保护。环绕圆形的文字分别为中文，英文，法文“世界遗产”一词。

2. 图案中呈圆形的外圈和正方形内框是一个有机的整体，意为全世界共同用心（内框方形为两只手合围）护佑人类文化遗产。

3. 标记中心纳西象形文字为“丽江”（东巴文，读音“巩本”）的组合，其中“巩”（井）字在东巴文中为“架木为仓”之意：“本”（⌂）字为村落讲。纳西语称大研古城为“巩本”，意即仓库做成的村寨或集镇。用丽江特有的东巴文字书写丽江古城的名称，象征着“世界文化遗产丽江古城”是以纳西族为主体的人民群众创造和保留下来的人类共同的财富。

4. 在形象处理上，东巴文“本”字实，“巩”字虚，虚实相间。且“巩”呈四方状，在形态处理上采用了发散性思维。即世界文化遗产丽江古城包括大研镇，白沙、束河民居建筑群，它与丽江古城不设封闭的围墙相对应，同时也寓意纳西族在文化上的兼容并蓄，广纳开放的特点

5．东巴字下面汉字“中国丽江”与环外“世界遗产”相对应，连起来即“世界文化遗产中国丽江”

6．色彩运用上，外环及内框呈金色，醒目突出；外环及内框之间铺绿色，寓意绿色地球及环保，同时也象征人类文化事业繁荣茂盛。方形之内以大红色铺就，以中国民间的传统色块大胆推出根植于深厚中华文明之上的世界文化遗产丽江。此色调的运用也反应了丽江古建筑与白沙壁画中藏传佛教文化的底蕴。在传统画法中有反其意用之的效果。

（二）丽江纳西族人民政府对《丽江县文化局关于设计制作世界文化遗产丽江古城徽记的请示》的批复

丽江纳西族自治县人民政府文件

丽政复〔1998〕40号

丽江纳西族自治县人民政府
对县文化局《关于设计制作世界文化遗产丽江古城徽记的请示》的批复

县文化局：

你局《关于设计制作世界文化遗产丽江古城徽记的请示》收悉。县人民政府认为，丽江古城被联合国教科文组织批准列入世界遗产名录后，已经成为丽江建立重要国际旅游景点和把丽江推向世界的一张王牌。为了更好地宣传丽江古城，扩大影响，为中外游客提供具有丽江古城特色的旅游纪念品，设计制作“世界文化遗产丽江古城”徽记是十分必要的，而且是十分迫切的。为此，县人民政府于

－1－

1998年10月21日下午召开了丽江古城徽记设计方案评审会，县委、人大、政协的有关领导，县直有关部门的负责人和部分丽江知名专家、学者参加了评审会，会议就丽江县文化局组织完成的“世界文化遗产丽江古城”徽记设计方案进行了认真的评审，原则通过了设计方案，并提出了对方案局部和细节进一步修改、补充和完善的意见和建议。现特作如下批复：

一、原则同意上报的丽江古城徽记设计方案，但要根据评审会意见，对方案局部再作进一步的修改、补充和完善。

二、丽江古城徽记的制作推销工作由丽江县博物馆和驻昆办事处共同组织实施，并由县文化局副局长、博物馆馆长李锡同志和县驻昆办主任木红春同志具体负责，各有关乡镇政府和县直有关部门要给予积极支持和配合。

三、在徽记的制作过程中，必须坚持质量第一的原则，精工细琢，切忌粗制滥造，力求成为旅游纪念品中的精品。

四、 在保证质量的前提下， 必须抓紧时间并要求于1998年12月底前完成徽记的样品制作，1999年2月3日前完成批量制作。

此复

－2－

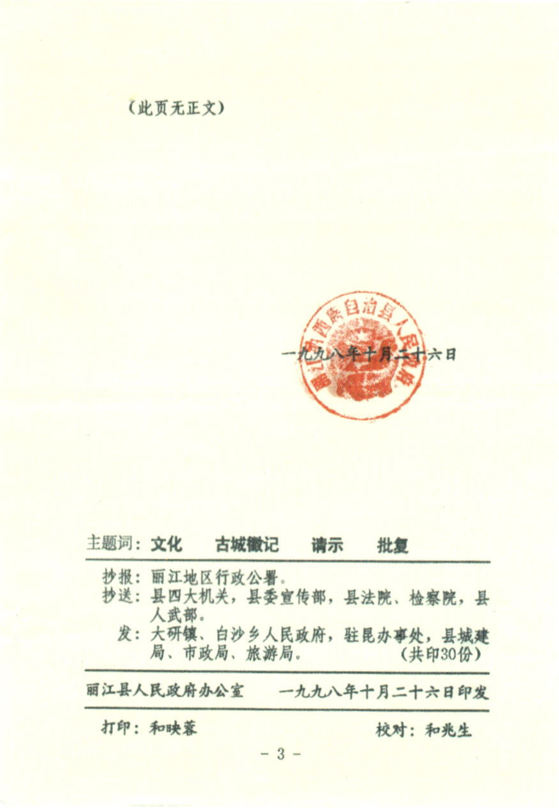

（此页无正文）

一九九八年十月二十六日

主题词：文化　古城徽记　请示　批复

抄报：丽江地区行政公署。
抄送：县四大机关，县委宣传部，县法院、检察院，县人武部。
发：大研镇、白沙乡人民政府，驻昆办事处，县城建局、市政局、旅游局。（共印30份）

丽江县人民政府办公室　一九九八年十月二十六日印发

打印：和映蓉　校对：和兆生

－ 3 －

（三）古城徽记设计评审会签到名单

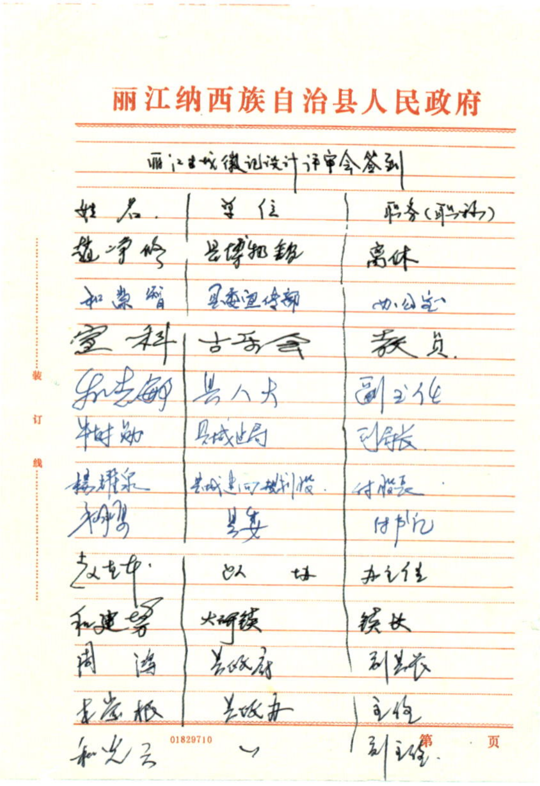

丽江纳西族自治县人民政府

丽江古城徽记设计评审会签到

姓名	单位	职务（职称）
赵净修	县博物馆	离休
和崇翔	县委宣传部	办公室
宣科	古乐会	教员
[illegible]	县人大	副主任
[illegible]	县城建局	副局长
杨[illegible]	县城建[illegible]规划股	付股长
[illegible]	县委	付书记
[illegible]	[illegible]	办主任
和建华	大研镇	镇长
周鸿	县政府	副县长
李家根	县政办	主任
和光云	〃	副主任

01829710　第　页

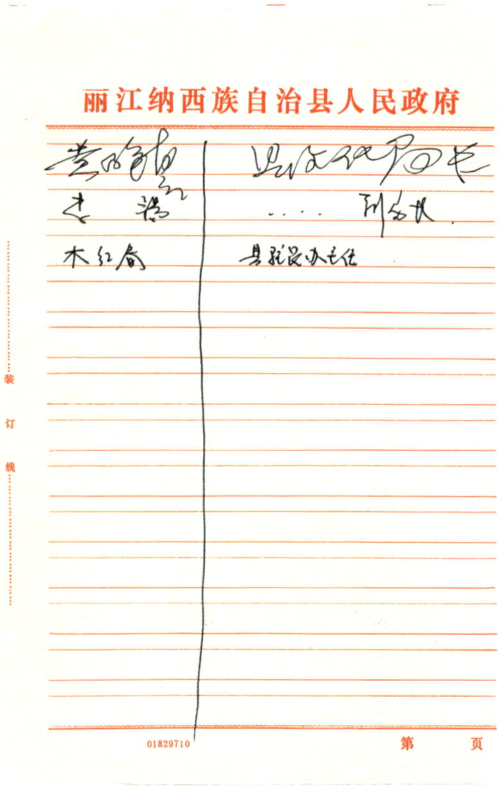

丽江纳西族自治县人民政府

[illegible]	[illegible]
[illegible]	…… [illegible]
木红[illegible]	[illegible]

01829710　第　页

（四）古城徽记总体创意和设计制作

城徽记总体创意：李锡、木鸿春、和向红、宋坚；文字说明：李锡、和向红；象形文书写：木琛；设计制作：宋坚

十四、江泽民为丽江古城题词：世界文化遗产——丽江古城

1999年5月2日，国家主席江泽民视察古城博物院（木府）。古城博物院（木府）做了全面的准备，期待着江主席的到来。为了请江主席为丽江题词，黄乃镇院长等人作了预案。下午3时许，江主席一行从金水桥过石牌坊，和大家一一握手后，停留在大门前，段增庆书记介绍木府门联：“凤诏每来红日近，鹤书不到白云闲。”这幅出自明代木氏土司木泰之手的对联，表达了土司对中央王朝忠诚之意，江主席极为赞赏。过大门进入广场，与身穿节日盛

装的纳西族群众联欢，与地方领导合影留念，到议事厅，请江主席题词的笔墨纸砚已准备就绪。大家请主席题词，题写什么呢？江主席和随行人员一时拿不定主意，这时，李锡拿出口袋中早已打印好的字条“世界文化遗产——丽江古城”请主席题词，江主席一看，“好好好”！愉快地答应了请求，于是“世界文化遗产——丽江古城　江泽民　一九九九年于木府”一行大字出现在大家面前。热烈掌声，摄影师们用镜头记下了这一历史的时刻。

第四　回顾篇

一、保护丽江古城记

和志强

1997 年 12 月 3 日，联合国教科文组织世界遗产委员会一致通过，将丽江古城列入《世界遗产名录》。从此，这座风景秀丽、历史悠久、文化灿烂的古城，蜚声中外，游人如织，成为云南省旅游业新的靓点，有力地促进了滇西北旅游业的发展。当人们漫步在家家流水、户户垂柳、五花石铺成的大街小巷的时候，会提出一个问题：为什么经历了八百多年风雨沧桑的古城保存得这样完好呢？我认为，这是历史的、现实的诸多因素决定的，这个问题还是让历史学家去专题研究吧。在这里，我仅就保护古城的亲身经历做些简要回顾。

一

1949 年丽江解放，进入了新的发展时期，大规模的经济建设、城市建设即将开始，在哪里建呢？面临重大的抉择，要么像国内许多城市那样，在古城拆旧建新，这样，随着经济建设的发展，现代建筑不断取代民居，古城也将悄然消失；要么另辟新区，保留古城。当时的领导者选择了后者，在古城的西部建设了丽江新城。这样就为保护古城创造了前提，奠定了基础。这一明智的决策，可以说，功在当代，利在千秋。

二

进入 20 世纪 80 年代，随着经济的发展，在没有保护古城法规条例的情况下，在古城区不断出现了与古城区风貌很不协调的新的现代建筑。更为严重的是，当时为了改变古城不能行车的状况，计划修一条从北到南穿过四方街的大道，一座完整的古城将被破坏，这一举动，引起了许多干部和群众的不满，有人写信到省政府，要求制止。1986 年 8 月 14 日，我看到了来信，感到十分震惊。难道百年古城，就此毁于一旦，要做千古罪人吗？情况紧急，只有用行政手段来保护了。我立即作出了批示："此件转丽江地委、行署，丽江县委、县政府（抄发省建设厅）。较完整地保留丽江古城很有必要，这不仅是为了研究颇具特色的纳西族民居建筑的需要，也是为了适应开放和旅游所必需，国内外专家多次呼吁，请你们认真研究，务必做到保留丽江古城。"丽江的各级领导和有关部门，认真贯彻执行了批示，古城终于化险为夷。

三

改革开放以后，经济发展，社会进步，人民生活不断提高，住在古城的居民，也不例外地应享受现代文明。这样，古城又出现了新的矛盾和问题。如，沿大街小巷的电线，如蜘蛛网罩住了古城，不仅影响了古城风貌，也给古城带来隐患。由于没有必要的排污、自来水等设施，作为古城灵魂的流水被污染了，给居民生活也带来诸多不便，人们的环保意识也在淡化。在新形势下，如何保护古城的问题又摆在了我们的面前。为了解决这一问题，省政府责成省建设厅进行专题调研，并提出方案，为即将召开的现场办公会做准备。1994 年 10 月，我主持召开了省政

位于黑龙潭公园中的和志强墓

府“滇西北旅游规划会议”。这次会议，确立了把旅游作为主导产业来振兴滇西北经济的发展战略，会议就滇西北发展的有关问题作出了一些重要的决策。如，为了保护金沙江上游的生态，保持良好的自然环境，决定撤销黑白水林业局，在滇西北的森工企业也逐步转产。会议决定申报丽江古城为世界文化遗产，申报三江并流为世界自然遗产。会议认真讨论了保护丽江古城的问题，决定批准实施《丽江大研古城保护方案》，简称为“五四三二一工程”。五是新建和完善五个系统，即新建古城排水管网系统和街巷照明系统，修缮和完善道路网系统、消防网系统、电力与电信系统；四是四个增加，即增加环卫设施，增加绿化用地，增加文化活动设施，增加旅游接待设施；三是改造三条街，即四方街、七一街、新华街保持原有风貌的基础上，进行内部改造；二是两个降低，即降低古城建筑密布与人口密度；一是一个提高，即通过上述建设，从根本上改变目前古城内部环境质量不高的状况，使古城的内部环境和水体洁净度有较大的提高。方案还提出了具体要求和措施。方案特别指出：“名城保护是涉及千家万户的系统工程，必须加强宣传，统一思想，提高认识，进一步树立干部群众的名城意识，使广大干部群众充分认识到，名城本身就是巨大的无形资产，若不加以保护，则名城不名，最后导致资产自然消失。”通过这次会议，保护丽江古城就有了政令性的比较完整的文件，也可作为在古城区内实施保护性工程的依据。

四

流水是丽江古城的灵魂，千百年来，它如大地母亲的乳汁一样源源不断地滋润着这座高原上的古城。但是，到了 80 年代初期，古城面临着越来越明显的两大威胁。一是污染。由于经济的发展，人流的增加，局部地段不合理的城市建设，加上原有基础设施不完善等因素，造成了古城水体不断受到污染，昔日清澈如镜的潺潺溪流，渐渐被来自方方面面的污染所侵蚀，慢慢失去了往日的风采。二是水量减少。由于全球气候变暖、雪线上升等诸多因素影响，整个古城难以保持足够的水量，供水出现严重不足，影响了古城的生机和活力，1983 年出现的断流，是一个严重的警示。因此，在省政府“滇西北旅游规划会”上通过的《丽江历史文化名城保护规划》中，专列出水体保护一项，明确提出“保护古城水体应作为保护古城的重点之一”，在防止污染上提出了具体的要求和措施。会议提出，今后的城市建设规划中，都以对水体不受任何影响为前提。根据规划会议精神，为了保护古城足够的水流量，丽江地区行署向省政府提出了“关于整治拉市海隧洞和实施北干渠工程的报告”。省政府认为，这是保证古城水流量的重要措施，应予支持，我签署批准了该报告，并拨出专款实施了这个项目。以上措施，为保护古城流水只是起了一个头，要切实保护好这一惠及子孙的事，还有待一代又一代的人们把流水当作古城的生命，爱护它，保护它，让古城永远保持“小桥流水”的高原水城风貌。

五

1996年2月3日，丽江发生了强烈的大地震，人们的生命财产遭受巨大损失，古城也受到了相当严重的破坏，在抗震救灾中如何保护古城的问题再一次摆在我们的面前。地震后第二天，党中央，国务院派出以吴邦国为团长的慰问团到达丽江，吴邦国副总理察看了农村的重灾区后，我请他视察一下古城。我们冒着余震的危险，走街串巷，仔细察看了破坏的情况，随后，吴副总理问我，震后重建古城怎么考虑？我说，省政府认为要采取“恢复原貌、重建如旧”的方针。他说，好。临走前，他作了重要讲话，强调了震后重建中古城要恢复原貌。不久，我给省政府抗震救灾指挥部下达了按此精神编制古城恢复重建的任务。5月初，我到北京，在中南海向李鹏总理汇报丽江抗震救灾情况，总理详细询问了当时的情况特别是灾民安置情况，还问我家里的情况，为了给总理增加对丽江的印象，我把丽江古城的照片展示在他面前，他十分感慨地说，在祖国西南边陲居然有这么漂亮的一座古城。我充分转达了丽江人民希望总理视察丽江的愿望，5月13日，总理飞抵丽江，视察灾区，慰问灾民，也到了四方街。临走时，总理对我说，震后重建中，恢复古城原貌是对的，要保护好古城。省政府也批准了丽江震后重建方案，包括古城中重建木府、迁建地区医院、拆除一些现代建筑等内容，一场轰轰烈烈的重建家园战役开始了。三年后，再次来到丽江，人们惊喜地发现，一座充满现代气息又具有地方特色的丽江新城和一座古色古香保存完整的丽江古城，展现在人们的面前。这一重大成果，首先归功于党中央、国务院对灾区人民的关怀，归功于省委、省政府的正确领导，也是丽江各级干部和各族人民自力更生、艰苦奋斗、开拓创新的结果。可以相信，在新的世纪里，坐落于玉龙之麓、金江之沿、三江并流区中的丽江古城，像一颗灿烂的明珠，会更加璀璨夺目。

2004年4月

（作者时任云南省省长，2007年逝世）

二、那不勒斯的回忆

和段琪

联合国教科文组织世界遗产委员会将于北京时间12月4日在意大利那不勒斯召开的第21次会议，最后投票表决丽江古城、山西平遥古城和苏州园林列入世界遗产清单问题。当时，我们在法国访问，接到通知后，便辗转意大利，直奔南部小城那不勒斯。

一路上，我的心情有喜又有忧，喜的是丽江古城申报世界文化遗产工作经过丽江各族人民的努力，中央、省有关部门和领导的大力支持、国际友人的鼎力相助，特别是经过“2·3”大地震的洗礼，今天终于被列入议事日程，藏在深山中的丽江逐步被人认识，走出大山，走向世界。这是丽江各族人民的骄傲，也是全国人民的骄傲；忧的是联合国教科文组织世界遗产委员会对列入世界遗产清单的标准要求很高，而且机会只有一次，任何国家、任何景点都是如此，一视同仁，绝不会有第二次机会。

经过几年的努力，特别是丽江“2·3”大地震之后，丽江古城的知名度提高了，在国内外的影响扩大了，这是有目共睹的事实。但据有关情况的掌握，申报困难不小。在此之前，世界遗产委员会已召开过3次会议。其中6月份的巴黎会议，有联合国教科文组织遗产委员会的主席团成员国参加，一共21个国家。会议把丽江作为推荐名单，但中途出了点小麻烦，主报告人亨利委托哈利姆到丽江考察的资料没有及时送到。因此，主席团认为资料不全，没有列入同意列入的名单。因为联合国教科文世界遗产委员会在讨论是否最后列入审议名单，通常有3种意见，一是同意；二是暂退、补充材料后再送；三是退回。我们的材料不是没有，而是不全。当时参加会议的丽江县副县长陈砃几次找到亨利，反复向他说明材料不全不是我们的问题，而是他们的责任，我们愿意尽快补充材料。经过反复做工作，主席团对丽江的情况作了暂退处理，这给我们赢得了机会。但是，据我所知，这次评审委员会10余人中，只有1个人到过丽江，她就是日本籍的梁敏子。主报告人没有到过丽江，其他成员对丽江的情况知道的甚少。我的心情既兴奋又沉重，申报万一失败了，我们无颜面对江东父老。但作为一个地方政府官员，我深知肩上的责任，这是历史的责任。为了丽江，也为了中国，为了丽江各族人民和全国各族人民的厚望，哪怕只有一分的希望，也要尽全力去争取。

那不勒斯是意大利南部那不勒斯海湾一个非常美丽的城市，也是文化积淀很深的历史文化名城，很早前就被列入世界文化遗产清单。我们提前两天到达那不勒斯，东道主安排有各种游览活动，内容也十分丰富，但我们的心一直悬在丽江古城能否申报成功上。

为了让主报告人、让更多的评审委员了解和熟悉丽江，11月27日，在21个国家参加的主席团会议上，我们提供和补充了大量丰富的材料，使丽江古城进入了全体会议的最后评审表决的议程。与此同时，我们抓紧时间，利用各种机会，登门拜访，会议间隙交谈。11月28日，联合国教科文组织世界遗产委员会正式开会，有124个国家代表参加，利用开会间隙，广泛地同日本、意大利、英国、澳大利亚等国的代表接触。会议一般有上午茶点和下午茶点的安排，这是我们最活跃的时候。一方面向大家介绍丽江，送上丽江VCD光盘、丽江古城画册、东巴象形字画等纪念品；另一方面热情地请大家到丽江做客。我们还分别同联合国教科文组织世界遗产中心主任冯德·罗斯特、副主任梁敏子女士、亨特博士等见面，争取得到他们的支持。这样，使遗产委员会的官员们逐渐地了解和认识了丽江，知道丽江古城是经历了800余年风雨，至今仍然保存完整的少数民族古城，是一座以纳西族为主，汇集藏、汉、白等多元民族文化的古城。其中，纳西族东巴象形文字是迄今仍存活的最古老的象形文字。丽江古城还是一座活着的古城，现还有3万多的居民居住，富有特殊的价值。

评审时，丽江古城悠久的历史文化，我们不懈的努力给评审委员会留下了很深的印象。他们激动地说，联合国教科文组织世界遗产委员会成立至今，还没有哪一座城市的长官到大会推荐自己的城市。他们原来担心“2·3”大地震对丽江古城造成的损失一下难以恢复，但凭丽江古城长官不远万里来到那不勒斯的精神，是十分可贵的，看来担心是多余的，相信丽江古城的人民一定能够将古城的原貌恢复得更好。

更值得高兴的是，原来我们都不是会议的正式代表，在遗产评审委员会了解和掌握了丽江的情况之后，例外地给了一个代表名额，将我作为正式代表，发了代表证，正式参加了会议。我预感到我们成功了一半，丽江古城申报胜利在望。

12月4日（北京时间），联合国教科文组织世界遗产委员会举行最后投票表决，出席会议的有联合国教科文组织世界遗产中心官员，主席团成员，还有来自124个国家的官员共300余人，整个大厅坐得满满的。会议从早上9点（当地时间）开始，一直到晚上8时，会议要表决的有37个自然遗产和文化遗产。会议开始，先由遗产中心的亨特·克莱尔对每个点作15分钟的简短介绍，然后让大家提意见、表决。在通过其他国家的一些提名地时，争论很激烈，意见分歧不少，我们真有点担心。然而，当亨特先生对丽江古城作了简短介绍后，会场内没有什么意见。进行表决时，一致同意将丽江列入世界文化遗产清单。我们高兴得几乎要跳起来，这是丽江人民经过多少努力换来的！它凝聚着各级领导和社会各界人士对丽江的关心和厚爱。我们怀着激动的心情，同前来祝贺我们的各国朋友一一握手。我们每个人都流下了喜悦的泪水。我们很快地向地委、行署报告了这一特大喜讯。我想，丽江接到这喜讯将是一片欢腾，将是一个不眠之夜。

我们在下榻的酒店举杯庆贺，庆贺丽江古城走向世界，庆贺丽江古城在历史上留下光辉灿烂的一笔。我们激动的心情难平，我们激动的泪水难抑。也正是此时，我突然接到一个噩耗，我二姐在山东不幸病逝。我喜庆的泪水顿时变成悲痛的泪水，我们姐弟在玉龙雪山下，在怒江大峡谷，在最艰苦的岁月相依为命，结下了难以忘怀的姐弟情。然而此时姐姐突然走了，我却不能最后见她一面。悲痛中，我想起自己的使命，这是丽江110万人民的重托，我是纳西族人民的儿子。我压抑着泪水，默默地遥望远方的祖国。

（作者：时任中共丽江地委副书记、行署专员，现任云南省人大常委会副主任

本文引自《向世界申报》——丽江古城申报世界文化遗产档案录）

三、丽江古城申报世界遗产杂忆

马燕生

初闻丽江

1995 年，我在中国联合国教科文组织全国委员会（以下简称：教科文全委会）任文化与传播处处长，主管世界遗产申报工作。6 月中旬，国家文物局、建设部在京召开世界文化遗产拟申报项目专家评审论证会，我和景峰代表教科文全委会与会。郑孝燮、罗哲文、傅熹年、徐苹芳、阮仪三、王景慧、王瑞珠等顶级专家学者参会。会议一致赞同将丽江古城、平遥古城和苏州古典园林列入推荐申报世界遗产项目的预备名单。这是我第一次听说并了解丽江古城的有关情况。会后，教科文全委会根据国家文物局和建设部的意见，将包括以上三个推荐项目预备名单正式提交联合国教科文组织世界遗产中心。

1996 年 2 月 3 日，丽江地区发生 7 级大地震，之后余震不断，不仅给人民生命财产造成巨大损失，也使丽江古城和毗邻地区的许多历史建筑和文物古迹遭到毁灭性破坏，引起国际社会的广泛关注，教科文组织马约尔总干事致电中国政府表示同情和慰问。由于丽江古城已经列入世界文化遗产预备名单，教科文组织世界遗产中心有关官员和亚太地区文化顾问于 2 月 16 日赶赴丽江视察灾情。他们认为，大地震虽使丽江古城遭受重创，但古城的历史风貌、格局和传统民居等基本要素仍在，应继续支持丽江古城申报世界文化遗产。教科文全委会会同建设部和国家文物局，及时向教科文组织提交了紧急援助申请，很快就获得批准，为丽江古城申报工作争取到 2 万美元资助。

此后，在中央政府有关部门的关心和大力支持下，云南省和丽江地区举多方之力对丽江古城进行了抢救性重建，同时开始起草撰写丽江古城申报世界文化遗产报告文本。5 月上旬，建设部在京召开了申报文本专家评审会，我在会上提出，文本基础很好，但一些方面不符合教科文组织有关规范，须严格按照规范进行补充修改。与此同时，我主持起草了教育部、建设部、国家文物局、外交部就丽江古城等申报世界文化遗产项目给国务院的请示报告，经四部门会签后呈送中南海，很快获李岚清副总理、钱其琛副总理和李鹏总理批准。6 月下旬，教科文全委会收到经过精心修改完善且印制精美的申报文本，记得当时我惊讶地对丽江县主管申报工作的陈砡副县长（建设部挂职干部）说，“这是我负责世界遗产申报工作以来见过的最佳文本!”我们立即托人将文本带到巴黎，赶在教科文组织世界遗产委员会特别会议召开之前送达世界遗产中心。

结识丽江

1997 年 3 月，丽江古城重建工作大体完成，教科文组织评审专家的考察时间基本确定。应云南省建设厅和丽江地区行署邀请，建设部和教科文全委会派员会同省建设厅对丽江古城的申报准备工作进行检查验收。亲自前往丽江一睹芳容的机会终于来了，我满怀欣喜地盼望着首次丽江之行！

3 月 31 日，我和建设部规划司周日良处长、傅爽副处长在省建设厅韩先成处长等陪同下，飞到刚刚通航不久的丽江，受到了丽江地区行署和丽江县领导的热情接待。当天下午我们就开始工作，听取丽江县领导对申报工作的全面介绍后，我们与申报工作组陈砡、张辉、司晋云、李锡等一起仔细考察了丽江古城，除了土司木府、黑龙潭、丽江博物馆，还走遍了申报区域的大街小巷和所有典型民居，晚上观看了纳西古乐。次日，我们还驱车前往白沙、束河，考察了茶马古道沿线的古老村落和传统民居。丽江博物馆馆长李锡是当地历史文化大学者，一路上给我们详细讲解了纳西古乐、东巴仪式、占卜文化和象形文字等纳西族非物质文化遗产。

两天的考察让我大开眼界，也大饱眼福，丽江古城千姿百态之美及其丰厚的文化内涵，让我非常感动和无限感慨。当时就觉得，丽江古城作为中华文化之瑰宝，是当之无愧的世界文化遗产。在检查验收总结会上，我们一行对丽江古城重建工作给予充分肯定，同时也提出一些整改意见和建议。记得我主要提出了三个方面的问题：一是照明、电话、电视三种电线随意架设杂乱无序，既有碍观瞻，也影响安全；二是古城内传统建筑尤其是民居大多是木结构，但消防设施明显不足，许多街区甚至没有消防通道；三是垃圾消纳、污水处理等设施落后，环境卫生管理不到位。我特别强调，这些基本问题如不解决，丽江就无法通过教科文组织文化遗产专家的评审考察。当时作为教科文全委会的代表，我的话分量很重，引起丽江县政府有关部门领导担忧。立即整改面临的困难，一是无资金来源，二是无足够时间。韩先成当即电话请示省建设厅领导，得到了资金支持的承诺，会场的紧张气氛一下子得到了缓解，各路“诸侯”士气大增。听说会后不到两周时间就圆满完成了所有整改任务，为教科文组织专家评审考察做好了一切准备。

庆贺丽江

1997 年 12 月 1—6 日，联合国教科文组织世界遗产委员会第 21 次会议在意大利那不勒斯召开，规模庞大的中国代表团出席。建设部规划司王景慧副司长任团长，成员包括国家文物局文物保护司郭旃处长、教科文全委会马燕生和景峰。此外，来自丽江、平遥和苏州的有关领导也分别组团与会。丽江代表团由地委书记和段琪率领，县委书记和自兴、副县长陈砡等参加。参会的中国代表和相关列席人员一共有十几位，人气颇高。

根据会议日程安排，12 月 4 日审议中国政府申报的丽江古城、平遥古城和苏州古典园林三个项目。此前，我和王景慧、郭旃、景峰利用一切机会做世界遗产委员会各成员国代表和国际古迹遗址理事会（ICOMOS）有关专家的工作。由于丽江古城项目在7月初审阶段因故遇到一些曲折，我们对此给予了特别关注。ICOMOS资深专家亨利·克里尔（Henry Cleere）教授是我们尊敬的老朋友，也是世界文化遗产项目推介的主讲人，我们专门安排丽江方面同他进行了深入沟通和交流，为丽江古城项目的审议通过再次夯实了基础。4日上午，审议丽江古城等三个项目，均顺利通过，喜讯很快传回国内，从昆明到丽江上上下下一片欢腾。云南省终于有了第一个世界遗产，中国的历史文化名城第一次被列入《世界遗产名录》，丽江古城在全国99个历史文化名城中第一个被列入世界文化遗产。如此看来，丽江古城列入世界遗产的重要意义无论怎样“拔高”都不过分。当晚，我们与丽江等地的领导们欢聚一堂，把酒言欢相互庆贺！

祝福丽江

会议期间，教科文组织助理总干事兼世界遗产中心主任伯恩德·冯德罗斯特（Bernd von Drost）先生向我表示，希望于1998年春天访华，去几个世界遗产地考察访问，我毫不犹豫地向他推荐了丽江。

1998年3月，冯德罗斯特先生如期访华，教科文全委会于富增秘书长亲自陪同他访问了丽江古城，我和建设部曹南燕处长、国家文物局郭旃处长等同行。

时隔一年再次来到丽江，发现山川依旧，但古城的面貌焕然一新。为了欢迎冯德罗斯特先生来访，丽江地区行署和丽江县政府都提前做了精心策划和准备。无论是大街小巷，还是店铺民居，都已按历史原貌修葺一新，往日那种杂乱无序的场面已经无影无踪，到处都是整洁干净，井井有条，古城的风姿与魅力尽显于今！

我们陪同“老冯”（由于是老朋友，私下经常这样称呼他）走遍了古城的各个角落，文物古迹、传统建筑、人文景观、自然风光，以及东巴文化、风土人情，无一不让我们惊叹不已，又陶醉其中。“老冯”更是对丽江古城赞不绝口，认为丽江是文化遗产和自然遗产、物质文化遗产和非物质文化遗产的完美结合，可以说是举世无双，当之无愧。他希望能将丽江这座“活着的古城”保护好，进而将东巴文化申报世界非物质文化遗产。

夕阳西下，夜幕四合，古城夜晚和白天一样，风情万种，景色迷人。晚餐后，陈砋等陪同我们和“老冯”一起散步来到四方街，这里灯火通明，人们正载歌载舞。热情的纳西族男女把我们拉入舞阵一起跳起来，质朴的民谣与和谐的舞步把我们的心和丽江古城连在一起！

祝福丽江古城，愿你永葆芳华！

2017年4月于巴黎

（作者时任教育部教科文全委会文化与传播处处长，

现任中国驻法国使馆教育处公使衔参赞）

四、申遗随笔

詹德华

我对丽江的爱，缘于古城的绝世魅力，融于申报世界文化遗产历程，直至申遗成功，古城情结依然难以释怀。现应李锡馆长之邀，追记丽江申遗的坎坷经历，回忆与专家、同行共同经历的难忘岁月。

1995 年 4 月初，我随国家文物局知名遗产保护专家郭旃第一次来到玉龙山麓的丽江古城实地考察。留在我脑海里的古城，风景秀美，街巷纵横，建筑古朴，民风淳朴，远离喧嚣，眷恋之情油然而生。考察后我们认为，丽江古城有条件申报世界文化遗产，应尽快开展申报的各项工作。6 月 15 日，国家文物局在实地考察后，与建设部共同组织专家对丽江古城的遗产价值进行评估，并决定推荐丽江列入中国世界文化遗产预备名单，从而揭开了丽江申遗的序幕。

丽江申遗汇聚了我国文化遗产领域著名专家，以及文物、建设、规划等管理部门的有关同志，有建设部的郑孝燮、王景慧、周日良、傅爽；国家文物局的谢辰生、罗哲文、郭旃；中国建筑科学研究院的傅熹年；中国社会科学研究院的徐苹芳；教育部教科文全委会的马燕生、景峰，以及云南省文物局的熊正益、建设厅的韩先成和东巴博物馆的李锡馆长等。为了丽江的整体保护，让古城绚丽的文化遗产走向世界，各路“神仙”为了一个共同的目标，开始了艰难的申遗历程。

1995 年 7 月 30 日，全国历史文化名城专家委员会提议将丽江列入我国“古城、历史街区保护名单”。

1996 年 2 月 3 日，丽江大地震，古城人民满怀对遗产的敬畏之情，全力投入震后修复工作，保持了古城的真实性和完整性，申遗工作得以如期推进。5 月 7 日，国家文物局和建设部再次组织专家审核申遗文本，充分肯定了丽江震后的文化遗产保护成果。

1997 年 4 月 20—23 日，联合国世界遗产保护专家哈利姆先生赴丽江考察，我和建设部傅爽、教育部景峰以及云南省的相关专家陪同前往。通过此次实地考察，联合国专家对丽江的珍贵遗产价值有了进一步的了解。哈利姆博士在肯定丽江古城价值时说，“丽江古城是世界遗产提名中非常有实力的候选对象，我还要祝贺中国把丽江提名为世界遗产的这种战略”。12 月 4 日，第 21 届世界遗产委员会大会在意大利那不勒斯召开，丽江被列入《世界遗产名录》，中国的世界遗产从此有了历史文化名城这一遗产类型。我为丽江申遗成功兴奋不已，并在多家新闻媒体鼓与呼。

1998 年 3 月 16 日，北京人民大会堂隆重举行世界文化遗产颁牌仪式，宣布并庆祝丽江等地申遗成功。此时，我凝视着 17 年前在丽江穿着纳西服装的照片百感交集，尽情分享申遗成功的喜悦。

申遗成功后的 10 多年中，我又先后 8 次去丽江，仿佛只为追忆古城旧貌。现在古城的繁华喧闹，已非我初识时的模样。我的内心深处，古城聚落、生活空间和文化生态是丽江的“根”与“魂”。只有把根留住，魂不为形役，“天生丽质”的古城方能永葆青春！

（作者时任国家文物局文物保护与考古司资源处调研员）

五、对于丽江申报世界文化遗产的回顾

傅　爽

不久前，接到老朋友丽江博物馆原馆长李锡的电话，希望就1997年前后丽江申报世界文化遗产的情况写点东西。

对于丽江，我怀有特殊的感情。在丽江申报世界文化遗产前后，我多次去丽江，丽江给我留下了许多美好的回忆。虽然丽江申遗的一幕幕仿佛昨天的事情一样，但岁月飞驰，那毕竟已经是十几年前的事情了。

申遗之前，丽江这个名字对我来说还是比较陌生的。记得1995年前后，丽江县的同志到我们办公室向我们介绍丽江，给了我们一本黄色封面的介绍玉龙雪山油印材料，那时才知道在雪山下有一座美丽的古城。经专家推荐，我部从1995年开始启动了丽江申报世界文化遗产的相关工作。

1995年12月，在征得有关专家和国家文物局同意后，我部向中国联合国教科文组织全国委员会秘书处报送了《关于报送申请列入世界文化遗产预备名单的函》（建外［1995］704号），提出拟将平遥古城、丽江古城、宏村和西递古村落申请列入世界文化遗产预备名单。

1996年1月，我部城市规划司致函国家文物局，提出拟将平遥古城和丽江古城作为1996年中国申报世界文化遗产项目；1996年3月，国家文物局给我部城市规划司回函，同意将平遥古城和丽江古城作为1996年中国申报世界文化遗产项目。

1996年4月，我部向中国联合国教科文组织全国委员会秘书处报送了《关于报送申请列入世界文化遗产名单的函》（建外［1996］234号），提出将平遥古城、丽江古城申请列入1996年世界文化遗产名单。

1996年6月，国家教育委员会、建设部、文化部和外交部向国务院报送了《关于推荐丽江、平遥古城和苏州古典园林列入〈世界遗产名录〉的请示》（教科［1996］4号）。

1996年9月，为了更好地指导丽江的文化遗产申报工作，联合国教科文组织世界遗产中心的梁明子和法国建筑师多米尼克·贝罗，以及建设部外事司的董力、规划司的傅爽、中国联合国教科文组织全国委员会的景峰等先行到丽江进行了实地考察和指导。考察组一行考察了大研古镇、云杉坪、白沙村和束河村，观看了由宣科主持的纳西古乐表演，就申报事宜听取了丽江方面的汇报并提出了指导性建议。对于我们这些第一次到丽江的人，确实被她自然风光的壮美、古城风貌的完整、城内溪水的清澈、纳西民族的热情纯朴所感染。

1997年3月31日，由建设部周日良、傅爽，中国联合国教科文全委会马燕生等有关人员组成的检查组先行对丽江的遗产申报工作进行了检查。检查期间在肯定了丽江行署、丽江县的工作成绩的同时，就古城的环境整治、规划图纸的准备、接待方案等提出了建议。

1997年4月21—23日，由联合国教科文组织世界遗产委员会委派的专家——国际古迹遗址理事会专家、巴基斯坦政府考古和博物馆局副局长哈利姆博士对丽江古城进行了考察。陪同考察的有中国联合国教科文全国委员会的景峰、建设部的傅爽、国家文物局的詹德华，以及云南省和丽江县的有关同志。

记得专家考察时，丽江的纳西族群众非常热情友好，落落大方。古城群众热爱家乡、为家乡传统文化自豪的情感深深地感动了我们。

不巧的是，4月21日晚我发烧39度多，未能参加第二天的考察活动。4月23日下午体温基本正常了，参加了与哈利姆博士的座谈会。哈利姆博士认为，从丽江所处的位置及文化的多样性看，丽江在世界上是有其独特地位的；丽江是世界文化遗产很有实力的候选对象；中国政府将丽江古城申报世界文化遗产是具有战略眼光的。

1997年6月20日，郭旃、傅爽、陈矼从北京飞往巴黎，作为列席代表参加了联合国教科文组织世界遗产委员会第21届主席团会议。这次会议的主要议题包括：遗产委员会秘书处通报了自第20届大会以来的活动情况，遗产委员会的咨询机构所作的世界遗产公约执行过程中资金管理报告；已列入世界遗产名录遗产地的保护情况，已列入世界遗产濒危名录遗产地的保护情况，审议申请列入文化与自然遗产名录的遗产地，对世界遗产的国际援助，年底主席团预备会及全体委员会的议程安排等。当年审议的55项提名中，13项为自然遗产，41项为文化遗产，1项为双重遗产。6月26日讨论了包括丽江在内的三个我国的申报项目（平遥古城、苏州古典园林）。

在41项文化遗产提名中，涉及我国提名的有3项，即云南的丽江古城、山西的平遥古城及苏州古典园林。此次主席团会议讨论的结果为：推荐列入文化遗产名录的有31项，包括我国的平遥古城及苏州古典园林；需补充材料提交年底世界遗产委员会审议的有7项，包括我国的丽江古城；推迟审议的有3项。

对丽江的审议可以说有惊无险，我记得陈矼利用会议间隙用流利的日语向梁明子说明有关的申报材料早已寄往巴黎，但不知何种原因，直到此次会议召开时世界遗产委员会尚未收到资料，梁明子表示理解，并要求会后再补寄一份。因此，虽然丽江的价值无可非议，但也需再次提供有关资料。

记得会议主席团对丽江的评价是：由于缺少时间分析所有关于管理与保护机制的附加材料（材料未收到），故将该项提名于1997年11月份再次提交主席团特别会议讨论。ICOMOS指出丽江作为结合纳西民族传统建筑及外来建筑特色的唯一城镇，具有杰出的价值。从环绕古城的山上将水引至每所房前显示了该镇与自然环境的协调关系，传统工程技术在非同寻常的供水系统中得到证明。专家赞扬了丽江古城在1996年2月的地震后，在重建过程中仍未丧失其原有的真实性。主席团还要求我国提供一份丽江古城和中国其他列入遗产预备清单的古城的比较分析。

经过后期材料的完善，1997年12月4日在意大利那不勒斯召开的联合国教科文组织世界遗产委员会第21次全体会议上，丽江古城被列入世界文化遗产名录。

丽江成为世界文化遗产已经将近16年了。16年来，丽江名声远扬，已经成为了全国的旅游热点地区之一。16年中，我又有机会去了几次丽江，发现丽江发生了很大的变化。古城入口处新建了水车，设立了世界文化遗产标志，街道两旁的绿化和盆栽鲜花使街道更漂亮了，一些沿街的民居经过整修已改成了商铺，晚上的照明条件大为改观（记得申遗前后的丽江古城内几乎没有路灯），古城内游人如织，好不热闹。

然而，我内心中印象最深的还是初识的丽江——纯朴本色、清新脱俗。

愿丽江能够在旅游大潮的包围中保持住本色！

（作者时任住房城乡建设部城乡规划司）

联合国教科文组织委派专家考察丽江古城

我国于 1996 年 7 月向联合国教科文组织申请将平遥、丽江古城列入“世界文化遗产”名录。联合国已于 1997 年 2 月对平遥古城进行了考察。1997 年 4 月 20 日—24 日，联合国教科文组织委派国际古迹遗址理事会专家、巴基斯坦政府考古和博物馆局副局长哈利姆博士对丽江古城进行了考察。

为了协助丽江做好世界文化遗产的申报，我部曾就申报材料的准备、征求专家的意见、联系联合国委派的专家对丽江的古城保护提供技术咨询等方面做了许多工作。在哈利姆博士考察前，我部和教科文组织全国委员会曾派员于 3 月 31 日—4 月 3 日对丽江进行了先期检查，检查期间在肯定了丽江行署、丽江县的工作成绩的同时，就古城的环境整治、规划图纸的准备、接待方案等提出了建议。

联合国专家哈利姆博士对丽江考察后表示，从丽江所处的位置及文化的多样性看，丽江在世界上是有其独特地位的。丽江是世界文化遗产很有实力的候选对象。中国政府将丽江古城申报世界文化遗产是具有战略眼光的。

右起：韩先成、司晋云、傅爽、周日良、马燕生、李锡、和鹏英在玉峰寺

六、我所经历的丽江申遗的事

阮仪三

1980年，我利用暑假做了平遥古城的总体规划，并把平遥古城墙申报列为国家文物保护单位，同时为古城墙的修复申请到一笔资金，保住平遥古城的历史风貌。在这之后，在江南农村经济大发展中，也是用城市规划的手段抢救了周庄、同里、南浔等六个水乡古镇免遭拆毁。1985年，同济的校友邀我作云南之游，领略了高原奇葩的丽江古城。1986年，在专家会上讨论第二批国家历史文化名城的会议上，我竭力地推荐平遥、丽江等古城列入名城的名单。我记得当时有专家提出异议，认为丽江城所在地称大研镇，规模太小，够不上城市的规格，我争辩说丽江是县城的建制，大研镇仅是中心区的称呼，历史上清代丽江是府，现在是纳西族自治县的所在地，是名副其实的历史名城。不久丽江被国务院公布成为第二批国家名城，我也随即多次去丽江参加活动，并担负了丽江古城的保护规划设计工作，结交了不少丽江的同道。

1995年，全国历史文化名城专家会讨论初步确定推荐平遥、丽江申报城市类世界遗产名录，丽江很重视，丽江所辖领导带队到北京并准备了丰富的资料，还有纳西姑娘向专家们展示了丽江的民族特色文化。而平遥县却没有人来，只得临时由我替代平遥作了古城概况的介绍。会后，建设部和国家文物局成立了专家组对平遥和丽江进行实地考察并提出审定意见。专家组先去平遥，成员是郑孝燮、罗哲文、阮仪三、任志远和蒋勇；后去丽江，任志远未去，换了鲍世行，专家组考察后一致同意这两个城市申报。就在1995年底，中央有关机构就向联合国教科文的世遗中心提出了申请报告。

1996年2月3日，丽江发生了大地震，2月5日晚上我接到了巴黎联合国教科文组织的官员景峰先生的电话，他在电话里说，“我们收到了中国申报世界遗产名录的申请，初步认为这两个城市都不错，现在丽江发生了大地震，大概会有损毁，申报可能有问题”。他说七级地震是损毁性的，当年唐山地震也就是七级，城市全毁了。我听到这里就说：“唐山当年地震后我去看过，确实损毁严重，但是唐山坍塌的房屋全是当年政治号召下要先生产后生活急匆匆盖起来的砖混结构的排排房，全无防震措施，混凝土楼板支在砖墙或土坯砖墙上，地震一来砖墙土墙一坍，房就坍了，当年我在唐山见到过木结构房子坍塌得较少。丽江的建筑大多是中国传统的木构架房屋，我估计会有损失，但不会坍光，因为中国的木构建筑全用卯榫连接，能抵御地震灾害。我马上问一下丽江的具体情况如何，再向你汇报。”他说好的，等我电话。我立即打电话找到周鸿副县长，我问他丽江遭地震了，情况怎么样？他说地震很厉害。我问他房坍了没有？他说，你们批评过的教师进修学院坍了、几座新建的办公楼都坍了。这些都是新建的砖混结构的房子。我问他，老街上的那些老民宅怎么样？他说没有坍，满街掉的砖瓦，只是有不少有倾斜。我问他压死的人多吗？他说正在统计，估计全县会有五六十个。我再问他这些老民宅能修吗？他说就是坍了些墙，掉了瓦片，歪斜了，扶扶正就可以了，大家都看到了木梁、木柱能抗震的功效。我很快就把这个情况告诉了景峰先生，他要我赶快写一份材料给他，如实地反映丽江遭受地震后的情况。

我当夜就按他的要求再次详细地询问具体情况并写了丽江虽然遭受了七级地震，但由于丽江古城的传统建筑都是木结构为主的民居，是以木柱、木梁来支撑的，而柱梁屋架的建造连结又都是用传统的卯榫相嵌连，具有减震作用，不致坍塌，所谓墙倒柱不倒，房塌屋不塌，因此会有损失，但不严重，它能很快地修复，人的死伤也不多。我还特别引用了中国最古老的山西应县木塔（1056 年建）经历了八次大地震岿然不动的例子，足以说明中国传统木结构的高超技艺。材料很快地传了过去，不久世遗中心组织了外国专家来中国实地考察，对丽江留下了极好的评价，也友好地捐助了修缮的款项。1997 年 12 月 4 日，在世界遗产大会上一举通过了丽江、平遥和苏州古典园林进入世界遗产名录。

在这之后我和我的弟子邵甬教授陆续地与丽江规划和文物部门合作做了丽江城市总体规划方案、世界文化遗产丽江古城保护规划、世界文化遗产丽江古城管理规划以及丽江世界遗产保护和社区发展实施规划等。

记于 2013 年 8 月 14 日

沪上酷暑月

（作者为同济大学国家历史文化名城研究中心主任、教授、博士生导师）

小桥流水人家（阮仪三供图）

七、为古城“申遗”鼓与呼

郭大烈

我家住在古城西郊的宏文村，而外婆家在古城百岁坊，从五六岁开始记事起，最高兴的事是跟母亲去外婆家。穿上平时舍不得穿的衣服，拉着母亲的手走过街上的石板路，看到花花绿绿的商品，品尝可口的食品，回来带点糖果给姐姐和弟弟分享。后来，我在丽江中学读了6年书，古城习俗与文化成了我的民族文化的基因。

古城，纳西族心中的圣城

真正读懂古城，那是1959年到北京中央民族学院读民族史后。1962年，北京大学著名史学家翦伯赞教授讲，多少英雄史诗般的游牧民族，在东北大小兴安岭梳妆打扮（兴起），匆匆走过蒙古大草原，向西而去，了无踪影。

我马上联想到吐蕃自松赞干布后雄踞青藏高原上千年，不就是有一个圣城和布达拉宫吗？我们纳西族也有个中心城市——丽江古城，木氏土司历经元、明、清三朝，22世，统治丽江470年，也不就是依托丽江古城，依托凝聚人气，传统文化没有中断，许多纳西族人才从古城走向全国1/3县市？心中感到十分自豪。

1980年我到云南省社科院后，决心以研究纳西族历史文化为主攻方向，而丽江为主要研究基地，几乎每年都回去，重点研究古城。1983年和志武老师和我协助和万宝先生召开了丽江东巴达巴座谈会，此会确立了东巴文化的地位，并从此开始“东巴文化”作为丽江重要文化品牌逐步成为世人所知。1986年12月，丽江古城列为中国第二批历史文化名城，提升了它在我心目中的文化地位，更加关注它的历史渊源，发展脉络，城镇布局等个性，我不论走到何地何城，丽江古城作为坐标，去比较彼此异同。

申遗，和志强省长的谋略

1999年10月19日至24日，和志强省长先后在大理、丽江召开滇西北旅游规划现场办公会，就古城提出两项重大决定：

1. 关于实施丽江大研古城保护规划。

2. 关于丽江古城申报世界文化遗产、“三江并流区域”申报世界自然遗产工作。

这样，开启了丽江申遗的具体实施工作。1995年，国家文物局应邀来丽江考察，认为丽江古城完全有条件申报世界文化遗产。

说来，当时我陪中国和云南社科院领导来丽江调研，街上碰见行色匆匆的丽江县文化局长黄乃镇，他当时力邀我跟他去木府旧址考察研究，当时参加的还有先贤张墨君先生。

木府已非旧日石牌坊、水塘、亭子印象，曾做过监狱、党校，东北角倒是有一栋钢混结构的仿古图书馆。而木府位于古城心脏，申遗中是一块难以遮掩的伤疤，更令人心酸的是黄局长手中只有 40 万元的经费，恢复木府杯水车薪，怎么办?

我提出，可以仿北京圆明园模式，清理不协调杂乱建筑，改造图书馆外部风貌，使之素雅古朴，适当点缀碑、亭，成为一个木府遗址公园，让老人们在此吟诗奏古乐。最后也没有定，说是研究研究。

地震，“废墟中站起来的民族是不可战胜的”

1996 年 2 月 3 日下午 7 时，丽江发生里氏 7.0 级大地震，半个小时后，一个朋友从古城来电话，说“古城完了，完了”。我心里十分悲痛，家里侄女电话里哭个不停，但全家尚无受伤。第二天，我去拜访前辈和万宝，他病重半躺在沙发上，听完我的汇报后，他挣扎着坐起来，挥着拳头说：“废墟中站起来的民族是不可战胜的，你马上给县委书记解毅发电报就说这句话。”2 月 5 日，昆明老乡召开抗震救灾会议；2 月 13 日，我带着一些救灾物资奔赴丽江，同时深入灾区，收集资料，一个月时间，赶印出《丽江大地震实录》5000 册，送到丽江、昆明、北京老乡手中，迅速传达我亲见亲闻的信息。

1996 年 2 月 3 日 7.0 级丽江大地震，给丽江各族同胞造成了巨大的灾难，生命生产损失极为惨重。据统计，此次大地震使云南丽江地区、地庆藏族自治州、大理白族自治州和怒江傈僳族自治州的 9 个县 92 个乡镇 4032 个自然村、17 万多户、100 多万人受灾，特重灾人口约 36 万人，32 万人无家可归。死亡 309 人，受伤 17057 人（其中重伤 4070 人），大小牲畜死亡 10 万多头，民房倒损 103 万多间（其中倒塌 35.8 万多间，严重损坏 34.6 万间），震中丽江县大研镇黄山村、白沙乡、金山乡等乡镇农民民房倒塌率高达 85%，中济、文智、开文几个自然村已夷为平地，成为一片废墟。

古城五一街、七一街、光义街三条主要街道（系一、二级保护区）受灾严重，民居群落倒塌、倾斜、开裂现象严重；新华街、（双石段、翠文段、黄山段）、光义街光碧巷灾情次之。

据文物部门调查，古城一级保护区 2300 户，倒塌 40%，严重损坏 10%。二级保护区 11600 户，倒塌 35%，严重损坏 20%。三级保护区 850 户，倒塌 30%，严重损坏 10%，总计 4750 户，倒塌 1737 户，占 37%，严重损坏 13.4%。

据县城建局统计：古城房屋倒塌 28197 间，计 56.5 万平方米；水、电、路严重损坏。

从古城到玉泉公园，中间是红太阳广场，主建筑丽江专区人民大礼堂门楼倒塌，当场砸死 3 人，砸成重伤 1 人，附近古路湾宾馆、玉泉酒店、红太阳大酒店，都已不能接待游客，东侧围墙变成残垣断壁，唯独有 1969 年 10 月 1 日落成的毛主席塑像完好无损，成为丽江地震后的一个文化奇观。《广州日报》记者 2 月 12 日在头版头条报道："来自死亡禁区的报告：只有毛主席像不倒。"虽极而言之，但十分形象又简洁地道出了"2・3"大地震给丽江造成的浩劫。

所幸经历"2・3"大地震巨大灾难，古城基本格局依旧，水系石桥未破坏，具有悠久文化、热爱生活的自强不息的人民还在，特别是纳西古乐大师、东巴文化经师等"国宝"个个健在，同时古城周围风景和文化景点没有受到大的破坏，联合国教科文组织世界文化遗产中心官员梁敏子和理查德先生，仍然如约于 2 月 16 日到古城考察。

"国家文物还在，古建筑群还在，旅游景点还在，申遗工作继续进行。"具体负责申遗的办公室主任丽江纳西族自治县博物馆馆长李锡满怀信心地说。

修旧如旧，修复古城唯一准绳

大地震后丽江古城如何修复，昆明及国内外学者十分关心。4 月 15 日，我在昆明主持召开了"大地震后丽江古城修复和文化保护会议"，近 50 位专家学者和中央、省级媒体参加；5 月 4 日《人民日报》记者任维东、5 月 6 日《光明日报》记者徐冶分别作了长篇报道。

经过讨论，会议提出建议：

（1）一定要恢复古城的传统面貌和风格。这是前提，使其既能保持古城面貌，又能表达抗震设防能力要求；既保持传统风格，又要体现时代特征。

（2）恢复重建中改善古城环境质量，着重改善排污、给水、绿化、消防的状况。

（3）恢复 70 年代古城中空地。原来古城空地较多，这是绿化场所，是老人聚会和儿童嬉戏地方，也是过去藏族马帮落脚点，还是各族民间艺人表演场所，从 70 年代末逐渐被占据，此次地震后人员无回旋余地。

（4）地震是灾难，也是一个机遇，应下决心拆除违章建筑及破坏传统风貌的平顶房，恢复古城原来风貌。当时，古城南边有座 17 层建筑，认为"古城一把刀"，近年已拆除。

（5）在古城四周适当建立绿化带，作为与新城相连过渡带。

（6）厕所是文明标志，要决心改进古城厕所。

（7）多建立消防栓和民间防水组织。

（8）加紧木府和忠义坊恢复重建工作。

（9）古城商品以传统手工艺品和风味食品为主，尽量做到前店后厂形式，或边加工边卖，让游客看到民族工艺流程，这本身也是一种文化。

（10）教育古城内外居民，要树立名城意识。

（11）要有国际旅游名城的风范。在 1995 年底，朱镕基总理视察丽江时，提出要把丽江建成国际旅游区，这是丽江古城修复的重要目标。

（12）丽江县政府通过几年调查与论证，有一个古城维护和修复规划，让大家来参与讨论，使修复古城变成群众要求，这是修好古城的基础。

（13）要建立专家咨询委员会。

不久，丽江申遗办公室在昆明召开“申报世界文化遗产文本座谈会”，广泛吸收在昆乡友意见。

申遗成功，纳西文化史上一座丰碑

1997年12月4日，从意大利那不勒斯传来振奋人心的好消息，丽江古城列为世界文化遗产。

12月5日晚，在昆老乡在云南大学召开庆祝大会。不久，以副专员和段琪为首的申遗团到昆，我们组织人打着标语去机场迎接，并在省社科院召开座谈会，分享快乐。

1998年我在《云南社会科学》第1期上发表文章，阐述了丽江古城申遗重要意义：

1997年12月4日，联合国教科文组织遗产委员会一致确定把丽江古城列为世界文化遗产，我国有99座国家历史文化名城，但整体进入世界文化遗产的仅是丽江和平遥古城。而山西平遥代表中原的文化类型，丽江却是少数民族聚居的自然布局类型。

1972年，联合国教科文组织通过了《保护世界文化和自然遗产公约》，确定将全世界具有突出意义和普遍价值的文化和自然遗产列入《世界遗产名录》，并通过国际社会的多方合作使这些遗产成为全人类的共同遗产加以保护。

中国于1985年正式加入该公约，1986年开始世界遗产的申报工作。中国的世界文化和自然遗产已达33处，全世界已有近600处。

丽江古城是具有重要意义的少数民族传统聚居地，符合纳入《世界遗产名录》的原因为：

（1）丽江古城历史悠久，古朴自然，兼有水乡之容、山城之貌，它作为悠久历史的少数民族城市，从城市总布局到工程、建筑融汉、白、彝、藏各民族精华，并具有纳西族独特风采。1986年，被列为国家历史文化名城，确定了丽江古城在中国名城中的地位。

（2）丽江古城未受“方九里，旁三门，国中九经九纬，经途九轨”的中原建城礼制影响。城中无规矩的道路网，无森严的城墙，古城布局中的三山为屏、三川相连；水系利用的三河穿城、家家流水；街道布局中的“曲、幽、窄、达”的风格，建筑物的依山就水、错落有致的设计艺术，在中国现代古城中极为罕见，是纳西族先民根据民族传统和环境特点再创造的结果。

（3）丽江古城民居在布局、结构和造型方面按自身具体条件和传统生活习惯，有机地结合了中元古建筑以及白族、藏族民居的优秀传统，其鲜明之处就在于无统一的构成机体，显示出依山傍水、穷中出智、拙中藏巧、自然质朴的创造性，在相当长的时间和特定的区域里对纳西民族的发展也产生了巨大的影响。

（4）丽江古城是古城风貌整体保存完好的典范。依托三山而建的古城，与大自然产生了有机而完整的统一。古城瓦屋、鳞次栉比，四周苍翠的青山，把毗连成片的古城紧紧环抱。城中民居朴实而生动的造型、精美雅致的装饰是纳西文化与技术的结晶。

（5）丽江古城是少数民族居住的城镇，经历了800年的历史坎坷，能保存到现在，确实来之不易。

（6）丽江古城经历1996年里氏7级的大地震后，基本格局未变，核心建筑未倒，恢复重建过程中遵循“整旧如故，保持原貌”的原则，保存了古城质朴自然的历史真实性。

丽江古城列为世界文化遗产，这是联合国教科文组织对纳西传统文化的肯定。在申遗的同时，我还积极参与了木府重建工作，并写了《重修木府记》。1999年2月2日举行落成典礼，木府已成为古城的标志性建筑。2012年6—8月，中央电视台两度热播《木府风云》，以我在《纳西族史》中对木氏土司评价作为结束语。

2015年9月21日

（作者为原云南省社会科学院民族学所所长、研究员）

右起：丹青、罗哲文、郑孝燮、谢辰生、李锡在五凤楼合影

八、为中华争光的“三遗产”地——丽江

杨福泉
纳西族，博士、二级研究员、博士生导师、云南省社会科学院副院长，
“中国百千万人才”入选者

一

丽江，美丽之江，它的名字，来自中华民族的母亲河——长江上游的金沙江。这是个古老神秘而在过去又有些默默无闻的边城。自中国的改革开放特别是1994年以来，如凤凰凌空飞舞，如玉龙腾跃长空。

自“改革开放”以来，中华边城丽江，以其物华天宝、人杰地灵，先后获得了“世界文化遗产”、“世界自然遗产”和“世界记忆名录”三项联合国授予的桂冠，举世罕见，中国独有。丽江成了中华瑰宝，世界名城；成了无数的人向往的一个“身心和灵魂的栖居之地”。文化丽江，多民族文化的圣土、一曲隽永的“远山清音，红尘牧歌”，每年吸引着无数的海内外旅人涌向丽江。丽江，走过了35年漫漫求索的道路。

1996年2月3日，一场里氏7级的大地震，不幸降临丽江，山河崩裂，房倒屋塌，人畜伤亡惨重；春寒料峭中，党和全国人民心系丽江，无数的国内外友人关注丽江：丽江的命运会如何！丽江向何处去！

当时正是丽江古城在申报世界文化遗产的关键时刻，山河重创，家园毁损，断壁残垣使人触目惊心，丽江，面临严峻的考验。

纳西人有句谚语：骏马面前无沟壑，勇士面前无强敌！丽江儿女，挥泪奋起，壮士高歌，重建家园。

在劫难后奋起的艰苦创业历程中，丽江人传统的坚韧笃厚、不畏艰难、好学上进、广采博纳、崇尚和谐的民风，形成了一种焕发着新时代气质、生机勃勃的“丽江精神”。丽江政府和民众在震后的重建中，慎思明辨，独具慧眼，他们重建家园，全力恢复有突出民族特色的纳西民居建筑的原貌，“修旧如旧”，“建新如旧”；并借重建家园的机会，毅然决然拆除了一批与古城的文化品位和风格不协调的钢混结构建筑。

当联合国教科文组织的官员们满腹狐疑、忧心忡忡地来视察震后的丽江时，看到丽江的民居建筑和古城格局的保护和恢复重建做得那么出色，满城民居古色古香，满眼民俗灵动鲜活，不禁喜形于色，拍手赞扬。

于是，在1997年12月4日，与丽江大地震时隔仅1年多，联合国教科文组织正式授予了丽江古城“世界文化遗产”的称号，成为中国第一个以城镇获得这个世界殊荣的地方。

大智慧促成大创举，云南省委省政府扬弃过去滇西北依赖“木头财政”、靠资源吃饭的陈旧发展思路，开始了为国守土护土、为子孙后代造福、申报滇西北“三江并流”为世界自然遗产的高瞻远瞩之举。

2003年7月2日，第27届世界遗产大会正式表决，滇西北的“三江并流”被列入了“世界自然遗产”名录，丽江位于“三江并流”的核心区域。

文化丽江，到处秘境奇迹，人文荟萃。丽江市的主体民族纳西人的先民创造了在国际上享有“世界上唯一活着的象形文字”声誉的“图画象形文字”，并用这种文字书写了数万卷的纳西本土宗教经典——东巴古籍，收藏在世界十多个国家，成为世界文明史上一幅壮丽神秘的人文画卷。2003年10月15日，丽江市收藏的东巴古籍，被联合国教科文组织列入“世界记忆名录”。从此，丽江成了中国独一无二有三项世界遗产桂冠的神奇之地。

二

丽江不仅成为世界著名的旅游胜地，而且自身也在发展中不断探索，创造了“民族文化保护与旅游经济之间的良性互动”这一发展模式，走出了保护和发展并举的道路。2007年，丽江古城遗产保护民居修复项目获得了“联合国教科文组织亚太地区2007年遗产保护优秀奖”；丽江还创造了被称为“2004中国经验”的束河古镇保护开发模式，它的“古村落保护和开发新区”分开实施的“双区制”模式，也得到了国内外专家的肯定和好评。

当旅游和文化产业不断发展时，丽江同时也在加大保护世界遗产地的力度，并取得了一些令国内外赞誉的好经验。自1997年以来，丽江市在世界遗产的保护、监测、管理、利用等方面取得了突出的成果。颁布实施了《云南省丽江古城保护条例》，组建了丽江古城保护管理局；加大投入改善古城基础设施和环境质量。从1997年以来的10多年间累计投入10多亿元资金用于保护古城。从2003年至今，投入230多万元完成了丽江古城299户民居、236个院落的传统民居修复工作。

人们常说水是丽江古城的魂，而文化则是“丽江之魂”，是独具个性和魅力的文化成就了丽江。

丽江推出了一系列著名文化品牌，“东巴文化”、“纳西古乐”、“丽水金沙”以及张艺谋构想并任总导演的大型实景剧目《印象·丽江》等。有老乐手、老乐器、老曲目“三宝”美誉的丽江大研古乐团应邀到20多个国家演出，并在2007年应联合国驻京机构之邀，参加了第62个联合国日的盛典演出，“纳西古乐”“东巴文化”等成了国际驰名的民族文化品牌。丽江的发展证明，民族文化促进了社会和谐、促进了旅游，旅游又促进了文化产业的扩大和繁荣。

纳西人有个经典的人生理念：“和合”，意思就是和谐、和睦，只有“和合”，人生才快乐幸福，社会才会安宁繁荣。这一民间智慧，正与中国共产党大力推动的“和谐社会”理念相吻合。

回首昨天，放眼今天，人们把眼光也投向了明天的丽江。

丽江取得了辉煌的成绩，有目共睹，而丽江怎么保持可持续的发展之路，让民生和乐，社会繁荣，让明天的丽江更加美好？

无疑，丽江也面临着旅游如何可持续发展，丽江如何常保名城魅力的挑战；面临着民族文化在全球一体化趋势之下所面临的保护传承的种种困难。丽江的城乡差距、收入差距仍然很大，“三农”问题还比较突出：农民收入低，部分山区贫困农民尚未解决温饱问题；农业现代化程度低，自然灾害频繁；农村基础设施薄弱，隐蔽失业现象突出。因气候转暖和过度采挖地下水等原因，玉龙雪山面临冰川融化加剧，有些水源枯竭等问题。

青山绿水、丽日蓝天、民族文化，这是丽江使人向往的核心因素，丽江市委、市政府深明此理，提出了要做到经济建设与生态建设同步推进、产业竞争力与环境竞争力一起提升、经济效益与环境效益一起提高。要树立今天的保护就是为明天的发展创造条件的思想，先把良好的生态环境保护住，先把青山绿水守住，坚决纠正和避免以不合理的资源消耗来换取眼前一时利益的做法。丽江在思考和行动，在为构建一个更加和谐的社会、锐意创新，奋然前行。

大江东去，玉龙巍巍；丽江之路，壮丽辉煌；丽江的辉煌是中国改革开放三十年成就的缩影之一，丽江 35 年的发展道路是中华文明的光荣；在 35 年辉煌的彩霞霓虹，弦歌清音中，丽江人在面对未来的挑战，丽江人在沉思未来的发展。

世界在注目丽江、审视丽江，愿丽江的魅力，能地久天长。

我祝福丽江，愿明天的丽江，更加美丽！愿丽江，永远是中国的骄傲！

九、纳西和　万事兴

——丽江古城保护与发展规划的前前后后

张　辉

1994 年，云南省政府省长和自强（纳西族）在丽江召开了滇西北旅游工作会议。会议之后，丽江县全体民众在县委县政府（县委书记解毅，现任省人事厅厅长、县长和自兴，现任省国土资源厅厅长）一班人的率领下，开始走上了一条有“丽江模式”之称的旅游发展不归路，一条以保护“遗产”为前提的发展之路!

1995 年 6 月，笔者（时任云南省城乡规划设计研究院院长助理）和建设部风景园林处副处长陈矼一起被组织委派前往丽江任副县长。主要任务就是协助当地做好城市建设和文化旅游发展工作。两年的工作经历，尤其是丽江古城申报遗产和丽江大地震恢复重建两台大事就足以让人终生难忘。而今受李锡先生邀约，和大家一起回忆往事，心潮起伏之际，想就丽江古城保护规划工作作一些回顾，也算是为大家共同创造的辉煌往事增添一点佐料，更期盼社会各界对丽江古城这份“遗产”有一些深入的了解。

一、艰难的申遗

丽江古城是 1986 年经国务院批准的第二批国家级历史文化名城，1995 年中国政府将丽江列入申报世界文化遗产名录，联合国教科文组织将于 1996 年 5 月到丽江实地考察。

1996 年 2 月 3 日，丽江县境内发生了百年罕见的 7.0 级强烈地震，丽江古城受到了不同程度的破坏。2 月 10 日，“2・3”大地震刚过一个礼拜，云南省城乡规划设计研究院任洁、饶曙民、蒲文川、杨志华四个年轻的规划师搭乘笔者（时任丽江县人民政府副县长，1995—1997 年）驾驶的“城市猎人”北京吉普，来到了丽江，投入到抗震救灾的第一线。当时的丽江边远、贫穷、清冷，古城内还是一片废墟，年轻的规划师们在一个多月的时间里，经历了频繁的余震、踏勘了成百上千座古建筑院落、寻访了无数朴实而健谈的纳西老人，深深爱上这片美丽神奇的土地。从古城的恢复重建到整体保护、从如何利用旅游带动地方经济的发展到进入高速发展后面临的种种问题和质疑、从孤立的古城保护和新区发展到区域城乡统筹的良性生长，年轻的规划师们在探寻中与丽江古城一起经历了成长的困惑、喜悦和成功。

要在联合国教科文组织专家实地考察前完成古城的震后重建是不可能的了，但所幸的是古城以四方街为中心的旅游景点及水系基本完好，丽江古城的历史沿革、古城充分利用自然形成的“家家流水、户户垂杨”的建设格局，古城自由灵活、不拘一格、富有变化的街道布局，作为古城灵魂的丰富的文化内涵等世界文化遗产的基础条件没有改变。因此，笔者提出近期应重点完成以四方街为中心最能体现古城空间格局的古城核心地段的震后恢复重建详细规划，让考察专家在了解丽江古城建设格局、文化内涵的同时，看到我们对古城恢复重建的思路和方法是正确的。

1996年5月云南省城乡规划设计研究院完成的“丽江古城中心地段震后恢复重建详细规划”，确定以四方街为中心，包括东大街、新华街、新义街等古城核心地段为近期恢复重建的重点。规划对东大街提出了改造整治的要求，拆除两侧的现代建筑，根据完整保护古城整体风貌的原则，恢复古城入口三河分流的格局，修复整治受损的传统民居。同时还对恢复古城供水、供电、邮电通信、消防、排水设施、民居等与居民生产、生活息息相关的生命线工程和基础设施进行了规划，对丽江古城的恢复重建起到了很强的指导作用，受到了联合国教科文组织考察专家的认可和肯定。经过一年多的实施，取得了很好的效果，为申报世界文化遗产奠定了基础，并为后期的恢复重建起到了示范作用。

1996年底，在联合国教科文组织的初审会上，丽江古城的申报资料因缺乏对古城完整的保护规划而没有通过，但允许丽江在完善申报材料后，于第二年重新提交审查。

为符合申报材料的要求，同时也考虑到随着经济的发展和人民生活水平的提高，古城人口密度大、建筑密度高、危旧建筑多、基础设施和公共服务设施配套不足、居住环境恶化等，使古城老化和衰退的问题日趋严重，在建设部规划司指导下，省规划院与丽江政府研究确定编制“丽江古城保护详细规划”，从“继承、保护、发展”相结合的角度对古城的保护和可持续发展做出全面规划。规划提出了“在保护路、水、桥、民居等古城的主要构成要素及其历史环境的同时，调整古城内不合理的用地，改善居住环境、交通条件、完善设施水平、提高防灾抗灾能力，最终达到人、自然、城市的有机协调，保证丽江古城的可持续发展。”的古城保护与发展目标，对古城的保护采取分级分区“面”、“线”、“点”结合的方法。即古城的保护区分为绝对保护区、严格控制区和环境协调区三级，将历史完整性、保护安全、视觉及景观要求和现状实际情况结合起来，进行分级控制和采取维护、修复和重建等相应的保护措施；保护以四方街为中心向外放射的街巷空间，保护三河穿城的自流水系；保护传统民居院落、古桥及文物古迹。本次规划还从完善设施水平，改善古城居民的生活环境质量、组织古城风貌游览线路，促进旅游经济的发展等方面对古城的可持续发展进行了全面规划。1997年12月4日在意大利那不勒斯召开的联合国教科文组织世界遗产委员会第21次全体会议上，“丽江古城保护详细规划”作为重要的申报材料之一提交审查，根据文化遗产遴选标准丽江古城最终得以通过，成为中国列入世界文化遗产名录的第一批古城（同时入选的还有平遥古城）。

二、古城的价值

丽江古城之所以能进入世界自然与文化遗产名录，笔者在申报文本中关于申报理由一章中是这样总结的：（文字已在申报文本中编者）

三、发展的困惑

20 世纪 90 年代以前，丽江城市发展速度极其缓慢，基本呈自发状态，城市建设主要围绕大研古城周边发展。这一时期的新增建筑大多从建筑形式、体量、色彩等方面传承了传统民居的特点，从街巷特色、水系桥梁等方面延续了古城的空间特色；同时期还沿古城边缘建设了一些厂房建筑，这些厂房建筑就是这一时期主要的不和谐物，巨大的体量破坏了古城风貌的完整和谐。丽江县政府于 1983 年曾编制了丽江城市总体规划，明确了未来城市将向西、北发展，新老区分开发展，并设立了行政、商业、文化及体育区，但这一时期城市规划对城市发展的引导作用体现不多。

惨烈的大地震，一夜之间，丽江古城的知名度猛烈飙升。随着全国及国际关注和援助的纷至沓来，这座声名鹊起中的古城开始在这场空前的灾难中涅槃，从全民抗灾，到矢志重建，再到“世界遗产”的成功申报，丽江，在中国经济社会繁荣和云南旅游逐渐上扬的双重背景中，得以大放异彩，成就为华夏大地上最负盛名的旅游胜地之一，同时，也是具有强烈而又独特的商业及人文价值的著名地标之一。城市随经济的快速发展也迅速扩张，这一时期丽江城市新区与古城分开发展之势已经显现。新区主要沿狮子山西麓及过境公路（长水路）两侧发展，就古城保护而言，这种发展利弊并存。狮子山相对高差 70 多米，实现了新、老区域适当的分隔，在很大程度上保证了古城不受新区建设干扰，此为利；长水路位于古城外围正南向，作为昆明进入丽江的主要通道，其商业价值逐渐凸显，随之而来的商业开发在短短几年中迅速蔓延，沿长水路建设了大量商贸设施，交通要道逐渐转化为商业便道，不同于古城 800 多年缓慢的生长，长水路沿线的钢筋混凝土怪胎以惊人的速度成片增长，此为弊。

新区建设的不完善逐步暴露出来。建筑体量和建筑风貌缺乏统一控制，纷乱而复杂；古城周边高层建筑接踵建成，玻璃幕墙越来越逼近古城；人居环境恶化，河水越来越臭，垃圾越来越多……站在狮子山上向下看，两大城市特色昭然眼前。西边，是以白色调为主的城市新区，建筑体量悬殊，高矮参差，映射出城市经济的勃勃生机；东边，是灰色的古城片，清一色低矮的瓦屋顶建筑随山势平铺得很远，几缕青烟，几声犬吠，几句乡音，衬托出古城的悠闲、清静和古朴。

貌似平静的古城中，蕴藏着无限商机，到丽江旅游的游客疯狂增长，随游人而来的古城商业化也越来越浓厚，古城内开了一千多家商铺；卖洋酒、比萨饼和各种商品的外地商人越来越多；2001 年闹得沸沸扬扬又无果而终的“门票计划”，东巴文字频繁出现在工艺品、服装、食品上；丽江被无数次与“小资天堂”四个字联系在一起；诸多房地产开发商将目光定焦于古城周边甚至古城内，部分项目已经开工实施……面对这样的现实，我们不得不承认：丽江古城自身的和谐完整受到了前所未有的威胁！

丽江未来到底该怎样发展？

丽江城市特色该如何延续？

（左起）张辉、陈砡、杨美堂

束河民居

四、良性的生长

丽江在高速发展中出现的问题，让我们反思，也让我们觉醒，我们的使命就是要保持丽江古城旺盛的生命力，寻求适宜丽江城市发展的科学途径。

丽江古城在选址、布局与建设中，充分利用了地理环境和黑龙潭水源，古城北靠象山、金虹山，西靠狮子山，城周群山环抱、峰峦叠嶂，总体上坐西北而朝东南，利用狮子山挡住了冬季来自西北方向的寒风。东南面向辽阔的田野，春迎朝阳，夏驱热气。“城依水存，水随城在”是丽江大研古城的一大特色。古城布局因地制宜，结合自然，利用丰富的水系，整个城区依山跨水而建，结合地形自由布局，道路随着水渠的曲直而布置，房屋就地势的高低而组合，建筑、山水、道路有机结合，融为一体，形成了整个古城丰富和谐的街景空间。丽江的城市发展应该延续这种与自然和谐共生的态势，同时，丽江又是一个坝区土地资源极其珍贵的地区，市域以山地为主，坝区面积只占全市总土地面积的 2.6%，节约用地，集约发展也是丽江城市发展的一项重要任务。因此，云南省城乡规划设计研究院的规划师们在 2004 版、2010 版城市总体规划中一直在探索：如何“传承民族文化典范，创造和谐城市经典”，既能够引领丽江城市实现从起步到跨越的振兴之路，又能够体现对地脉特色的最大尊重，通过山、水、田、城、村的融汇协调，创造一个生态低碳、乐居的田园城市；充分考虑丽江历史文化遗产保护的特殊性和地方经济发展的实际需要，以引导丽江城市良性生长为目标。为此，总规提出城市的发展应遵循以下战略：

1. 保护古城，形成古城与新城共荣共生的良性生长态势

以青龙河、漾弓江为轴心形成田园风光带，将大研中心城区和外围的玉龙县城以及城市新区—新团适当分离，采用组团式布局结构，妥善保护了丽江古城外围的生态田园风光带，同时，实施古城整体保护，严格划定核心保护区和建设控制地带范围，全面保护丽江古城的空间形态、山体水系、建筑群体环境、地方历史建筑以及具有民族特色的人文景观。为保护古城环境背景，形成古城与新城共荣共生的良性生长态势打下基础。

2. “一廊四组团”结构，合理保护丽江坝区生态格局和风貌特色

以田园风光带形成的生态田园走廊，使整个城市形成“一廊四组团”结构，这种组团式的布局结构对保护丽江坝区良好的生态格局和质朴的田园风光意义重大。同时，要合理调整新城区建筑高度，容积率，确定城市以多层、坡屋顶为主的建筑空间形态，并在城市新区局部地段适当的设置高层建筑；而对城郊民居聚落，则采取严格的控制措施，基本保留现状村落斑块状散布于田园的格局，切实加强规划范围内尤其是城市边缘地带的农村宅基地管理，整体保护丽江独特的风貌特色。

3. 保护坝区资源，合理引导城市向低丘缓坡地带发展

由于丽江坝区仅占全市总土地面积的 2.6%，坝区土地资源极其珍贵，而丽江传统民居建筑以低层院落式住宅为主，居住习惯难以在短期内完成调整，再加上对丽江古城以及城市与玉龙雪山良好视线的保护，建筑高度受到限制。因此，城市建设用地的选择与丽江城市的快速发展之间的矛盾日益突出。未来城市建设用地主要向玉龙县城南部及新团东部的低丘缓坡地带拓展，缓解丽江城市建设用地紧张的现状，并积极保护了坝区土地资源。

4. 积极探索具有特色、活力的城镇上山发展之路

通过产业策划及引导，提出科学的城市生长模式以及“宜农则农、宜林则林、宜建则建”的原则。在城市中留出生态田园风光带、生态林地、湿地公园等大量的绿地空间，并引导文化创意产业、养生度假产业等用地向低丘缓坡地带布局。探索出一条具有丽江特色、颇具活力的城镇上山发展之路。

5. 城乡统筹、和谐发展，积极促进丽江旅游的升级换代

保留城区中以及外围独具特色的纳西村寨，并将拉市纳入城市规划区进行统筹管理。通过对丽江传统民居整体保护、农耕文化的保护、湿地公园以及果园的保护，使城市和乡村相互渗透包容、统筹和谐发展。并通过对村寨的保护和利用，积极的促进丽江旅游的升级换代。

6. 一坝两城，设施共建，资源共享，和谐共生

丽江城市和玉龙县城同处丽江坝区范围，是两个相互独立的行政主体，按城市规划法明确的城市规划审批权限，完善各自独立的城市规模核定。但从城市功能来看，玉龙县城作为丽江城市的一个片区，是丽江城市功能的外延和补充。丽江城市和玉龙县城的建设与发展均以丽江古城世界文化遗产的有效保护为核心，以合理利用土地、水等珍稀资源为目的，合理分工，统筹安排，协调共建诸如道路交通、给水排水、电力电信及各类社会公共设施，保证各类设施发挥最佳

效益。最终实现一坝两城，和谐共生。

丽江古城的可贵在于她是一个“活着的古城”，“活”的特征不仅仅在于生动，还在于生长。历史发展没有任何一刻遏制过古城的生长，今天，我们同样不该遏制她的良性生长。多少年来人们煞费苦心研究她并逐渐了解她，不是为了奉之为古董去瞻仰，而是力图找到一种引导她良性生长的途径，这种途径不应该是绝对的保护和遏制，而应该是富于生命力的生长，属于古城的生命力。

丽江古城东河边上，有一座“溢灿井”，井边有一院民宅，宅门是一座非常精致的独立式垂花门，门上有匾并有文字记载。记得其中有六个字“纳西和，万事兴”。丽江之所以有今天，笔者认为纳西民族的团结精神和对美好生活的期盼，是铸就“丽江模式”的必然！

本文得到云南省城乡规划设计研究总工程师任洁协助，深表感谢！

（作者时任丽江县人民政府副县长，现任云南省城乡规划设计研究院院长，云南省工程设计大师，昆明理工大学硕士研究生导师）

十、我所经历的丽江古城世界文化遗产申报二三事

韩先成

1993年的春天，原建设部规划局副局长王景慧先生一行来云南检查工作。在返回北京的时候，我到昆明巫家坝机场送行。他对我讲："国家准备把山西的平遥、云南的丽江县城，向联合国遗产组织申报世界文化遗产。你先给丽江县打个招呼。"我问申报的主题是什么。他说丽江县城以传统街区及纳西民居为主题；平遥县城以老县衙和传统街区为主题。一旦决定申报，部里会派专人指导。

大约是当年的8月，我到丽江检查历史文化名城保护等事宜。在检查之余，正式向当时分管规划建设的和副县长提出："国家建设部拟将丽江县城，向联合国遗产组织申报世界文化遗产，请县政府积极配合，开展申报的前期准备等事宜。"和副县长沉默了一下，问："申报遗产有什么好处？"我思忖了一下，现编三点："一是世界文化遗产，战争不能破坏它；二是世界性银行在贷款时会给予提供方便；三是将是世界性旅游热点城市。"他未置可否，此事一搁就是一年多。

约在1994年秋，云南省人民政府在大理召开滇西北旅游工作会。云南省建设厅杨应楠副厅长在会上发言，建议将丽江古城向联合国遗产组织申报文化遗产，并把国家建设部的初步设想向会议作了简要的介绍。时任云南省省长的和志强先生在会上决定："丽江县城向联合国遗产组织申报文化遗产，各级政府及相关职能部门要通力合作，确保申报成功。"会议还决定省建设厅牵头，负责其遗产申报。

俟后，杨应楠先生到国家建设部汇报工作，并正式请求建设部派干部到丽江行政公署、丽江县政府挂职，主抓遗产申报。1995年秋，建设部正式下派徐忠堂、陈矼来云南丽江任职。他们抵达昆明时，我和有关人员到机场迎接，当晚下榻昆明连云宾馆，杨应楠先生设晚宴招待了他们。

当时的陈矼，白皙的脸蛋，麈尾式发型，滴溜圆的一双眼睛，衣着无华，讲一口标准的普

通话。讲起话来，语速很快。尽管留着一头秀发，但给我的第一印象——假小子。宴席上，她已知道建设厅规划处的我，是搞历史文化名城的，将是省里申报世界遗产的一员。彼此寒暄一阵，免不了把盏交杯。我举杯说：“杯酒浓烈敬陈砡，上席还有徐忠堂。钦差边鄙官县长，遗产名录著丽江。”后来，徐忠堂先生任丽江行政公署副专员，分管城市建设工作。陈砡任丽江县人民政府副县长，主抓遗产申报工作。

为了配合县政府搞好丽江古城申报遗产，云南省建设厅根据省政府滇西北旅游工作会的精神，从云南省城乡规划设计院遴选张辉，通过省委组织部下派到丽江县人民政府任副县长，分管城市建设。

根据《雅典宪章》及《马丘比丘宪章》有关文物和历史遗产的保存和保护的有关论述，我在省里拟定了“丽江古城保护规划方案”。就国际法则、指导思想及原则，申报范围、性质定位，哪些建筑物、构筑物拆除，工程管线、市政设施配套原则等进行了初步探讨，并送时任省建设厅厅长的郭方明先生认可。郭方明先生是同济大学的高材生，在建筑、城市规划、古城保护方面颇有建树。他看了方案后，示以同意，并把我叫到他的办公室对我说：“方案还可以。原则要进一步明确。降低建筑密度，提高减灾疏散能力，要写到原则中去。拆一部分，重建一些，要到现场细化。规划经费，你处里先安排一点。此项任务是重点，厅里会在项目资金上给予支持。”我点头认可，真自愧不如。姜，还是老的辣！

记得是该年的国庆节以后，我通知省规划院的项目负责人到丽江接受任务。我到了丽江，当时的陈砡、张辉二君已任政府副县长。张辉既代表县里，又代表云南省规划院的领导。“保护规划”的主笔人是任洁。她禀赋沉稳、羞于言谈；苗条的身材，显得极为文弱。不过那时的她已

韩先成丽江古城速写

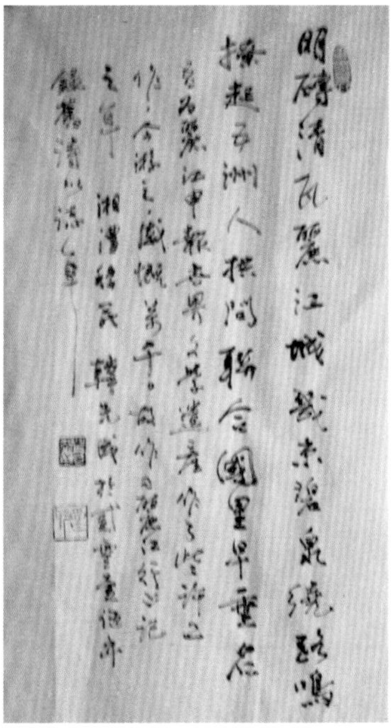

韩先成书法作品

在省规划院工作近六七年（其实那时她已是该院的中坚）。她生性文弱，但工作泼辣，能吃苦，不让须眉。

我把规划的指导思想、原则，定性设想、范围建议以会议的形式进行了交代，要求项目组及地方政府进一步深化，再三说明这仅是一个建议，并把郭方明先生的意见在此会议上重点强调了一下。世界文化遗产讲的是原真性、完整性、唯一性，高原水乡、小桥流水人家。申报的主旨是纳西民居。此系唯一也。从宋末元初以降至今。平顶式的砖混建筑物不少，但在古城区仅占百分之三上下。在会议上，定格以明清建筑为主，新中国成立后建造的砖混结构建筑予以改造。当时戏称“穿衣戴帽”，以求原真。范围是西以民主路，东至农田；北起金虹路，南至长寿路，以求完整。当时的丽江，条件比较差，建设资金奇缺，因此拆除建筑物极为慎重，故在会议上未提拆除、降建筑密度等话题。但就减灾疏散能力，重点强调了一下。记得 20 世纪 80 年代末，古城失火，火烧连营。镇民靠盆、桶舀水灭火。避灾场地紧张，疏散不畅。

在踏勘现场时，一行人来到了东大街傍的人民电影院。该建筑体量大，白森森的，如同一座雪山侧亘于此，与古城格格不入。它是原真性的绊脚石。陈玨女士提出“炸掉它”。我问当地的知情者说，该电影院土建投资近 500 万元，我答复改造一下。当时的 500 万人民币，是何等的高昂啊！

我们一行人来到七街的丽江县贸易公司前。该公司占地较大，砖混结构式的建筑，清一色平屋顶，十分戗眼，当地人戏称为“巴黎圣母院”。清水墙勾缝，显得比较破败，大家异口同声说“拆除”。我当时仅是一个办事小丁，表态拆除，就意味着省里拿钱新建，所以也只能在如何“穿衣戴帽”上谈点建议而已。

长寿路边的黑白水大酒店，在此之前就有人上书给时任云南省省长的和志强先生，要求停建。此信批转建设厅，当时责成我来处理此事。我一了解，是地方行署、丽江县政府批准兴建

街景（张桐胜供图）

万子桥（张桐胜供图）

的。生米已煮成熟饭，焉能停建！但此次现场确定，最终目标拆除。先纳入保护规划，何时拆除，由地方政府视社会经济发展趋势而定。

地处关义街的丽江县委党校，占地面积较大。20 世纪 80 年初所建，砖混结构、平屋顶，与古城的纳西民居风格也是格格不入，也是归入“穿衣戴帽”之列。其他街巷还有一些临时搭建的棚户，大都列入拆除之列。

还必须一提的是卖鸡巷。记得 1993 年，有人上书省长和志强先生，从玉带桥走东大街至四方街，新版城市总体规划，此道路是一条主要交通通道。由于是私房，卖鸡巷一直没有打通。上书人是联名陈述此处，给丽江大研古镇的镇民带来生产生活诸多不便，要求打通此道路。此信也是批给建设厅，责成我到现场处理此事。当年我到了现场，名曰卖鸡巷，其实是一座过街楼。由于房主建造此房时，此口已是大研古镇郊边人流到四方街的一个次要出入口，房主给留了一条约 1.2 米见宽的过人通道，单人可行，担夫难入。由于新城区的扩张，西北角的镇民出入四方街极为不便。当时和志强先生想从省财政拿钱解决此事。由于地处黄金地带，房主不愿迁出，也就不了了之。此次下决心纳入保护规划的拆除之列。

20 世纪的 1985 年，为审批丽江县城大研镇总体规划，我首次到丽江。其总体布局：一水自北流经玉带桥，再三分蜿蜒流向东南；道路依上河、中河、下河而展开，如同扇之扇骨，用现代的语言说呈放射状。四方街是历史上的商业中心，自家搭建的木质桥很多。当地有“小桥流水人家、户户滨水，家家垂杨”之俚语。其民居大都依地就势，建筑语言凸显纳西文化，给人以一种小巧玲珑之美。也许这才是丽江古城的唯一性。

故此，在圈定申报范围、保护原则、拆除新建等诸多事项上，上下意见基本统一，任务安排也显顺利。

1996 年 2 月 3 日丽江大地震后，丽江人把恢复重建与遗产申报巧妙结合，人的思想高度统一，项目资金也有一定的后盾。日常临时搭建的棚子，自动拆除。维修加固者如旧，恢复重建者如故，古城特色更为明显，政府当局信心倍增。拆除了人民电影院，另建古香古色的客栈。打通卖鸡巷，重建木府，降低了工商银行、建设银行、农业银行的几组建筑高度。整个古城在借景、透景方面的艺术效果，逐渐恢复。该是红杏出墙的地方，就让它红杏出墙。古城有含窗西岭，门纳青山；街望玉龙，户戏三水；小桥连牖，垂柳斜花。其特色已届唯一矣。

1996 年底，接联合国教科文组织中国全委会通知：“联合国世界遗产组织将派专家来云南丽江进行申报评估考查。”云南省建设厅责成我到现场进行预检，要求及早发现问题，就地整改。震后恢复重建正处于高潮阶段，但古城的恢复建设已近尾声，街景及卫生有很大的改善。我到现场之后，和丽江县政府申报办、建设局、文化局的诸君逐街逐巷进行查看。震后的惨象已不复存在，但民居恢复建设的烙印一眼就能看出。有人提出要作旧，我未同意。古城历尽沧桑能留下来，才弥显珍贵。一个人在世百十来年，历经几次磨难而健在者，方显神秘。不过，古城的给水管、有线电话线、照明电源线横街爬地，犹如蜘蛛网，一片狼藉，极碍观瞻。

当天下午，我会同时任丽江行署副专员的解毅先生，召开整改办公会。参会人员除一同踏勘现场的单位人员之外，还通知了电力、邮电、市政、自来水公司等单位参加。会议要求“三线归一”，即给水管道入地，空中的电话线、照明电线顺街悬空，整齐划一。当时邮电、电力部门有抵触情绪，提出资金从何而来。解毅先生也很为难，不置可否。我以上洗手间为由，电话请示省震后重建常务副指挥长郭方明先生“三线归一的所有资金由各系统的震后重建资金中列支”。郭方明先生立即同意，他还强调：“各系统不得推诿。完成得好的，以后在追加资金时，省里会给予奖励。”我得到郭方明先生的指示后，回到会议上当即拍板：“三线归一相关开支，由各系统的震后重建资金中列支。完成出色的，省里将在追加重建资金时，重点支持。”我还把郭方明先生的指示重点强调了一下，以期提高他们的信心与斗志。解毅先生也作了重点强调，会场的抵触情绪顿时解除，皆大欢喜，唯观后效。

期间，为了接受联合国官员的检查，我曾会同省里的几个专家到丽江古城进行深入细致的检查，并根据有关专家的建议及县方的要求，就古城区的纳西民居逐巷逐院进行列级评定前的普查，参加普查的有李锡先生、和占军先生。李锡先生时任丽江博物馆馆长，善开玩笑，谈吐

丽江古城科贡坊（金大龙供图）

韩先成古城画

幽默，对丽江的文物研究颇深，对古城的纳西民居也是如数家珍：某街某院，姓张姓李，几进几院，主屋厢房，建于何年代，了如指掌。原计划他带一组、我带一组，分别进行普查评定。由于我属外来人员，情况生疏，就合二为一，用时两天普查完，情况基本清楚。纳西民居，举架多以穿斗、台梁式结构为主；平面布局因地就势，极为紧凑。屋脊及直脊端部饰以鸱吻，正脊两端饰以悬鱼，瓦当滴水造型奇巧；庭院多用卵石铺成五福捧寿、福禄寿喜等图案。窗棂雕刻，花样纷呈。仔细读来，多有戏文。

在列级评定会上，有人提出分甲、乙、丙三级，有人说分两级。李锡先生说："其实丽江分一般民居和重点民居进行保护就可以了，不宜细分。"当时专家意见不一，此时的李锡先生说话还是很有分量的。我就他的一句话归纳为"保护民居、重点保护民居"征求大家的意见，大家都表示同意。后来李锡先生请顾奇伟先生用钢笔画表达在一张纸上，并在昆明请我定稿。顾老先生的建筑钢笔画在全国也是佼佼者，其主题提炼很到位，我立即同意。丽江县政府将此方案做成铜质保护民居、重点保护民居徽记牌，并以县政府的名义就评定列了级的纳西民居挂牌保护。时任省文化厅文物处处长的邱宣充先生也参加了丽江的列级、评定会，我和他商量将此标准作为两家的共同标准知会全省所有历史文化名城。回昆明后，建设厅、文化厅联合下发了此文。

古城区的恢复重点工作，当时仅木府建筑群、万古楼还处于建筑设计阶段。木府的一殿几厅建筑模型、万古楼模型已做好。此设计依据徐霞客游记中就丽江木府的一句描写："其恢宏似于王者。"木府后院，我到过几次，已无恢宏可言。地震后的重建工作，国家相关部委要派人来检查，实地查看李鹏总理到灾区视察后国务院下达的恢复重建项目完成进度、资金到位情况。建设部规划师王景慧先生又来云南，检查团到灾区采取分组活动。我陪同王景慧查看了大理、丽江。他对木府建筑群、万古楼有看法。我做了一些解释。他强调恢复重建是特指震前建筑物、构筑物毁坏后的恢复、重建，并不包括历史上曾经有过的建筑物。我说："为了配合遗产申报，省里在资金上做了些调剂。"他对狮山万古楼的意见更大。我又解释说："司长，作为景点建筑物，未尝不可。丽江县城将来就是一个旅游城市，您就网开一面吧！"后来，县政府、省政府相关人员到建设部做工作，最后建设部没有坚持反对此项目。之后，丽江申报办请我组成一个由省、地、县三级参加的专家组，对此项目进行了评审并获通过，木府建筑群才走完"群众意见、专家建议、领导决策"这一合法程序。

1997 年 4 月，联合国遗产组织派哈利姆博士来丽江考察。哈利姆博士时任巴基斯坦国考古局副局长，博物馆馆长。他代表联合国遗产组织就丽江申报遗产的范围、历史文化遗产、古城的完整性及其历史价值、民居的独特性及其他艺术价值进行考察。联合国教科文组织中国全委会、建设部、国家文物总局也派官员陪同考察，以显中华人民共和国的高度重视。哈利姆博士看后表示肯定，提了很多有益的意见，诸如整体格局不明确，庭院内随意搭建的鸡笼、猪圈有碍观瞻等。为了解决整体格局不明确这一问题，我当时表态西以民全路的古城一侧，东到农田；北以金虹路、南到长寿路的古城一侧，规划一条 5 米宽的绿化隔离带，在申报图上以见完整，在实施过程中以求分期。

联合国遗产组织一直未收到哈利姆博士来云南丽江考察的相关资料。中国文物总局的官员用电话联系哈利姆，他回答说已寄出。由于迫在眉睫，国家又通过外交途径，要求联合国遗产组织再派员来中国云南丽江考察，确保能上1997年的世界遗产会议。

1997年夏，亨利博士受联合国遗产组织委托来中国云南丽江进行补救性考察。联合国教科文中国全委会、国家文物总局、建设部也派官员陪同考察。我作为云南省建设厅的派员，一同作陪，实地考察。亨利先生看后很是惊讶！原以为震后的丽江古城是一片废墟。一年后的恢复重建，古城大街小巷的构筑物、建筑物的损坏痕迹已不明显。人民电影院已拆除，取而代之的是木质穿斗结构的坡屋顶式客栈。灯笼悬檐，酒幌飘巷，茶幡摇天。地上爬的，空中网的，墙上攀的水管、电缆、电线全已入地。上河、中河、下河上的木板桥横亘水上，跨水接人，与大石桥、万子桥、小石桥相映成趣。排污管暗敷三河之下。清水流淌，水草戏波，目光投于水面，细波粼光。纳西族妇女身着七星披月服装，脚穿水靴，手持火钳在河中拾捡垃圾，很是博得亨利先生的青睐。他问这是干什么，地方官员回答：“老百姓自发维护古城河道、街道的卫生。”亨利先生听到英语翻译后，不禁一笑。仅此一瞥，地方政府对申报遗产的决心已见一斑了。

1997年12月，在意大利那不勒斯市召开的21届世界遗产会议上，丽江古城正式列入世界遗产名录。地方政府得知此消息后，举城欢庆。1998年8月，省人民政府在丽江古城举行表彰大会，对丽江古城在申报世界文化遗产过程中有功单位和人员进行表彰，我也是先进个人的一员。当时还拈诗《丽江行》一首：明砖清瓦丽江城，几束碧泉绕路鸣。撩起五洲人拱问，联合国里早垂名。

2013年5月17日

（作者时任云南省建设厅规划处处长）

十一、丽江申遗的回忆

邱宣充

李锡先生要我写一篇回忆丽江申遗的文章。我今年已76岁，已经退休16年了，而丽江申遗是我退休之前3—4年间所做的工作之一，相隔已近20年，有些事情记忆已经模糊，但有些事情却印象深刻，终身难忘，同时也使我勾起了对和志强省长的怀念。

（一）丽江申遗的申报立项

现在全国各地申遗是热门话题，为了申遗投入了大量的人力物力，可以用兴师动众4个字来形容，而回忆丽江申遗立项时的情景却是另一番景象。当时省建设厅和省文化厅接建设部与国家文物局的通知，拟将全国历史文化名城丽江古城及山西平遥申报以城市为对象的世界历史文化遗产。接通知后，省建设厅无人带队去北京汇报，而文化厅的领导也无暇过问此事，于是赴京申报立项这样一件大事就交给了我一个小小的处长身上。当时由我及时任丽江纳西族自治县县委书记解毅带队，成员只有时任县文化局局长的黄乃镇、县建设局长周鸿2人。我们行装简朴，4人到京之后联系住进了地处北京北三环路上的七省驻京办事处中的云南驻京办招待所，为了节省经费我们4人只要了两个普通间，我和解毅书记住一间，两位局长住一间，就这样我与解毅书记朝夕相处了几天。解毅书记平易近人，思维清晰，对丽江古城的情况了如指掌。到了汇报的当天，我与解毅书记商议，汇报时我只作一个简单的情况介绍，主要申报立项的具体内容由解书记来介绍。

邱宣充（右一）、殷仁民（右二）考察民居

当时建设部与国家文物局出席会议的除官员外，主要专家有建设部的郑孝燮与文物局的罗哲文二老，参加申报立项的有辽宁的一个考古遗址、苏州园林、山西平遥和丽江。汇报的时候我只说了5分钟的开场白，其后解毅书记滔滔不绝地作了半个钟头的丽江介绍。一位县委书记能够如此详尽，如数家珍似的介绍丽江的历史文化遗产，着实打动了建设部、文物局领导和专家的心扉，取得了良好的效果。然而当时山西平遥的领导却没有来京参加会议。会议最后还是作出决定，山西平遥作为内地城池的代表，丽江作为我国少数民族地区的代表立项向联合国申请纳入世界历史文化遗产名录。

（二）做好遗产保护的基础工作是申遗成功的关键

丽江之所以被建设部和文物局推荐立项作为世界历史文化遗产的前提条件是丽江是全国历史文化名城，同时必须在名城保护方面有显著的成绩。丽江古城是1986年12月被批准为国家历史文化名城的。而在未被批准之前，丽江作为省级历史文化名城其生死存亡正面临着一次严酷的选择：1986年7月，昆明理工大学建工系朱良文教授给和志强省长写了一封“紧急呼吁”的信，指出“丽江古城目前遭受极大的威胁：新街像一把剪刀已经插入古城之中；关门口一带中心地区建起来体量太大的建筑；一些平顶建筑不断涌现……”当时和志强省长收到呼吁信以后于8月14日作出批示：“较完整地保留丽江古城很有必要，这不仅是为了研究颇具特色的纳西族民居建筑的需要，也是为了适应开放和旅游所必须。”在面临危机的关键时刻，和省长的批示对丽江古城的保护起了关键作用。丽江在1986年公布为全国历史文化名城，扎扎实实做了许多基础工作。如1994年滇西北旅游省长办公现场会上，集中了全省许多政府领导和专家学者共同研究丽江古城的保护，如四方街的恢复重建、古城水系的排污措施方案等，为了保护丽江的生态环境，决定停止了一批国营林场的林木砍伐等。

我有幸参加了丽江召开的现场保护会，同时有幸参加了由朱良文教授领衔组织的丽江古城重点保护民居及保护民居的认定工作。丽江公布为世界历史文化遗产之后，丽江政府又委托朱良文教授编写《丽江古城传统民居保护维修手册》及《丽江古城环境风貌保护整治手册》2书，把保护丽江世界历史文化遗产的理念和措施宣传到每家每户，我也有幸参与了论证。我认为丽江之所以申遗成功，关键是在保护措施上真正下了功夫。

丽江申遗相关的文件，当时是由丽江申遗办公室负责，而办公室就设在东巴文化博物馆里，具体就由博物馆馆长李锡先生负责，组成一个精干的班子，与当今许多地方为了申遗而建立庞大的机构也形成了鲜明的对照。

（三）直面地质灾害，申遗没有中止

申遗的关键程序是联合国教科文委官员进行现场考察，而丽江的考察却遇到了丽江的地震。直面地震，申遗是进是退必须作出果断的决策。

丽江地震前的一个星期，我正在丽江出差，检查丽江的文物保护及申遗的准备工作。回昆后一星期即闻丽江地震，回想起来当时还是有点后怕。丽江地震之后当地曾作出决定，为安全起见，暂停外国人进入丽江地区，但此时联合国教科文委的考察官员能否批准进入成了关键。为此，我作为一个文化厅的申遗经办人，想到了要找和志强省长。我找到了和省长的秘书反映情况，很快获悉和省长作出了允许考察官员进入丽江的决定，由刘京副省长执行。

我尊敬和志强省长，是因为和志强省长是一位实实在在干实事的领导。我认识他是从 1984 年开始的。当时，原交通部副部长潘琪、上海古籍出版社周宁霞来滇考察徐霞客滇游的史迹，和志强当时是负责文物的副省长，文化厅要我负责陪同，从此与和省长有所接触。同年云南省成立文物管理委员会，和省长任文管会主任，我任文管会办公室主任，其后元谋发现古猿头骨化石，引起中央领导同志的关注，云南成立了“古人类研究领导小组”，和省长亲自担任组长，我依然是小组的办公室主任，因为工作上有联系，因此遇到申遗官员考察这样的棘手问题，我才敢于直接向和省长请示。

丽江地震是坏事也是好事，坏事是丽江古城遭遇了严重的破坏，好事是更加引起各界对丽江申遗和遗产保护的关注。丽江震后丽江籍在昆学者专门召开座谈会，为丽江灾后重建出谋划策，我应邀出席了会议，并作了发言，其后将发言稿整理之后发表在《思想战线》杂志上，中心内容是灾后丽江古城的历史文化遗产保护及环境整治，从其后的实际情况看，许多想法得到了落实，这是我感到十分欣慰的事情。

2013 年 5 月 4 日于昆明

（作者时任云南省文化厅文物处处长）

古城大石桥（金大龙供图）

天井铺砖

十二、最珍贵的文化遗产——从丽江“申遗”说起

顾奇伟

1959年秋，我赴丽江从事粗线条的城市规划，由此开始53年以来已记不清赴丽江工作的次数了。对我而言，丽江乃是学术上的营养地，亦是享受乡情的可亲之地。1996年丽江大地震后，抗震救灾重建家园之际，在浓郁的坚韧不屈人文精神浸润之下，丽江又成为我牵肠挂肚的可敬之地。可敬的重大工程之一就是丽江申遗——向世界遗产委员会申报列入世界人类文化遗产名录。

我并未直接参加申遗工作，申遗的一些片段都是从事申遗工作的张辉副县长、博物馆李锡馆长等告诉我的。我深知丽江经大地震重创之后迅即继续强化申遗可谓难中求难。当时我国以丽江、平遥两城申遗并无先例，面对的又是国际社会，“外事无小事”，容不得些许闪失，对伤痕累累的丽江更是容不得再添伤害。好在经过努力，克服了意想不到的重重困难，申遗告一段落只待世界遗产委员会会议审查表决了。我对丽江直接参与申遗工作的朋友们钦佩有加。

翘首等待申遗结果之际，冒出了新问题。李锡馆长诸位突然来昆找我说，世界遗产委员会还要求中方迅即补充申报文件，综合说明申报丽江、平遥的理由。对此，北京有关部委又要求丽江撰写申报的紧急补充文件。由于不了解平遥，因而丽江的领导要我完成撰稿的任务。其实，当时我除了手头的资料，也从没去过平遥，对平遥毫无直观的认识。但时间紧急已无回旋商讨的余地，只能加班查阅资料后，分别从自然地理、城市性质、经济民族、人文形态构成、工程设施、文艺、古代建筑思想体系代表和保护等10个方面动笔阐明其价值和特点，初稿完成后交李锡馆长修改完善后报出。这就是我在申遗中参与的实际工作，仅此而已。我之所以敢动笔撰稿并非胆大，而是对丽江、平遥古城举世价值的认知。实际价值赋予我对申遗成功信心，不加修饰地据实落笔就是最具说服力的申报理由。

不久，申遗成功的消息传来，庆贺之际不由令人去思考古城的未来。众所周知，保护文物古迹难，完整地保护一座古城更难。申遗本身就是向全世界承诺勇于担负起这难上之难的重任。

申遗成功以来正是以行动实践诺言的15年，仅从我参与的一些保护工程就是例证，如：

大地震后重建家园之际整治多年乱拆乱建的东大街，全面恢复了传统风貌，充实了古城公共服务能力；

全面整治古城内长期积聚的环境病痛地段，在原址恢复了木府衙署，修复了文化生态，充实了公共活动空间；

全面进行了民居调查和优秀民居挂牌保护，拟订和实施保护措施，成为国内民居有效保护的先行之一；

相继全面整治被破坏了的玉河走廊和黑龙潭外围的自然生态及建筑环境，有效地保护了水源水质，形成了遗产地的风貌保护层和传统景观片区，提升了环境品质；

开辟古城南端的商业街区成为保护古城的风貌环境层，开发建设七星街、白马商业区成为独具本土特质的公建群落；

从保护古城的自然生态和人文环境出发，全面调整和完善城市总体规划——城建用地部分上坡；保护基本农田和传统村落；组团结构的城市形态，形成山水、田园、古城、新区、城乡交融的优美独特人居环境。

在调研的基础上，分别编制古城传统民居保护维修和环境风貌保护手册，并发至家家户户，成为全民投入保护古城的有效举措，示范于全国。

以上文化遗产保护中的一鳞半爪，正是申遗以来全面整体保护的缩影——保护古城、保护古城的周边风貌环境、保护城域的历史文化和自然人文生态等等。更重要的是，这些持续有效的保护令人感受到支撑和推动保护的动力。

保护历史财富，其实是对祖祖辈辈勤劳睿智的尊重、敬仰、爱护和珍惜。古城、古镇、古村落、古街都是祖辈勤劳睿智的见证，都承载着古人的心愿、心智和为之付出的辛劳。斗转星移、日积月累，厚重的遗产使一切具有良知的今人在敬仰敬重的同时悉心持续保护，由此而作的申遗那只是对遗产价值的再次考量，是与世人共享的愿望，是担当保护责任的表达。

杨国相画

保护文化遗产为的是福泽举世的今人古人，是为了汲取、传承、弘扬文化的精华，推动社会发展。丽江 10 多年来的快速发展是有目共睹的得到良好保护的。遗产引人入胜，人和自然和谐相处，具有顽强的生命力，直接推动了第三产业的发展；发展又支撑了持续保护。全面保护，从保护物质载体发展为保护遗产的生命力，并将文化精华的生命力注入当代建设之中。持续保护与持续发展本来就是维系城市生命的有机整体，这就是丽江发展中体现的硬道理。

文化是城市的灵魂。优秀的城市承载着文明替代野蛮，善良制服丑恶，聪慧排除愚蠢的文化史，总是在提高物质生活质量的同时构筑起文明、善良和有灵气的精神家园。丽江古城保护就是保护历史上的精神家园。发展所求的当然也是宜居宜留、令人身心俱悦的可爱家园。大马路、大广场、争艳斗奇的建筑群和令人眩晕的超高层等等终归是富，而不一定可爱。唯有对民众的大爱才能创造出可爱的城市。这就是比申遗更难的历史任务。

丽江申遗以来的现实和所引出的种种感慨归结起来就是：持续地保护发展本身是永续的命题，也是必须永续地去完成的任务。靠什么才能永续地做好呢？当然是渗透于一地一城、一个民族的自尊、自强和自爱。

人文精神才是人类最珍贵的文化遗产。

（作者为原云南省规划院院长、教授）

杨国相画

十三、古城与民居是丽江世界文化遗产最重要的物质要素

——丽江申遗感想与回顾

朱良文

我1981年11月初第一次到丽江，当发现竟然有保存这么完整的一座古城的时候（见下图），我惊呆了！既惊喜，又感意外，怎么这么好的古城建筑界却不曾听说？作为一名建筑教育工作者的我，从此与丽江结下了不解之缘。其后带学生调查、测绘、拍摄资料录像、写文章、出书[①]等等，不断地研究它，宣传它，后来又参与了一些具体的规划、设计、保护、咨询等工作，至今（2013年4月底）已到丽江85次。因此，在20世纪90年代，当听说省政府决定要求丽江向联合国教科文组织申报世界文化遗产时，我非常兴奋！

1981年丽江古城（朱良文供图）

与非物质文化遗产不同，作为世界文化遗产它必须要有保存相对完好的物质载体。像这样少有的保存完好的丽江古城，以及现正大量居住使用且非常精彩的丽江民居，它们正是文化遗产最重要的物质要素。有这么完整又具特性的古城，有这么精彩而又优美的民居，再加上雪山田园等自然风光、古老悠久的纳西文化、绚丽多彩的民族风情等等的丰富组合，当时我认为丽江申报世界文化遗产当之无愧。

（一）

我国著名的建筑界前辈刘敦桢先生早在20世纪30年代末作为“中国营造学社”成员到西南一带调查时就曾经来到丽江，涉足过对丽江民居的调查与记录，后来在他的著作《中国住宅概说》[②]中有所涉及，书中并有有关丽江民居的插图与图版三幅（见下图）。不过令我不解的是他为

① 朱良文主编：《丽江纳西族民居》，云南科技出版社1988年版；2005年此书增订，修改重版，改名为《丽江古城与纳西族民居》，朱良文编著。

② 刘敦桢：《中国住宅概说》，建筑工程出版社1957年版。

什么不曾提及过丽江古城？经过一段思索我终于找到了答案：在他那个时代，他到西南一带调查时，所到之处各地皆是传统风貌的城镇（包括昆明），“古城”不像今天这么稀有、突出与宝贵，也没有成为当时的研究对象，因此也就不曾提及“古城”一词乃至丽江古城了。所以，全国建筑界尽管有人从刘敦桢先生处知道有丽江民居，然而对一直完整保存的丽江古城却并不知晓。

插图6 云南丽江县三合院住宅

图132 云南丽江县住宅

图130 云南丽江县住宅外观

刘敦桢先生著作《中国住宅概说》中有关丽江民居的三幅图

从1981年至1982年，我一直进行着丽江民居的调查、测绘、资料整理工作，同时写了一个《丽江古城与纳西族民居》的电视脚本，由当时的云南工学院电教室拍摄成资料性、教学用的录像片。《丽江古城与纳西族民居》录像片于1983年1月底摄制、编辑完成，2月初在云南省建筑学会学术年会上首次放映获得肯定。其后不久，同济大学的罗小未教授（著名的外国建筑史专家）及华南理工大学的龙庆忠教授（又名龙非了，我国著名的建筑史学家）先后来云南开会，到我校看到此录像片后都非常惊讶：“怎么丽江还有这么完整的古城与古朴的民居？”龙庆忠教授还跟我说：“悬鱼[①] 这种构件在中国古建筑中使用很多；但在民居建筑中运用只是在唐宋时期较普遍，后来各地民居中皆不多见，几乎消失。怎么丽江民居中还那么大量地保留着悬鱼？丽江怎么还有这么古朴的、颇具唐宋风格的民居？”此录像带后来也被一美国学者看中，要求送给他们。1984年8月，我们通过他将此录像片送给了美国卡内基·梅隆大学建筑系，由此带来了以后一系列的相互学术交流，包括他们1986年暑假派师生19人来云南工学院举办“云南民居讲习班”，并考察了丽江古城与民居，考察中他们的系主任奥米尔·金博士三次向我伸出拇指说：“丽江古城太美了！”

由电视脚本修改而成的学术论文《丽江古城与纳西族民居》发表在全国性建筑学术刊物《建筑师》17期（中国建筑工业出版社1983年版）上。1985年10月，我因云南工学院建筑学专

---

① 悬鱼，建筑山墙悬山屋顶上的一种建筑构件，丽江当地称为“蝙蝠板”。

业筹办问题去北京拜访清华大学吴良镛① 教授时，他问我："《建筑师》上那篇关于丽江的论文是你写的吗？"我说："是。"他问："丽江古城真的那么完整吗？"我说："那些照片都是我亲自拍摄的。"他说："我一定要去看看。"（后来他于 1986 年夏天与周维权教授一起到丽江考察了两天，对古城赞赏的同时提出了重要的保护意见。）他当时还告诉了我一件事："刘敦桢先生 30 年代在丽江调查时拍摄的一组民居照片，在抗战时期的重庆《中国建筑图片展览会》中曾展出过，一共六张；后来刘先生把这六幅照片洗印了几套，分别送给了中央大学、清华大学、东北大学等六个院校的建筑系，有些院校的图书馆可能至今还保留着。因此，建筑界过去知道有丽江民居，不过由于路途遥远、交通不便，后来很少有人再去调查，我也一直想去而未能偿愿。"

（二）

丽江古城的自然环境峻秀兼备：借景耸峻的雪山，接引秀丽的玉河，面向清新的田园，古城与山、水、田园之间有机融合。丽江古城的人文环境绚丽多彩：纳西民族、东巴文化、歌舞、服饰、工艺、民俗等等，孕育着深厚的文化底蕴。丽江古城的空间环境和谐优美：古朴的街巷，自由的水系，精彩的民居，不拘工整、亲切自然的规划布局，构成了独特的城市形态。作为丽江古城主体的丽江民居，它的精彩在于平面特色鲜明，构筑因地制宜，造型朴实生动，装修精美雅致。

概括来说，丽江古城及其民居的总体特色突出体现在四个方面：一是强调自然性，不求工整，但求随意；二是把握尺度感，不求高大，但求得体；三是讲究人情味，不求气势，但求亲和；四是体现平民化，不求豪华，但求质朴。这些特色正是丽江世界文化遗产的内涵所在，也正是需要我们认真保护的精华。

（三）

1996 年"2·3"大地震后，经联合国教科文组织专家鉴定后认为申遗过程可以继续进行。为了配合申遗，也为了更好地保护丽江古城内的传统民居，当时的丽江县人民政府决定在古城内确定一批重点保护民居挂牌保护。

为了确定重点保护民居的名录，丽江县人民政府于 1996 年 12 月 26 日至 31 日在丽江组织了一次"丽江古城第一批重点保护民居专家考察鉴定会"。专家组由省内建筑、文物专家王翠兰、顾奇伟、殷仁民、韩先成、邱宣充、张瑛华、蒋高宸、朱良文等八人组成，当地政府及申遗工作组领导、专家、文化与城建负责人陈砙、李锡、司晋云、和占军、牛树勋、李阿凡、木庚锡等配合，还有其他一些工作人员参与。会议先分成两个小组对拟定名录进行了实地考察与鉴定（见下

① 吴良镛，清华大学教授，中国科学院院士，中国工程院院士，我国当代著名的建筑专家与学者。

专家组在丽江古城的传统民居内进行考察与鉴定

图），后集中讨论确定了一批“重点保护民居”，同时还增加了一批“保护民居”以促进它们更好地被保护。我在 1981 年选择测绘的近 20 幢较典型的民居多数被划定为“重点保护民居”，还有很多当地提供的精彩民居或保存完好的民居被发现并确定在“重点保护民居”及“保护民居”名录内，总计近百幢，后来它们由政府授牌，挂在每幢的入口处，明确予以保护，多数住户为此感到很荣耀，也增强了保护的责任感与自觉性，对后来的具体保护工作也起到了实际的促进作用。据我当时作为中国建筑学会民居专业学术委员会及中国文物学会传统民居学术委员会的副主任委员身份对全国的了解，这在国内尚属第一次。

这是丽江申遗中的一件具体工作，反映了当地政府及领导已经把申报遗产与对遗产物质要素的具体保护工作结合了起来，通过申遗促进了保护。据我所知，“民居挂牌保护”这件事不仅对当地民居保护起到了促进作用，对我国其他地方的传统民居保护工作也起到了良好的示范作用。

2013 年 5 月 6 日

（作者时任昆明理工大学建筑工程学院教授，现任昆明本土建筑设计研究所所长）

十四、申遗琐记

任 洁

丽江古城是1986年经国务院批准的第二批国家级历史文化名城，是一座以古城为主体、以玉龙雪山为背景、以水为魂魄、以悠久的地方文化和丰富的民族文化为内涵，以城市空间、城市环境、建筑及具有民族特点的节日庆典、音乐、舞蹈、绘画等艺术内容为特色的历史文化名城，其独特的城市格局、曲折有致的街道、高低错落的民居建筑与潺潺溪流构成了人与自然和谐统一的“浪漫空间”，充满了“小桥、流水、纳西人家”的诗情画意，加上备受国内外学者关注的“纳西东巴文化”，丽江古城在全国99个历史文化名城中独树一帜，成为我国第一批列入世界文化遗产的历史文化名城之一。

这是“丽江震后恢复重建规划”和“丽江古城保护详细规划”的前言，也是我每次介绍丽江的开场白。

1996年2月10日，丽江“2·3”大地震刚过一个礼拜，四个年轻的规划师搭乘丽江县张辉副县长（现任云南省规划设计院院长）亲自驾驶的“城市猎人”北京吉普，来到了丽江，投入到抗震救灾的第一线。(那一年的《春城晚报》刊登了一篇文章，记述了云南省城乡规划设计研究院一名女规划师扔下半岁的女儿，和一群年轻的规划师们奔赴丽江，描绘丽江震后恢复重建蓝图的事迹。同事曾把这张报纸交给我保存，可惜，几次搬家后，这张报纸已不见踪影了）

丽江古城申报世界文化遗产不久就发生了7.0级大地震，5月份联合国教科文组织的专家就

证 书

云南省城乡规划设计研究院报送的丽江大研古城保护详细规划项目

获2000年度建设部优秀城市规划设计二等奖

项目主要编制人员：

任 洁 张明光 王 春 张 辉 王 颖 蒲文川 陈杰媛

二000年十二月

要到丽江实地考察，我们的任务就是完成“丽江震后恢复重建规划”。当时的丽江边远、贫穷，古城内还是一片废墟，下午5点便没了人，分外清冷（今天丽江的繁华和热闹是当时无法想象的）。我们每天一早就头戴安全帽，挨家挨户地实地踏勘，调研民房的受损情况。余震时常发生，屋顶的瓦片也时常会滑落下来，居民们大都不愿再在古城居住，印象中几万元就能买到一个小院落。傍晚，几个年轻人坐在清冷的四方街“畅谈”。记得谁曾说过：我们一起凑钱把新华街买下把。若干年后，我们又谈起往事，只可惜没有付诸行动，否则，我们早在纳西小院享受丽江的柔软时光了。

在丽江的一个月是难忘的。一天，我们正在室内工作时，余震又发生了。慌乱中，我一把抓住了旁边一个人的手，镇定后，冲出房间，正好看到玉龙雪山受余震影响发生雪崩，大片的雪滑下，如同在空中腾起的一片灰尘。回到室内，一人便说：“哎，你刚才为什么拉他的手，不拉我的手？”另一人又说：“那么危险的时候，你还注意她拉谁的手啊？”一阵哄笑。

我们吃、住都是在丽江最好的宾馆——丽江宾馆，每天晚饭都会有一碗红烧肉，这好像是当时唯一的荤菜了。吃饭时常常会停电，等再来电时，我们就会说：“×××，是不是你偷吃了肉，怎么一下就少那么多？”讲鬼故事（很多还是亲身经历的）是晚饭后经常做的事，不想听，却又偶尔飘进耳朵几句，在停电的晚上，更是恐怖。

在丽江的工作也是卓有成效的。为保证联合国教科文组织专家的考察，建设部规划司王司长亲自来检查工作。一天，吃完午饭，他让我陪他到古城转一转。一路上，他指着一栋栋民房，让我告诉他在规划中我们采取的是什么措施。最终的抽查令他满意。“5月份联合国教科文组织的专家就要到丽江实地考察，我们不可能让他们看到完全恢复重建好的古城，但我们要让他们看到我们所走的这条恢复重建的道路是正确的。”王司长语重心长道。“古城恢复重建的道路是正确的”，我想，这应该是丽江古城申遗成功的一个重要原因吧。

那个时候丽江还没通高等级公路，开车一般都要在大理住一晚，第二天才能到。恢复重建的那几年，经常要到丽江，为节省时间，都是坐飞机去。印象中那时飞行员的技术都没有现在的好，每次下降时都会有失重的感觉，因此，每次我都会晕机。这以后的很长一段时间，只要进到机场候机厅，听到通知登机的广播响起，我就有晕机的感觉了。

“丽江震后恢复重建规划”当时是要向李鹏总理汇报的。感谢领导的信任，让我承担这次汇报任务。可惜，最后没能向总理汇报，而是向当时的国务院一位副秘书长做了汇报。

丽江古城在1996年联合国教科文组织的第一次审议中因材料不全没有通过，但第二年可以补充完善申报材料后再次提交审议。为配合申遗，在完成了“丽江震后恢复重建规划”后，我们又完成了“丽江古城保护详细规划”，1997年丽江古城顺利入选世界文化遗产，这个规划是申遗成功的重要材料之一。

惨烈的大地震，一夜之间，使丽江古城的知名度猛烈飙升。随着全国及国际关注和援助的纷至沓来，这座声名鹊起中的古城开始在这场空前的灾难中涅槃，从全民抗灾，到矢志重建，再到后来三项“世界遗产”的成功申报，丽江，在中国经济社会繁荣和云南旅游逐渐上扬的双重背景中得以大放异彩，成为华夏大地上最负盛名的旅游胜地之一，同时，也是具有强烈而又独特的商业及人文价值的著名地标之一。

1999 年，“丽江古城保护详细规划”申报建设部优秀规划设计奖。一天，一位在建设部的同学突然打电话来：“赶快再做一本丽江古城保护规划的申报材料。丽江古城太美了，你们的材料做得太好了，大家都想看，传来传去，不见了。”那一年，“丽江古城保护详细规划”获得建设部优秀规划设计二等奖，这是我所获得的最高级别的奖项。

有一年，在丽江再次碰到和市长（当年的和县长），他说：“我们都要感谢丽江，因为她，我们都进步了。”

是的，感谢丽江，感谢在丽江并肩战斗的战友们！

（作者现任云南省规划设计院副院长、总工程师）

十五、流走的是岁月，抹不去的是记忆

——丽江古城申报世界遗产二三事

解 毅

光阴似箭，岁月如梭，时间过得飞快。转眼间，丽江古城申报世界遗产快20年了。为了让人们永远熟知丽江古城申遗这一重大历史事件，40多年的好友李锡嘱我为其近日将出版的《丽江古城申报世界文化遗产纪实》写一篇回忆文章，我欣然许诺了，为了好友，为了文化，更为了家乡后人和一段难忘的历史。

（一）“由于我们没有能力破坏，所以丽江古城至今还保存完好”，申遗立项中的实话实说

古城申遗经历了立项、修复、保护规划、评审通过、纳入名录几个阶段，其中，人们最容易忘记的是立项申遗这一起步阶段。

1994年10月，和志强省长在丽江主持召开滇西北旅游规划会，首次提出了丽江古城保护和申报世界遗产课题。

1995年6月，在丽江政府、省建设厅、省文化厅的共同努力下，丽江古城申遗列入了国家议题。6月23日，由国家文物局主持，建设部、文化部、联合国教科文组织中国全国委员会在北京召开了世界文化遗产立项审查会议，对丽江古城、山西平遥古城、苏州古典园林和辽宁交河遗址四个项目进行立项评审。会议由国家文物局张柏副局长主持，建设部专家郑孝燮、文物专家罗哲文等著名专家学者参加了会议，云南代表团则由我（时任丽江县委书记）、邱宣充（时任省文物处处长）、黄乃镇（时任县文化局局长）、周鸿（时任县建设局局长）四人组成。

会上，我代表申报方就丽江古城的由来、现状、特点、申报价值、保护举措等做了充分介绍，引起了各位专家的热烈讨论。当有专家提出昆明古城、大理古城已被破坏，丽江古城为何保存完好的质疑时，我站起来说：“由于我们发展滞后，还没有能力破坏，所以丽江古城至今还保存完好。”郑孝燮老先生当即表示：“说得好，保护价值就在于没有被破坏。”

于是，会议决定把山西平遥作为内地城池代表、丽江古城作为少数民族地区城池代表，由国家立项向联合国申报世界文化遗产。

（二）“束河古镇、白沙古镇是丽江古城的母体与本源”，束河、白沙纳入世界遗产的由来

我是束河人，从小曾写过“人出青龙腾空地、家居白虎扑食坪”的诗句，对家乡有着浓厚的感情。李锡曾任白沙工作队队长，且对白沙文化有较为深刻的理解，于是我二人商议，要争取白沙、束河两古镇纳入世界文化遗产。

1996 年 2 月 16 日，丽江在震后忙乱中迎来了联合国官员的视察，这次视察由联合国官员理查德和梁敏子率队。会上我在介绍丽江古城的同时，对束河、白沙古镇的特点、价值作了详细介绍，特别指出：束河、白沙是丽江古城的母体和本源，束河、白沙与丽江古城一样家家流水，户户垂柳，引水洗街，古朴典雅。把白沙、束河两镇纳入世界遗产，将有利于遗产的完整性，将有利于遗产的保护规划，并邀请理查德、梁敏子考察白沙、束河（后因时间关系没有去）。于是，理查德、梁敏子同意将白沙、束河纳入世界遗产的申报范围。我作为束河人，为家乡纳入世界遗产多做了点力所能及的贡献。

（三）“修旧如旧，仿古如古”，震后重建中的丽江古城保护理念

20 世纪 80 年代，为了古城消防，丽江地方政府曾修了一条从新街进入古城四方街的消防通道。昆明理工大学朱良文教授曾上书和志强省长《紧急呼吁》说“新街像一把剪刀插入了古城心脏……”，事件引起了当时的省委政府，特别是和志强省长的关注和过问。

1996 年 2 月 3 日丽江发生大地震后，许多学者，诸如白庚胜、车文龙、郭大烈、杨福全、和少英等也纷纷来信来电，要求注意震后重建中的古城保护。我作为当时家乡的看守者（丽江县委书记）深感责任重大，于是经常与班子同志商量，强调古城保护和文化重建问题。

地震初我们提出“四先四后”：“先安置后重建，先基础后发展，先农民后居民，先学校医院后机关”，较好地处理了应急抢险问题。

古城重建时，我们又提出“四个不准”：“一不准改变原来的建筑风貌；二不准增加楼层高度；三不准改变河流道路；四不准现代建筑材料进入古城”，得到丽江人民特别是古城居民的响应。

借震后重建治理，我们拆除了从新街到古城的新式建筑，拆除了建盖在河道上的水泥路面，修建了“仿古如古”的丽江木府，恢复了丽江古城的往日辉煌与原有风貌。丽江重建得到了社会各界的好评，我也被评为先进个人并被省委授予“优秀县委书记”称号。

（四）“丽江需要国际社会的文化认同，但不需要古城申遗的延期”，申遗工作中展现出来的丽江精神

丽江古城申遗成功，不仅仅是哪几个人的努力，它是丽江各族人民共同努力的结果，它与丽江纳西族人民的民族特质和文化包容息息相关。我走过全国和世界的许多地方，相比之下，深感到丽江人民确实有一股“一个锥子走天下”的执着精神，有一种“壁立千仞”的刚毅和“海纳百川”的包容。正是这种执着和包容，形成了独特的纳西文化和世界遗产。

1995 年 6 月北京申遗立项回来之后，同年 12 月就成立了丽江古城申报世界遗产办公室，办公室设在博物馆，李锡同志任办公室主任，抽调了精兵强将，又从建设部引进了陈矼副县长专司此项工作。1997 年我调丽江行署工作，同年又成立了丽江地区丽江古城申报世界遗产领导小组和办公室，把申遗工作提到了地委行署的工作层面，我还是分管负责申遗工作。

1996 年 2 月 3 日丽江发生里氏七级的大地震，各项工作百废待兴，但我们仍然把申遗和重建工作结合起来，推动了丽江古城的“修旧如旧”。2 月 16 日，联合国教科文组织提出“考虑到丽江发生大地震，所以允许丽江古城申报文本延期提交”。我们当即表示，“丽江迫切需要国际社会的文化认同，我们不需要古城申遗的延期”。在申遗办和市县相关部门的共同努力下，丽江古城申遗文本高质量如期完成，丽江古城在 1997 年 12 月 4 日意大利那不勒斯召开的联合国教科文组织世界遗产委员会第 21 次会议上评审通过，被正式列入世界文化遗产名录。

（作者曾任丽江县委书记、行署副专员、中共云南省委组织部副部长、省人力资源社会保障厅厅长、省委编办主任，2016 年逝世）

十六、难忘那不勒斯

和自兴

1997 年 11 月 26 日，中国申报世界文化遗产代表团在建设部规划设计司王副司长的带领下，乘国际航班前往意大利那不勒斯，参加联合国世界遗产会议。同行的还有丽江县副县长陈砙。行署专员和段琪、地区邮电局局长王晋生在外国访问，他们另取道前往那不勒斯。在这次会议上，联合国世界遗产委员会的专家们将对丽江古城、平遥古城和苏州园林能否列入世界遗产清单进行最后的抉择。

波音飞机在 12000 米高空中平稳地飞行，越过大海、越过高山、深峡。我们的心情十分不平静，作为古城申报的参与者与见证人，我们忘不了 3 年的努力，忘不了大地震的尘烟，忘不了大地震后各族群众战天斗地、保护古城的壮丽场面，更忘不了纳西族群众的热情企盼。一位 80 多岁双目失明的老大娘知道丽江古城要申报世界文化遗产，在联合国官员到丽江古城的时候提出要摸一下联合国官员的手，这镜头使我心潮澎湃、热血盈眶。作为纳西族的后代，能去参加丽江古城进入世界遗产的会议，我感到无比自豪，更感到肩上责任重大。我们代表丽江，也代表中国。我们要给家乡父老、给全国各族人民捎回一个特大的惊喜。

意大利那不勒斯，位于意大利南部的那不勒斯湾，城市面积为 10 平方公里，是地中海重要的旅游景点。这里有着欧洲许多光辉灿烂的文化，名胜古迹璀璨耀眼。联合国教科文组织世界遗产委员会把这里作为第 21 次全体会议的会址，可见一斑。

我们到达那不勒斯时，已是初冬，但是这里风光依旧绚丽多彩。一场小小的秋雨过后，天空碧洗，那不勒斯小城在霜叶的掩映下，美丽得撩人。不过，最令人感动的，是那不勒斯光辉灿烂的文化。我们参观了那不勒斯著名的庞贝古城，作为世界文化遗产的古城庞贝，经过千百年的洗礼，无处不显出其古文明和现代文明、山水交融的深厚文化魅力，令人感叹，让人深思。我们深深感受到欧洲文化的巨大魅力，来自于人们对千百年来人类文化的珍惜、爱护、传承，从而使它具有世界性的历史、文化价值，放射出璀璨的光芒。想到丽江古城这颗深藏于云岭深处的明珠即将走出深山峡谷，即将登上人类文明的光辉殿堂，我们心里都在默默地想，要把先辈创造的宝贵文化财富珍惜好、保护好，我们才不愧祖先，不愧民族、不愧国家。

12 月 3 日，联合国教科文组织世界遗产委员会第 21 次全体会议正式举行，与会人员有世界遗产委员会的委员，还有 100 多个国家的代表。会议地点是一座具有千年历史的皇宫，其金碧辉煌，处处闪烁着欧洲文明之光。步入会场，使我感受到浓郁的文化气氛，强烈的文化生命活力。8 点 30 分，大会开始。联合国教科文组织世界遗产委员会主席冯特 · 罗斯特先生首先宣布会议议题，然后开始审议丽江古城，同时列入审议的还有我国的山西省平遥古城、苏州园林。当会议

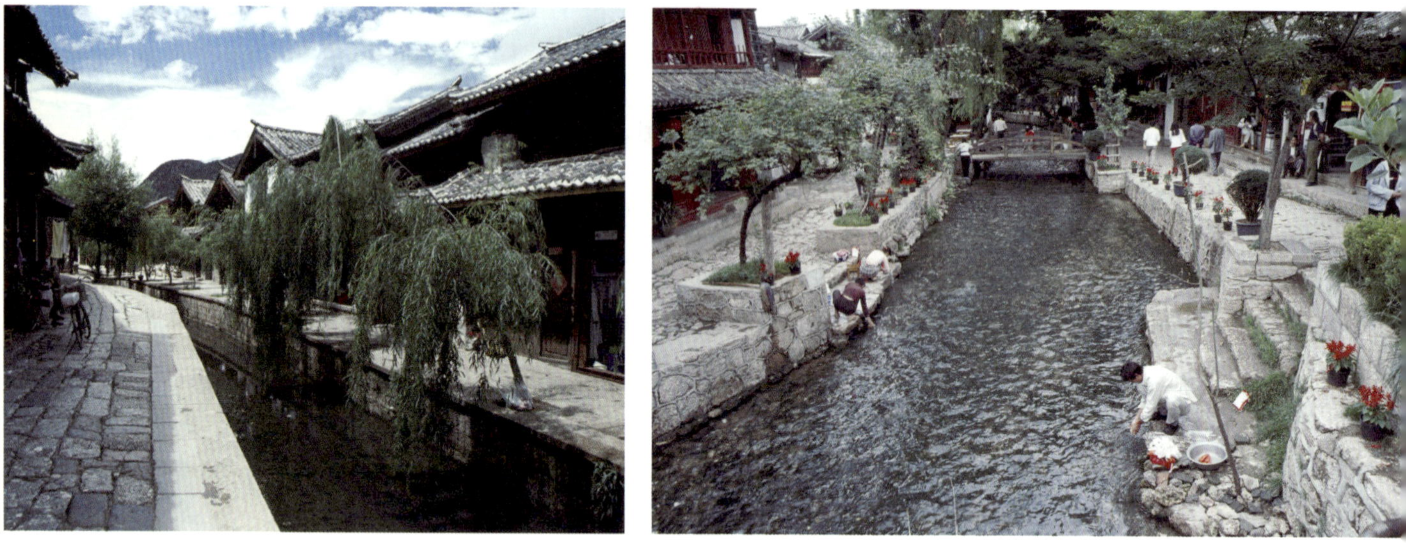

丽江古城街景（金大龙供图）

主席提议表决丽江古城时，我们屏住呼吸，心脏似乎都停止了跳动，目光紧紧地盯住主席台。短短的几分钟时间，我们仿佛觉得太漫长、太漫长。当主席宣布批准丽江古城列入世界文化遗产清单时，我们兴奋得几乎要跳起来、叫起来。但是，考虑到场合，我们还是抑制住激动的心情，同前来祝贺的联合国官员、各国代表热情握手。

走出皇宫，我们飞快地往下榻的酒店赶。到达酒店后，我们很快拟定电文，向丽江各族人民传递了丽江古城被列入世界文化遗产清单的特大喜讯。

丽江古城如愿以偿地成为世界文化遗产，它是我国第一个列入世界文化遗产的少数民族城镇。这不但是丽江各族人民的骄傲，也是中国人民的骄傲。丽江古城是中华民族的宝贵财富，更是全人类的共同财富。我们在感到自豪的同时，更感到责任重大。爱护古城的一草一木，精心呵护我们美丽的家园，保护好这一珍贵遗产，我们责无旁贷、义不容辞。

我们不会忘记那不勒斯，因为在这里，我们走向世界。

（本文引自《〈向世界申报〉——丽江古城申报世界文化遗产档案录》，
作者曾任丽江县委书记、地委委员、行署常务副专员，现任中核集团党组成员、副总经理）

十七、不能忘记的那些人和事

何金平

“成功了！古城申报世界文化遗产成功了！”从意大利那不勒斯上空传来的特大喜讯以及闻讯后的丽江各族群众打着“爱我古城！爱我家乡！爱我中华！”等横幅，涌入广场，走上街头，狂歌劲舞，彻夜未眠的庆祝场面，仿佛就像发生在昨天的夜里，是那么的令人振奋，是那么的刻骨铭心。弹指间，17 年过去。丽江古城经受住大地震的洗礼，犹如凤凰涅槃浴火重生，创造了富有“丽江精神”而享誉世界的“丽江模式”，以更加美丽迷人的风姿屹立在滇西北高原。

丽江以古城而名扬天下。今天，当我们站在象山之巅看世界各地不同肤色的人们“朝圣”古城，当我们走在石板路上用双脚抚摸祖辈们温暖足迹的时候，我们情不自禁，感慨于大自然赐予家乡丽江人民无际的福祉，以及历史赋予我们坚守家园、保护家园、建设家园的重任。

“丽江古城把经济和战略重地与崎岖的地势巧妙地融合在一起，真实、完美地保存和再现了古朴的风貌。古城的建筑历经无数朝代的洗礼，饱经沧桑，它融汇了各个民族的文化特色而声名远扬。丽江还拥有古老的供水系统，这一系统纵横交错、精巧独特，至今仍在有效地发挥着作用……”这是 1997 年联合国教科文组织世界遗产委员会第 21 届大会对丽江古城的总体评价，也就是在这个会上，丽江古城正式列入了“世界文化遗产清单”，从此丽江被推向全国、走向世界。

申遗成功的背后，是全市各族人民三年零两个月的艰辛努力，也凝聚着国家和省有关部门领导以及一大批中外专家、国外友人的奔走操劳，不遗余力。值得一提的是，云工大建筑系主任朱良文教授得知新建的东大街正准备向四方街延伸情况后，立即致信和志强省长，紧急呼吁保护古城；全国历史文化名城保护专家郑孝燮、阮仪三、鲍世行对古城保护工作给予了无私帮助和充分肯定；刘敦桢、吴良镛等著名建筑学家高度评价了丽江古城的突出和普遍的价值……

1994 年 10 月，云南省省长和志强在滇西北旅游规划会议上，正式建议丽江古城申报世界文化遗产，申报工作提上重要议事日程。1995 年上半年，省政府正式同意丽江县人民政府提出的申报请求，并上报国家有关部门。同年 6 月，国家文物局副局长张柏主持会议，召集国家 8 位 A 级专家进行论证，正式确定丽江古城、平遥古城、苏州园林为我国 1997 年度世界遗产申报项目，丽江古城为首选项目。

正当申报工作刚刚迈出第一步的时候，2 月 3 日，丽江发生了 7 级大地震。顷刻间，到处残垣断壁，容颜失色。灾难面前，刚强的丽江各族人民没有叹息，没有退缩，更没有被压倒，而是向世人表明了庄严的承诺：变大灾难为大机遇大发展，苦战三年，重建一个新丽江。当一些人质疑丽江古城申报世界文化遗产能否继续进行的时候，2 月 16 日，联合国教科文组织世界遗产中心官员梁敏子女士和理查德先生到丽江考察。他们一致认为，古城虽然遭受严重损伤，但是代表古城的精髓还在，整体格局、水系风貌、人文景观依然完好，申报原定程序不变。正是他们的到来，进一步增强了丽江申遗的必胜信心。

古城在颤抖，申遗在继续。在时任丽江地委书记段增庆、行署专员和段琪、行署副专员解毅，丽江县委书记和自兴、县长杨廷仁等同志的亲自参与组织下，丽江各族人民期盼古城申遗成功的热潮一浪高过一浪，爱我古城、爱我家乡为主题的爱国主义教育如春风化雨，深入人心，民族的自信心和凝聚力得到空前高涨。同时，丽江也充分借助多种文化产业形式对申遗工作进行大力宣传。尤为记忆犹新的是，1996 年 9 月 20 日，中央电视台“综艺大观”第 131 期在昆明现场直播丽江恢复重建专题文艺晚会，主持人倪萍在节目中动情地说：“……刚得知丽江古城正在全力以赴申报世界文化遗产，我的心被丽江人民的胸怀打动了，衷心祝愿丽江申报成功。”蝴蝶效应就是这样被振动了起来，作为这台晚会的总组织协调人之一，我深深被国家以及国际社会和各界人士对丽江的极大关注和热爱所感动，至今难以忘怀，铭记在心。

正是一系列的外宣活动把丽江美丽的景色、独特的民族风情和深厚的文化底蕴传递给了全世界，同时也宣扬了丽江申遗过程中形成的放眼世界、拼搏争光、敢于担当、不甘落后的精神。1996 年 4 月 19 日，丽江“2・3”大地震纪实摄影展开展；9 月 20 日，“综艺大观”晚会获得巨大成功；11 月 13 日，以地震为背景的电视剧《天地情》在中央电视台一、二、三、四、八套节目中播出，引起社会强烈反响；12 月 9 日，以丽江地震为题材的电视剧《紧急夜航》在丽江开拍；11 月 1 日，丽江“2・3”大地震纪实性画册《灾害无情人有情》在丽江举行首发式；《丽江日报》等媒体在显著位置对恢复重建和申遗工作进行了持续关注和报道……

“整旧复旧、修旧如旧”是古城保护建设的原则，而恢复古城原有特色是整治中的重点。1997 年 3 月 31 日，由联合国教科文组织中国全委会委员马燕生，国家建设部周日良、付爽，省建设厅韩先成四位专家组成的预验小组到达丽江考察古城申遗最后阶段的工作。预验组四位专家考察古城和束河、白沙两地并听取汇报后指出急需整改解决的三个问题：一是空中线路（通讯线、电力线、电视闭路线），架设杂乱无序，既影响了市容市貌，也存在不少安全隐患，对古城申报不利，这是最突出的问题，要尽快改变古城空中线路问题；二是与古城独特民族风格不协调的建筑仍然存在，应逐步拆除，恢复原貌；三是古城水系、河道中的卫生环境要进一步整治。

为尽快落实预验组提出的整治意见，迎接联合国教科文组织专家评审组的到来，段增庆书记、和段琪专员指定由我来主持召开古城“三线”整治现场协调会议。会议提出，“三线”整治工作要按重点突破与全面兼顾、重整治与一般清理、确保美观与因陋就简相结合的原则进行。重点整治范围包括：古城入口经新义街至大石桥、七一街、现文巷、四方街、新华街。我在会上要求城建、电力、邮电、广播电视等部门立即启动整治工作。从 4 月 3 日起，10 天内完成，10 天后将组织现场验收。这可真是一场“百米冲刺”。会后，各相关部门立即投入“三线”整治工作，地区电力公司还专门成立了“三线”领导小组，各单位很快组成了近百人的抢修队伍，奋战在古城大街小巷。10 天后，主要街道、路段的“三线”整治任务顺利完成。20 天后，我们给联合国专家组交出了一份满意的答卷。

丽江古城列入世界文化遗产，是丽江发展史上的里程碑和转折点，它标志着丽江已成功走向世界，进入一个崭新的发展时期。丽江古城成为世界文化遗产名录中的一员，是大自然赐予丽江的无价宝藏，当然也倾注了全市各族人民的辛勤与汗水，凝聚着社会各界人士对申遗工作的理解、支持和帮助。记录那些事、那些人，是为了学习他们在申遗工作中体现出的敢闯敢试、自加压力、拼搏争先的精神与勇气，把古城保护好，把丽江建设好。

真诚希望古城不忘申遗初衷，把这份人类共同的遗产完整地传给子孙后代。

（作者时任丽江行署秘书长、现任河南省副省长）

街景（金大龙供图）

十八、古城申遗往事

杨廷仁

李锡老师是从事纳西族历史文化研究的佼佼者，他主编的这部关于古城申遗的纪念文集，客观翔实地记录了申遗全过程，是一部极有史料价值的文献。

世界文化遗产丽江古城不仅是全国文化旅游领域当中一张大放异彩的名片，而且丽江古城成功的保护与发展方式被联合国教科文组织定义为“丽江模式”，使其成为丽江旅游业乃至整个经济社会持续发展、不断升温的原动力。1997 年 12 月 4 日，在经受了“2・3”大地震洗礼不到两年的丽江古城，被联合国教科文组织正式列入世界文化遗产清单。古城申遗成功，为丽江发展史浓墨重彩地添画了一笔，为这个当时正在开展地震恢复重建、大力发展旅游产业的边陲小镇注入了强大的推动力。其时，我作为丽江县人民政府县长，与全县干部群众的心情一样，可谓是欢欣鼓舞。弹指之间，20 年时间过去了，时下丽江正在以全新的姿态向前迈进，丽江古城成为越来越多中外游客的向往之地。回顾丽江古城申遗和恢复重建的艰辛历程，让人感慨万千。

20 世纪 90 年代，旅游业在国内进入一个新的发展阶段。丽江是云南一个一穷二白、名不见经传的边疆小镇，丽江各族干部群众依托丽江得天独厚的自然文化禀赋，抓住了丽江古城申遗这一历史性机遇，大兴大办旅游。很快，丽江声名鹊起，成为一个全国知名的旅游热区。1994 年 10 月，在云南省政府滇西北旅游规划会议上，省长和志强同志郑重提出丽江古城应申报世界文化遗产。1995 年 7 月，国家文物局向联合国教科文组织递交了丽江古城申报世界文化遗产申请书。1996 年突如其来的“2・3”大地震对古城造成了极大的破坏，也使申遗工作一度中断。地震过后不到半个月，联合国专家组对丽江古城再次进行考察，认为震后古城的基本格局还在、精华还在，文化还在，还有申报的希望。面对满目疮痍的丽江古城，如何在短期内尽快完成恢复重建工作，确保申遗成功，是丽江县委、县政府面临的一次严峻考验。按照国内外申遗专家组提出的意见和要求，丽江县开展了大量卓有成效的工作。震后一个月，丽江古城恢复重建工作全面铺开，申遗资料编写工作也恢复正常；震后两个月，完成了 20 余万字、500 余张照片、120 张图纸的申报文本初稿。不到一年时间，古城民居、街道、桥梁严格按照“修旧如旧，恢复原貌”的原则进行了修复；拆除了与古城风貌不符的不协调建筑数万平方米，改建几十座现代水泥桥为木板桥；重建古城东大街，整修更新四方街五花石路面，新建数十个旅游标准公厕，增添了大量仿古垃圾箱和古式路灯；先后完成了古城排污一期工程和“三线隐蔽”工程。尤其值得一提的是借助世行贷款，恢复重建了丽江古城的心脏——木府。为了推进古城恢复重建和整治工作，我和自兴同志（时任丽江县委书记）亲临一线，事无巨细，与工程技术人员一道，对每一个项目、每一个细节都反复推敲斟酌，力求尽善尽美。丽江古城申遗历时三年，可谓一波三折，参与其间的各级

街景（许正强画）

行政工作人员、专家学者、各族群众付出了艰辛的努力。从丽江行政决策者到各级干部，从丽江各界专家学者到普通群众，都对丽江古城申遗工作寄予厚望，表示极大关注。时任丽江行署专员的和段琪同志亲自主持领导申遗工作，副专员解毅同志、县委书记和自兴同志更是亲力亲为，直接参与申遗的具体事务。一大批关心关注丽江古城保护的国内外专家学者对申遗工作给予了不遗余力的帮助和支持。在申遗的关键时期，申遗工作组立下军令状，全县上下万众一心、志在必得，所有丽江古城居民走出地震灾难的阴影，自发参与到县委、县政府组织的系列申遗活动中来，呈现了一种罕见的如火如荼、热情高涨的社会氛围。丽江古城自1994年10月启动申遗工作，在经历“2·3”大地震的严重破坏之后，短短三年内一举申遗成功，这一里程碑式的创举，既体现了省委、省政府领导的远见卓识和申遗工作组的勤奋工作，更是集中体现了丽江广大干部群众团结一致、奋发有为、敢为人先的民族精神。

在丽江古城申遗成功之后的几年，全国掀起持久不衰的申遗热，而丽江更是积极申报三江并流自然遗产、东巴文化记忆遗产，至今集世界文化、自然、记忆三遗产于一身，使得丽江这个边疆民族小镇蜚声中外，使得纳西这个人口仅30余万的民族在世界民族之林大放异彩，丽江从此走向世界！文化是一个民族的灵魂。丽江古城是纳西族先辈给我们留下的最为宝贵的文化遗产，申遗的最终目的是为了更好地保护古城、更好地弘扬民族文化，是为了纳西族在世界文化的传承中占有一席之地。丽江古城申遗成功，这既是对我们努力工作的丰厚回报，也是对创造了灿烂文化历史的纳西族先辈最好的慰藉。也正是在一大批像李锡老师一样对纳西文化充满挚爱的民族文化工作者长期艰苦努力的工作，才使丽江古城、纳西文化得以完整地保护和传承，他们功不可没，将永载丽江史册。“看似寻常最奇崛，成如容易却艰辛”。作为一个土生土长的纳西人，有幸参与并见证了古城申遗和丽江改革发展的光辉历程，我感到无比自豪。

丽江的明天会更加美好！

（作者曾任丽江县人民政府县长、丽江县委书记，丽江市人民政府副市长，现任云南省交通厅副厅长）

十九、申遗，我们的使命和责任

——丽江古城申报世界文化遗产二三事

周 鸿

我们申报世界文化遗产不是为了钱

记得那是1995年6月中旬，我们接到云南省建设厅和文化厅的通知，说要把丽江古城申报成为世界文化遗产，要求相关领导带上汇报材料到北京汇报情况。当时我是丽江县建设局局长。接到通知后，我立即忙碌起来，着手收集整理有关古城的历史渊源、目前状况、整体风貌、建筑特色以及保护规划等内容资料。为配合文字说明，我还收集了许多关于古城的道路、院落、小桥、河流等方面的照片，并把这些照片装在一个相册里。带着这些材料和照片，两天后，当时的丽江县县委书记解毅、丽江县文化局局长黄乃镇和我就出发了。我们三人先来到云南省文化厅，文化厅文物处的处长也和我们一起前往北京。

我们一行到北京后，找到了国家文物局和建设部。文物局张柏副局长组织了郑孝燮、罗哲文、阮仪三等多位A级专家对丽江古城进行申报论证。在论证过程中，解毅代表丽江向专家们作了汇报。他说，我们把丽江古城申报为世界文化遗产不是为了钱，而是为了一份沉甸甸的责任。我们申报的目的是为了把这座有着800多年历史的古城保护好，把古城文化传承好。我们的申遗工作得到了云南省委省政府的高度重视。在1994年召开的云南省滇西北旅游规划会议上，省长和志强就提出要把旅游业建设成为丽江的支柱产业，要把丽江古城申报为世界文化遗产……解书记真诚的态度，生动的发言感动了在座的领导和专家，受到他们的高度赞扬。

我给专家们做图片解说员

在论证会上，为了让专家们更直观地了解古城、认识古城，我让专家们一个个轮流翻看装有古城照片的相册，我在一旁给他们讲解和介绍。通过阅览照片和听我解说，他们对古城有了更全面更直接的印象。

为了见证历史，留住记忆，在论证会召开前，我们还买了磁带，请北京电视台的一位朋友到现场录像，用图像记录下那次论证的过程。

经过国家建设部、文物局相关领导和专家们全面认真仔细的评审，大家对丽江古城的文化价值和保护现状有了一致的认识。最后，郑孝燮代表专家们发言。他说，丽江古城是我国众多古

古城民居

城中的一个杰出代表，它有着深厚的文化积淀，寄托着边疆少数民族丰富的情感，有着重要的申报价值。大家一致同意推荐丽江古城申报世界文化遗产。

从北京回来后，我们立即成立了申遗领导小组，迅速开展申遗工作。我当时是领导小组的成员。为了统一思想，形成共识，营造良好的申遗氛围，我们在丽江电视台推出了“我们的家园”系列报道，在《丽江日报》开辟了“话说古城”等栏目。通过播放从北京带回来的磁带，采访专家学者、相关部门领导和普通群众，引导全社会从世界文化遗产的高度来认识古城，保护古城。一系列的宣传活动，为申遗成功凝聚了强大的共识。

1995 年 7 月，国家派由郑孝燮、罗哲文、阮仪三等专家组成的专家组到丽江实地考察丽江古城。我们带着他们转古城，看黑龙潭，赏白沙壁画等。专家们通过实地察看，听汇报，对丽江古城的文化价值和保护情况给予了高度的评价。

大地震让申遗工作遇到考验和挑战

正当丽江古城申遗工作进入关键时期，1996 年 2 月 3 日，丽江发生了 7.0 级大地震。突如其来的灾难使古城的许多房屋都受到不同程度的破坏。申遗遇到了前所未有的挑战和考验。而就在此时，联合国教科文组织的官员专家也正准备前来丽江进行考察。怎么办？如果他们如期前来，看到受地震破坏的古城，会不会影响申遗？我们决定请求延期，但得到的答复是考察时间已定，不能延期。

就在震后第 13 天，丽江古城迎来了联合国教科文组织遗产中心的官员梁敏子女士和理查德先生。他们在国家文物局郭旃的陪同下，冒着余震的威胁，对丽江古城进行了全面的考察。在考察中，他们对丽江古城恢复重建、修旧如旧的思路和规划十分满意。5 月 12 日至 15 日，联合国教科文组织还组织考察团到丽江，对丽江古城的申报和今后的保护工作给予指导和帮助。

经过大家的共同努力，1997 年 12 月 3 日，联合国教科文组织世界遗产委员会第 21 次全体会议正式批准丽江古城列入世界文化遗产名录清单。稍后不久，和自兴、陈砿、李锡和我等满怀成功的喜悦，赶赴首都人民大会堂，拿回了联合国教科文组织颁发给我们的世界文化遗产的牌子。

愿为古城的美好明天贡献绵薄之力

20 年弹指一挥间，但往事并不如烟。回想我参加申遗的这些历程，浓郁的古城情怀再一次撞击心灵。20 年来，我们肩负着时代的使命和人民的期望，正确处理丽江古城的保护与开发的关系，最大限度地保留古城的原真性，走出了一条具有古城特色的路子，为世界文化遗产的保护和开发提供了一个经典案例。作为一名古城人，作为一名古城申遗和保护的参与者和见证者，我是幸运的，也是自豪的。古城文化是千千万万纳西人永远的灵魂，如何在全球经济一体化的背景下保护好开发好古城不仅是丽江人民面临的新的重大课题，也是全世界文化遗产地面临的新的历史课题。现在虽然我已经离开丽江，但对古城的关注和思念从未中断。绵绵故乡情，拳拳赤子心。我愿和丽江人民一道为了古城美好的明天继续献计出力，发光发热，以不负这片故土对我的养育之恩。

（作者为云南省住建厅副厅长）

古城四方街

二十、震后“原定的申报程序不变”的记忆与启示

李群育

高度的文化自觉、文化自信以及担当精神，往往会在关键时刻发挥出巨大的正能量。当丽江遭遇“2·3”大地震巨大灾难之时，丽江灾区人民很快从废墟中站立起来，临危不惧、临危不乱，提出了“大灾难变大机遇，促大发展”的口号，团结奋斗、勇往直前，创造了抗震救灾史上的“丽江速度”和“丽江精神”。这种大灾显大勇大智的正能量，植根于丽江特色文化之中，充分显示出丽江文化的价值和力量。回眸这段历史，珍贵的记忆和启示很多，特别值得一提的是当大地还在颤动之际，丽江灾区首先明确提出“申报世界文化遗产的原定程序不变”，并迅速组织开展抢救受损文物，加强舆论引导，按原定程序加快申报世界文化遗产工作，充分体现出丽江人民的高度文化自觉、文化自信和勇于担当的精神。

“大地震后的丽江古城还有条件申报世界文化遗产吗?”1996年2月3日19时14分，一次七级大地震猝然降临丽江大地，须臾之间，正积极进行申报世界文化遗产的丽江古城房倒人亡，遭遇了一场前所未有的浩劫。丽江古城正在进行的申报世界遗产工作，成为震后丽江灾区民众以及许多关心丽江的国内外专家学者都十分关注和担忧的一个问题，人们普遍担心丽江这一珍贵文化遗产面临的命运。

为回答丽江古城还能否继续申报世界遗产等问题，及时向世界传递丽江的声音，当大地还在不断颤抖之际，从废墟中勇敢站立起来的丽江文物工作者和古城申报世界文化遗产办的人士，不顾自家的灾情，舍小家顾大家，迅速深入到震区内各个文物点，对地震中文物受损情况进行了认真勘察和研究，《丽江日报》等媒体也积极组织记者进行采访报道，及时报道解答人们十分关心的遗产申报问题。其中，大地震刚过去一个多星期，杨树高、陈琼专题采访了丽江古城申报世界遗产工作办公室主任李锡同志。李锡在接受采访时十分自信地指出，大地震虽然给古城造成极大的伤害，但“作为古城灵魂的丰富的文化内涵等申报的基础条件没有改变，原定的申报程序不变”。“五凤楼、得月楼地基出现裂缝，但主体建筑完好无损。大宝积宫部分围墙倒塌，但宫内的丽江壁画没有受到损坏。……珍藏在图书馆内的5000

纳西老奶奶（金大龙供图）

余卷东巴经书和博物馆内的近万件珍贵文物都完好无缺。”记者将这一重要消息以《丽江古城申报世界历史文化遗产工作仍在进行——联合国官员将来丽考察》《丽江近万件珍贵文物安然无恙》为标题，很快在《丽江日报》的头版进行了报道，成为震后最早提出丽江“原定的申报程序不变”的重要新闻，发挥了很好的舆论引导作用，极大地增强了丽江灾区人民抗震救灾恢复重建的信心和决心。紧接着，联合国教科文组织官员和国家文物局领导于2月16日到丽江灾区实地考察，进一步明确指出“丽江古城申报世界文化遗产的原定程序没有变”，联合国教科文组织官员和国家文物局领导都表示将继续积极支持丽江古城申报世界文化遗产，并强调丽江要高度重视在“恢复重建时要保持古城原貌的真实性”。这一重要新闻通过《丽江日报》等媒体的及时报道，极大地鼓舞了丽江人民抗震救灾恢复重建的信心和决心，极大地增强了丽江加快申报世界遗产的底气和勇气！抢险救灾阶段结束之后，丽江古城在按照“修旧如旧恢复原貌”的原则加快恢复重建工作的同时，丽江古城申报世界遗产工作机构按照原定的申报程序加快申报工作，经过一年多的艰辛努力，1997年12月4日丽江古城顺利列入了世界文化遗产名录清单，最先填补了中国历史文化名城中尚无世界文化遗产的空白。从此，丽江站在了对外开放的一个重要高地，开启了加快走向世界的新征程。

如今，丽江“2·3”大地震已过去20年了，但震后提出“原定的申报程序不变”的岁月，仍然是最耐人回味的记忆与启示。

（作者时任丽江县委宣传部部长，现任丽江文化研究会、丽江纳西文化研究会副会长）

二十一、让古城走向世界

——谈谈丽江古城的保护与发展

司晋云

丽江古城是一座已有800多年历史的文化古城。它除了具有一般名城的共性以外，由于特殊的地理位置、文化习俗、壮丽神奇的自然景观和独特的发展变迁轨迹，形成了自己丰富的个性。

作为全国99个历史文化名城之一的丽江古城，从历史发展的角度上看：古城的发展是遵循着自然平和的轨迹，在城市形态上表现出一种自然形态，城市的形成更多的是从人与自然的统一出发。更为特殊的是，水在古城的形成中起了决定性作用，整个城市以加法形式组合而成，成就了一种完美的山水城市模式，贯穿古城每一个角落，城依水存，水随城在。纵横交错的河网上，有各具特色的石桥、木桥数百余座，城市空间形态和建筑风格也非常古朴自然。

从保护的角度上看：历史上的繁衍而形成的面貌，正是古城中的居民热爱自己生活和地方乡土文化的结果，并追求居住环境、形态、景观的完美，正是这种追求，使古城完整保护下来了。

丽江古城还是滇西北商业文化重镇，是一座具有较高综合价值的历史文化名城。它的历史文化内涵是极其丰富的，集中体现了地方历史文化和民族风俗风情，体现了当时社会进步的本质特征，可以说它也包容和反映了中华民族在整个历史发展过程中所创造的物质财富和精神财富。它不仅包括历史遗留下来的各种有形的文化古迹、风景名胜区，具有保存价值的传统民居、街道、水系和古城的格局、古城特色这些有形的物质财富，还包括值得发扬的传统科学技术，传统的文化艺术，传统的美德、民俗风情，还包括历史名人及名人中那种坚持真理、刚直不阿的精神，保持民族气节的爱国精神，为人类进步事业不屈不挠的献身精神。1986年，国务院公布丽江古城为国家级历史文化名城，确定了丽江古城在中国名城中的地位。1994年10月，省政府滇西北旅游规划会议上提出了丽江古城申报《世界文化遗产名录》项目，受到国家建设部、文物局、文化部以及省建设厅、文化厅高度重视，得到了丽江地县各级领导和广大人民的积极拥护和大力支持。申报工作按照《世界文化遗产名录》的要求，通过艰辛的工作，于1996年6月顺利完成了申报文件（包括文本、电视片、幻灯片）；6月26日，经国家建设部、文化部、外交部、国家教育委员会共同审核确认，并经国务院同意，丽江古城申报世界文化遗产项目正式报送联合国教科文组织文化遗产中心，联合国专家定于第二年4月到丽江进行实地考察鉴定、评估，并于第二年底提交世界遗产委员会进行投票表决。不论能否成功，申报《世界文化遗产名录》都是让丽江古城走向世界的一个重要举措。

丽江古城自国务院公布为国家级历史文化名城，到古城向联合国申报世界文化遗产这短短的十年间，它的价值逐步被世人认识，普遍认为只有将其列入世界文化遗产名录加以保护，才能使其永久传世，并更好地发挥它所具有的世界意义。

（一）丽江古城的现状

丽江古城在几百年的发展中虽历经地震、火灾，几度重建，但一直遵循着自身发展的机制，长居此地的纳西族在漫长悠久的发展过程中也形成了自己独特的文化体系。由于丽江所处的地理位置受白、汉、藏等民族多重文化的影响，构成了其丰富的文化底蕴。丽江古城作为当地历史、文化和传统的载体，它的生长和演变在今天的古城中都留下了烙印。虽然丽江县城在不断发展，为保护古城，新城的建设避开了古城，使古城面貌犹存；同时，居民对旧有的传统生活模式的特殊感情以及经济的相对滞后等原因，使古城整体空间模式得以延续和保存。

从丽江古城涉及的几个主要因素，即地理位置虽较偏僻，但并不意味着文化的贫瘠或是滞后，良好的自然环境孕育出一座有着独特文化传统的古城；人口主体是纳西族，古城人口 90% 左右仍为纳西族。从唐代开始，纳西族自愿地吸收了汉族文明，但是纳西族保留着其独特的文化和信仰，纳西语仍是当地最通用的语言，在 3.8 平方公里的古城中，至今仍居住者 6200 余户 2.5 万人口。经济是影响城市发展的一个主要因素，早期的丽江与许多中国内陆城镇一样，保持着自给自足的农耕生活方式，商业的注入与古城所处的地理位置和某些偶发因素（比如战争、地震）相关，直到今天，丽江仍属经济很不发达的地区。随着经济的发展和产业结构的调整，城市的发展方向为旅游观光，仍必须利用无烟工业发展古城的经济，提高居民的生活水平。

空间环境与全国其他名城相比，丽江古城是保存完好的历史性古城，但任何有关城市的问题都不是孤立的，历史性古城只有处在与之相协调的环境中，才有可能健康持续地生存下去。然而现在的情况是，围绕古城而建的新城在文化、空间感和建筑形式上与古城风貌不相协调，具体地反映在古城区域内与周围出现砖混建筑，体量过大的建筑，水系受到污染；随地乱扔果皮，乱倒垃圾；厕所环境卫生未能解决好；汽车作为现代交通工具在古城中出现，一方面噪声增大，另一方面破坏了五花石路面；水泥桥的建造与石桥、木桥不相协调；随着人口的增加，人们感到住房拥挤，便利用空地或天井搭建新的建筑，使古城的建筑密度增大，原有的古朴民居院落风貌受到破坏；有的经商者为使自己生意兴隆，门面气派，拆除古朴建材，用现代材料对古老房屋进行装饰，破坏了传统的建筑风格。不安全火灾隐

木卡拉和尼西海拉女士在博物馆木楞房

患，威胁着古城；公共绿地面积不足；果皮箱、路灯、路椅、花台、消防等设施还需增加或改善；古城区内的各种专业线路布局杂乱，景观不同程度受到影响。

总之，古城的空间环境是一个大的范畴，俯瞰丽江古城，我们就会发现，丽江古城的优美得益于其独特的自然景观，丰富的内涵构成了丽江古城的整个环境。从更大的范围看，古城与它所处的整个空间保存，丰富的纳西族节日庆典，民俗、音乐、舞蹈、绘画、服饰及举世瞩目的纳西东巴文化就是该地区几百年的文化遗产，是值得骄傲和珍视的财富。

古城街景（张桐胜供图）

（二）丽江古城的保护

古城的保护是十分复杂而又系统的工程。近十多年来，古城的保护从实践、认识，再实践再认识，人们对古城的保护和价值有了共识，特别是政府各有关部门加大了宣传保护古城的力度，民众参与保护古城的意识增强，使古城现在仍保存完好，是人类宝贵的文化遗产，为国内外专家学者研究人类城市建设史、民族发展史提供了宝贵资料。目前，丽江正向联合国教科文组织申报世界文化遗产，这一活动（世界文化遗产）本身的真正含义是什么呢？联合国教科文组织于1987年制定的《世界文化遗产公约实施指南》明确地告诉我们，像丽江古城这样的文化遗产对人们生活的重要含义。

“文化遗产的重要性在于它巩固了个人和国家的文化趋同性……人民生活和活动于其中的结构应该有时间和空间两个向量，对于文化求异和多元主义的越来越大的觉悟，导致越来越大的宽容和对少数民族、少数宗教和地方意见的尊重，也导致对进行社会中已经建立起来的学理和实践的谦逊态度。”

“对生活的延续性的觉悟和程度，决定于社会历史激活的程度。固定不动的大型文物和民族区的形态对激活过程起很大的作用。我们需要这样的一个被激活了的环境，就像动物需要生活的地域一样。除了少数例外，大多数生灵发现住在一个富有记忆的环境里是大有好处的。文化趋同性是一种归属感，它是由体形环境的许多方面引起的，它们使我们想起当今的世代与历史的世代之间的联系。”

《世界文化遗产公约实施指南》中还谈到“保护体形环境的延续性是我们的事业的压倒一切的目标”。

联合国教科文组织官员梁敏子女士在丽江古城申报世界文化遗产工作期间，曾两次到丽江实地进行考察，并指导申报工作，强调“丽江古城保护的真实性、延续性”。可以这样理解，丽江古城保护其特点在于继承本地区所蕴含的活力和资源，从而导致出进一步发展的趋势，通过保护使全地区性的生活复兴。任何保护，绝不能限制地方居民生活的发展和提高，居民生活和环境的改善，才是名城保护的核心和出发点。

从广义的文明遗产概念去理解，丽江古城的保护，仍要考虑到存在于文化和社会中的传统和相互关系的巨大差异，扩大到把整个环境包括进来。要把固定不动的大型文物放在它的文化和物质环境中来考虑，要把修复当作这种环境中的一项工作，因此有必要把固定不动的大型文物的保护与城市规划结合起来，并把这个原则扩大到内部中去。丽江古城的保护不同于其他一个单体古建筑、古文物、摩崖，而是一个居民聚居地。下面就丽江古城（文化遗产）的保护方式与保护内容提几点探索性的看法。

1. 类型式的保护。在保护方式上大体有冻结式保护、复原式保护和类型式保护等方式。由于保护对象的不同，我们只能采用类型的保护方式，才能保护古城，靠人们的生活文化历史的真实性、延续性，保护它良好的风土和人民经历世代延续下来的美好生活。东方的情况与西方是大相径庭的，由于技术体系的差异，在中国和日本，历史性名城均是以木结构为主的，木结构住宅由于木材易朽的特殊性，需不断地改建修补，像丽江古城这样以木结构建筑为主的城市中，企图保护的不只是建筑物本身，而是其空间形式体系，这才比较符合实际。

丽江古城的价值在于其独特的古城景观和传统乡土文化，所以，它的保护应立足于整体形态的保护和乡土文化、纳西族居民日常生活的保护和提高。为了保护好丽江古城，1983 年县政府编制了《丽江历史文化名城保护规划》；1994 年 6 月，云南省人大常委会颁布《丽江历史文化名城保护管理条例》，并已按规划和条例对古城进行了保护和管理，取得了明显的成绩。通过几年的实践证明，仅有名城保护规划与管理条例，对丽江古城这样的文化遗产保护显得远远不够，还应该一方面对古城整体形态、历史街区做专业性的详细规划，加大对古城区域类型的保护力度，管理部门便于操作；另一方面，1994 年 10 月，云南省政府批准实施丽江古城“54321”工程对古城基础设施启动项目，这对改善古城的生活环境是大有益处的。另外，古城区域内的东大街拆除改建，是对古城独有的景观整体形态进行保护的重要举措。

总之，古城的保护不管采取什么方式，保护的最终目的是为了维护古城的生命力，使它能够健康有序地发展下去，被后人所继续。古城的发展随着经济的发展在不断发生变化，以变化为前提，很重要的就是保持古城的基本特色，在居住环境、古城景观、乡土文化等方面加以保护。古城的保护包括的内容是相当广泛的，应该作为一种长期事业孜孜不倦地加以努力。同时，加强对古城保护对象的研究，深层次地进行社会的、经济的、文化的、城市环境和建筑物、建筑群的研究，才有可能做到真正的保护。

2. 居民参与保护。从居民的角度来看，历史文化城镇是他们繁衍生活环境的一部分，对古城进行的任何形式的改建规划都必然关系到他们的利益。古城是居民的故土，每个居民都会对自己的故乡、自己的生活环境抱有不同程度的感情。因此，对古城的变化，他们也都是极其敏感的，让居民参与到古城的保护中，也就是培养居民建设故乡的意念，唤起他们对自己城市的关心。

让居民参与进行也是使居民从各种条例、规划的被动接受者变为直接参与者的过程。在居民参与保护方面，丽江县城建局在电视台主办的《我们的家园》栏目以及在丽江报刊上协办《话说城建》有奖征文大赛就是让居民参与保护古城的一种形式。通过电视及报刊倾听对古城保护的意见、建议，通过居民参与保护与政府保护相结合，使古城保护能落到实处。如不是居民参与古城保护，就会形成古城保护与他们生活无益，而他们真正关心的问题却无人倾听。他们对过去美丽的城镇有着很深的怀恋，认为只有从根本上恢复一些传统秩序和道德规范，才可能是真正意义上的保护。

3. 水系的保护。丽江古城最具特色的便是水，对居民和观光者而言，正是水反映出丽江独特的风俗民情。古城水系，虽然几乎没有工业污染威胁，但是随着人口的增长和旅游人数的不断增加，生活废水已逐渐污染了水系，这不容忽视的问题已被古城居民和政府关心与重视。1993 年，政府有关部门就已着手对古城内排污进行可行性研究和有关的前期准备工作，通过努力，已全部完成了一切建设审批程序，古城排污工程于 1996 年 11 月 11 日正式破土动工，为古城水系的保护奠定了基础。

4. 建筑物修复与改建保护。古城内的木结构建筑物随着年代增加与“2·3”大地震造成的房屋损坏，都面临着修复与改建的保护问题，对古城已损坏的建筑物进行修复的真实目的是让居民生活居住环境得以改善以及让古城在今后的历史中生存下去，注入延续下去的生命力。特别是居住方式，是关系到使用者和居住者的微妙生活感情的问题；同时，也是一个更高层次的文化水平问题与古城保护的延续性问题。因此，为保护古城，使古城震后能及时恢复，政府部门请省城规划院等对古城震后作了“震后恢复规划”，能让居民对构成城镇景观的街区环境和居民演变的原始面貌进行原貌恢复，在恢复中政府还出台了有关古城区域内恢复重建若干规定，并把规定与

郑孝燮和纳西姑娘在万子桥（周鸿供图）

司晋云和李锡在黑龙潭

宣传引导方式相结合，居民积极支持参与相结合，自觉地保护好古城。

在建筑物修复与改建方面，也应该从长远的角度进行考虑。最重要的是，修复的对象不仅仅只是修复一幢住宅，古城内整个街区的修复更显得重要，要修复好，需要传统意义上的技术匠人，而随着电动工具的普及和各种成品建材的发展，传统技术和匠人也处于衰退和缺少，在丽江古城保护中，像木匠这样的主要技术工匠应该继续培养。

作为建筑物是构成古城的主体，居民的平面布局极富民族特色；重点居民的保护，政府应与居民签订保护合同，挂牌、编制责任书、制定重点居民保护管理办法，便于保护，也真正谈得上古城的保护。

总之，丽江古城保护要突出古城具有的“四个价值”，即历史价值、科学价值、文化价值、艺术价值。这是构成古城真实性和唯一性的内涵价值，古城的保护方式与内容是比较全面的系统的，要保护好古城必须提高和增强名城意识，使之成为全县干部和广大居民的共识。作为生活在古城中的一员，保护名城责无旁贷。通过保护什么和怎样保护来认识古城，热爱古城，建设古城，并把古城保护与世界文化遗产加以联系认识，探索出一条符合实际又与世界文化遗产公约相符合的新路子。古城的保护是一项长期的工作，过去在保护古城工作上，政府与居民都作出了努力。今天的古城能向联合国教科文组织申报世界文化遗产，这充分地说明了古城保护的延续性，具有综合价值和整体价值，被世界所认识。古城申报世界文化遗产，不论能否成功，古城终究是国家级历史文化名城，体现了中华民族悠久的历史和光辉灿烂的文化，必须保护好。保护古城是保护历史，保护文化，保护昨天的文明，加入世界文化遗产也是更好地保护古城，更好地发展旅游文化和促进经济的发展。

1996 年 12 月于丽江

（作者时任丽江古城申报世界文化遗产工作领导小组副组长）

二十二、丽江古城申报世界文化遗产亲历记

段松廷

丽江古城于1986年12月8日被国务院公布为中国国家历史文化名城；于1997年12月4日被联合国教科文组织批准列入世界文化遗产清单；2001年10月8日至18日，在丽江召开的“亚太地区文化遗产管理第五届年会”上诞生了“丽江模式”。这是丽江文化旅游发展史上的几个里程碑，它标志着丽江已从一个名不见经传的边陲小镇成为享誉国内外的文化旅游名市。

段松廷与理查德合影

丽江的成功历尽艰辛，来之不易，凝聚着多少人的心血和汗水，必须倍加珍惜！如今，丽江又在冲刺世界文化名市，致力于打造“文化硅谷”。在追寻“中国梦·丽江梦”的征途中，有必要回眸一望。

1987年3月，云南省建委指示丽江县城建局编制《丽江历史文化名城保护规划》，并安排云南省城乡规划院前来协助。当时我在县城建局工作，因为年轻、文字功底好，便参加了古城规划的收集资料、跑腿、打杂工作。也是这期间，丽江县政府决定编写《丽江县志》，并把任务分解给了各部门，而编写《丽江县城建志》的任务又落到了我头上。要写好《城建志》就必须对丽江古城的历史、价值和现状作全面的记述和介绍。这样，为了古城规划和修《城建志》的工作需要，我用查阅档案资料、实地调查、走访老人和知情者等多种方式，对古城进行了全面深入的调查研究，掌握了大量的第一手资料，成了“古城通”。当时，干部群众和社会各界对古城的价值、地位和保护意识还很淡漠，古城研究对于丽江来说是一个崭新而又陌生的“冷门”。

1987年8月，接到中国历史文化名城研究会（筹）的通知，邀请丽江县政府出席11月在山东曲阜召开的“中国历史文化名城研究会成立大会暨学术研讨会”并提交会议交流材料。我根据和作宽县长的批示，撰写了题为《试论丽江古城之特色》的论文报给了大会秘书处，并随有关领导参加了11月1日至5日在曲阜召开的会议。来自全国62个国家历史文化名城的代表及建设

部、国家文物局、国务院研究中心、全国政协及高等院校、科研机构、新闻单位的人士250多人参会，国务委员谷牧发来贺电，建设部副部长谭庆琏到会致贺词。

会议宣布正式成立中国历史文化名城研究会，产生了首批会员及首届理事会，决定成立研究会常设秘书处，出版会刊《中国名城》杂志，副县长和克政和我成为首批会员。会议组织代表们实地考察了孔府、孔庙、孔林及泰山，分专题进行学术研讨，我撰写的论文在会上作了交流。

会议期间，西南片的代表们汇聚在一起时商议道，除了全国性的名城研讨会外，西南区的名城也应发起召集一个片区研讨会，以加强协作，增进了解，推动西南地区的名城保护工作。大家公推丽江、大理共同承办西南地区的首次名城研讨会，并商定首次会议于次年（1988年）春季在丽江开幕、在大理闭幕。届时，由丽江、大理向各名城发出邀请。

1988年初，经丽江县政府、大理市政府多次会商、研究、准备后，中国西南历史文化名城第一次研讨会于1988年4月20日至29日在丽江、大理如期举行，来自西南地区的12个国家级名城及省内4个省级名城与有关大专院校、科研与新闻单位的80多人汇聚丽江、大理，共商古城保护大计。

在丽江段的会议上，行署副专员木荣相、省建委副主任郭方明、省文化厅副厅长高德林等出席了会议。代表们除了在会上交流各自的材料，参观丽江古城、玉龙山、虎跳峡外，重点评议、研讨了丽江县城建局提交的《丽江历史文化名城保护规划》，提出了很多有价值的意见、建议。我自始至终地参加了本次会议的组织、策划、筹备、会务、研讨等工作，受益不浅。

1987年11月的曲阜会议是丽江古城第一次出席全国性的名城学术会议；而1988年4月的丽江、大理会议是丽江承办的第一个全国区域性会议，也是中国历史文化名城的第一个西南片研讨会。这为后来的丽江古城申报世界文化遗产和“丽江模式”的推出，进行了必要的铺垫和准备，也是丽江在改革开放初期重大的对外宣传、文化交流和开放举措。

此后，我作为会员和联络员，一直保持着与中国历史文化名城研究会的联系，并陆续在《建设报》《城乡建设》《中国名城》《云南日报》《名城报》等报刊上发表了一些宣传、研究丽江古城的文章。

参与古城申报工作

1995年12月，我接到通知说，县政府办公室已发文件抽调我到设在黑龙潭县博物馆内的“丽江古城申报世界文化遗产工作组”去工作。当时，我在丽江县房改办公室工作，因房改办人少事多，我又是主要工作骨干，因此分管房改工作的领导不同意我去“申报组”工作，而分管申报工作的陈砡副县长则说我是古城专家，必须去“申报组”工作。后来，两位领导经过协调后决定让我两边跑、两头兼顾，于是我就被抽到了申报组。

记得当时共抽调了18人，分为文本、图片（幻灯）、图纸、录像四个小组分头开展工作，任务就是填写《世界遗产清单提名表格》。说是填表，其实是极为复杂的“四个一”系统工程（即

文物专家谢辰生（左二）、北大教授谢凝高（左三）在丽江考察

段松廷陪同理查德考察束河

一个申报文本、一套图片（幻灯）、一套图纸、一个录像片），工作量极大。我被分到文本组，当时分到文本组的有赵净修、杨启昌、王志弘等人，我们 4 个人按照陈砙副县长发给的文本提纲，分工撰写，我主要负责写核心的丽江古城部分。正当我们争分夺秒地编写时，“2 · 3”大地震发生了，全县的工作重点转入抗震救灾，申报组也一度中断了工作。

1996 年 3 月 20 日，陈砙副县长又召集申报组恢复工作，到 4 月 20 日终于完成了近 20 万字的申报文本初稿。当时为了搞准丽江古城中各类大小桥梁的数量，我分别沿东、中、西河实地点查，共用了 3 天时间终于查清总数为 364 座，并写入了文本中。文本完稿后，我们以为任务已完成，又回原单位上班。到 1996 年 8 月底，陈砙副县长又召集我们宣布成立“丽江古城申报世界文化遗产整治工作组”，申报工作转入第二阶段即古城整治阶段。随后，县政府下发了《丽江古城申报世界文化遗产整治计划》，内容包括环境整洁、完善基础资料与行业管理、宣传教育及增强名城意识、古城震后恢复重修四大块，共 60 多项任务。整治组将任务分解落实到人并制订了时间表。当时分到我头上的任务有三项，一是编写《丽江古城民居修复建设手册》；二是征集和建立“丽江古城资料库”；三是配合联合国教科文组织及荷兰政府的官员和专家在丽江古城实施“协调社区发展与文化遗产保护”国际合作项目（共有亚太地区的 4 个古城参与该项目，即中国丽江、越南惠安、尼泊尔巴克塔普尔、菲律宾维甘）。地、县委还多次召开了古城申报整治动员大会，要求各单位及广大干部群众都投入到整治工作中来。

到 1996 年 12 月，由我编写、木庚锡绘图的《丽江古城民居修复建设手册》编印完成，通过大研镇及白沙乡政府发放给古城申报范围内的每户家庭，用于指导民居修复时能保持原貌。

为了征集古城资料，建立“丽江古城资料库”，我查遍了丽江地、县城建、文化、史志、图书、档案、媒体的资料，走访了很多知情者，发函向省内外征集；并到北京图书馆（现国家图书馆）查找，到云南省图书馆、云南大学、云南民院查找，还拜访了在昆的丽江籍文化名人李群杰、周凡、和少英等。经过 7 个月的努力，到 1997 年 3 月底，征集到上千件（条）资料（目录），并汇编出“丽江古城资料索引”。

1997 年 4 月底，联合国教科文组织的专家在国家、省、地、县领导的陪同下到丽江考察评

段松廷与谢凝高教授在古城考察

估，据说考察很顺利，专家也很满意。我们申报组的人都很高兴，专家满意就说明我们的辛苦没有白费，申报成功的把握很大。

谁知到了1997年8月初，陈砙副县长又召集我们说，需要向联合国教科文组织补报两份材料，并指定其中的丽江古城与中国其他98座国家历史文化名城的对比材料由我执笔，另一份丽江古城与平遥古城的对比材料由李锡执笔。

原来，6月底在巴黎召开的世界遗产委员会主席团会议上，由于到丽江考察的巴基斯坦专家哈利姆提交的资料不全，致使会议把丽江列入“退回”名单中（这意味着已否决）。经与会的陈砙反复解释说明：丽江提交给哈利姆的材料是齐全的，而主席团未收到齐全材料的责任在于哈利姆（估计是他遗失了），丽江愿尽快补充材料。经反复做工作后，主席团会议破例将丽江从“退回”改为“暂退”，“暂退”的意思是要补报材料，待提交下一次主席团会议审查通过后才能提交世界遗产委员会全体会议评审表决。这是丽江最后的机会！

面对决定古城申报命运的重要补充材料，我深感责任重大。凭着我10多年对丽江古城的研究和作为首批中国名城研究会会员对其他名城的了解，我认真地完成了这份万余字的材料。地委书记段增庆、专员和段琪、副专员徐忠堂、县委书记和自兴、县长杨廷仁、副县长陈砙亲自审稿，并于8月19日召集我们开会，商议、讨论这两份材料。

8月21日，我们随陈砙副县长到昆明参加由省建设厅主持召开的“丽江古城申报世界文化遗产补充材料评审会”，朱良文、顾奇伟等17位专家参会。会议决定，两份合并为一份由顾奇伟执笔归并，另增一份题为《中国丽江古城震后修复与保护》的材料，由我执笔。领受任务后，我用4天时间认真地完成了材料。8月27日，两份材料在昆明定稿后，陈砙带着补报材料与图纸赴北京，将材料呈报国家建设部。9月15日，建设部将材料转报给世界遗产中心。至此，补报材料工作结束。11月27日，在意大利那不勒斯召开的世界遗产委员会主席团会议（有21个成员国）审查通过了丽江古城的补报材料。11月28日，世界遗产委员会第21次全体会议随后召开，在12月4日凌晨2时（北京时间）经正式表决，丽江古城正式列入世界文化遗产清单。

记得1997年12月4日的早上，天很冷，我同往常一样于八点半赶到县政府办公楼上班。当我上楼时，眼里充满血丝的杨廷仁县长匆匆下楼，我俩在楼梯上相遇时，杨县长用纳西话大声对我说：“古城申报成功了。”看来，这位曾为申报工作殚精竭虑的县长已在昨晚的第一时间获得了这个特大喜讯，一夜未眠，因为县委和自兴书记等人就在表决大会的现场呀。大约在九点半许，杨县长把我召到办公室告诉我："下午，地、县委要在丽江会堂联合召开'庆祝丽江古城列入世界遗产清单新闻发布会'，在会上我要讲个话。你是申报工作骨干，情况最熟，由你负责起草我的讲话稿。"作为为申报工作呕心沥血了两年多的我，抑制住激动的心情，欣然领受了任务。

段松廷在尼泊尔皇宫留影

下午，我们申报组人员都接到通知，去参加了新闻发布会。会议由解毅副专员主持，地、县领导、各部门负责人、各族各界代表近千人参会。地委书记段增庆宣读了由和段琪、和自兴发自那不勒斯的报喜传真电报全文，然后发表重要讲话，杨廷仁县长随后讲话。

喜讯传开，丽江沸腾了。人们奔走相告，欢欣鼓舞。各单位挂出条幅、标语，敲锣打鼓，上街游行。12月4日晚，从四方街到红太阳广场，几千人围着几十堆篝火跳起了民族舞，古乐队在月光下奏起了纳西古乐，游行队伍高举横幅，手持鲜花彩旗，鼓号齐鸣，许多中外游人也受到感染，情不自禁地加入到欢庆队伍的行列中。

由于丽江古城是云南省的第一个世界遗产，丽江古城被列入世界遗产，不仅是丽江的大喜事，也是云南的大喜事，省政府对此极为重视。1998年2月26日，省政府及丽江地委、行署在丽江会堂召开了有上千人参加的"丽江古城申报世界文化遗产成功大会"，我参加了会议，并受到省政府表彰。解毅副专员主持会议，省建设厅厅长程政宁宣布了省政府的表彰决定，刘京副省长发表重要讲话。丽江地委办、行署办、丽江县委、县政府、大研镇政府等5个单位及段增庆、和段琪、和自兴、杨廷仁、陈砡、段松廷、李锡、司晋云、和占军等9人受省政府表彰，刘京、程政宁、段增庆为先进单位和个人颁奖。段增庆在会上宣布了《地委、行署关于表彰丽江古城申报世界文化遗产工作先进单位和个人的决定》，地委宣传部等31个单位和何金平等58人受地委、行署表彰。

1998年4月1日，丽江县委、县政府也对73个先进个人进行了表彰，其中我和陈砡、李锡、司晋云、和占军等5人被授予一等奖，获得重奖。

（作者现任民革丽江市支部主委）

二十三、温馨的忆想

——采编古城申报世界文化遗产动态简报的日月

舒家政

徜徉在大研古城、束河、白沙街道的石板路上，不禁回忆起古城申报世界文化遗产冲刺阶段，在申报办公室编写申报动态简报的日月。

丽江县人民政府于1995年12月成立工作组，开展丽江古城申报世界文化遗产的工作。经过努力，于1996年8月完成了文本、电视录像片、图纸、照片等一系列申报材料的准备工作。经国务院批准，丽江古城作为我国推荐的世界文化遗产项目，于1996年6月26日正式上报联合国教科文组织总部，该总部工作委员会拟于1997年4月到实地进行现场鉴定。

按国家有关部门的要求，需要对古城环境、卫生、消防、交通、市容市貌、水系等实施全面整治，同时分步实施古城经“2·3”大地震后恢复重建详细规划方案，提高古城居民身居中国历史文化名城的意识与由“中国牌”向“世界牌”迈进的荣誉感和责任感。

为全面完成各项工作任务，确保申报工作顺利进行，争取申报成功，县人民政府从县城建、文化、工商、爱卫、公安、教育等部门及大研镇抽调人员，于1996年8月6日组建了“丽江古城申报世界文化遗产整治工作组”，办公室设在黑龙潭北端的博物馆内，一切工作按《丽江古城申报世界文化遗产整治计划》与《整治计划分解表》抓紧进行。

整治工作组下设的办公室于1996年8月20日出刊了《古城申报简报》第一期，到11月初出了5期。12月12日，办公室主任李锡聘请我采编简报工作，这正合我的爱好。写简报一要到现场采访，二要靠李锡办公室工作人员和鹏英提供信息，三要查找有关资料。第6期是《古城文明卫生以点带面初见成效》，第7期为《古城排污工程进展顺利》，第8期根据资料编写成《雪山中路（即后叫香格里大道）促进丽江古城的保护与发展》，第9期为《依照修旧如初原则，修复古木桥》，第10期是《古城申报世界文化遗产工作组举行新闻会》。

在与李锡相处与汇报工作期间，我把1952年前后年少时记得的一句报纸语“状元三年一考，土（地）改千载难逢”，套用改为“状元三年一考，申报世界文化遗产千载难逢”。李锡很欣赏这句话，并制成大幅标语悬挂在新闻发布会场主席台背后的墙壁上。那年代时兴在城区主街道上空悬挂宣传标语，记得在电影城附近民主路上空也曾挂过此标语。

第11期为《和家修部长要求“申报”各项工作应进入倒计时百米冲刺阶段》，大意为：1. 抢救好，保护好；2. 建设好，治理好；3. 宣传好，展示好。

短短不足20天时间，到12月底，连续采编了5期简报，比以前近4个月才编印5期不论数量还是宣传内容都增多与丰富了不少。

右起：段松廷、亨利、克利尔博士（世界遗产协调员）、李锡、司晋云在黑龙潭

1997年新年伊始，第12期为《丽江古城特色民居经专家鉴定列为第一批保护有112院》，第13期为《木府工程重建方案经过专家评审》，第14期为《东大街拆除重建进展顺利》，第15期为《纳西族服饰改革工程启动》，第16期为《刻不容缓的纳西文化抢救工程进行得有声有色》，第17期为《全民动员，再接再厉，努力为古城申报世界文化遗产工作做贡献》，第18期为《积极投入古城申报世界文化遗产热潮，丽江县一中、八中青年志愿者奔赴古城整治前沿》，第19期为《白沙乡出台白沙、束河居民建筑群整治计划》。

我细读《名城报》后获悉，1996年12月，我国泰山、峨眉山—乐山大佛列为世界自然和文化遗产名录。在申报期间，两地进行了全面、彻底的环境整治、拆除违章建筑，维护各种自然、文化设施的损失，以保证申报成功。功夫不负有心人。于是编写了第20期《它山能做到我们也应做到》，其中以简报名义提出了几点建议与要求。第21期为《让古城绿起来，让古城亮起来》。第22期为《增加文化氛围，提高文物管理水平》。第23期为《21世纪中国城市远景构思——“山水城市”》，此期根据资料并加以结合实际的点评。第24期为《丽江古城申报世界文化的展望》，文中写道：全国有国家历史文化名城99座，在这众多的历史文化名城中，丽江古城是国务院向联合国教科文组织申报世界文化遗产的首选城市，此次申报世界文化遗产的还有山西平遥镇和苏州风景名胜区。在这三个申报单位中，据国家建设部有关专家评价，丽江古城申报文本是最好的，是三个申报单位中的首选。接着又写道：1996年“2·3”大地震，给丽江人民带来了灾难，丽江古城在大地震中亦遭受巨大损失，但古城的框架未变，古城的风貌犹存。历史上中国乃至世

古城大石桥

界多地许多古城遭受自然灾害后在地球上消失或留下难以修复的遗址，丽江古城经受大地震的洗礼仍屹立在祖国边陲的金沙江畔玉龙山下，这从一个方面证明丽江古城作为世界文化遗产有她独特的历史的价值。

第25期为《束河、白沙28户民居列入第一批保护院》。文中写道：专家组认为，丽江历史文化名城除大研镇外，白沙、束河民居建筑群形成和发展为后来丽江古城的布局奠定了基础，是历史发展的组成部分，它们之间具有形态特征的共性与个性。

第26期为《展示古城丰厚的文化内涵——展览系列》，第27期为《唱不完的纳西调，看不完的纳西舞——演出系列》，第28期为《流动的风景线——展示系列》，第29期为《丽江五大寺欢迎专家组的光临》，第30期为《古老的纳西传统习俗》，这一期是我根据平时生活积累写就的。第31期是两则即《和段琪专员视察古城时强调世界文化遗产要有深厚内涵》与丽江县委书记和自兴调研后提出《把精神文明建设从群众关心的事抓起》，第32期为《东巴文化博物馆标志门落成》，第33期为《古城画苑添新秀》。

1997年3月15日后，我因胞弟病重请假回老家巨甸，也就结束了采编简报工作。

采编的近30期简报均系手写，交办公室打印、分发。为了扩大宣传，有些简报照抄和略加修改成新闻稿子，或亲自送或邮局寄往《丽江报》“让古城走向世界”专栏、丽江县广播台及外地报纸。据不完全统计，《丽江报》刊用了7则，丽江广播电台用了10则，《云南民族报》用了1则，《春城晚报》用了2则，《云南老年报》用了2则，《名城报》用了1则。

古城三眼井

在巨甸老家的日子里，我时时关心申报的进展。1997 年 4 月下旬，得知联合国教科文组织派官员到丽江古城实地考察鉴定。申报能否成功时时牵挂于心。

5 月初回到丽江新家，次日便到丽江县博物馆，李锡对我说：整治工作已告一段落，你不在的这段时间，简报又编写了第 34 期《140 户第一批重点民居实施挂牌保护》、第 35 期《古城进行综合突击整治》、第 36 期《地区领导关心古城申报世界文化遗产工作进展》、《国内专家来丽考察验收古城申报工作》、第38期《地县部门齐心协力整治古城“三线”》、第39期《东大街重建工程基本完工》、第 40 期《丽江举行第二届兰花展》、第 41 期（1997 年 4 月 17 日）《加拿大摄影家吴丽作品在博物馆展出》。简报应该有始有终，李锡叫我再补写一期，题目就叫联合国教科文组织派官员到丽江古城考察鉴定。我根据李锡随考察官员考察的情况，完成了《“古城申报”简报》，第 42 期即最后一期。

1997 年 12 月 4 日，联合国教科文组织世界文化遗产文员会第 21 次全体会议正式批准丽江古城列入世界文化遗产清单。喜讯传来，丽江人民沉浸在无比喜悦与兴奋之中，我个人也不例外，喜悦之余奋笔疾书了《历史的选择历史的必然》一文。当我将文稿亲自交到《丽江报》社长、总编李群育老师的办公室时，他说：舒老师，你的行动真快！感谢你支持报社的工作。次日拙文便问世，后编入“十年一瞬间”丛书的《向世界申报》一书内。

在丽江地、县举行申报成功庆功大会上，我虽然未参加简报前期与后期的采编工作，但我仍列在功臣人员的名单里。

古城申报过程中“整治”及继后成立的古城保护管理局开展的多项工作，都没有做过假古建筑搞个假文化。老房屋、老民居、老风情都是古城的文化“胎记”。历史文化遗产是城市发展的资源，历史的记忆一点一滴都蕴含在古城的一砖一瓦中。文明的传承需要今天的人们，在挖掘机的轰鸣声中多留些空间。

（作者曾任丽江师范学校校长、教授）

二十四、世界遗产评估鉴定组到我家

周孚定

丽江古城，地处祖国西南边陲，在云贵高原向青藏高原过渡的衔接带，海拔高差大，从5596米的玉龙雪山到近1000米的金沙江边。古城四周都是连绵起伏、苍翠神奇的山峰，植被丰富、气候宜人，终年四季花香，有着丰富的动植物资源、有大小13个寺庙和几千年的历史文化内涵。曾经是明代以来中原到藏区、到巴蜀的交通要塞，是经济贸易往来的重要商品集散地，是历史上的茶马重镇。

最早来到这块仙境般的世外桃源的是迁徙而来的古纳西族游牧民，到这里经过多年的繁衍生息，使用着本民族东巴象形文字及民族语言、民族服饰，利用东巴经中天文、地理、医药、生产、生活知识不断发展壮大。纳西民族崇拜自然、尊崇天地人和谐而立于不败之地。

历史上统治这块地方长达470多年的纳西族首领木世土司，由于善于学习各种先进文化，尤其注重对汉文化的吸收，世世代代坚持改革与开放政策，广纳人才，中原人八方俊杰在丽江与纳西人通婚扎根，接受纳西民族的服饰、语言，成为纳西人；原住居民纳西族人民把汉、白、藏等其他民族的建筑精华吸收后，融入纳西本民族的建筑当中，形成了纳西民族独具一格的民族建筑风格。尤其是在1723年汉族流官到丽江任职以来，在保留纳西族的古老历史文化遗迹、非物质文化遗产和传统、朴实、文明的民俗文化的基础上，进一步推动了汉文化在丽江古城的发展。丽江古城的进士、举人等文人辈出，甚至有留洋、游学、留学到国外的纳西学子相继涌现。他们不仅把中原的先进文化传入丽江古城，而且把国外先进的理念和设备传输到丽江古城。

在这群山环抱的优美风景区内，质朴、智慧和包容的纳西民族，与不断融入到丽江的汉、白、藏等民族和谐相处，形成多民族、多元文化的和谐共存和互补，使这座边远的古城不断焕发出勃勃生机与活力，处处显现出人与自然、人与人之间的和谐氛围。至今，这座古城内世居的少数民族有11种，但纳西居民仍占80%以上。

由于丽江古城的历史文化源远流长，至今仍保存较完整并发展良好。因此，国务院已于1986年12月将丽江古城列入第二批国家级历史文化名城，并于1995年接受云南省的申遗报告并开始着手申报世界遗产之工作。虽历经1996年丽江“2·3”7.0级大地震，但其基本格局未变，核心建筑依存，恢复重建修旧如旧，保存了历史的真实性，因而得到了国内外专家的好评。1997年12月4日，联合国教科文组织世界遗产委员会第21次会议上，以其保存浓郁的地方民族特色与自然美妙结合的典型，具有特殊的多重价值而无可争议地列入“世界文化遗产名录”，成为中国第一个入选联合国“世界文化遗产名录”的历史文化名城。

至今使我难以忘怀的是，1997年4月21日至23日，国际古迹遗址理事会会员、巴基斯坦国家考古和博物馆副局长哈利姆博士，在科教文中国委员会景峰、国家文物局詹德华、省建设厅陈锡诚等的陪同下，到丽江古城进行评估鉴定。我家作为重点保护民居和书香世家，提前接到了通知。接到需要我家配合的通知后，我们全家当作一件大事来对待。我作为家长，首先召开家庭会议，动员全家人先展开全面、彻底的打扫卫生工作。因为我家这座四合小院是百年的土木结构老房，打扫起来非常费时费力。当时我们都还要上班，只好用下班后的时间来打扫。这样，每天晚上都要干到深夜 12 点多，甚至到凌晨 1 点，经过全家男女老少共同努力，认真、细致的打扫、洗刷、擦、拖等，使原来的百多年来陈旧的老房子变成了一尘不染、让人感到古朴而舒适的净地。

民居鉴定组专家邱宣充在周霖故居考察

著名画家周霖夫人王凤兰女士在万子桥

接到通知就要到我家来的时刻，我们一家老小激动万分。按照纳西族的规矩，我们热情、谦恭地迎候着这批对丽江申遗起关键作用的重要客人。

当时陪同评估鉴定组的地方领导有：当时的地委书记段增庆、地区行署专员和段琪、副专员解毅、行署秘书长何金平、丽江县委书记和自兴、丽江县长杨廷仁、副县长陈砬等领导，加上新闻媒体等人员，几乎挤满了小院。领导们陪同客人边参观边介绍，看了几个房间后，客人对堂屋里挂的书画产生了兴趣。段书记简要地介绍了我的先父周霖老先生及我家的基本情况，说到周家作为书香世家，现在周霖先生的儿子周孚定就是堂屋里所挂画的作者时，客人点头并赞赏。一位领导用纳西话示意让我现场画一张画，我马上拿出纸笔墨，用七八分钟画了一幅寒梅图，并题画诗为《玉骨傲冰霜》，哈利姆先生问了几句话，待翻译后，原来是问我表达的是什么意思？我回答说：“梅花不怕风霜雨雪，傲然挺立。在中国，人们往往把它作为坚韧、强壮、有骨气、有高尚品格的象征。我们丽江古城虽然遭受了七级大地震的自然灾害，但是我们丽江人民会像梅花一样坚强，过不了两三年又会把古城建设得更加美丽。”听完翻译，哈利姆先生带头鼓掌并加以赞赏。这幅《玉骨傲冰霜》的画当场就送给了哈利姆先生作为纪念。

因考虑到贵客的时间有限，我只是匆匆画了一小幅寒梅图。但这幅小小的国画和在我家短短十多分钟时光，对于我本人和全家老少而言是个终身难忘的美好记忆。我们深感欣慰的是，全家人的努力也和全地区领导干部、群众的努力一样，没有白费，1997 年的 12 月 4 日，我们都共同迎来了丽江古城申报世界遗产成功的喜讯。

从此，历史上被遗忘的丽江不仅在全省出名、全国出名，而且在世界上都有了名气。随着媒体和各方面的宣传，丽江的旅游业迅猛发展，有力地促进了丽江在经济等各方面的发展，同时也给丽江人民带来了丰富多彩的生活。

在回想申遗时的这一件小事，使我们感慨万千。由此也想到我们要珍惜申遗的成果，更加热爱我们世代生存的家园。我们不仅要开发建设，享受前人留下的宝贵遗产，更要保护好丽江古城，传承好前人的优良传统，保留好历史文化底蕴，建设发展好丽江古城，使她永葆历史文化名城及其独特的魅力。

至今，我仍坚守在世界历史文化遗产地丽江古城的老房内，从未被高昂的房租金钱所诱惑，而是力所能及地向世人宣传我们丽江古城，尽心竭力地传播中华民族的优秀传统，不厌其烦地向慕名前来拜访的专家、学者、学生、游客讲解自己民族的文化和优秀传统，坚定不移地捍卫着精神家园的净地。同时，也用自己的画笔抒发着自己对丽江古城的热爱，对家乡的热爱，对祖国的热爱。的确，如果没有各级党委、政府对申遗的重视和对申遗成功后的建设、保护、发展，丽江古城的神奇和魅力就很难被世人所知。因此，除了各级党委、政府继续重视对丽江古城的保护和对世界历史文化遗产的传承保护以外，我们每一位在古城的新、老丽江人都要做到自觉地保护、珍惜丽江古城这个世界历史文化遗产。尤其是我们作为世代生长在丽江古城和丽江的纳西儿女，可以说是从骨子里、血液里就有着对丽江古城的浓浓深情，更应该自觉地传承好、保护好世界遗产——丽江古城。

二十五、纳西文化的荟萃之地——白沙

木冠先

玉龙雪山怀抱的白沙古镇，是纳西先民在丽江坝子最早的居住地，是纳西文化的发祥地、纳西古都，先有白沙古镇后有大研古镇，白沙古镇在丽江古城发展史中具有里程碑式的意义。白沙因玉龙雪山得名，纳西语中叫作“崩时”，意为明亮而金光闪闪的地方，即银石臻辉之地。玉龙雪山是纳西文化的魂、纳西文化的源泉，纳西人自称为雪山之子（纳西武鲁若），在纳西人的习惯中“武鲁”（雪山）与“崩时武鲁”（白沙雪山）是混用的，白沙在纳西文化中的地位可见一斑。

水有源，树有根。丽江古城的根在哪里？古城的根在白沙，白沙古镇的建筑、水系、古道古桥、民俗民风、古庙寺观、音乐绘画等无不体现着纳西文化兼容并包、特立独行的精神。古代的白沙有 12 个村子，纳西村名体现了白沙纳西古都的功能。

“武鲁肯”（玉湖村）意为雪山脚下，玉湖是丽江坝三海中的北海，木氏土司曾在此修建避暑行宫、具监寺、雪嵩庵等建筑。这里有“玉柱擎天”“玉壁金川”摩崖石刻，玉湖倒影是著名的雪山十二景之一；这里是龙女树传说的发生之地，独具特色的木石建筑风格是纳西先民智慧的结晶；这里是洛克魂牵梦萦的地方，在剽悍的纳西汉子的帮助下，洛克从这里出发完成了滇西北、藏东南、川西南的一次次探险之旅，并因纳西文化而深受感动，由自然探险升华为文化探险，开创了西方人研究纳西文化的先河。悠悠雪水清泉涤荡着人的心灵，马铃声声倾诉着历史久远的记忆，如今的玉湖古村落以原生态风貌显著的特色，吸引四方宾朋驻足流连，对丽江古村落的保护有一定示范作用。

“读古”（玉龙村）意为世间的源头，又称“崩时三多阁”，意为白沙三多神的家。“三多”是纳西人的保护神，是玉龙雪山的化身，纳西人自诩“纳西三多若”（纳西三多之子），因村中有三多庙，故村名三多阁。南诏王异牟寻敕封玉龙雪山为北岳，三多庙又称北岳庙，庙内有一棵距今 1200 余年的古圆柏树，由此可判断纳西三多崇拜的时间已经很久远。传说中的三多是位无坚不摧的战神，穿白甲骑白马与风同在，护佑着家园的安宁。三多崇拜是丽江周边纳西族、藏族、白族等民族的共同传统，每年的农历二月，三多庙前人头攒动，人们祭祀三多、颂扬三多，祈求平安、康宁。元世祖忽必烈对三多顶礼膜拜，敕封三多为安邦景帝。对抗与融合是民族关系的显著特征，对抗是暂时的，融合是大趋势，纳西先民在不断征战、流离失所中深刻理解了和平的来之不易，以“各美其美、美美与共”的态度，与周边民族和睦相处，这样说来三多神无疑是和平之神。玉龙村民素有敬畏自然、保护自然的优良传统，正是代代的言传身教，保持了村子山头的郁郁葱葱，玉峰寺隐身于苍翠欲滴的山间，周边大树直插云霄，淙淙流淌的山溪环绕寺庙，郭沫若有诗句赞：“人人都道牡丹好，我道牡丹不及茶。”玉峰寺万朵山茶红烧半边天，让人叹为观止。

木培根（右二）陪同国家文物局专家考察白沙壁画

哈利姆博士在白沙聆听纳西族口弦演奏

“本古”（新尚村）意为白沙村头，村北有一片沼泽地，为“开美”和“俄计”两条溪水的源头，两条溪水环绕白沙古镇。村中有一和姓东巴世家，东巴家学渊源深厚。

“兹敢兹肯”（丰乐村）意为大皂角树下的村子，古有村庙，今已毁，村中有一和姓大族（阿纳雄），今有50余户。

“尼门突畅”（向阳村）意为东边太阳升起的村子，村头有村庙，今尚存，庙前有棵树龄600余年的皂角树。

“崩时支洛”（三元村）意为白沙街。白沙四方街成梯形，民间有棺材街的说法，意为招财纳宝之所，有溪流穿街而过；街东为著名白沙明清建筑群，有全国重点文物保护单位明代建筑三进院的琉璃殿与大宝积宫，里面的明代壁画异彩纷呈，体现了多教融合，兼具有汉、藏、纳西的绘画风格，具有强烈的艺术效果，对研究古代纳西族地区的宗教文化形态具有极其重要的作用。白沙纳西人历来重视纳西文化的传承与保护，历史上琉璃殿与大宝积宫是汉传佛教与藏传喇嘛教交融之地，和尚和喇嘛在这里和谐相处，汉经与臧经交替传颂。当年，木氏土司在丽江的多地庙宇绘制有壁画，而今较为完整保留的只有白沙壁画，这与白沙古朴的民风、崇尚文化的传统密切关联。清雍正元年丽江改土归流，木氏统治式微，白沙宫殿建筑因疏于管理，出现了凋敝破败，正是白沙先贤们的慷慨解囊、集资维修，使古建筑得以完好保存。清光绪年间，官至镇远总兵的白沙兴都人和耀增，在琉璃殿以东捐建文昌宫，作为家乡学子读书习作之所。文昌宫为坐北朝南二进院落，大殿恢弘，供奉文昌帝君塑像，耀增亲自撰写《文昌帝君阴骘文》，弘扬君子之道，劝诫乡人积善行德。说到白沙壁画，让我想起已作古多年的父亲。先父讳名培根，生于1949年，受先祖母言传身教，在家乡读小学，后随先祖父到雪域高原中甸读完初中，入丽江地区中学读高中，适逢“文化大革命”爆发，高中未读完回白沙务农，曾在家乡小学当民办教师，1977年恢复高考，作为佼佼者，考入云南民族学院汉语言文学系学习，毕业后在原丽江县宣传、文化部门工作。在我幼时的记忆中，父亲首先是一位文化学者，正是凭着对文化的热爱，深深知道白沙壁画的历史价值，虽然人微言轻，但始终不忘文化人的使命，为了修缮濒临倒塌的白沙壁画，积极向上级争取、奔走呼吁，1986年争取到省文化厅专项修缮资金，邀请当时国内最优秀的壁画修缮团队，对壁画进行整体揭摩保护，把原来土坯墙改为砖墙，增加壁画的牢固度。正是这次关键的保护，白沙壁画经受了 1996 年丽江大地震的考验，壁画没有丝毫受损。父亲的生命是短暂的，为了丽江申报全国第二批历史文化名城，他主持编写《历史文化名城丽江》一书，囊括了丽江山川地貌、名胜古迹、风土人情等，为丽江古城的保护拉开了序幕，让更多的人了解了丽江文化的价值。父亲是倒在文化工作岗位上的。1987 年 11 月，他代表丽江参加全国历史文化名城四川阆中编撰会，因发生天然气泄漏事故不幸去世。父亲没有看到丽江荣登世界文化遗产的时刻，可他做的很多基础性、奠基性的工作久久被人提起，正如很多人所说，父亲是真正的纳西汉子，是纳西人民优秀的儿子。金刚殿前柏森森，昔日先祖父木近仁带领老战友种下的小树苗如今已长成了参天大树，这不仅是一片柏树林，它代表着一种乐善好施的精神，正是这种精神的传播，白沙古镇的古迹、古树、古村落得到很好的保护。

“崩时支满”（忠义村）意为白沙街尾，因明朝万历皇帝褒奖木增，敕造“忠义”牌坊，木增后人居住于此而得名。该村木氏后人，秉承“忠义爱国”的家训，涌现出许多佼佼者，其中有振臂高呼、首倡改流的木知立；有为学为官里人楷模的木正源，他所写玉龙十二景诗歌至今传诵；有官至民国陆军中将，甘守清贫的“叫花子”司令木壬林等。民国时期，丽江读书人的楷模、美籍华人和惠贞先生在该村出生成长，先生故居尚存，先生虽不能荣归故里，但先生家人出资设立的奖学金，至今润泽丽江后学。

“岩肯、户度”（岩脚、兴都村），因岩石上有木氏先祖麦宗题字及木公、木高题诗而得名。历史上木氏先祖曾居住于此，并建有家院（今已毁）。该村处芝山脚，芝山为丽江名山，山上有丽江寺庙之母的福国寺，福国寺原为木氏土司家庙，后因明天启皇帝钦赐寺名而称福国寺。又因福国寺清净优雅，土司木增在此弃绝权势、皈依佛门，故又称解脱林。徐霞客受木增邀请到丽江，木增在大殿法云阁招待徐霞客，徐霞客在芝山解脱林滞留多日，为木增及其子修校诗文，一代名士与芝山结缘。因藏传佛教格鲁派（黄教）的兴起，嘎举派（白教）在西藏失去统治地位，但在康巴藏区嘎玛巴仍具有较大影响力，并受到丽江土司木懿的庇护，嘎玛巴十世大宝法王曲吉旺秋活佛在福国寺驻足 20 余年，将福国寺改宗为藏传佛教寺院，福国寺在嘎举的地位是毋庸置疑的。清咸丰、同治年间“乱世十八年”波及丽江，丽江人口锐减、城池被毁，即为丽江历史上晦暗的“乱世十八年”，福国寺不免于难，法云阁等建筑被焚毁。光绪年间，福国寺大殿五凤楼、解脱林大殿得以恢复。“文化大革命”期间，福国寺破坏严重，五凤楼、解脱林大殿等主要建筑迁往黑龙潭公园，福国寺彻底败落。

“套补当”（太平村）意为祭祖之地，位于白沙街东，为丽江最古老的村落，古时曾设东巴学校于此，是东巴神鲁送魂图的必经之地，是古时木氏土司祭祖、祭天之地。古时村头有村庙，二战期间美国飞虎队曾在村庙居住，今村庙已毁，大殿尚存村民家，椽梁彩绘清晰。村尾有古礼门，据村中老人回忆，礼门坐北朝南、高大恢弘，东西两边有泥塑神像，门前一对大石狮子雄踞，挂一对联“玉岳千古秀，太平百岁安”，门后有一对石鼓。古礼门已毁，现仅存一只受损的石狮、一只石鼓，据考为唐代石雕。

古城木雕艺人在雕刻（金大龙供图）

古城居民在洗杂物（金大龙供图）

“母当开堂”（木都）意为祭天场的河底，今有上百户居民，和姓、杨姓居多。

“恒门达畅”（东中村）意为祭月场，可能为古月均台所在地（待考）。

“崩时本满”（东、西文村）意为白沙村尾，古时村头有庙，曰云集庵，初为木氏土司家将和氏家庙，后为佛教寺院，今大院已毁，古柏、古银杏树尚存。

白沙古镇是世界文化遗产丽江古城的重要组成部分，历史上的白沙是多种文化的交汇地，汉传佛教、藏传佛教、道教、东巴教等多种宗教形式在这里落地生根，纳西、藏族、白族等商人在此互易商品。据《丽江府略》记载，白沙早上起市，至晚灯火下还在交易，这说明到清乾隆年间白沙市仍相当繁荣。后因进藏公路的开通，进藏茶马古道的废弃，白沙市走向衰落。白沙打制的铜器及酿酒技术，至今仍有保留，并还在影响现代的生活。

古镇白沙具有浓郁的节庆民俗文化，在纳西人的传统观念中，每年正月二十逛完白沙庙会，春节才结束。历史上正月二十白沙庙会隆重庄严、热闹非凡，“当母库朋”（母院开门）是正月二十庙会的主题，“崩时当母洛”（白沙母院又称护法堂）是纳西人心中深深的历史情结，护法堂在古代异常神圣，常年大门紧闭，唯有在正月二十才敞开大门。每到正月二十大门敞开，人们蜂拥入大殿，点灯点香跪拜祈福，祈求来年风调雨顺、出入平安。据老人回忆，正月二十是盛大的节日，白沙街人头攒动，交易商品极为丰富。新中国成立后，护法堂被毁，正月二十白沙庙会一度中断，近几年正月二十白沙庙会得以恢复。“三多节”作为纳西族传统节日，丽江纳西同胞放假庆贺，每年的农历二月初八“三多”庙会，北岳庙前人山人海，在北岳庙广场、白沙街举行各类物资交易，人们沐浴着三多神的护佑，享受春暖花开的美好生活。农历六月祭祖是白沙民俗，纳西语称“套补”或“东巴颂”，祭祖时间不尽相同，木姓人家过“套补”，俗话有木家祭祖大（木家套补咥）的说法。只要是祭祖之日，白沙纳西人家会邀请宾朋来家里做客，当然自家嫁出去的女儿是必须要请回来的。其他的节日跟纳西族地区是一致的，春节过新年，清明上坟，端午吃包子，火把节耍火把，中元烧纸、中秋吃月饼等。

2015 年 10 月 10 日

二十六、美好的回忆

和惠兰

1997年4月24日是我终生难忘的一天。回忆当天是丽江古城申报世界文化遗产，联合国哈利姆博士来丽江束河古镇考察。他来到束河古镇，看到束河山清水秀，小桥流水，仅在一百平米内就有三条清清的河水贯穿整个束河古镇，家家门前都有清清的河水，加之纳西族历来有种草养花的习惯。整个古镇就像花园一样，哈利姆感到很高兴。他在九鼎龙潭看到龙潭水就像一面镜子，清清的水面四周有参天的古树。他感叹道：真是人间的天堂！

左起：和慧兰、哈利姆博士、沙文慧在束河九鼎龙潭寺

他走进村民的家庭，古老的纳西族民居保护得很好。民居各有特色，有三坊一照壁，有四合五天井。束河是茶马古道的必经之路，由此商业比较发达，沿街的古老铺面还保存至今。束河是“皮匠之乡”，以前多数居民以制作皮制品为生，被称为“皮匠村”（纳西语：绍乌喜日每），至今年过八旬的皮匠老艺人还在继承者皮制品生产。哈利姆博士看到原汁原味的古老建筑和朴素的民风感到很高兴。当走到李金凤师傅的皮革店前，陪同考察的杨廷仁县长购买了一顶狐皮帽，一路戴在头上好不威风，大家都笑着说“雪山飞狐”。哈利姆说：生活在这里的纳西族太幸福了。

纳西族人历来有勤劳朴素、热情好客的美德，特别是纳西族妇女，能吃苦耐劳，家里有客人都是非常热情地待客，那天哈利姆博士在九鼎龙潭品尝了我亲手制作的糖果蜜饯。哈利姆没吃过松子，问我怎么吃，我捡了个鹅卵石打开，掏出松仁，哈利姆博士吃了，觉得香香的，伸出大拇指说“谢谢”！

原计划哈利姆博士在束河考察50分钟，但由于他到束河后看到束河山清水秀，小桥流水，古老的村镇，朴素的乡民，他舍不得离开束河，结果在束河停留了两个小时。

由于我们申报世界文化遗产工作准备充分，哈利姆博士对这次考察是很满意的，考察每个项目，他都伸出大拇指说一声“OK”！

最后于当年12月4日，联合国教科文组织把丽江古城列入世界文化遗产名录。这是丽江人

束河青龙桥

民的特大喜讯。丽江申报文化遗产的成功提高了丽江的知名度，促进了丽江旅游事业的发展，促进了丽江经济的发展，改善了人民群众的生活，也改变了束河古镇的面貌！

1997 年 4 月 24 日是哈利姆来到束河古镇考察的日子，也是丽江申报世界文化遗产的关键一天，至今记忆犹新。

2015 年 1 月 5 日

后　记

丽江古城申报世界文化遗产是丽江历史上的一个重大事件。因为丽江古城申报世界文化遗产办公室设在丽江县博物馆，所以我和全家人以及博物馆全体同事参与和见证了申遗的全过程。

记得 1995 年 11 月成立申报办公室，1996 年 2 月 3 日丽江发生大地震，我们家的房子在地震中受损严重，不能住人，只能搬到博物馆，从临时帐篷到防震棚，再到博物馆办公室，一家 4 口，3 人得肺炎住院。在博物馆一住就是 3 年多，直到 1999 年 6 月才搬回家。从我们家的变迁的一个侧面可以看到，丽江古城申报世界文化遗产是在极其困难的条件下完成的。为了客观全面地记录丽江古城申遗的全过程，申遗成功后，自己有意识地收集和记录了申遗过程中的人和事，并整理成文，以此来纪念这次具有深远历史意义和现实意义的大事，经过 20 多年的努力，终于有一个像样的稿子可以提交给出版社，了却了一桩心事。

在这值得庆祝的时刻，我们更加怀念为丽江古城申遗作出贡献的先驱，特别是代表云南省人民政府郑重向世界宣告，丽江古城申报世界文化遗产的云南省原省长、纳西族的优秀儿子和志强同志；以及最先提出丽江古城申报世界文化遗产的原建设部规划司副司长王景慧同志；出生于束河古镇的原丽江县委书记解毅同志；还有 90 岁高龄仍心系丽江，为丽江古城保护建设呕心沥血的我国文化泰斗郑孝燮先生和罗哲文先生；以及为研究保护古城作出贡献的专家学者：木培根、杨启昌、赵净修、杨尔良等，他们虽然离开了人世，但他们的贡献和光辉永远活在丽江人民心中，与古城同在!

本书在编写过程中参照和引用了以下资料：1.《向世界申报》（丽江日报社、丽江县大研镇党委政府编）中由段松廷写的《申遗大记事》等相关文章；2. 由云南省丽江地区行政公署，云南省丽江地区地方志办公室编，云南民族出版社出版的《丽江年鉴 1997》中，由李锡编写的《世界遗产申报工作》《丽江年鉴 1998》中，由段松廷编写的《世界遗产申报工作》；3.《丽江古城申报世界文化遗产日志》（资料）；4. 为了更好地反映丽江古城申遗的全过程，尽管由和丽萍主编、世界知识出版社出版的《走向世界的丽江古城》一书已经收录了《丽江古城申报世界文化遗产文本》，我们还是将其编入书中。

我们在收集资料和编写过程中得到联合国教科文组织、国家文物局、原国家建设部、省文化厅、原省建设厅、丽江市、县相关部门领导的关心和支持；联合国教科文组织亚太部主任景峰先生，原国际古迹遗址理事会副主席、中国古迹遗址保护协会副主席兼秘书长郭旃先生，联合国教科文组织专家白海思女士，中国作协副主席白庚胜等同志为本书作序；国家文物局原副局长、中国文物保护基金会理事长张柏先生，郑孝燮、罗哲文、谢辰生三老，原丽江地委书记段增庆，丽江市委常委、统战部部长江勇，丽江文化研究会、纳西文化研究会会长杨国清，著名学者宣科为本书题词。97 岁高龄的谢辰生先生为本书题写书名。参与当年丽江古城申报世界文化遗产的领导和专家学者和志强、和段琪、马燕生、詹德华、付爽、阮仪三、郭大烈、杨福泉、张辉、韩先成、邱宣充、顾其伟、朱良文、任洁、解毅、和自兴、何金平、杨廷仁、周鸿、李群育、段松廷、舒家政等同志专门写了回顾文章。分别来自丽江大研古城的居民周孚定、白沙居民木冠先、束河居民和慧兰也写了纪念文章，使本书具有更特别的意义。

本书在编写过程中特别注重收集相关照片，力求图文并茂。这一想法得到了同事和朋友们的大力支持，他们分别是：和钟泽、杨尔良、牛墩、和照、司晋云、赵德祥、王志鸿、王晓明、李琳、和占军、和茂华、洪卫东、和慧军、大卫（美国）、车文龙、张桐胜、叶炳林、兰伟、夫巴、张北星、木庚锡、和汝诚、车文宇、周鸿、李清泉、段松廷、吕印、李共久、白志远、徐晓红、习慧仙、杨树高、苏国胜、徐天永、李金星、和继光、许正强、杨国相，以及丽江市博物院、丽江市地方志办公室、白沙文管所、茶马古道博物馆。

本书的编写和出版得到了丽江古城保护管理局、丽江古城博物院、玉水寨、丽江七星集团、丽江玉缘房地产开发有限公司等单位的大力支持。

在编写过程中和炳寿、和慧军、和仕勇、和丽萍、和立军、木德仁、黄乃镇、陈桂云、和长红、李丽元、夫巴、木仕华、木鸿春、宋江、和向红、杨树高、木成钧、木世臻、和斗、和红阳、兰碧英、牛增裕、李共久、杨锡莲、和寿泉、木琛、和鹏英以及丽江市博物院同事对书稿给予修改补充，提出宝贵意见；木仕华为联系出版社不辞辛苦予以帮助。

原丽江县副县长陈砡同志不仅作为丽江古城申报世界文化遗产领导小组组长，带领申报小组完成了光荣而艰巨的申报任务，而且为本书的出版又贡献了自己的力量。

在本书编排等过程中得到了德和文化公司及车文宇、李红阳、和丽翔等同志的帮助。

丽江古城申遗先后经历了 4 年的时间，丽江人民“全民皆兵”，发生了许多可歌可泣的事情，特别是丽江古城申报世界文化遗产工作组，全体同仁付出很多艰辛的劳动。丽江古城在 7.0 级大地震后申遗成功，创造了世界奇迹，值得我们大书特书，但由于能力和水平有限，尽管得到那么多领导、同事、朋友们的帮助和支持，但也未能全面完整、客观地记录全过程，同时还存在不准确或错误的地方，只能期待更多的同事和朋友们一起继续努力，发掘整理，查漏补缺，日臻完善。

书稿待印，思绪万千，没有丽江千年文化积淀，就没有丽江古城；没有国家改革开放，没有历代丽江人努力奋斗，也就没有世界文化遗产丽江古城；同样，没有相关部门领导的支持和关心，没有同事和朋友的鼎力相助，就没有今天这本书稿，这里凝聚着大家的心血，是共同的劳动成果，我们将永远铭记于心！

编 者

2018 年 7 月 10 日

责任编辑：宫　共
封面设计：徐　晖
封面、封底摄影：和　照
扉页题字：木　琛（纳西象形文）
　　　　　王志鸿（中文）
　　　　　白海思（英文）

图书在版编目（CIP）数据

丽江古城申报世界文化遗产纪实/李锡，李文韵 编著. —北京：人民出版社，2018.7
ISBN 978-7-01-019439-4

Ⅰ.①丽…　Ⅱ.①李…②李…　Ⅲ.①古城-文化遗产-丽江-图集　Ⅳ.①K297.42-64

中国版本图书馆 CIP 数据核字（2018）第 125525 号

丽江古城申报世界文化遗产纪实

LIJIANG GUCHENG SHENBAO SHIJIE WENHUA YICHAN JISHI

李锡　李文韵　编著

人民出版社 出版发行
（100706　北京市东城区隆福寺街 99 号）

北京墨阁印刷有限公司印刷　新华书店经销

2018 年 7 月第 1 版　2018 年 7 月北京第 1 次印刷
开本：880 毫米×1230 毫米 1/16　印张：24.25　字数：564 千字　插页：4

ISBN 978-7-01-019439-4　定价：198.00 元

邮购地址 100706　北京市东城区隆福寺街 99 号
人民东方图书销售中心　电话（010）65250042　65289539